하나님의 눈물

조니 에릭슨 타다
스티브 에스트 지음

한 명 우 옮김

기독교문서선교회

기독교문서선교회(Christian Literature Crusade: 약칭 CLC)는
1941년 영국 콜체스터에서 켄 아담스에 의해 시작되었으며
국제 본부는 영국의 쉐필드에 있습니다.
현재 약 650여명의 선교사들이 59개 나라에서 180개의 본부를 두고,
이동도서차량 40대를 이용하여 문서 보급에 힘쓰고 있으며
이메일 주문을 통해 130여국으로 책을 공급하고 있습니다.
CLC는 청교도적 복음주의 신학과 신앙을 선포하는
국제적, 초교파적, 비영리 문서선교기관으로서, 하나님의 뜻에 합당한 책을 만들고
이 책을 통해 단 한 영혼이라도 구원되길 소망하며
이를 위해 주님이 오시는 그날까지 최선을 다할 것입니다.

When God Weeps

Why Our Sufferings Matter to the Almighty

By Joni Eareckson Tada & Steven Estes
Translated by Myung-Woo Han

Copyright © 1997 by Joni Eareckson Tada and Steven Estes
Originally published in English under the title
as *When God Weeps: why ours sufferings matter to the Almighty*
by Zondervan Publishing House.
Translated by permission of Zondervan Publishing House,
Grand Rapids, Michigan 49530
All rights reserved.

Korean Edition
Copyright © 2006 by Christian Literature Crusade, Seoul, Korea

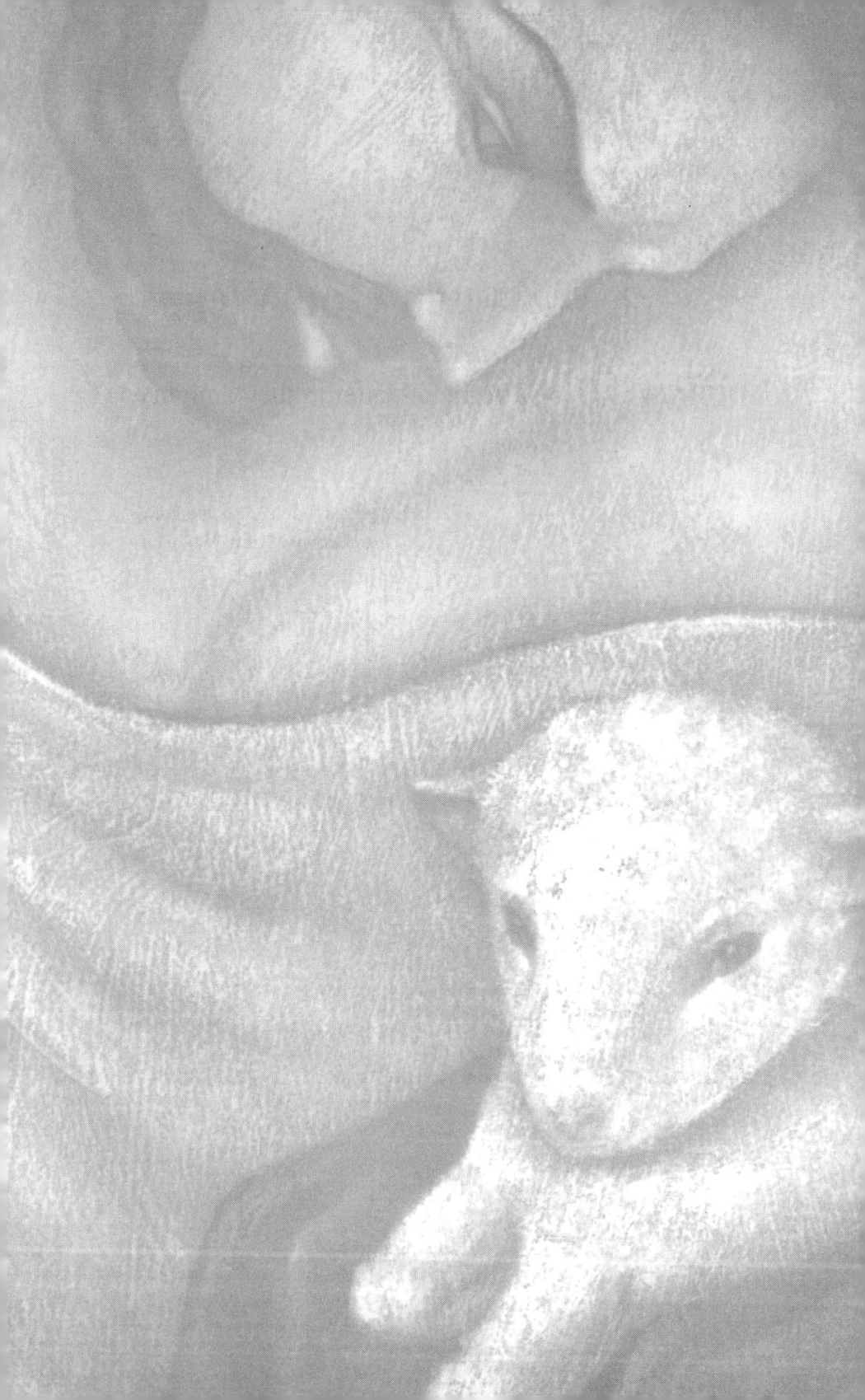

내가 전하는 것은
고통에 관한 진리라기보다 하나님에 관한 진리이다.
그래서 나는 이 책을 소개하는 데
다음과 같은 전제를 제시한다.
이 책은 고통에 관한 이야기라기보다
고통에서 빠져나오게 하실 수 있는
유일한 분에 관한 이야기이다.

우리의 고통이 왜 우리에게 문제가 되는가에 관한 것이 아니라
왜 하나님에게 중요한가에 관한 이야기이다.

조니 에릭슨 타다

차 례

특별히 감사한 분들에게 · 9
이 책을 읽기 전에 · 15

제1장 마음이 너무 아파요 · 23

제1부 하나님은 누구신가? 45

제2장 환희는 흘러넘치고 · 47
제3장 고통을 지시는 하나님 · 64
제4장 하나님은 우리의 고통을 정말 원하시는가? · 88
제5장 크고 작은 모든 시련들 · 108
제6장 천국의 비열한 위장술? · 127

제2부 하나님은 무엇을 하고 계신가? 157

제7장 왜 그런가에 대한 몇 가지 답변 · 159
제8장 우리가 가진 최선의 해답 · 188
제9장 고통의 의미 이해 · 207

제3부 내가 어떻게 버텨 낼 수 있는가? 241

제10장 영혼의 절규 · 243

제11장 자족함 얻기 · 280

제12장 해롭게 사라진 고통(지옥) · 309

제13장 선하게 사라진 고통(천국) · 331

이 책을 내려놓기 전에 · 360

제4부 부록 365

부록 1 우리의 고통에 임하시는 하나님의 손길에 관한 성경 말씀 · 366

부록 2 우리의 고통에 대한 하나님의 목적과 관련된 성경 말씀 · 381

부록 3 하나님은 슬픔을 경험할 수 있으신가? · 391

특별히 감사한 분들에게…

신선한 말이 사실은 아주 오래된 말인 경우가 가끔 있다. 불멸의 진리는 세월의 녹청을 문질러 내기만 하면 원래 광택으로 여전히 빛을 발한다. 그래서 우리는 이 책의 신학적 바탕을 제공한 신앙의 선조들에게 감사한다. 예컨대 칼빈(Calvin), 루터(Luther), 래티머(Latimer), 조나단 에드워즈(Jonathan Edwards), 조지 화이트필드(George Whitefield), 로레인 뵈트너(Loraine Boettner), 마틴 로이드 존스(Martyn Lloyd-Jones) 같은 분들이다. 요즘에는 제러마이어 버로즈(Jeremiah Burroughs)의 글을 서가에서 꺼내 부담 없이 읽는 사람들이 많지 않다. 이들 옛 신학자들이 밝혀 놓은 교리들을 신선한 현대 감각에 맞게 써 본 것이 『하나님의 눈물』(*When God Weeps*)이다. 우리는 많은 사람에게 계속 영향을 미치고 있는 이들을 주신 하나님께 감사드린다.

우리의 친구 존 맥아더(John MacArthur) 박사에게 또한 심심한 감사를 표한다. 그는 부록 B와 관련된 성경 말씀을 조사해 주었다 (요즘은 컴퓨터에서 클릭만 하면 이런 작업을 쉽게 할 수 있지만, 맥아더 박사는 이미 오래 전에 일들을 감당했다).

존더반(Zondervan) 출판사 관계자 분들에게 깊이 감사드린다. 우리의 작업 일정을 잘 조절해 준 스콧 볼린더(Scott Bolinder) 씨, 우리의 더딘 걸음을 재촉해 준 밥 허드슨(Bob Hudson) 씨와 편집인 존 슬로안(John Sloan) 씨, 우리가 계속 작업을 할 수 있게 해 준 울지머스 앤드 하이엇(Wolgemuth & Hyatt) 회사의 로버트 울지머스(Robert Wolgemuth) 씨께도 감사드린다. 이 책을 공동으로 집필하면서 우리 두 사람은 서로 공격과 방어를 해 가며 종종 논쟁하기도 했다. 우리 모두에게 하나님의 은총이 함께 하시길….

이젠 각자 감사 표시를 해야 할 차례다. 이것을 안 하고 넘어갈 수는 없겠다. 우선 조니(Joni)부터.

다른 사람의 도움이 없으면 페이지를 넘길 수도, 타이프를 칠 수도 없는 나는 주디 버틀러(Judy Butler)와 프랜시 로리(Francie Lorey) 씨에게 감사의 마음을 전한다. 저들은 이 책을 위해 고맙게도 나의 손이 되어 주었다. 남편 켄(Ken)에게도 큰 감사를 빼놓을 수 없다. 그는 밤늦게까지 그리고 주말 오후에도 나를 늘 격려해 주었다. 고맙게도 '조니와 친구들 선교회'(Joni and Friend Ministry, 이하 JAF 선교회로 약칭) 간부들은 내 사무실 문이 닫혀진 것을 보고는, 회의 시간을 단축해 주었다. 내가 사색하고 기도하고 집필할 수 있도록 배려해 준 것이었다. 버니 워렌(Bunny Warlen) 씨, 스티브 젠센(Steve Jensen) 씨, 주디 버틀러(Judy Butler) 씨, 프랜시 로리(Francie Lorey) 씨, 그리고 날마다 기도로 작업을 도와준 수요 기도 모임의 성도들을 포함한 많은 교우들에게 특별히 감사를 표한다.

다음은 스티브(Steve) 차례다. 내가 어떤 인간인지 잘 알면서도 여

전히 나를 사랑하시는 예수님께 진심으로 감사드린다. 나는 이 사실을 부정할 수 없다. 펜실베이니아 엘버슨 마을에 위치한 자유 선교 공동체 교회의 장로님들께 감사드린다. 저들은 내게 관대한 조건으로 6개월간 안식년 휴가를 허가하고 다시 2개월을 연장해 주었다. 안식년으로 인한 추가적인 사역을 저들과 집사님들이 부담해 주었고, 특별히 알레이 히가티(Arleigh Hegrty)가 강단 사역을 충실히 담당해 주었다.

성도들의 성원은 내가 마치 이 세상에서 가장 중요한 과제를 담당하고 있는 듯 착각하게 할 정도였다 — 특별히 일상의 일을 제쳐 놓고 하나님 나라의 사역을 위해 저들이 헌신적으로 참여해 주었을 때. 저들은 사랑의 카드를 보내 왔고, 우리 가족을 저녁 식사로 초대했으며, 기도하고 기도하고 또 기도해 주었다.

폴 몽고메리와 캐롤린 몽고메리(Paul and Carolyn Montgomery) 부부. 그들이 이 책을 쓰는 데 준 도움은 너무도 컸다.

데이브 고다운(Dave Godown) 씨는 열성과 진정한 자기희생으로 이 책 저술을 지지해 주었다.

마음 편히 쓸 수 있는 사무실과 인력을 지원해 준 처제 부부 머릴 스톨츠퍼스와 데이브 스톨츠퍼스(Merle and Dave Stoltzfus). 말로 표현할 수 없는 그들의 우정이 없었다면, 내가 어떻게 이 일을 해낼 수 있었겠는가? 왜 하나님은 내게 이런 분들을 주셨는지…. 나를 지원해 준 에밀리(Emily), 애슐리(Ashley), 데비(Debbie)와 폴라(Paula) 씨. 그들이 내게 준 도움은 지대했다.

지난 9월에 스티브 비어드(Steve Beard) 씨가 준 도움은 내가 생각하는 것보다 훨씬 더 큰 것이었다.

휘파람을 불며 일주일에 한 번씩 내 방에 청소하러 온 알 마플(Al Marple) 씨의 방문은 나를 즐겁게 했다. 그는 항상 작업이 잘 되어 가느냐고 물었고, 날마다 조니와 나를 위해 기도해 주었다.

작업을 마칠 때까지 내가 조용히 걷고 기도할 수 있는 공간이 되어 준 엘버슨(Elverson) 감리 교회, 톰 홀(Tom Hall) 담임 목사님께 감사의 마음을 전한다.

늘 내 모든 투정을 들어주고, 내조해 주고, 사랑해 주고, 때가 되면 식사를 차려 준 아내 버나(Verna). 온몸으로 헌신의 웃음을 잃지 않는 그대에게 감사한다.

어느 가을 주말에 나와 아내를 초대해 준 로드 아일랜드의 블랜드 집 식구들인 젭(Jeb), 게일(Gail), 레아(Leah)와 사라(Sarah) 씨. 그 주말 여행을 우리가 얼마나 필요로 했고 또 얼마나 좋아했던가!

벤 마운츠(Ben Mountz) 씨는 내가 작업하고 있는 사무실로 수많은 책을 가져다 주었는데, 미안하게도 그 책의 대부분을 사용하진 못했지만 여전히 그에게 고맙다.

"온종일 사무실을 비우는 날이 언제이십니까? 그날 내게 사무실 열쇠 좀 주고 나가시기 바랍니다."

밥 휴스(Bob Hughes)는 내게 이렇게 말했고, 어느 날 돌아와 보니 옛 책장이 새것으로 교체된 채 수천 권의 책들이 그 안에 정돈되어 있었다. 밥이 사랑과 수고로 손수 만든 책장. 밥이 사 준 존 오언(John Owen), 프랜시스 튜레틴(Francis Turretin)의 책과 그 밖의 책들과 함께 나는 이제 동부에서 가장 좋은 서재를 갖게 된 것이다. 셰리(Sherri) 부인도 남편과 함께 이 작업을 끝까지 도왔다. 이들 부부는 플로리다로 이사했지만 나는 이들을 항상 기억할 것이다.

유유자적하고 느긋한 성격의 래리 에버하트(Larry Everhart) 씨가 제공한 통찰력은 제6장의 배경이 되는 폭풍 역할을 했다.

제5장에서 내가 폴 루프너(Paul Ruffner)라고 불렀던 젊은이의 모친과의 장시간에 걸친 전화 통화는 나에게 시사하는 바가 컸다. 그녀는 가슴이 찢어지는 아픔을 겪은 수년 동안 어떻게 하나님께서 자신의 가족에게 놀라운 은혜를 내려 주셨는지 간증해 주었다.

부록 3를 작업하고 있을 때 캘리포니아 웨스트민스터 신학교의 존 프레임(John Frame) 교수는 비록 이 부분을 볼 기회가 없었지만 하나님의 감정에 관한 자신의 견해를 팩스로 전해 주었다.

필라델피아 웨스트민스터 신학교의 번 포이스레스(Vern Poythress)와 싱클레어 퍼거슨(Sinclair Ferguson)교수와 별도로 가진 신학적인 대화를 통해 내 삶에 도움을 얻었고, 생각의 깊이를 더하게 됐다. 비록 이들의 통찰력이 이 책에서는 간접적인 영향만을 미치긴 하였지만.

부록 3를 작업하는 데 있어 내가 한때 벽에 부딪혔을 때, 로리 오코너(Laurie O' Connor) 씨는 앞뒤가 잘 맞지 않는 엉성한 문장들을 짜임새 있게 만들어 주었다.

제2장에서부터 제6장까지 작업하는 동안 힘들었던 순간마다 다이앤 스톨츠퍼스(Diane Stoltzfus)씨는 나를 격려해 주었다. 그에게 고맙고 또 고맙다.

마지막으로 커트 호크(Curt Hoke)씨는 내가 수없이 도움을 요청했을 때, 마치 내가 그를 돕는 것처럼 처신해 내게 미안한 감정이 생기지 않게끔 배려해 주었다. 이 책을 내는 데 그의 도움은 누구보다 컸다. 나는 그를 진심으로 좋아한다.

이 책을 읽기 전에

1969년 여름, 나는 한 교회의 주차장에서 처음 조니를 만났다. 나를 포함한 수백 명의 십대들이 교회 건물에서 막 쏟아져 나왔다. 고등부 모임이 끝나 모두들 흩어지고 있었다. 여기저기서 자동차 시동 거는 소리, 라디오에서 나오는 노랫소리, 웃음소리, 사방에서 천진한 십대들의 생기발랄함이 넘쳐났다.

흰색의 왜건형 자동차가 보도 곁으로 다가왔다. 내 친구 다이애나가 몰고 있었는데, 중년의 사람들이 모는 자동차 같지는 않았다. 다이애나는 매우 쾌활한 성격의 소유자였다. 그녀는 자동차 뒷좌석에서 휠체어를 끄집어낸 후 앞자리 조수석 문 곁에 섰다. 내게 이야기한 적이 있었던 한 장애인 친구를 소개시켜 주려 했던 것이다. 내 위치상 조수석에 앉아 있는 키 큰 소녀의 얼굴은 볼 수 없었고, 손에 붙어 있는 보조기만 볼 수 있었다.

"스티브, 인사해. 여기 조니야."

"만나서 반가워, 조니."

조니는 밖을 보려고 얼굴을 내밀었다. 짧게 다듬은 금발 머리, 주근깨가 있는 귀여운 얼굴에 오뚝한 코, 환하고 선하지만 슬픔이 서려 있는 웃음. 여러분이 조니를 만나면 알게 되겠지만 그녀의 선한 품성 때문에 선한 웃음이요, 휠체어가 어떤 소중한 것을 빼앗아 간 것 같아서 슬픈 웃음이다.

"만나서 반가워, 스티브."

열정적이면서도 망설이는 듯한 태도.

"너희 둘이서 할 이야기가 많을 거야."

다이애나가 흥분을 감추지 못했다. 우리도 함께 시간을 보내면 재미있을 것 같았다.

일주일 후 나는 석조와 목조로 지어진 조니의 집을 방문했다. 나중에 나는 이 집을 천국으로 들어가는 현관으로 항상 여기게 되었다. 모든 벽난로 위에는 박제한 사슴 머리가 걸려 있었고, 사방에 인디언 융단이 깔려 있었으며, 곳곳에는 촛불들이 켜져 있었다. 전축에서는 사이먼과 가펑클의 음악이 흘러나왔고, 각 방에서 터져 나오는 웃음소리를 들으며 조니의 그 멋진 웃음의 원조가 되는 부모님과 언니, 여동생의 스스럼없는 친근감이 느껴졌다.

하지만 일단 우리 둘만 있게 되면, 십 분도 안 돼 질문이 터져 나왔다.

"그래, 다이애나가 그러던데 너는 성경을 아주 많이 알고 있다고 하더라? 너는 내가 목이 부러져 장애인이 된 것이 하나님과 상관 있는 일이라고 생각하니? 말해 봐."

그녀는 이마로 내려온 머리카락을 이따금씩 무심코 젖히고 있었지만, 눈빛만큼은 결코 무심하지 않았다.

여러분이 이제 읽으려 하는 이 책의 핵심이 여기에 있다.

2년 전까지만 해도 수많은 고등학교 동창 중에서 아마도 가장 인기 있었을 이 소녀 앞에, 열여섯 살의 신문 돌리는 소년에 불과한 내가 앉아 있다. 친구들과 함께 있던 그녀의 모습을 체육관 건너편 먼 발치에서 보았을 뿐인데, 지금은 그녀를 마주하고 앉아서 바라보고 있다. 흘러나오는 제임스 테일러의 음악에 나는 발장단을 맞춘다. 그녀는 머리만 끄덕인다. 나는 스스로 점심을 먹는데, 그녀는 누군가가 점심을 먹여주어야 한다. 삼십여 분 후면 나는 문 밖으로 걸어 나갈 것이나, 그녀는 사신(死臣)이 올 때까지 휠체어에 앉아 있을 것이다. 그리고는 이제 내 생각을 궁금해 하고 있다. 과연 하나님이 그녀를 사후 세계에 데려다 놓으실 것인지? 내가 누구이기에 이 대답을 하겠는가?

그녀의 질문에 관해 성경이 어떻게 말하고 있는지 나는 안다. 교회에 수년간 출석했고, 자식들을 신앙으로 잘 가르치신 아버지 덕분에 이와 관련된 여러 성경 구절이 떠올랐다. 하지만 이 진리의 말씀들을 이와 같이 어려운 상황에 적용시켜 시험해 본 적이 내게는 없었다. 마치 수학에서 형편없는 점수를 받은 경우보다 더 곤란한 상황에 직면한 것이다. 하지만 만약 성경을 이 소녀의 삶에 적용시킬 수 없다면, 성경은 전혀 실제적이지 못한 것이라는 생각이 들었다.

목청을 가다듬고 나는 내 생각을 전하기 시작했다.

"조니, 하나님은 너를 그 휠체어에 올려놓으셨어. 왜 그러셨는지 이유는 나도 몰라. 하지만 하나님과 싸우지 말고 하나님을 신뢰하면 이유를 알게 될 거야. 이 땅에서 알지 못하면 천국에서는 알게 될 거야. 하나님께서 너를 사랑하시기 때문에 너의 목이 부러지도록 하신 거야."

오, 내가 이렇게 말해 놓고도 얼마나 진부하게 들렸던지! 하지만 웬일인지 그녀에게는 이 말이 진부하게 들리지 않은 것 같다. 우리는 성경 구절 몇 군데를 더 찾아본 후, 나는 집으로 돌아왔다. 그날부터 나는 그녀보다 한 발짝 앞서 있기 위해 성경 말씀을 열심히 공부해야만 했다. 그녀는 항상 성경에 코를 박고 성경공부만 하고 있었기 때문이다.

인간의 아픔에 눈물을 흘리시는 하나님, 우리의 고통 안으로 들어오시는 하나님, 그리고 우리로 고통을 당하게 하시는 하나님의 사랑에 관해 기술한 것이 이 책이다. 우리가 하나님이 몸소 겪으셨다고는 생각조차 하지 않은 고난의 역정을 따라 하나님과의 우정을 경험하는 것이 이 책의 목적이다. 이 책의 대부분은 조니의 관점에서 기록되었다. 왜냐하면 그녀의 삶은 하나님의 말씀이 진리임을 입증하는 놀라운 실험실이기 때문이다.

여러분의 삶 역시 여러분이 읽은 대로 하나님의 말씀을 시험하게 될 중요한 실험실이다. 고통에 관한 하나님의 뜻이라는 말이 여러분에게 혹시 진부하게 들리는 것은 아닌지 모르겠다.

1997년 3월 31일

스티브 에스트

세월이 언제 이리도 빨리 흘렀나? 벽난로가에서 또 하나의 장작을 집어넣을 때를 빼놓고는 계속해서 성경을 열심히 뒤척이던 스티브 에스트의 모습을 나는 여전히 그려 볼 수 있다. 그는 내 질문에 답하기 위해 구약성경과 신약성경을 맹렬히 들추며 적합한 페이지를 찾은 다음, 손가락으로 죽 훑어 내려가다 해당 구절을 급소를 찌르듯 가리키곤 했다.

"자, 조니. 내가 찾은 에베소서 3장 말씀을 찾고 그 말씀을 들어 봐. 그 목적은…."

그는 마치 가속 페달을 툭툭 밟아 엔진을 변속하듯 말하곤 했다. 우리가 주고받은 질문과 답변은 오르막과 내리막길의 주행, 충돌, 정지, 처음부터 재출발, 한두 번의 우회, 그러다 벽난로의 마지막 장작이 타고 나면 막을 내리는 식이었다. 내가 그랬던 것같이 스티브도 설익고 성장 중에 있는 젊은이여서 진리가 정말로 작동하는 지를 확인하고 싶어했다. 그래서 다음 성경 공부를 기대하며 다시 만나곤 했다. 그는 성경 구절들을 신이 나서 가리켰고 나는 하나도 놓치지 않으려고 쫓아가곤 했다.

하나님이 사랑이시라면, 왜 고통이 존재하는가?
어떤 것을 묵인하는 것하고 명하는 것과는 어떤 차이가 있는가?
나쁜 일이 생겼을 때, 하나님은 악마와 한패가 되신 것인가?
내가 이런 모습으로 행복해 하길 어떻게 하나님은 기대하실 수 있는가?

"그 생각 그대로 갖고 잠시만 기다려!" 스티브는 자신의 어깨 너머로 소리친 후 콜라 한 병을 더 가져오려고 부엌으로 달려가곤 했다.

우리가 성경 말씀 속으로 여행을 하며 시간을 보냈던 옛날 그 시절

만큼 달콤한 때도 없었다. 우리의 모험은 고통 중에 계신 하나님을 알아 가기 위해 갈 수 있는 데까지 가곤 했던 것이다. 삼십 년이 지난 지금 우리는 몇 개의 이정표를 지난 셈이고, 나이가 들고 성숙해지는 과정에서 우여곡절과 상처도 겪었다. 감사하게도 우리 모두는 각각 결혼해서 우리를 늘 격려해 주는 버나와 켄이라는 배우자를 만났다. 많은 것이 변했다. 하지만 한 가지는 여전히 변하지 않은 채 남아있다. 우리들의 우정은 여전히 그리스도 주위를 돌고 있다는 사실이다.

여전한 것이 또 있다. 고통이다. 어떻게 보면 이 고통은 더 심해졌다. 지금도 나는 장시간 휠체어에 앉아 있어 뼈에 통증이 있고, 장애가 주는 한계와 끊임없이 싸우느라 쇠약해지고 있다. 하지만 그것은 비록 내가 지금 배우고 있는 것이 옛 시절에 배운 것의 메아리이고, 또한 좀 더 깊은 곳에서 울리는 소리를 단순히 감지하고 있는 것이라 할지라도 여전히 모험이다. 그 옛날 벽난로 가에서 콜라가 다 떨어지도록 장시간 앉아 얘기를 나누면서 당시에 발견한 해답들이 지금 이렇게 강력한 여파를 미치리라고는 꿈에도 생각하지 못했다. 사지 장애로 수십 년을 지내고 나와 유사한 처지에 있는 사람들을 만나면서, 나는 이 진리들을 계속 전하고 있다.

내가 전하는 것은 고통에 관한 진리라기보다 하나님에 관한 진리이다. 그래서 나는 이 책을 소개하는 데 다음과 같은 전제를 제시한다. 이 책은 고통에 관한 이야기라기보다 고통에서 빠져나오게 하실 수 있는 유일한 분에 관한 이야기이다. 우리의 고통이 왜 우리에게 문제가 되는가에 관한 것이 아니라(문제가 된다 할지라도), 왜 하나님에게 중요한가에 관한 이야기이다. 한 가지 더 제시할 전제가 있다. 우리는 성경이 하나님의 말씀이라는 사실을 믿는다는 것, 구약이 신약으로 이어지는 것, 각 성경이 요지부동의 근본 진리라는 것, 이 책에서 우리가 사용할 성경은 증명된 안내 지도라는 것이다.

이와 같은 막중한 주제를 나 혼자 다룰 수는 없다. 경험과 학식을 필요로 하는 일이기 때문이다. 그래서 나는 경험을 제시하고 스티브는 수년간 신학교 수업에서 얻은 학식과 글 쓰는 재주를 충실히 제공하여, 우리 둘의 합작으로 여러분을 "제자훈련"시킬 수 있기를 바란다.

제2장부터 제6장까지는 스티브가 연구하고 썼다. 그가 내 휠체어 곁에서 "이 하나님은 누구이신가"에 관해 자신의 통찰을 처음 전했을 때 내가 감명을 받았던 것같이 여러분도 마음과 정신에 감동이 있게 될 것이다. 제1장과, 제7장부터 제11장까지를 내가 썼다. 제12장에서 스티브는 지옥에 대해 썼고, 곧 이어 결론을 짓는 마지막 제13장 천국에 관해서는 내가 썼다. 부록 A와 C도 스티브의 글이다. 장기간의 고통이라는 주제에 대해 서로를 자극해 가며 여러 번 이 책의 골격을 가다듬었고 상대방의 글을 교정했다.

한 가지 더. "눈물로 한밤을 지새우나 아침이면 기쁨이 찾아옵니다." 고통당하는 자들을 위한 기쁨, 특별히 하나님을 위한 기쁨. 이 책을 통해 우리의 눈물이 어째서 사랑의 하나님과 상관이 있는지 여러분이 더 잘 이해하게 되길 나와 스티브는 기도드린다. 언젠가 모든 눈물의 의미와 그분 자신의 눈물의 의미조차도 분명하게 하실 하나님께.

1997년 봄
조니 에릭슨 타다

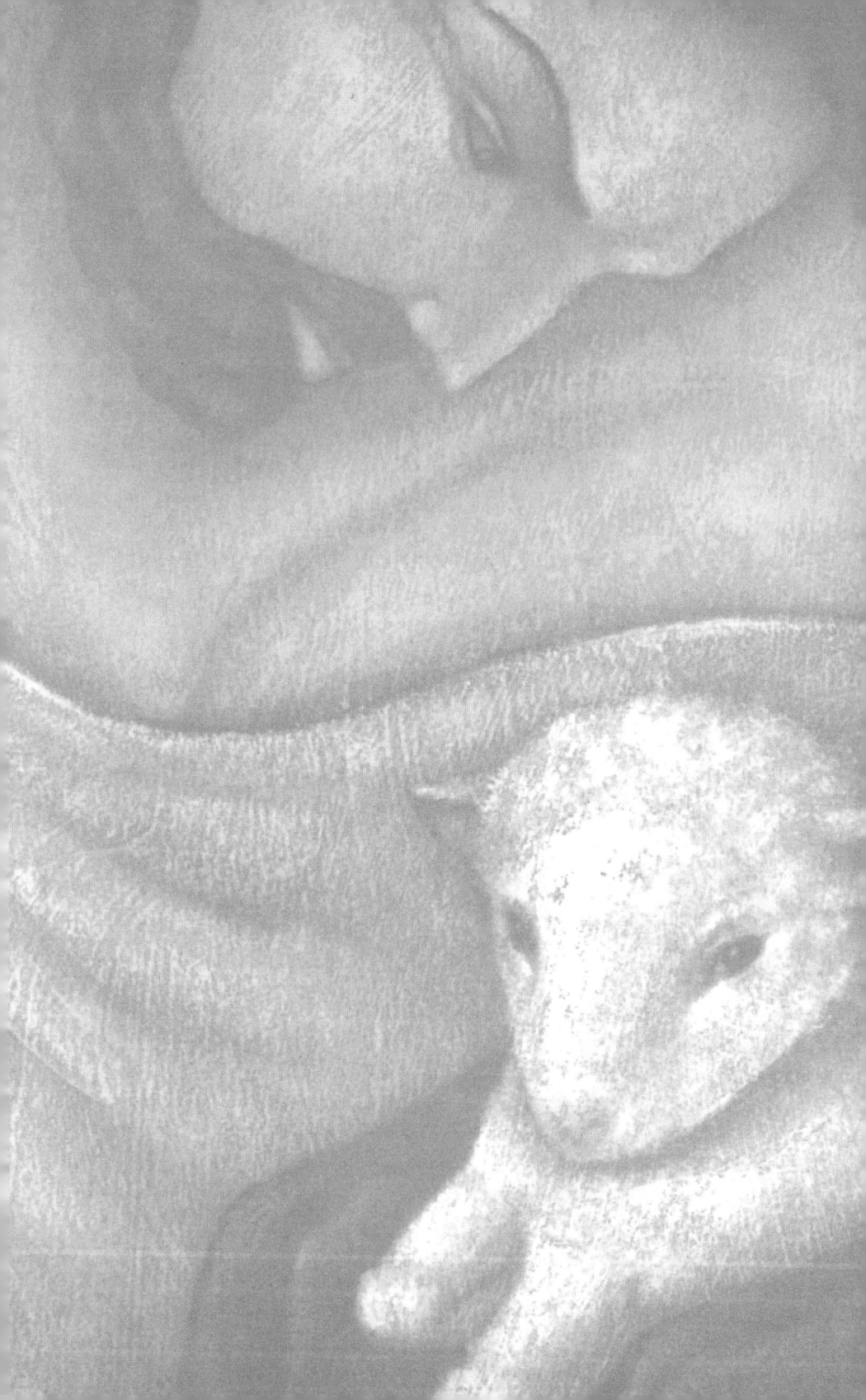

제1장

마음이 너무 아파요

역한 냄새 속에, 아프리카의 밤은 칠흑같이 어두웠다. 손전등 하나로 간신히 길 안내를 하고 있었다. 쓰레기 썩는 악취로 인해 구역질 날 것 같은 기분을 참고, 나는 천막 안으로 조심스럽게 들어가려 했지만, 안내원은 이런 냄새 따위에 전혀 개의치 않고 태연히 앞으로 나섰다. 천막 입구의 휘장을 걷어 올리며 안내원은 손전등으로 계속 불빛을 비추었다. 그를 따라 나도 휠체어를 밀고 천막 안으로 들어갔다.

휘장이 내려지자 너절한 길가의 소음이 사라진 듯 주위는 고요했다. 나는 사방을 두리번거리며 천막 안을 살펴보았다. 안내원이 불빛을 높이 쳐들었다. 머리카락과 피부 색깔이 주변과 전혀 구별이 안되는 한 젊은 여인이 불빛에 드러났다. 그녀는 두 손이 없는 장애인이었고 막대기 같이 삐쩍 마른 두 다리를 밀짚 매트에 올려놓은 채 비스듬히 앉아 있었다. 그것은 특별히 놀랄 장면은 아니었다. 이미 나는 이 아프리카 땅 뒷골목에서 소아마비를 앓았거나 수족이 절단되어 의수, 의족을 하고 있는 수많은 사람들을 보았기 때문이다. 이들은 집도 없이 길에서 사는 사람들이었다. 전염병이 창궐하는 아프리카 가나의 수도 아크라. 길거리에 버려진 장애인들은 물론이고,

나처럼 사지가 마비된 사람들은 이 적도의 땅에서 살아남기가 더욱 힘들다. 단지 이곳에서는 스스로 자신의 몸을 가눌 수 있는 장애인들만이 살아남을 수 있을 뿐이다. 길거리에서는 오줌과 쓰레기가 마구 섞여 썩어 가고 있었다.

안내원의 손전등은 협소한 천막 안을 비추고 있었고, 이 젊은 여인이 나와 마주쳤을 때 그녀는 크고 넓은 치아를 드러내며 아프리카식으로 크게 웃었다. 그녀가 안내원에게도 웃음을 짓자 검은 눈이 불빛에 빤짝였다. 나를 인도한 이 안내원은 아프리카 출신 목사님이었는데, 그녀를 잘 알고 있는 듯했다. 길에 버려진 소경이나 절름발이 장애인들을 주님 앞으로 인도하는 것이 이 목사님의 사역이었다.

목사님은 목소리를 가다듬고 "애마."하고 그녀의 이름을 부른 뒤, "미국인 친구 조니를 네게 소개시켜 주게 되어 참 기쁘구나" 하며 영국식 영어로 나를 소개시켜 주었다. 애마가 자기 부족 말로 인사를 했다. 가나가 영국 식민지였기 때문에 그녀도 영어를 알아들을 수는 있었다. 우리는 마치 티타임을 즐기듯 대화를 나누었다. 거리에 버려진 애마나 그녀의 친구들과 같은 장애인들을 만나볼 수 있었던 것은 정말 기쁜 일이었다. 우리가 긴 여행을 하긴 했지만, 이곳에 온것은 정말 기쁜 일이었다. 우리 JAF 선교회 일행이 이곳 가나에 온 이유는 애마 같은 장애인들에게 휠체어를 나눠 주기 위해서였다. 애마가 우리와 함께 휠체어를 타고 길에 나서려 했을까? 물론이었다. 오늘밤 나와 함께 길에 나서 보자는 말에 애마는 웃음으로 대답했다.

아크라의 길에 버려진 크리스천 장애인들을 상징하는 인물과도 같은 애마와 장애인 돌보는 것을 자신의 소명으로 알고 헌신하고 있는 목사님은 내 마음을 사로잡았다. 코를 찌르는 썩는 냄새가 골목골목을 무겁게 짓누르고 있었지만, 애마와 대화를 나눈 지 몇 분 만에 이 모든 냄새는 인생의 향기로 바뀌었다.

나는 천막 밖으로 나와 다시 어둠 속으로 빨려 들어갔다. 손전등 불빛을 따라 진흙 길과 여기저기 듬성듬성 놓인 아스팔트 길을 지나갔다. JAF선교회 일행이 휠체어에 앉은 나를 번쩍 들어서 건너편 인도에 내려놓았다. 어디로 가는지도 모른 채 우리는 불빛만 따라갔다.

컴컴한 골목에서 꼬인 두 다리를 질질 끌며 십대 소년 두 명이 기어 나왔다. 그들은 소아마비에 걸리고도 살아남은 사람들이었다. 조금 더 나아가다 또 다른 장애 여인을 만났다. 이 여인은 부족 고유의 전통 치마를 입고 흔들거리는 낡은 휠체어에 앉은 채 앞으로 가려고 애쓰고 있었다. 더 나아가 보니, 두 발이 없고 키가 1미터도 채 안 돼 보이는 팔십 먹은 노인이 길가로 통통 튀어나와 환한 웃음으로 나를 맞아 주었다. 노인은 내게 엉금엉금 다가와 의수를 내밀며 악수를 청했다. 나는 노인과 악수하려고 몸을 앞으로 내밀어 마비된 내 손가락을 노인의 의수에 갖다댔다. 우리는 서로 웃었다. 거리를 따라 앞으로 나아가다 손뼉 치며 노래하는 무리들을 만나면서 우리 일행은 멈춰 섰다. 네온 외등 불빛 아래로 우리 일행이 안내되는 동안, 고아들과 집 없는 사람들이 우리를 환영해 주었다. 우리는 길가 노천 예배당의 한 중심에 도착한 것이다.

저 하층 무리들을 바라보며 우리 일행은 벤치에 꼿꼿이 앉아 있었다. 손전등을 든 목사님이 소리쳤다.

"자, 크리스천 형제자매 여러분! 미국에서 오신 우리의 귀한 손님들을 따뜻하게 환영해 줍시다. 이분들은 우리에게 휠체어와 성경을 나눠 주기 위해 멀리서 오셨습니다!"

크게 환영하는 소리가 울려 퍼졌고 곧 환영의 노래가 이어졌다. 깊고 충만한 저음의 아프리카 화음이 내 가슴을 저리게 했다. 다른 사람의 간증에 화답하는 장애인들의 박수와 성경 낭독 소리를 들었을 때, 내 눈에서는 하염없이 눈물이 흐르고 있었다. 계속 찬양이 이어지면서 30여 분이 금방 지나갔고, 내가 말할 차례가 되었다.

"여러분, 우리를 환영해 주셔서 감사합니다."

휠체어를 탄 채로 앞으로 나아가며 말을 시작했다. 내 곁에 있던 JAF 선교회 동료가 그들에게 휠체어를 선물로 건네 주었다. 첫 아이가 선물을 받자 누군가가 ,

"참 좋으신 하나님!"

하고 외쳤다. 또 하나의 휠체어와 목발이 다음 사람에게 계속 전달되면서 일정한 리듬으로 박수 소리가 났다. 강약을 조절한 박수는 더욱 크고 요란하게 울려 퍼졌다. 애마도 신이 나서 머리를 가볍게 흔들고 만족스런 표정과 함께 휠체어 팔걸이에 있던 두 의수를 비비며 환하게 웃었다. 소아마비 십대 소년 두 명도 덩실덩실 춤을 추었다.

"저것 봐."

내가 우리 일행에게 말했다.

"휠체어가 충분치 않아서 받지 못한 사람도 남이 받은 것을 보고 저렇게 좋아하고 있어요."

동편에 솟아오른 달은 환하게 빛나고 있었다. 우리 일행이 빈민촌을 떠나려고 했을 때, 이 아프리카인들은 찬송가 한 곡을 더 부르며 이별을 고했다.

주님 살아 계시기에, 내일을 맞이할 수 있네

주님 살아 계시기에, 걱정 근심 하나 없네
주님께서 내 앞날을 지켜 주실 것을 내가 알기에, 인생은 살맛이 있네.
바로 주님이 살아 계시기에!
("주 하나님 독생자 예수 날 위하여 죽으셨네…"로 시작하는 복음 찬송가 가사 일부분임-역자 주)

이들의 천진스런 웃음을 이해하기 어려웠다.

"네온 불빛 때문에 웃음으로 보이는 걸까?"

아니다. 그것은 이 땅의 삶에서 솟아나는 기쁨이었다.

목사님은 우리가 승합차로 돌아갈 수 있도록 불빛을 비춰 주었다. 이 거리를 빠져나오는 동안, 나는 온갖 생각으로 뒤엉켜 있었다. 불행의 한복판에서 느끼는 놀라운 기쁨. 인분 거름 더미에서 피어나는 청초한 민들레와 같은 기쁨.

"비가 오면 애마는 어떻게 하죠? 누가 그녀를 돌보죠?"

나는 목사님께 물었다.

"주님이 돌봐 주시죠."

그는 손전등 빛 속에서 환하게 웃으며 대답했다.

내리쬐는 폭염. 땡전 한 푼 없는 저 사람들. 손발 없는 소녀. 누울 침대도, 부채조차도 없이 시멘트 바닥에 뒹구는 삶. 이 사람들을 보면 결코 주님이 선한 일을 하고 계신 것 같지 않았다. 넝마 더미 속 상자 안에서 사는 한 소년이 우리에게 했던 말이 생각났다.

"우리는 당신들 같은 외국인들을 이해할 수 없습니다. 주님은 당신들에게 너무나 많은 것들을 주셨고, 당신들은 그야말로 넘치는 축복을 받았죠… 그런데 당신들 나라에는 행복해 보이지 않는 사람들이 왜 그리 많은가요?"

1. 우리의 세계

우리에게는 근사한 집이 있다. 또 실직하면 보험금을 받고, 식탁에서 하루 세 끼 밥을 먹는다. 필요하면 국가에서 주는 무료 식품 구입권을 받을 수도 있고, 아니면 파격적인 세일 쿠폰으로 식품을 구입할 수도 있다. 이렇듯 의식주가 모두 해결되었는데도 여전히 우리는 무엇인가를 더 바라고 있다는 사실이 이상하지 않은가? 우리가 미혼이면 결혼을 원하게 되고, 결혼을 하게 되면 완전한 배우자를 원하게 된다. 완전한 배우자를 만나면, 그 다음은 인생을 즐길 시간을 원한다.

다른 한편으로 우리에게 너무 힘든 경우도 있다. 치솟는 병원비에, 병원으로의 잦은 출입. 갑작스런 졸도로 남편이 벙어리가 되고, 염색체 변형으로 저능아가 출산된다. 장례식에 다녀온 지가 어제 같은데 또 다른 장례식에 가야하고, 홀로 앞날을 어떻게 맞이할지 걱정한다. 우리는 우리에게 지워진 무거운 짐에 짓눌려 쓰러지며, 풍성한 삶이 왜 우리에게는 오지 않고 다른 사람들에게만 가는지 의아해 한다.

우리는 갖고 있지 않은 것을 원하고,
원하지 않는 것을 갖고 있다.
그래서 우리는 늘 불행하다.

기쁘게 고통을 겪고 있는 아프리카인들의 삶은 고귀하며 감동적이다. 하지만 우리는 스스로에게 이렇게 확신시킨다. 하나님께서 가나에 있는 불쌍한 사람들에게 한 것처럼 우리의 삶도 그런 식으로 불행하게 하시지는 않을 거라고. 우리가 생각하는 하나님은 우리의 삶을 행복하고 좀 더 의미 있게, 아무 어려움이 생기지 않게 하는 하나님이시다. 우리의 하나님은 우리를 특별 취급하신다. 어쩌면 우리는 문제가 생기면 해결점을 찾아 고친다는 식의 청교도적 윤리에 길들여져 있는지도 모른다. 우리 서구 문화는 그리고 그 문화를 이끈 우리의 하나님은 고통이 생기면 그것을 해소하기 위해 병원도 짓고 기관도 설립했다. 우리는 이렇게 문명화하였고, 하나님을 보는 시각 또한 그렇게 문명화하였다.

하나님 스스로 천명하셨듯이, 그분은 우리의 아버지시다. 모든 아버지는 자녀에게 최선의 것을 해 주기 원한다. 길에서 주운 누더기 옷을 입히고, 폭우에 폭삭 가라앉는 움막 같은 집에서 살도록 하지 않는다. 우리의 아버지이신 하나님 역시 우리에게 최선의 것을 주기 원하신다. 하나님은 질병과 재앙을 포함해 모든 사단의 행동을 물리치고, 우리에게 평화와 안녕을 보장하시는 우리의 구원자이시다. 하나님은 풍성한 삶을 약속하시고 그 약속을 항상 지키신다. 하나님은 독생자 예수를 이 땅에 보내 우리의 죄를 대신 지게 함으로써, 우리를 죄의 사슬에서 해방시켜 주셨다. 주 예수께서 채찍을 대신 맞음으로써 우리가 고침을 받았다.

그리고 고통으로부터 치유를 받는 것은 바로 행복해지는 것을 의미한다.

이와 같은 일련의 생각이 든 것은 1967년 내가 다이빙 사고로 어깨 하반부 전신이 마비된 직후였다. 병원에 입원했을 때에는 온몸이 쇠로 된 고정틀에 꽁꽁 묶이는 바람에, 유일하게 움직일 수 있는 머리마저 움직이지 못하고 누워서 위만 쳐다본 적이 있었다. 자연스럽게 하나님께 말씀드릴 수 있는 자세였다. 나는 하나님이 어떤 생각을 하고 계신지 상상해 보려 애썼다. 전지전능하시고 사랑의 하나님이신 것을 확신하며, 하나님이 진짜 하나님이시라면 어떻게 해서든지 내 고통을 해결해 주셔야 한다고 생각했다. 내 육신의 아버지께서 병실 침대 난간을 붙잡고 종종 눈물을 흘리셨던 것처럼, 하늘나라의 아버지께서도 내 신세를 보고 우셔야 했다. 나는 하나님의 자녀이고, 하나님은 결코 자신의 자녀에게 해를 끼칠 어떤 일도 하시지 않을 거라고 생각했다. 예수님께서도 이렇게 말씀하지 않으셨던가.

"너희 중에 아비 된 자 누가 아들이 생선을 달라 하면 생선 대신에 뱀을 주며 알을 달라 하면 전갈을 주겠느냐… 하물며 너희 천부께서 구하는 자에게 많은 것을 더 주시지 않겠느냐!"(눅 11:11-13).

이렇게 좋으신 하나님이시라면, 마땅히 우리가 따라야 할 것이다. 내가 퇴원했을 때 친구들은 신유의 능력을 가졌다는 캐서린 쿨만이라는 여인의 워싱턴 D.C. 안수 집회로 나를 데리고 갔다. 쿨만 여인이 하얀 가운을 입고 단상에 나타났을 때, 맨 앞줄에서 차례를 기다리고 있던 나는 설레는 마음으로 기도를 드렸다.

"하나님 아버지, 성경에 아버지께서 우리의 모든 질병을 고쳐 주시겠다고 하신 말씀을 기억합니다. 아버지, 저 일어날 준비가 다 되어 있어요. 아버지, 제가 휠체어를 걷어 내고 일어설 수 있도록 해 주실 거죠?"

하나님은 잠자코 내 기도를 들으셨다. 나는 휠체어에서 결코 일어서지 못했다. 캐서린 쿨만의 안수 집회에 처음 참석했을 때, 내 순서는 휠체어에 앉아 있는 서른 명의 사람들 중 열다섯 번째였다. 우리 모두는 조금 더 앞서 안수 기도를 받으려고, 목발을 짚고 있는 사람들을 추월해 맹렬히 앞으로 나아갔다. 그때, 기다리고 있던 자들을 둘러보면서 실망스럽고 당혹스런 표정을 지으며 이런 생각을 했던 기억이 난다.

'필사적으로 고통을 제거해 보려는 노력? 이건 뭔가 잘못된 거야. 꼭 이렇게 밖에 고통에 대처할 수 없는 것일까?'

집에 돌아와서 거울을 바라보았을 때, 집회장에서 침울한 표정으로 순서를 기다리던 사람들이 거울 속에서 나를 노려보는 것 같았다. 당혹스러웠다.

"그렇다. 이건 정말로 바로잡아야 할 문제다. 하나님은 선하시다. 하나님은 사랑이시다. 그는 전지전능하시다. 게다가 그는 이 땅에 오셔서 수많은 사람들의 고통을 덜어 주셨다. 그런데 왜 다섯 살 난 내 조카 켈리가 뇌암에 걸려야 할까? 왜 내 형부가 언니와 가족을 버리고 이혼을 했을까? 왜 아버지의 관절염은 약도 듣지 않는 것일까?"

좋은 질문들이다.

딱히 해답은 없는 것 같고 하나님이 우리의 길을 가로막고 있다고 생각될 때, 고통의 불길은 거세게 타오른다. 우리는 갖고 있지 않은 것을 원하고, 원하지 않는 것을 갖고 있다는 느낌이 더 절실해진다. 하나님은 아무런 반응을 안 보이시고, 행복은 우리를 떠나 버린다. 우리는 불만족스럽고 불안해서 어쩔 줄 모른다.

침울한 표정으로 안수를 받기 위해 기다리고 있던 사람들 중 몇 명이나 아직도 하나님을 믿고 있을지 의심스럽다. 그들은 아직도 차례를 기다리고 있을까? '자꾸만 지체되는 희망은 마음을 멍들게 하고,' 속절없이 마음을 부서뜨릴 뿐이다.

희망이라는 당근을 줄에 매달고 우리가 따먹으려고 하면 줄을 뒤로 젖히는 식으로 약을 올리는 하나님이시라면, 하나님에 대한 우리의 입맛은 그분에 대한 우리의 신뢰는 당연히 사라질 것이다.

2. 우리들은 약하나 주님은 강하다

우리는 앞서 말한 아프리카 사람들로부터 교훈을 얻을 수 있다. 그들이라고 무료 식품 구입권을 잔뜩 갖고 싶어 하지 않겠는가! 진공청소기로 청소하며 살 수 있는 집은 또 어떠하겠는가! 병 고침? 그들이 의족을 걷어 내고 두 발로 뛰어다닐 수 있다면 얼마나 좋아하겠는가! 그들의 고통은 깊은 암흑의 구덩이일 뿐이다. 그러나 그들은 아픔으로 절규하는 만큼 모든 것을 완전히 포기하고 주님을 의지하는 것 같았다.

내가 그들을 영화롭게 미화시키려는 것이 아니다. 번쩍이는 특등 훈장을 달아주고 다른 사람들보다 한 수 위에 있다는 식의 속물주의적 평가를 하려는 것도 아니다. 애마와 그녀의 친구들을 성자로 우상화하기 전에 우리가 기억해야 할 것은, 저들 역시 우리와 다를 바 없는 인간이라는 사실이다.

우리와 다른 것이 있다면 그것은 바로 하나님을 바라보는 저들의 태도이다.

무더운 바람이 불던 날 저녁, 가나를 떠나기 위해 우리 일행이 활주로에 서서 여객기를 기다리고 있을 때, 공항 근무 요원인 한 아프리카 여인과 이야기하게 되었다. 고통을 받고 있지만 행복해하는 사람들을 만났다고 내가 말하자, 그녀는 이렇게 대답했다.

"우리는 하나님을 의지해야만 해요. 우리 국민들은 다른 희망이 없어요."

그녀는 손으로 머리결을 젖히고 당당하고 크게 웃으며, 의미심장한 눈으로 나를 똑바로 바라보았다. 그녀의 이 말이 모든 것을 대변했다. 어떻게 웃음을 잃지 않느냐고 물었을 때, 그녀는 어깨를 들썩이며 대답했다.

"나도 하나님을 믿어요."

그녀의 대답은 단순했다. '아마도 그렇겠지.' 나는 속으로 생각했다. 그녀가 믿는 하나님이나 우리가 믿는 하나님이나 똑같은 분이시다. 게다가 모두 똑같은 성경을 본다. 고통이란 문제에 대해 그녀나 우리나 똑같은 성경의 말씀에 의지한다. 고린도후서 12장 9-10절은 분명하게 말하고 있다. "이러므로 도리어 크게 기뻐함으로 나의 여러 약한 것들에 대하여 자랑하리니 이는 그리스도의 능력으로 내게 머물게 하려 함이라 그러므로 내가 그리스도를 위하여 약한 것들과 능욕과 궁핍과 핍박과 곤란을 기뻐하노니 이는 내가 약할 그때에 곧 강함이니라."

고난은 우리를 몰아쳐 하나님께 의지하도록 만든다. 우리가 오래 전 주일 학교에서 배운 노래 가사는 만유의 진리이다.

"우리들은 약하나, 나의 주는 강하다."

이 진리를 그날 밤 나는 아프리카에서 보았다. 우리가 처음 가나에 도착했을 때, 우리의 친구되신 목사님은 두 팔을 넓게 펼치고 웃으며 이렇게 말했다.

"가나에 오신 것을 환영합니다. 우리의 하나님은 당신네 하나님보다 더 크십니다."

이 말은 행복한 마음에서 우러나오는 사실이었다. 하나님을 가장 절실히 찾는 자들에게 하나님은 항상 더 큰 분으로 보이는 것이다. 그리고 고통은 우리가 하나님을 더 필요로 하게 만드는 도구가 되는 것이다.

고통을 통해 하나님을 더 잘 안다? 이것은 참으로 해괴한 생각이다. 시련이 닥치기 전까지 하나님을 결코 심각하게 받아들이지 않았던 한 고등학교 소년의 경우를 보자. 그의 온 관심은 장학금을 받고 미식축구 프로그램이 좋은 대학에 진학하는 것이었다. 그는 꿈을 이루어 미시간 대학에 진학했다. 그러나 대학 2학년 때 시합을 하던 중 충돌 사고를 겪는다. 두 차례 수술을 받은 후 계속 후보 선수로 남아야 했다. 그는 심각하게 생각해보기 시작했다.

"인생은 짧다. 내게 중요한 우선순위는 무엇인가?"

요즘 그는 직장 일이 끝나면 한 축구 팀의 코치로 활동하며, 여전히 운동과 관련된 삶을 살고 있다. 하지만 그의 일과에 중요한 부분을 차지하는 우선순위는 성경 공부와 기도로 바뀌어 있다.

시련을 통해 하나님께 가까이 간다? 또 하나의 흥미로운 주제다. 물질중심적인 철없는 부부가 있었다. 남편이 직장을 잃게 되자 저들은 열심히 기도했다. 이전보다 보수는 줄었지만 다시 직장을 얻게 되었을 때, 저들은 많은 교훈을 얻을 수 있었다. 직장보다 가정이 더 중요하다는 것, 딸이 가려했던 프린스턴 대학보다 전문대학이 그리 나쁘지 않다는 것, 다시 일어서려고 애쓰는 동안 하나님께서 잘 돌봐 주셨다는 것을 저들은 알게 되었다.

가슴의 상처를 통해 하나님의 손길을 발견한다? 이 또한 역시 신기한 주제다. 약혼녀가 약혼반지를 되돌려 주고 떠나가는 바람에 혼자가 된 스물여섯 살의 청년이 있었다. 그는 실패한 사랑의 기념물로 반지를 옷장에 놓아둔 채, 이웃의 한 불우 소년에게 온 정성을 쏟음으로써 파혼당한 슬픔을 가누었다. 소년은 자기 아버지를 본 적이 없어 고아나 다름없는 아이였다. 주말이면 소년을 마구간으로 데리고 가 말 타는 법을 가르쳐 주기도 했다. 소년을 보며 이 청년은 자신의 문제가 정말로 작다는 것을 알게 되었다. 2년 후 어느 날 이 청년은 선물을 사기 위해 책방에서 시간을 보내고 있던 중, 매력적인 미소와 함께 말 사진이 들어 있는 달력을 보고 있는 금발의 여인과 마주치게 되었다. 두 사람은 이야기를 나누기 시작했고 승마 이외에도 여러 가지 공동 관심사가 있다는 사실을 알게 되었다. 그 다음 주말 이 청년은 그녀에게 말을 태워 주었고 그녀 교회의 독신자 모임에도 합류했으며, 머지않아 그녀의 집 현관 앞 그네에서 프러포즈를 했을 때 그녀는 흔쾌히 그것을 받아들였다. 파혼이 아니었다면 그녀를 결코 만나지 못했을 것이라며, 요즘 이 젊은이는 그런 생각만 해도 끔찍하다고 한다.

우리가 약할 때, 하나님은 강하다? 좋다. 인정한다.

그럼 왜 우리는 코너에 몰리기만 하면 불평하는 것일까? 왜 우리는 계속 '왜냐'고 묻는 것일까? 해답의 실마리는 우리가 하는 질문들 속에 숨겨져 있다. '내가 다시 행복해질 수 있을까?' 또는 '이것이 도대체 나의 행복과 무슨 상관이 있을까?' 이런 질문들은 그 자체가 인위적이고 자기중심적이다. 우리가 선한 해답이라고 찾아낸 경우조차도 여전히 자기중심적인 해답이 될 수 있다. 앞서 소개한 예에서 삶의 우선순위를 하나님 중심으로 설정하게 된 대학 축구 선수의 경우나, 줄어든 수입으로 삶의 지혜를 배운 부부의 경우나, 파혼의 아픔을 딛고 아름다운 여인을 찾은 젊은이의 경우 모두 자신들이 받은 고통의 원인을 다 자신이 잘되기 위함이었다는 자기중심적인 해답으로 귀결시킬 수 있는 것이다. 이러한 예는 얼마든지 있다.

"확실히 고통을 겪은 덕분에 내가 영적으로 살아날 수 있었어."
"이 시련을 통해 내 성격을 고칠 수 있었고 기도 생활도 하게 되었어."
"그때 그 아픔이 없었다면 오늘날 내가 있을 수 있었을까?"
"이 역경이 나의 결혼 생활을 더욱 튼튼하게 만들었어."

모든 것이 자기중심적인 해답임을 쉽게 알 수 있다. 하나님도 이것을 아신다.

3. 한계를 넘는 고통

우리가 앉아 있는 곳에서 불과 몇 미터 떨어지지 않은 강 둑은 민들레 천지였다. 민들레가 드넓은 바다의 파도처럼 바람 부는 대로 물결치고 있었다. 솔잎에 바람 소리 나니 내 머리카락도 흩날리고, 영혼이 고양되는 것을 느꼈다. 이렇게 햇빛을 듬뿍 받을 수 있는 뒤뜰이 또 있었던가? 존 매컬리스터 씨와 나는 각자의 휠체어에 굳은 몸을 의지한 채 바람을 쐬고 있었다. 목까지 덮이는 양털 스웨터를 입은 매컬리스터 씨는 먼 산을 응시하고 있었다. 어딘가 고상하고 기품 있는 모습으로 명상에 젖어 있는 학자처럼 그는 정원 뒤뜰에 앉아 있었다.

"이곳에 좀 더 자주 와야겠어요. 오늘 같은 날엔 이런 전망이 참 좋네요. 감사합니다."

내가 부러운 듯 인사말을 건넸다.

"허허."

그는 내 칭찬의 말을 나중에 음미하려는 듯 아무말 없이 껄껄 웃었다. 서로의 처지를 비교해 보았다. 내 몸은 마비된 지 거의 삼십오 년이 되었고, 그는 퇴행성 신경질환으로 몸의 기능이 조금씩 잃어가고 있다. 마치 1m 90cm의 거목이 구부러져 내 앞에서 시들어가고 있는 상황과도 같다.

크림색 주사액이 가득 찬 비닐 팩과 주사기를 들고 간병하는 간호사가 다가온다. 우리가 이야기를 계속하는 동안, 간호사가 셔츠의 복부 쪽 단추를 풀자 하얀 살이 드러났고, 복부에는 주사액을 넣을 수 있도록 영구히 고정된 튜브가 보였다. 간호사가 튜브에 주사기를 연결하자 그의 점심인 주사액이 흘러 들어갔다. 그는 하나도 당황해 하지 않았다. 하지만 나는 좀 당황스러워 그 순간을 모면하려 이렇게 말했다.

"튜브로 식사를 하시니 언제 감사 기도를 드려야 할지 쉽지 않겠네요!"

그는 고개를 끄덕였다. 나는 그가 거동이 좀 더 가능했던 시절, 요양원에서 자원 봉사를 하며 늘 할 일을 찾아 다른 사람을 도와주던 모습이 생각났다. 간호사는 이내 주사기를 빼고 복부를 닦아 주었다. 마치 식사 후 입 주위를 휴지로 닦는 것같이. 간호사가 깔끔한 여자라 다행이었다. 매컬리스터 씨는 깔끔한 것을 중요시하는 사람이지만 자신이 애써서 할 수 있는 일은 샤워뿐이며, 다른 모든 것은 옛날 일이 되어 버렸다.

수개월이 지났다. 날씨가 많이 서늘해졌고 낮도 짧아졌다. 매컬리스터 씨의 휠체어는 구석에 처박혀 사용되지 않은 지 오래다. 그는 이제 기운이 너무 없어 휠체어에 앉지도 못했다. 침대는 거실 한가운데 놓여져 있었고, 그는 침대에 묻혀 살고 있었다. 밤이면 더 괴로운 시간이 찾아왔다. 호흡하는 것이 힘들어 소리쳐 도움을 청한다는 것은 불가능했다.

그에게 오늘 밤은 더더욱 그런 밤이다. 암흑 속에서 개미 한 마리가 좋은 먹이가 있는 것을 알아내, 무리에게 이 소식을 알린다. 처음에는 수백 마리가, 그리고 급기야 수천 마리가 다가온다. 거대한 무리가 쥐 죽은 듯 소리 없이 굴뚝을 타고 내려와 거실 바닥을 건너, 오줌 튜브를 타고 기어올라 침대 위에 다다른다. 개미들은 그가 덮은 담요의 산과 계곡을 넘어, 마침내 담요 밑으로 기어들어 그의 몸에 당도한다. 그는 가물가물 거리는 엄청난 검은 무리의 습격을 당하고 만 것이다.

그때 나는 대서양 건너 영국에 있었는데, 매컬리스터 씨의 부인이 팩스로 그의 남편이 당한 소식을 내가 묵고 있던 호텔로 보내왔다. 부인과 간호사가 이른 아침 남편 침상에 왔을 때는 이미 개미들이 머리카락이며 입과 눈까지 뒤덮고 있었다. 개미에게 물린 그의 피부는 참혹하게 부어 있었다.

"그를 위해 기도해 주세요. 그이가 이렇게 참담해하는 모습은 처음 있는 일이예요."

팩스가 도착했을 때 나는 호텔에 없었다. 나는 한 집회에서 장애인들이 처한 곤경을 전하고 있었다. 연약한 자들을 돌보시는 하나님의 자비에 대해 강연을 하고 있었다.

나는 호텔 로비에 앉아 그 팩스를 한 번 더 읽으려고 했지만 그러지 못했다. 뱃속이 뒤틀리는 기분이 들었기 때문이다. 매컬리스터 씨는 그리스도인이고, 그의 하나님은 어둠도 뚫고 보실 수 있다.

그런데 왜… 도대체 왜? 개미가 자신의 자녀를 덮치는데도… 왜? 나는 정말 이렇게 묻고 싶다. 하나님… 당신은 누구신가요?

여러분이 매컬리스터 씨를 안다면, 아마 여러분도 똑같은 말을 할 것이다. 이 이야기는 미식축구를 하다 근육이 파열된 청년의 이야기와는 다르다. 미안하지만, 프린스턴 대학으로부터 장학금을 줄 수 없다는 편지를 받은 소녀의 이야기나, 파혼으로 반지를 돌려받아 가슴 아파하는 청년의 이야기와도 다르다. 이것은 정말로 나를 미치게 만드는 이야기다. 그리고 사람에게 살금살금 다가와 온 정신을 갈기갈기 찢어 버리는 고통이다. 이것은 사람을 미치광이로 만드는 고통이다. 아마도 여러분은 이런 고통이 내게 닥치면 내가 결코 하나님께 가까이 가지 못할 것이라고 생각할 것이다. 내가 하나님으로부터 멀어질 것이라고….

과연 우리는 인간이 하나님을 더 잘 알아 가는 데 이런 고통이 도움을 준다고 단언할 수 있을까? 이런 고통의 목적이 하나님께로 몇 단계 더 가까이 가게 해 주는 것이라고 단정할 수 있을까? 이것을 우리의 삶 속에서 어떤 근본적이고 심오한 무언가를 이루고자 하시는 하나님의 뜻이라고 말할 수 있을까?

도대체 이러한 고통을 상식적으로 납득할 수 있는 사람이 있을 수 있을까? 누가 실제로 이것을 믿겠는가?

4. 성경 말씀으로 돌아가자

관원들은 바울의 옷을 허리춤까지 벗기고 강제로 땅바닥에 밀어붙였다. 바울은 눈을 감았다. 그의 신발이 땅에 끌리자 소란 떨던 군중도 숨을 죽였다. 휙 하고 허공을 가르는 가죽 채찍 소리가 나기 무섭게, 쩍 하며 등판에 부딪혀 살갗을 찢는 소리가 들렸다. 하나, 둘, 서이, 너이… 리듬을 타는 듯 호위병은 묵묵히 매질을 시작했다.

세 겹의 채찍으로 서른아홉 번을 때리는 태형은 유대인 특유의 처벌이었다. 마흔 번에서 하나 적은 서른아홉 번의 매질. 모세 율법은 마흔 번까지 허용했지만 생명을 위협하는 경계선을 넘지 않는다는 의미로 서른아홉 번 채찍질했다.

서른 번째 채찍을 맞았을 때, 바울의 혀는 모래 바닥으로 빠져나왔다. 전도의 일생을 마칠 때까지 바울은 유대인 회당 밖에서 다섯 번이나 이런 식으로 땅바닥 흙먼지를 맛봐야 했다. 이것만이 아니다. 바울은 로마에서도 수차례 매를 맞았고, 암살 위협을 받았으며, 공해상에서 난파된 선박 잔해에 밤낮을 매달려 있었다. 또 수차례 쇠사슬에 묶여 감옥에 갇혔으며, 폭도들의 돌팔매질에 혼절하여 그 상태로 버려지기도 했다(고후 11:24-27).

바울은 이 모든 고통을 피할 수 있었다. 결정적인 순간에 봉착했을 때 신중히 침묵을 지켜 핍박을 모면했던 몇몇 변절자들처럼…. 그러나 바울은 결코 굴복하지 않았다. 그의 대적들은 바울이 끊임없이 말씀을 인용해 말하는 것을 증오했다. 그의 높은 지성을 미워한 것은 물론이었다. 그들은 바울을 농락할 수 없었다. 바울은 그들의 뿌리 깊은 반목과 질시를 알고 있었다. 대적들이 진짜로 혐오한 것은 논쟁할 때마다 바울의 논리 배후에 자리잡고 있는, 보이지 않는 한 인물 때문이었다. 그분은 세례 요한이, 자신은 그분의 신발 끈을 푸는 일조차도 감당할 수 없다고 말한 바로 그 사람이었다. 바울은 바로 이 보이지 않는 사람을 기억하며 계속 전진할 수 있었다.

물론 모든 사람들에게 항상 논란의 대상이 된 것은 "장사한 지 사흘 만에 부활하신…" 사실에 관한 것이었다. 희랍인들은 이 말을 듣고 껄껄 웃어 버리지 않았던가! 돌무덤을 헤치고 시체가 튀어나오다니? 그리고는 마을을 어슬렁어슬렁 걸어다녔다? 흐음! 이것은 희랍인들에게 웃음거리에 불과했지만 유대인들에게는 격분시키는 일이었다. 어떻게 감히 썩어 죽을 일개 인간이 전지전능하신 하나님과 동격이 될 수 있단 말인가! 더구나 소위 믿지 못할 치유와 끊임없는 설법으로 거룩한 안식일을 더럽혔던 촌뜨기 총각 선생이라는 작자가 말이다![1] 자신을 하나님의 아들이라고 하더니 마침내는 십자가에서 죽기까지 했으니 진짜 얼간이 아닌가!

하지만 이 랍비가 죽고 난 후, 그것도 죽은 지 십 년 남짓 지난 시기에, 바울이 일행과 함께 다메섹으로 가는 도상에서 바울은 이 분을 만났다. 시력을 앗아 갈 정도의 강력한 영광의 광채와 말로 표현할 수 없는 놀라운 위력으로 제3의 하늘나라에서 말씀하시는 이 랍비와 바울은 마주친 것이었다. 바울은 오랫동안 예언되었던 하나님의 아들이 바로 나사렛 예수라는 것을 이 사건을 통해 확신하게 되었다. 또한 바울은 예수님께서 자신의 죽음으로 이 세상 죄를 대속하고 새

---

[1] 예수님과 논쟁했던 대적들은 예수님을 사생아라고 생각했다. 요한복음 8장 19, 41절을 볼 것.

생명을 모든 사람들에게 주기 위해 이 땅에 오셨음을 확신했다.

수 시간 후 예수님은 다메섹의 한 크리스천에게도 나타나 바울을 찾아가 세례를 주라고 나직이 말씀하셨다. 예수님의 메시지는 다음과 같이 끝난다.

"이 사람은 내 이름을 이방인과 임금들과 이스라엘 자손들 앞에 전하기 위하여 택한 나의 그릇이라 그가 내 이름을 위하여 해를 얼마나 받아야 할 것을 내가 그에게 보이리라 하시니"(행 9:15-16).

이 선언은 사실로 입증되었다. 바울은 다른 모든 사도들을 합친 것보다 더 많이 예수님을 전하였고, 이 과정에서 엄청난 고초를 겪었다.

바울은 얼마나 놀라운 인물이었던가! 그러하기에 우리는 얼마나 자주 그의 말을 인용하고 있는가! 그처럼 고귀하게 살기를 우리는 얼마나 동경하고 있는가! 그처럼 담대하게 말할 수 있기를, 용감하게 우리 자신의 사악함과 싸울 수 있기를, 사망 권세를 이기신 예수님의 능력으로 완전히 새로운 사람으로 다시 태어난 바울의 마음과 영혼을 닮게 되기를 우리는 얼마나 갈망하고 있는가!

바울이 활동하던 당시 몇몇 친구들도 이와 똑같은 갈망을 가졌다.

"바울, 우리도 당신처럼 되길 원하오. 당신이 그 같은 삶을 살 수 있는 비결이 무엇이오? 어떻게 하면 우리가 당신처럼 하나님을 알 수 있겠소?"

바울은 그들에게 무엇이 그토록 놀라운 영적인 삶을 살 수 있게 한 것인지, 그가 무엇을 열망했는지 편지에서 이렇게 털어놓았다.

> 나의 모든 관심은 예수를 아는 것, 그의 부활의 능력을 체험하는 것, 그의 고통에 참여하는 것, 그의 죽으심을 좀 더 본받는 것이니…(빌 3:10, NEB 성경 - 역자 주)

'나의 모든 관심은 예수를 아는 것'이라고 바울은 썼다.

그렇다. 우리도 최선의 순간에는 이렇게 말한다. 우리가 원하는 것 역시 예수를 아는 것이고, 우리를 만드신 분과 좋은 관계에 있을 때 우리의 인생이 가장 행복하다고.

'나의 모든 관심은… 그의 부활의 능력을 체험하는 것.'

그렇다. 바로 이거다! 예수님이 사망의 권세를 이기고 일어나셨던 것같이, 우리도 우리가 처한 상황을 극복하고 일어서기를 원한다. 영혼을 더욱 깨끗하게 할 수도 있을 것이다. 하늘도 우리의 사악함을 물리치는 데 어떤 도움이 필요한지 알고 있다. 우리는 선한 싸움을 좀더 잘 하기 원한다.

'나의 모든 관심은… 그의 고통에 참여하는 것.'

어? 잠깐만. 아마도 바울은 여기서 좀 지나친 과장을 하고 있는 것 같다. 우리는 실제로 예수님의 고통이든 다른 사람의 고통이든 그 누구의 고통도 함께 나누길 원치 않는다. 하지만 좀 더 생각해 보면 어느 정도 어려운 시련들은 우리의 영혼에 약이 될 수도 있다는 사실을 인정하게 된다. 의심할 여지없이 고통이라는 주제는 그리스도인의 삶에 중요한 부분이며, 우리가 좀 더 잘 알아야 할 부분이다. 이 문제에 대한 우리의 관심은 잠시 가라앉히기로 하자.

'나의 모든 관심은… 그의 죽으심을 좀 더 본받는 것.'

뭐라고? 예수님의 죽음을 본받으려 한다고? 십자가상의 순교자가 되겠다고? 십자가를 지고, 살아 있으나 죽은 삶을 살겠다고? 우리가 애착을 갖고 있는 모든 것들을 하나님이 야금야금 비틀어 버리기 시작하신다고? 예수의 죽음을 본받겠다니, 갖고 있지 않은 것은 여전히 갖길 원하면서 원하지도 않는 것을 억지로 하겠다는 것인가? 나를 사

제1장 마음이 너무 아파요 43

랑하신다는 하나님으로부터 잔뜩 고통을 받아 마시겠다고? 우와!

아니 잠깐만. 사도 바울이 우리의 본이 된다면, 그리고 우리도 바울처럼 똑같이 할 수 있다는 것을 보여 주기 위해 하나님이 바울을 내세우신 것이라면, 내가 견뎌 온 신체 마비의 아픔을 바울 자신(또는 바울의 하나님)은 어렴풋이나마 알기라도 하는 것일까?

한 남자가 바울에게 사기를 치고 거대한 빚더미를 떠넘긴 채 도망쳤다면? 놀이터에서 아이들로부터 조롱과 멸시를 당한 흉터를 얼굴에 갖고 바울이 태어났다면? 지극히 간단한 신체 감각 즉 내가 다시는 느낄 수 없는 그 감각의 기쁨이 다시 돌아오기를 바울은 나처럼 한탄하며 갈망해 본 적이 있었는가? 눈가림을 당한 채 이란 정부의 감옥에 갇혀 어쩔 줄 모르는 죄수와 다를 바 없이 하나님은 무력한 분이시지 않는가? 하나님은 한겨울 뉴욕의 길거리에서 천천히 얼어 죽어 가는 자와 다를 바 없는 분이시지 않는가? 부모로부터 받은 학대, 근친상간이나 강간을 당한 기억들과 함께 살아가라고? 하나님은 당신이 소중히 여기는 사람들이 소위 하나님의 자녀들이 영육의 고통으로 시달리는 것을 주목이나 하시는 것일까? 아, 현실적이 됩시다.!

단순히 자신과 뜻을 같이 하는 무리의 즐거움을 위해 우리에게 깨진 유리 조각 위로 포복하라고 명령하시는 이 하나님은 도대체 어떤 분이란 말인가?

제1부

하나님은 누구신가?

제 2 장

환희는 흘러넘치고

태초에 물질이 존재하기 전, 우주에 기(氣)가 감돌기 전, 첫 천사가 눈을 뜨기 전, 모든 것이 무(無)의 상태였을 때, 하나님은 이미 영원히 살고 계셨다. 아니, 그냥 영원히 살고 계셨다기보다 영원히 만족하고 계셨다. 그리고 과거에 그분이 누구이셨든지 간에, 그분은 지금도 여전히 계시고 앞으로도 계실 분이다.

이 같은 생각은 우리 현대인에게 잘 맞지 않는다. 하나님이 만족해하신다고 누가 그러는가? 이 말이 진리라고 전제해도, 이것이 과연 기쁜 소식인가? 전 인류가 고통의 행군을 계속하고 있는데 하나님은 나무 그늘 아래 그물 침대에 편히 누워 지켜만 보고 계셔도 되는가? 아무 어려움 없이 만족해하시는 분이 창조주라는 견해에 여러분은 언짢아할지도 모른다. 하지만 그래서는 안 된다. 왜냐하면 하나님께서 마음에 상처 입은 자를 구해 내려면, 그분 자신이 고통으로 시달려서는 안 되기 때문이다.

요즘에는 하나님이 만족해하시는 분이라는 것을 믿는 사람들이 별로 많지 않다. 하나님을 믿는다고 하는 사람들조차도 그러하다. 빌 모이어스가 진행하는 PBS*(미국 공영 방송국 – 역자 주) 프로그램에서 창세기를 주제로 한 최근의 토론 방송을 예로 들어 보자. 이 프로

그램에서 성경학자들은 모세가 기록한 창세기를 논의하기 위해 둘러앉아 있었다. 토론자 대다수가 하나님을 어떤 분으로 받아들이고 있는지 살펴보자. 놀랍게도 저들이 생각하는 하나님은 걱정 많고, 불확실하고, 인색하고, 질투하고, 심지어 보복하는 하나님이 아닌가! 아담과 하와는 불시에 하나님을 습격하여 열매를 따먹었고, 하나님은 이제 큰 문제를 떠안게 된 것이다. 처음에는 당황한 나머지 자신의 손톱을 물어뜯으시다가 발끈 화를 내기도 하고, 오버 액션을 하기도 하며, 머리를 갸우뚱거리기도 하신다. 그리고는 아마도 다음 날 아침 이 일로 기분이 상하실 것이다. 하나님을 보는 견해가 이런 식이다.

그러나 성경은 하나님을 "복되신 하나님"(딤전 1:11)으로 부른다. 하나님은 주목 받으려고 애타하지도 않으시거니와 협박을 당하면서도 잠자코 정진하지도 않으신다. 그는 "복되시고 홀로 한 분이신 능하신 자이며 만왕의 왕이시며 만주의 주시요 오직 그에게만 죽지 아니함이 있다."(딤전 6:15-16)고 말하고 있다. 어떤 번역은 복 되신 하나님을 '더없이 행복한 하나님'으로 표현한다.[1] 고대 희랍인들은 '더없이 행복한' 이란 표현을 부유하고 권력 있는 상류층을 가리키거나, 자신들이 원하는 것은 무엇이든 가질 수 있고 무엇이든 할 수 있는 신들을 가리킬 때 사용했다. 예수님은 '복 되다' 라는 표현을 이렇게 사용하셨다. "심령이 가난한 자… 온유한 자… 화평케 하는 자는 복이 있나니." 예수님은 이런 사람들이 복 있는 자이며, 우리가 본받

---

1) 『미국 성서 유니언』 American Bible Union Version, 커티스(Curtis Vaughan)에 의해 인용됨. 『26가지 신약 번역』 The New Testament from 26 Translations, (Grand Rapids: Zondervan, 1967), p. 960.

아야 할 더없이 행복한 자들이라고 말씀하신다.

복 되신 하나님이 바로, 성경이 하나님을 가리킨 표현이다. 따라서 좀 더 정확히 말한다면, 만족하심이라는 표현으로 하나님을 설명하는 것은 충분하지 않다. 하나님은 실제로 행복하시다. 성경의 큰 줄기를 훑어보면, 그분이 열정적으로 기뻐 춤추듯 행복해하시는 것을 알게 될 것이다. 그는 간신히 꾸려나가는 분이 아니시다. 그는 넘치게 번성하는 분이시다.[2]

하나님이 무엇 때문에 그렇게 행복해하시는지 생각해 보자. 그분은 우리와 달리 부족한 것이 아무것도 없다. 말하자면 그를 위해서 마땅한 크리스마스 선물을 사기가 쉽지 않다는 것이다. 자기들 딴에는 하나님을 기쁘게 해 드린다고 여겼던 경배자들에게 하나님께서 이렇게 지적하신 적이 있다. "내가 네 집에서 수소나 네 우리에서 수염소를 취치 아니하리니 이는 삼림의 짐승들과 천산의 생축이 다 내 것이며"(시 50:9-10). 선생, 난폭자, 상관, 코치, 훈련 담당 하사관, 안전 관리 검사관, 또는 권총에 총알을 장전한 괴짜, 그 어느 누구도 하나님께 명령을 내리지 못한다. 왜냐하면 "오직 우리 하나님은 하늘에 계셔서 원하시는 모든 것을 행하시기"(시 115:3) 때문이다. 그는 일정에 쫓기지도 않고, 기운이 빠지지도 않으며, 영향력을 미치지 못하는 곳도 없으시다. 또한 계획을 성사시키기 위해 은행으로부터 대

---

2) 조나단 에드워즈는 18세기 자신의 저서에서 하나님의 행복에 관한 주제에 대해 특별히 공정할 만한 평가를 여러 곳에서 했다. 좀 더 읽기 쉬운 책으로는 존 파이퍼(John Piper)의 걸작 『하나님의 기쁨: 하나님 스스로 즐기시는 명상』 The Pleasures of God: Meditations on God's Delight in Being God, (Portland: Multnomah, 1991)이 있다. 이 훌륭한 책을 사기 위해 걷지 말고 뛸 것.

출 허가나 관청으로부터 개발 인가를 기다릴 필요도 없으시다. 왜냐하면 "그는 자기 뜻대로 행하시나니 누가 그의 손을 금하든지 혹시 이르기를 네가 무엇을 하느냐 할 자가 없기"(단 4: 35) 때문이다.

하나님께서 자신이 만든 모든 것에 스스로 기뻐하시는 것은 당연하다. 이런 비유들을 상상해 보자. 자신이 크레용으로 그린 집과 나무 그림이 냉장고에 붙어 있는 것을 보며, 자신의 걸작에 만족스러워하는 아이의 얼굴을 당신은 본 적이 있을 것이다. 저녁 식사를 대접하고 칭찬을 받았을 때, 중요한 보고서를 다 작성해 제출했을 때, 멋진 꽃꽂이를 완성했을 때, 아니면 기업 합병을 성사시켰을 때 이 모든 일 후에 당신의 기분이 어떻겠는가? 자신이 깔아 놓은 정원의 벽돌 길이나 서재에 만들어 장식해 놓은 모형 범선 혹은 차고에서 자기 힘으로 복원시킨 64년형 포드 머스탱 자동차를 볼 때마다 우리 스스로 감탄하지 않겠는가? 삼촌을 감쪽같이 골탕 먹이고 났을 때 우리는 배꼽을 쥐고 웃지 않는가? 시인 로버트 프로스트가 자신의 첫 시집이 출판되어 그것을 손에 받아 보았을 때 기분이 어떠했겠는가? 아니면 시스틴 성당 돔에 마지막 붓질을 하고 올려다보는 미켈란젤로의 기분은? 자신의 최신작을 개봉하는 첫날 스티븐 스필버그의 심정은?

하지만 이것들은 하나님이 하신 것에 비하면 아무것도 아니다. 수십 억 개의 은하계가 생성되고 난 직후에 하나님께서 어떤 생각에 사로잡히셨을까? 성경은 우리에게 이렇게 말하고 있다. "하나님 보시기에 좋았더라"(창 1:18). 이것은 매우 억제된 감정의 표현이다. 그분은 장관을 지켜보시기 위해 한 발 물러선 뒤 휴식하셨다. 탈진으로 숨을 고르기 위해서가 아니라 그 흡족한 순간을 음미하기 위해서.

이것이 바로 만족이다.

무슨 일이든 잘 된 일이 알려지면, 그것을 행한 사람은 두 배로 만족하게 된다. 하나님도 역시 마찬가지시다. 하나님은 자신이 땅의 기초를 놓을 때에 "하나님의 아들들이 다 기쁘게 소리하였다"(욥 38:7)고 욥에게 말씀하셨다. 이 광경을 보고 어찌 무릎 꿇어 경배하지 않았겠는가! 이 천국의 장관을 헤아리는 것이 가능하겠는가? 오래 전부터 하나님께서 행하신 모든 것들과 함께,

> 조그만 금향로를 손에 쥐고 하나님 전에 머리 숙여 경배하는 영혼들의 향기로운 찬미는 밤낮 솟아오르고, 수많은 천군 천사가 끊임없이 하프를 타며 하나님을 찬양하고, 경배 소리는 점점 더 아름답게 울려 퍼지니… 이 달콤한 화음이 영원히 하나님의 귀에 울려 퍼지는 것을 그대들은 상상할 수 있겠는가?[3]

마음껏 마실 수 있는 이 기쁨, 이 경배! 하지만 무엇이 하나님의 마음을 완전히 사로잡는 것인지 우리는 아직 생각해 보지 않았다.

당신이 하나님이라고 가정해 보자. 당신은 어디에서 감명을 받을 수 있겠는가? 당신이 모든 인간과 만물을 창조했다. 이 모든 것은 의심할 여지없이 훌륭하다. 하지만 이것들은 당신보다 못한 피조물에 불과하다. 이것들 가운데 가장 훌륭한 피조물과 당신이 대화한다 하더라도, 그것은 당신 자신을 한없이 낮추는 일에 불과할 뿐이다. 무엇이 과연 당신의 정신을 진정으로 즐겁게 해 줄 수 있겠는가? 어떤

---

3) 스펄전 목사의 설교 "예수님의 겸손"(The Condescension of Christ)에서. 『스펄전 설교집』*Spurgeon's Sermons, Vol. 4* , (Grand Rapids: Baker, 1989), pp. 366-367. 최초 출판 제목은 『스펄전 목사의 설교집』 *Sermons of Rev. C. H. Spurgeon of London*, (New York: Robert Carter & Brothers).

생각이 당신의 흥미를 끌겠는가? 어떤 무리가 당신을 매료시킬 수 있겠는가? 어떤 피조물의 특성과 업적이 당신을 뒤로 물러서게 할 만큼 놀라게 하겠는가? 당신을 황홀경에 빠뜨릴 아름다움과 우아함을 어디에서 찾을 수 있겠는가?

해답은 단 한 가지뿐이다. 무한한 존재를 만족시킬 수 있는 것은 무한한 존재 이외에 아무도 없다는 것이다. 오직 무한한 자 자신만이 스스로를 만족시킬 수 있을 뿐이다. 하나님에게 있어 진정한 만족은 자신을 거울로 바라볼 때 오는 것이다.

그렇다면 이 거울은 어디에 있을까?

그것은 삼위일체에 있다.

우주 이전에, 천사들 이전에, 천국 이전에 영원한 존재, 즉 유일한 하나님이 세 개의 인격체로 존재하셨다. 성부와 성자와 성령. 우리가 삼위일체를 부인한다면 그리스도인이 될 수는 없다. 하지만 삼위일체를 이해하기 위해서는 우리가 삼위일체 중 하나가 되어야만 할 것으로 여겨진다.

그러므로 하나님은 결코 홀로 존재해 오신 것이 아니다. 하나로서 삼위이신 하나님은 다른 누구도 아닌 자기 자신으로부터 생명과 존재와 궁극적인 즐거움을 구가하신다. 그분은 자신의 존재를 스스로 유지시키고 자신의 감정도 스스로 다스리신다. 그분 자신이 그분의 가장 좋은 친구인 것이다.

성령님은 조용한 분이시다. 성령님은 성부, 성자와 똑같은 신성과 지위를 누리면서도 성부와 성자로부터 영원히 흘러나온다. 성자를 영예롭게 하는 것이 성령님의 임무인바, 이를 위해 예수님의 죽음과 부활의 유익을 우리에게 적용시켜 주신다. 성부와 성자 모두가 성령님을 멀리 '내보내신다.' 성령님은 이를 불쾌해하지 않으신다. 성령님은 결코 이에 대해 분개해한 적이 없으시다. 성삼위는 이것에 영원히 동의하신다. 우리를 성자에게 안내하는 것은 성령님 고유의 직분이다. 성삼위가 동시에 하나님이시기에 성령님은 성부와 성자가 어떤 생각을 갖고 있는지 정확히 알고 있으며 그들을 향한 사랑으로 불타고 있다. 그래서 또한 성부와 성자는 성령님을 사랑하신다.

하지만 성경에서 중심 무대를 지휘하는 분은 성자이다. 그분은 하나님이시며 완전한 신성으로 모든 면에서 성부, 성령과 동등하시다. 성부는 성자를 자랑하는 데 결코 지치지 않으신다.

"내 마음에 기뻐하는… 나의 택한 사람을 보라"(사 42:1).

"이는 내 사랑하는 아들이요 내 기뻐하는 자라"(마 3:17).

성부와 성자 사이는 너무나 가까워 성자는 '아버지 품 속에 늘 존재한다.' 마치 어느 중동 지역의 해질 무렵 친한 친구들이 한데 모여 융단 바닥에 놓인 낮은 저녁상 주위에 서로를 기대어 앉았던 것처럼(요 13:23). 성자는 자신의 머리를 아버지 가슴에 파묻고 쉼을 얻는 자이다. 더구나 우주를 소유하신 하나님은 그것을 아들에게 넘겨주셨다. "내 아버지께서 모든 것을 내게 주셨으니"(눅 10:22).

왜 아버지께서 아들을 그렇게 소중히 여기실까? 그 이유는 아들에게서 자신의 모습을 보시기 때문이다. 자신의 완전함이 아들에게 완벽하게 반영되어 있었다. 거울 속에 서 있는 자신이 곧 아들이었다. 아버지는 아들에게서 이제껏 존재해 온 모든 지성과 위엄과 선함의 근원을 본다. 우리는 거울을 보고 거의 매번 실망한다. 하지만 아버지는 거울을 보고 못에 박힌 듯 꼼짝 못하게 되신다. 이것을 거의 우스울 정도로 비유하자면 이렇다. 만약에 아버지가 어떤 것을 갈망할 때, 아들이 그 갈망 이상의 것으로 충족시켜 준다는 것이다. 영원한 성삼위는 서로를 사랑으로 휘감싸며 춤을 추고 열락을 즐긴다.

이것이 여러분을 놀라게 하고 어리둥절하게 하는가? 그래야 할 것이다.

하지만 이것이 피를 토하는 암 환자에게 무슨 도움이 될까? 혹은 사형 선고를 받은 죄수에게는? 혹은 개미 떼에 공격을 당한 매컬리스터 씨에게는?

이 문제를 이렇게 생각해 보자. 당신 집에서 100마일이나 떨어진 외진 길에서 당신의 차가 고장났다. 그리고 당신은 차를 고칠 능력이 없다고 하자. 뒷자리에 앉은 애들이 배가 고파 칭얼대기 시작했고, 당신은 지갑도 없이 집을 나온 터라 돈 한 푼 없는 상황에서 전화기를 찾아 가까운 마을까지 1킬로미터 남짓한 거리를 걸어가게 되었다. 걷는데 감기 기운이 도는 것을 느낀다. 공중전화기에서 친구에게 수신자 요금 부담 장거리 전화를 건다. 응답이 없다. 자동차 정비소는 문을 닫았다. 당신의 차가 있는 곳으로 당신을 데려다 줄 사람을 찾기 위해 마을 중심지를 둘러본다. 자동차를 볼 줄 아는 사람이라면 더 좋을 것이고, 돈을 부쳐 줄 때까지 당신 가족의 잠자리를 수소문해 줄 사람이라면 더더욱 좋을 것이다.

다음에 나오는 사람들 중 누군가가 당신을 위해 이런 일을 해 줄 수 있다고 가정했을 때, 당신은 누구에게 접근하겠는가? 눈물을 닦으며 장례식장 계단을 내려오고 있는 노신사? 길을 마주 보고 서로 욕설을 퍼붓고 있는 십대들? 초라한 자기 집 대문을 쾅 닫고 저주를 해 대며 집을 나서는 중년 남자? 얼굴도 씻기지 않은 어린아이를 질질 끌며, 누더기 코트를 걸친 채 보도를 어슬렁어슬렁 걷고 있는 여인? 아니면 현관 앞에서 이웃 간에 재잘거리며 웃고 있는 두 사람?

아마도 당신은 마지막 두 명의 이웃을 택할 것이다. 왜 그런가? 다른 사람들은 모두 근심이 있어 보이기 때문이다. 이들 중에 어떤 사람은 도움을 청하는 당신의 머리채를 잡아 흔들지도 모른다. 하지만 이웃 간인 두 사람은 기분이 좋아 보인다. 기분 좋은 상태에 있는 사람들이 남을 도와줄 가능성이 가장 높은 것이다.

하나님은 기분 좋은 상태에 계시다고 말할 수 있다. 그분은 우울하지도 않으실 뿐더러 결코 불행을 추구하는 분도 아니다. 또한 핵무기 위에 자기 손가락을 올려놓고 우주를 파괴할 기세의 지독한 네안데르탈인도 아니시다. 하나님은 환희가 흘러넘치는 분이시다. 여기에서 그분의 자비가 유래한다. 그분이 즐기시는 충만한 사랑이 천국 담장 밖으로 흘러넘친다. 그분은 그 사랑 속에서 의기양양하게 헤엄치시다 그것을 우리와 나누기 위해 밖으로 나아오신다. 왜 그러하신가? 간단히 말해서 그가 말씀하신 대로, "그래서 내 기쁨이 너희 안에 있어 너희 기쁨을 충만하게 하려…"(요 15:11) 하시기 때문이다.

그렇지만 하나님은 누구에게도 호락호락하신 분이 아니다. 근엄한 국왕과도 같이 즐거움을 함께 나누는 데 조건을 제시하신다. 이 조건은 자신의 아들이 이 땅에서 고통을 겪은 것처럼 우리가 (어느 정도) 고통을 겪을 것을 요구하는 것이다. 우리는 그 이유를 이해할 수 없을지도 모른다. 하지만 이 문제에 대해 그분과 싸우기라도 한다면 우리는 미치광이가 될 것이다.

그분의 환희는 말로 표현할 수 없다.

그분의 친구가 되기 위한 어떠한 노력도 충분히 가치있다.

좋다, 그래서 하나님은 하나님 되심을 좋아하신다. 그분은 자신 스스로를 즐기신다. 하지만 그런 그분께서 우리에게 관심이나 갖고 계실까? 하와이의 햇살이 보스턴의 진눈깨비를 멈추게 하지는 않는다. 천국의 햇살은 어떠한가? 촛불 아래 연인들은 주위 사람들에게 전혀 신경 쓰지 않는다. 카페의 영업 시간은 끝이 났고 모든 손님이 떠났으나, 연인들은 이것을 전혀 알아채지 못한다. 하나님 역시 사랑에 빠져 있으시다. 삼위일체는 모두 행복하시다. 하지만 우리는 이 땅에서 불행의 구덩이에 빠져 허우적거리고 있다. 도대체 그분이 우리를 생각이나 하고 계신지 우리가 어떻게 안단 말인가?

우리는 그분의 아들을 안다.

이 아들은 "보이지 아니하시는 하나님의 형상"(골 1:15)이다. 또한 "(하나님) 그 본체의 형상이시며"(히 1:3), "본래 하나님을 본 사람이 없으되 아버지 품속에 있는 독생하신 하나님이 나타내신 분이다."(요 1:18)[4] 우리는 이 말씀을 경건한 마음으로 받아들여야 할 것이다. 예수님의 사진을 찍으면 하나님의 모습이 필름에 분명하게 나타날 것이기 때문이다.

우리의 모습으로 오신 하나님께서 우리들이 신는 샌들을 신고 걸어 다니셨을 때, 그분의 모습이 어떠했을까? 분명 호감가는 모습이었을 것이다. 사람들은 나사렛 마을의 목공소에서 아버지 일을 돕고 있는 소년을 좋아했다. 그 소년은 물론 지혜롭고 예의 바른 아이였고, 부모는 이미 그 소년의 순종적인 성품을 알고 있었다. "저희가

---

[4] "God the only Son"이라는 구절은 NIV 성경의 최초 본에서 나오며, 가장 잘 입증된 희랍어 독본에 있는 일원(一元) 발생적 접신론(接神論)의 비형식적인 표현으로 보인다. 좀 더 문학적이고 전통적인 번역은 "하나님의 독생자"이다.

다 그를 좋아하고" 은혜로운 말과 행동에 감탄하였다(눅 2:51-52; 4:22).

청년기에 접어들자 그는 자신에게만 몰두하는 삶이 아닌 마치 알을 낳기 위해 물살을 거슬러 헤엄쳐 가는 연어와 같이 헌신의 삶을 살아갔다. 그가 자신의 삶을 어떻게 보냈는가 주목해 보자. 마가복음 1장은 그가 보낸 삶 가운데 특징적인 나날들을 사실로서 기록해 놓았다. 어느 안식일 아침 가버나움 호숫가에 있는 유대인 회당에 그가 나타난다. 거기에서 그는 아무도 구입할 수 없는 종류의 빵으로 굶주린 영혼들을 먹인다. 그가 설교를 한참 하고 있는데 한 광인이 회중으로부터 소리를 지른다. 그가 광인을 향해 "나오라"고 외치자 대들었던 마귀는 곧바로 그 말에 복종했고, 광인은 즉시 제정신으로 돌아온다. 예배가 끝나고, 시몬과 안드레 형제의 작은 집으로 장면이 바뀐다. 시몬의 장모가 열병으로 죽어가고 있다. 예수님은 방 건너편에서 말씀하시지 않고 직접 장모에게로 다가가 그녀의 손을 잡고 일으켜 세우신다. 그러자 열이 떨어지고, 그녀는 찾아온 방문객들에게 대접할 음식을 준비하기 시작한다.

하루 해가 진다. 이는 안식일이 끝나고 이제 일하는 것 즉 환자를 들것에 싣고 운반하는 일 같은 것들이 허용된다는 것을 의미한다.

"그 사람 알지? 아 글쎄, 그 사람이 저 여자를 고쳐 주었대."

사람들이 수군거리는 소리가 들린다. 모든 병든 자, 귀신 들린 자와 온 마을 사람들이 시몬의 집 앞에 모였다. 예수님은 온갖 질병을 앓고 있는 많은 사람들을 고치셨고, 귀신 들린 사람들로부터 많은 귀신들을 내쫓았다….

하지만 그 다음날 예수님은 아무도 모르게 새벽 어둠을 뚫고 마을을 빠져나와 한적한 곳을 찾으신다. 제자들은 그를 찾아 나서야만 했고, 그를 발견했을 때 이렇게 묻는다.

"아, 또 기도하시면서 저기 계시네. 모든 사람들이 주님을 찾고 있는 것을 모르십니까?"

물론 그는 알고 계신다. 하지만 "자, 다른 가까운 마을로 가자. 거기서도 전도할 수 있도록. 내가 이를 위해 왔다." 이렇게 삼 년 반 동안 헌신적인 공생애를 사신다.

문둥병자가 땅바닥에 엎드려 말한다. "주여, 원하시면 나를 깨끗케 하실 수 있나이다." 예수님은 모든 관행과 자연스런 거부감을 무시한 채 앞으로 나선다. "내가 원하노라." 이 병자를 오랫동안 만진 것도 아닌데 병으로 허옇게 된 피부에 혈색이 감돌기 시작하고 이 병자는 마침내 집으로 돌아갈 수 있게 된다(눅 5:12-13).

엄숙한 표정을 하고 있는 한 무리가 나인이라는 마을 동구 밖으로 빠져나온다. 한 과부의 외아들이 죽었는데 그들은 그 시신을 운반하는 중이었다. 이제 누가 이 여인을 돌볼 것인가? 예수님과 제자들이 이 마을에 당도한다. 두 일행이 서로 마주쳐 지날 때 예수님이 멈춰서신다. 사람들은 의아한 눈초리로 본다. 그가 실제로 상여에 손을 대려는 참이다. 무리 중 어떤 사람들이 이를 못하게 하려 든다. 낯선 사람이 무슨 권리로 상여에 손을 대려고 하는가? 하지만 이들은 모르고 있다. 그분이 어떤 뜻을 가지고 있는지, 어떤 능력을 가지고 있는지 그들이 알 리 없다. "주께서 과부를 보시고 불쌍히 여기사 '울지 말라' 하시고 가까이 오사 그 관에 손을 대시니… '일어나라' 하시매, 죽었던 자가 일어앉고…"(눅 7:11-15).

이런 식으로 눈먼 거지들, 척추가 휘어진 여인들을 고쳐 주셨고,

포도주가 동이 난 혼인 잔치에 포도주를 공급해 주셨다.

갈릴리 호수에 배 한 척이 뜬다. 돛을 때리는 바람 소리를 빼고는 사방이 고요하다. 최근 몰려드는 사람들로 너무 정신이 없어 예수님과 제자들은 밥 먹을 시간도 제대로 없다. 이렇게 배를 타고 호수 위에 떠 있는 순간이 잠시 무리를 떠나 여유를 가질 수 있는 시간이다. 하지만 무리들은 예수님 일행이 어느 곳에 도착할 것인지 알고 먼저 그곳에 가 기다리고 있다. 예수님 일행의 소풍 계획은 망가졌지만, "예수께서 나오사 큰 무리를 보시고 그 목자 없는 양 같음을 인하여 불쌍히 여기사 이에 여러 가지로 가르치셨다"(막 6:34).

해가 지면서, 많은 병든 자들이 다시 기력을 찾았고, 많은 귀먹은 사람들이 그날 있었던 일을 처음으로 전해 듣기도 하며 그곳에 모였다. 모든 사람들의 영혼이 채워진다. 하지만 이들은 배가 고프다.

"저들을 보내서 먹을 것을 구해 오게 하세요."

제자들이 예수님께 재촉한다. 그러나 예수님은 말씀하신다.

"이곳은 인적이 드문 곳인데 저들이 어디로 가서 음식을 구한단 말이냐? 너희가 먹을 것을 찾을 수 없느냐?"

그때 엄마가 싸 준 도시락을 먹지 않은 어린아이가 나타난다. 예수님은 음식이 든 바구니를 바라보고 기도를 하신다. 그러자 오천 명이 집으로 돌아가기 전에 실컷 배불리 먹게 된다.

누구를 위해 예수님은 이렇게 하셨을까? 상류 사회의 사람들을 위해서? 그들 대부분은 예수님의 몇 마디 말씀을 듣고 기분이 언짢아하며 떠나 버린다. 하지만 정말로 예수님께 가까이 가는 사람들은 보통 사람들이다. 몇몇 어부들, 세리, 두 노처녀와 그들의 미혼 남동생. 예수님은 무거운 봇짐을 지고 가는 자들을 위해 길을 나선다. 우리가

제2장 환희는 흘러넘치고 59

언급조차 하기 싫어하는 혈루증을 앓는 여인이 있었다. 예수님께서 죽어가는 한 소녀에게 가려고 무리를 헤치고 나가시는데, 이 여인이 들키지 않을 정도로 살짝 예수님의 옷깃에 손을 댄다. 예수님이 뒤돌아보시자 이 여인은 어찌할 바를 모른다. 그러나 그분은 전혀 노하지 않으시며 이르신다. "딸아 네 믿음이 너를 구원하였으니 평안히 가라"(눅 8:48).

또한 무덤 주위에 사는 한 남자가 있었다. 벌거벗은 채 소리 지르며 돌아다니는 바람에 사람들이 무덤 근처에 가는 것조차 꺼릴 정도였다. 하지만 예수님으로부터 고침을 받자 이 남자는 옷을 입고 유치원생처럼 두 손을 모으고 얌전해졌다. 그리고 자신도 예수님과 함께 있기를 간청했다.

예수님은 비난받던 범죄자, 혼혈아, 키가 작아 놀림받던 부자나 버림받은 여인 이런 모든 자들을 돌보셨다. 이들의 발을 씻기셨고 이들의 모임에 가셨다. 하지만 우리는 예수님의 손이 더러워졌다는 느낌을 전혀 받지 않는다. 아이들은 그의 옷깃을 잡아당기고 그의 무릎 위에서 놀길 좋아했다. 예수님은 잘난 체하는 자들 혹은 아이들을 가까이 오지 못하게 내쫓거나, 무리들이 말씀을 받아들이지 않는다며 '하늘에서 불을 내려 줄 것을' 요구하는 제자들에게 화를 아끼셨다.

이것은 예수님이 죄를 쉽게 묵인하셨다는 의미가 아니다. 뉴욕 할렘가에 어떤 노상 전도자도 모여든 청중들에게 지옥 유황천의 이미지를 예수님만큼 생생하게 그려 내지는 못했다. 하지만 자신의 잘못을 뉘우치고 통회하는 자들에게 예수님이라는 존재는 잊을 수 없는 자비였다. 예수님께서 포로로 잡히시던 밤, 마당을 서성거리던 베드로 사건을 예로 들어 보자. 베드로의 거듭된 부인, 닭의 울음, 삼 일 후 예수님께서 열한 사도들에게 괜찮다는 말씀을 하실 때, 특별히 가슴 아파하는 한 사람에게 자신의 메시지가 전달되길 원하셨다. "가서 그의 제자들과 베드로에게…"(막 16:7). 후일에도 여전히 베드로의 친구들 앞에서 그가 자신을 위하여 대범한 죽음을 맞이하는 고결한 삶을 살 것이라고 예언하셨다.

예수님은 자신을 체포한 종의 떨어져 나간 귀를 고쳐 주셨다. 십자가상에서 자기 옆에 매달려 있는 불쌍한 죄수의 영혼도 구해 주셨다. 그리고 부활하신 날 저녁 굳게 잠긴 방 안에 나타나셨을 때 겸연쩍어하는 도마의 불신도 나무라지 않으셨다. 예수님께서 한 친구의 무덤가에서 얼마나 슬피 우셨고, 실의에 찬 우리들에게 얼마나 부드러운 위로의 말씀을 해주셨던가! 예수님은 오래 전부터 전해 내려오던 신성한 예언들을 모두 성취하셨다. "상한 갈대를 꺾지 아니하며 꺼져 가는 등불을 끄지 아니하고 진리로 공의를 베풀 것이며"(사 42:3).

우리는 이렇게 말할 것이다.

"예수님은 정말 인상적이시군. 하지만 하나님 아버지의 경우는 어떻게 된 거지? 구약성경에 나타난 하나님의 모습을 보면 시내 산에 번개와 우뢰를 내리치는 식의 모습들뿐이라서 우리에게 인상적인 하나님을 찾기 어려운 게 사실이잖아. 그분은 하늘나라에서 혼자 즐기며 계실 뿐, 우리에게는 관심조차 없으시잖아?"

하지만 우리의 눈을 뜨게 하는 주님의 말씀을 들어 보라. "내가 진실로 진실로 너희에게 이르노니 아들이 아버지의 하시는 일을 보지 않고는 아무것도 스스로 할 수 없나니 아버지께서 행하시는 그것을 아들도 그와 같이 행하느니라"(요 5:19).

하나님 아버지께서는 우리를 과연 돌보시고 계실까?! 갈릴리 출신의 병 고치시는 분 예수께서는 그의 아버지가 먼저 행하는 것을 보지 않는 한 풀잎 하나 꺾지 않으셨다. 예수님은 상하고 무지한 무리를 보고 마음 아파하셨다. 그러나 예수님 오시기 일천 년 전에 이미 여호와 하나님에 대해 이렇게 기록되었다.

"아비가 자식을 불쌍히 여김같이 여호와께서 자기를 경외하는 자를 불쌍히 여기시나니 이는 저가 우리의 체질을 아시며 우리가 진토임을 기억하심이로다"(시 103:13-14).

우리는 예수님께서 고아들을 불쌍히 여기신 사실을 안다. 그러나 호세아는 하나님 아버지에 대해 이렇게 기록했다. "아버지, 당신께 고아들이 위로를 받습니다." 그렇다. 예수님은 나사로의 무덤에서 우셨다. 그러나 하나님 아버지에 대해 우리는 이렇게 배운다. "아버지의 자녀들은 아버지께 매우 귀하고, 아버지께서 그들을 경솔히 죽게 하지 않으신다고." 예수님은 가난한 자들을 대변했고 부자들의 억압에 대항했으며 성전에서의 더러운 상행위를 뒤엎으셨다. 그러나 이미 오래 전에 유흥에 빠져 가난한 자들을 멸시하는 선지자들을 여호와 아버지께서는 이렇게 꾸짖으셨다. "불의를 행하는 자에게, 억압의 율령을 선포하는 자에게, 가난한 자들의 권리를 빼앗는 자에게, 정의를 중단시켜 내 백성을 억압하는 자에게, 과부와 고아를 갈취하는 자에게, 화가 있을지니 재앙이 들이닥치는 최후의 날에 너희가 무엇을 할 것인가?"(호 14:3 LB; 시 116:15; 암 5:7-12, 18).

하나님의 어린 양 예수님은 자신의 뺨을 치는 자들에게 다른 뺨도 내맡기고 자신을 죽인 자들을 용서해 달라고 아버지께 간청하셨다.

그러나 우리는 여호와 하나님에 대한 다음과 같은 기록을 읽는다. "여호와는 자비로우시며 은혜로우시며 노하기를 더디하시며 인자하심이 풍부하시도다 항상 경책지 아니하시며 노를 영원히 품지 아니하시리로다 우리의 죄를 따라 처치하지 아니하시며 우리의 죄악을 따라 갚지 아니하셨으니"(시 103:8-10).

에스겔의 꿈과 다니엘의 환상에 나타난 주제는 이스라엘로 하여금 벙어리와 소경을 멸시하지 못하도록 명하신 모세의 하나님, 이스라엘의 거룩하신 분에 관한 것이었다. 사막에서 물 주머니에 물이 떨어지고 죽어가는 자식을 차마 볼 수 없어 울고 있는 하갈을 하나님이 어떻게 동정하셨던가? 자식이 없는 것을 한탄하며 술 취한 사람으로 보일만큼 슬피 울던 한나에게, 하나님께서 어떻게 아들을 약속하셨던가? 하나님은 누구에게나 진심으로 "여호와께서 기다리시나니 이는 너희에게 은혜를 베풀려 하심이요 일어나시리니 이는 너희를 긍휼히 여기려 하심이라"(레 19:14; 창 21:15-17; 삼상 1장; 사 30:18)고 말씀하시며 이 사실을 믿도록 하신다.

하지만 하나님은 이렇게도 말씀하신다. "그리스도를 위하여 너희에게 은혜를 주신 것은 다만 그를 믿을 뿐 아니라 또한 그를 위하여 고난도 받게 하심이라"(빌 1:29).

우리에게 고통을 요구하시는 하나님은 말할 수 없이 자비로우시다. 역경 속에서 우리가 이런 하나님께 매달리지 않으면, 우리는 모든 것을 잘못 이해해 하나님을 원망하기 시작한다.

자, 이제는 하나님에 대한 보다 근원적인 것을 알아야 할 차례다.

제3장

고통을 지시는 하나님

예수님이 이 땅에 오시기 500여 년 전에 페르시아(바산)의 왕 크세르크세스(아하수에로)는 전례가 없는 대규모 육해군을 이끌고 다르다넬스 해협을 넘어 유럽으로 쳐들어가려 했다. 그의 목적은 부왕 다리우스 대제를 거역한 그리스를 쓸어버리는 것이었다. 이 원정 중에 신변을 편안하고 안전하게 유지하는 일은 크세르크세스에게 매우 중차대한 문제였지만, 그는 신하들의 도움으로 이렇다 할 고통을 겪지 않았다.

그로부터 500년 후에 만왕의 왕이신 하나님의 아들이 신성과 인성의 간격을 뛰어넘어 이 땅에 오셨다. 그의 목적은 여호와 아버지를 거역한 피조물들이 당할 매질을 대신 당하고 견뎌내는 것이었다. 오늘날에도 예수님은 자신을 따르는 모든 자들에게 고통을 요구하신다. 이 중에는 고통의 정도가 매우 심한 경우도 있다. 하지만 이것은 오로지 저희들의 유익을 위한 것이며, 예수님이 겪으신 고통과 결코 비교할 수 없다.

페르시아의 왕 크세르크세스와 예수님의 두 경우를 비교해 보자.

크세르크세스가 원정을 시작한 리디아 지역에 피시우스라는 인물이 있었다. 그는 당시 둘째가라면 서러울 정도의 재산가였다. 그가 크세르크세스 왕과 그의 군대를 극진히 대접하고는 왕의 전쟁 경비 전부를 부담하겠다고 제안한다. 잠시 놀란 왕은 피시우스의 호의가 고맙긴 하지만 거절한다. 잠시 후 대부호 피시우스는 맏아들만이라도 집에 남겨 자신을 돌보게 해달라는 작은 부탁을 청할 기회를 노린다. 당시 그는 자신의 다섯 아들이 모두 그리스와 싸우기 위해 군대에 징집되어 혼자서 오랫동안 외롭게 지내고 있었기 때문이다. 역사가 헤로도투스는 왕의 반응을 이렇게 기술하고 있다.

> 부탁을 받은 크세르크세스는 즉시 명령을 내려 피시우스의 맏아들을 찾아내 그를 두 동강 낸 다음 시신을 길 양쪽에 놓고 군대가 그것을 보며 진군하도록 했고 그 명령은 그대로 실행되었다.
> 두 동강 난 젊은이의 시신 사이로 군대의 진군이 시작되었던 것이다.[1]

이 페르시아 왕의 통치는 이런 식이었다. 왕은 자신의 부하를 처형하기로 점심 식사 전에 간단히 결정했다. 형 집행은 일정에 약간의 차질이 있는 정도의 대수롭지 않은 일이었다. 모든 일이 이런 식으로 하루 안에 간단히 처리되었다. 그러고도 왕은 자신의 원정이 '모든 백성을 위한 것'이라고 큰소리쳤다.

하나님의 아들의 경우를 보자. 그의 소박한 왕국은 사복음서에 기술되어 있다. 하지만 우리가 이 부분을 서둘러 보지만 않는다면, 여기에 나오는 장면들이 우리에게 시사하는 것들은 페르시아 왕국에 비할 바가 아니다. 단숨에 예수님과 제자들이 앉아 있는 방으로 뛰어들

---

1) 헤로도투스(Herodotus), 『역사』 Histories, 박광순 역 (서울: 범우사, 1996), p. 459.

려 하지 말고, 우선 그가 계신 왕궁의 열쇠 구멍을 통해 그의 좌정하신 모습을 보도록 하자. 예수님이 오시기 약 2000년 전쯤으로 돌아가 무엇이 하나님을 인간의 모습으로 오시게 했는지, 즉 예수님의 도래를 예고한 것들은 무엇인지 알아보자. 예수님의 통치 스타일을 암시하는 것에는 어떤 것들이 있는지 창세기를 통해 먼저 알아보자.

창세기 15장을 보면 하나님이 아브라함에게 나타나셔서[2] 그에게 아들을 주고 또한 별보다 더 많은 후손을 줄 것을 약속하신다. 하지만 아브라함의 수염은 이미 희끗희끗하게 변해 있었고, 결코 아이를 낳을 기미는 보이지 않았다. 하나님은 아브라함에게 한 나라를 주시겠다고 약속하신다. 하지만 다른 민족이 이미 그 땅에 살고 있다. 이 늙은 유목민이 이 약속을 어떻게 확신할 수 있을까?

"(그러므로) 여호와께서 그에게 이르시되 나를 위하여 삼년 된 암소와 삼년 된 암염소와 삼년 된 수양과 산비둘기와 집비둘기 새끼를 취할지니라 아브람이 그 모든 것을 취하여 그 중간을 쪼개고 그 쪼갠 것을 마주 대하여 놓고"(창 15:9-10)라고 성경은 말한다.

해가 저물고 아브라함이 불편하게 깜빡깜빡 졸고 있다. 어둠보다 더 짙은 암흑이 아브라함에게 엄습한다. 심연의 어둠 속에서 하나님이 가까이 다가오시며 이전보다 더 엄숙한 어조로 약속을 반복하신다. 여전히 그 약속들은 말에 지나지 않는다. 하지만 보라! 조그만 화로가 나타난다. 안에서는 장작이 빨갛게 타오르고 위에서는 빵이 구워지고 있는 일상의 빵굽는 도자기 같은 화로 안에서 불길이 타오

---

[2] 혼동을 피하기 위해 아브라함이라 부른 것이며 그 당시 그의 이름은 여전히 아브람이었다.

른다. 아브라함은 하나님이 화로 불길 안에 계신 것으로 느끼며 떨기 시작한다. 하나님께서 언약의 개막을 상징하는 테이프를 자르실 참이다. 약속을 주신 하나님께서 그 약속과 아브라함을 끊어지지 않는 사슬로 꽁꽁 묶으려 하신다. 화로와 불길은 저절로 솟아올라 죽은 짐승들의 시체를 향해 움직인다. 아브라함은 믿어지지 않는 광경을 목격하고 있다. 무서우신 분, 너무나도 위대해서 아브라함에게 자신의 이름조차 밝히지 않았던 분께서 피투성이의 시체들 사이를 지나가며 말씀하신다.

"만약 내가 너와 네 후손들에게 약속을 지키지 못한다면, 내 스스로 이 짐승들처럼 되겠노라. 내 몸을 스스로 두 동강 내겠노라."

크세르크세스가 들었다면 "뭐라고? 무슨 소리를 하는 거야"라고 말했을 것이다.

하지만 하나님은 톱으로 자신의 몸을 자르실 필요가 없었다. 자신의 약속을 지키셨기 때문이다. 아브라함은 아들을 가졌고 그 아들이 아들을 낳고, 또 그 아들이 아들을 낳아 모두 좋은 유대 신부들과 결혼했다. 그리고는 얼마 안 있어 이스라엘 나라가 탄생했고, 그 시작부터 하나님은 '아버지가 자식을 보살피는 것' 같이 돌보셨다. 이스라엘 민족이 애굽에서 종살이할 때도 하나님은 그들의 신음을 들으셨고, 또한 위로해 주셨다. 하나님은 그들을 사랑하셨고, 그들의 이름을 자신의 손바닥에 새겨 놓으셨다. 그리고 아브라함에게 나라를 주겠다고 하신 약속을 지키셨다. 하나님은 그들을 기뻐하시며 이스라엘의 불행을 더 이상 참을 수 없으셨기 때문에 환란에 처한 그들을 구해 주셨다. 또 압제자들이 측은한 마음이 들게 하셨다. 이스라엘 민족은 하나님의 양이었고, 신부였으며, 상속 그 자체였다. 그의 눈에 가장 사랑스러워 보이는 자들이었고, 그의 마음에 가까이 있는 자들이었다. 엄마가 아기에게 젖 먹이는 것을 잊을지언정, 하나님은 그들을 잊지 않겠다고 맹세하셨다.[3]

그러나 그들이 하나님을 잊어버렸다. 하나님께서 그들을 시내 산에서 영원히 택하셨고, 석판에 그들 가족의 계명을 적어 놓게 하셨는데도 그들은 하나님을 잊어버렸다. 그들은 불을 토해 내는 시내 산에서 떨리는 무릎으로 선 채 하나님의 소원에 따르겠노라 다짐했었다. 그렇게 신속하게 다짐하진 않았지만 결혼식장에서 약속을 지키겠냐고 묻는 주례자의 물음에 수줍은 듯 '예'라고 대답하는 신부와 같이 "여호와의 모든 말씀을 우리가 준행하리이다"(출 24:7)라고 대답했다.

하지만 이 말들은 모두 거짓말이었다. 가나안 땅에서 평안을 누리던 이스라엘은 동요하기 시작했다. 여호와와 그의 계명들이 마치 너무 작은 사이즈의 옷처럼 불편하고 거북하게 느껴지기 시작했다. 다른 나라의 신들은 일반적으로 저들 취향에 맞게 조각된 형상이라서 저들이 보고 알 수 있고 우리 하나님처럼 그렇게 많은 것을 요구하지 않는다며 이스라엘은 투덜대기 시작한다. 저들의 예배에는 후식과 기도 후의 즐거움과 숭배자들의 육적인 요구와 영적인 요구를 잘 돌봐 주는 사랑스러운 남녀 제사장들과 이들 제사장들과 자연스런 친교가 있다.

이방 신에 매료된 이스라엘의 두 손은 이미 꿀단지 안에 들어가 있

---

3) 신 1:31, 사 46:3, 출 2:24-25, 시 44:3, 사 49:16, 시 149:4, 삿 10:16, 시 106:46, 렘 23:1, 겔 16:32, 시 28:9, 슥 2:8, 시 148:14, 사 49:15.

었다. 한 가지 죄가 또 다른 죄를 낳아 이제 그들이 어기지 않은 계명은 하나도 없게 된다. 음란한 신 몰렉의 불 제단에 자식들을 바치며 그들 이전에 가나안 땅을 더럽혔던 사람들보다 더 심한 타락의 나락으로 떨어져 버린다. 그들은 죄를 짓는 일에 그토록 창의적이었건만, 모세의 십계명 석판 위에는 왜 오줌을 갈겨 버리지는 않았는지 궁금하다.

"그 열조의 하나님 여호와께서 그 백성과 그 거하시는 곳을 아끼사 부지런히 그 사자들을 그 백성에게 보내어 이르셨으나 그 백성이 하나님의 사자를 비웃고 말씀을 멸시하며 그 선지자를 욕하여"(대하 36:15-16).

전 세계에 진리의 빛을 비추기 위해 준비된 민족이 오히려 사악한 죄악을 행하므로 태양빛을 갉아 먹었다. 이제 누가 톱질로 두 동강이 나야 할지 자명하지 않은가?

그러나 여기에 이스라엘 민족만 해당하는 것은 아니었다. 이 땅의 모든 나라들이 자기들이 갖고 있는 조그만 빛을 내쫓았다. 하나님께서 이들 나라에 때를 따라 비를 주고 햇빛을 주어 실과를 익게 하시지 않았던가! 하나님의 친절이 오히려 거절당했다. 인간의 정의는 살아날 줄 몰랐으며 이를 위해 애쓰는 민족은 어디에서도 찾아볼 수 없었다. 유대인이나 이방인이나 모두 창조주 하나님을 고통스럽게 할 뿐이어서 그로 하여금 한탄하게 했다. "의인은 없나니 하나도 없으며 깨닫는 자도 없고 하나님을 찾는 자도 없고 다 치우쳐 한가지로 무익하게 되고"(롬 3:10-12; 시 14:1-3, 53:1-3; 전 7:20).

하나님은 생각에 잠기셨고, 서서히 그의 진노가 끓기 시작했다. 그의 친절이 이런 식으로 보답 받아도 되는 것인가? 잘잘못은 가려져야만 한다. 하나님은 나라들을 차례로 전쟁에 휘말리게 하셨다. 애굽, 모압, 페니키아, 에돔 그리고 동방의 강대국들인 앗시리아, 바벨론, 페르시아 이 모든 나라들은 전쟁의 패배와 백성들의 피난을 경험했다. 또한 하나님께서 이스라엘을 진흙길에 나딩구는 돌멩이처럼 이들 나라의 발길에 시종 차이게 하셨다. 하지만 소용이 없었다. 그 어떤 나라도 진정으로 회개하지 않았다. 그들은 자신들의 운명과 자신들이 만들어 낸 신들을 저주했다. 그들이 당한 전쟁, 포로 생활, 지옥과 같은 이 땅, 그리고 죽음 후 영원한 지옥은 하나님의 공의를 분명히 보여주었지만 이것이 전부였다. 저희들이 받은 이런 징벌은 저희들에게 도움이 되지 않았다. 감옥에서 출소한 범죄자에게 감옥살이가 별 도움이 안 되는 것과도 같이. 범죄자들이 곰팡이 냄새나는 축축한 감방에서 동료 수감자들과 부대끼며 악한 영혼을 키우는 것과 같이. 저희들이 받은 징벌은 도움이 되지 않았다.

하나님이 이런 모습을 원하신 것이 아니었다. 하나님은 자신의 형상으로 사람을 창조했지, 사단의 형상으로 창조하신 것이 아니었다. 결국 이 지독한 인류를 구원해 낼 특단의 조치가 필요했다. 누군가 이미 알고 있었다 하더라도 그보다 훨씬 강력한 어떤 약, 어떤 처리 절차, 목숨을 거는 수술과도 같은 무언가가 필요했다.

그래서 만왕의 왕께서 직접 위대한 의사가 되셨다. 위로하는 마음과 헤아릴 수 없는 지혜로 그분은 수술을 집도할 뜻을 품으셨다. 환자들의 죄(그들은 의도적으로 치명적인 질병을 퍼뜨렸던 것이다)를 사소한 것으로 여기지 않으면서, 어떻게 그들을 구하고자 하는 것일까? 그들로 하여금 질병의 무서움을 잊지 않게 하면서 어떻게 그들을 고쳐 줄 것인가? 어떻게 자비를 공의와 혼합시킬 것인가? 어떻게 그들 영혼의 암세포를 떼고 수술 흔적 또한 남지 않게 할 것인가?

그분은 수술복과 장갑을 끼는 대신에 죽을 육신의 몸을 덧입는 것으로 이 수술을 준비하셨다. 그 육신이 너무 왜소하게 느껴졌던가? 그분은 스스로 수술대 위에 누우셨다.

그리고 손을 뻗어 톱을 잡으셨다.

그가 마지막으로 참 평온을 누렸던 순간은 어머니 자궁에서 빠져나오기 직전이었다. 잠시 후 포대기에 덮여 말구유에 누우면서부터 그가 당한 고통의 역정은 시작됐다. "자녀들은 혈육에 함께 속하였으매 그도 또한 한 모양으로 혈육에 함께 속하심은"(히 2:14).

아이를 죽이려고 찾아 돌아다니는 자들을 피해 급히 애굽으로 도망하고 있었을 때, 엄마 젖을 문 그는 긴장감을 가졌을까? 그가 성장한 후 자신 때문에 같은 또래의 남자 아이들이 베들레헴에서 학살되었다는 사실을 알게 되었을 때, 그의 기분은 어떠했을까? 자신의 어머니와 그녀의 도덕성에 대해 사람들이 생각했던 바를 정확히 알게 되기까지 그는 얼마나 성숙해 있었을까? 애굽에 가족과 함께 피신해 있을 때 이 어린 소년은 난민이 된 기분이었을까?

위험이 사라지고 나사렛은 그의 고향이 되었다. 석회질의 척박한 땅. 나사렛 대상 무역의 통행로인 에스드라엘론 평야가 내려다 보이지만 통행로들 중 하나는 아니었던 마을. 이곳에서는 이렇다 하게 주목할 만한 일이 벌어진 적이 없었다. 또 이곳은 구약성경에 등장하는 수많은 마을 이름들 중에서도 언급된 적이 없었다. "나사렛에서 무슨 선한 것이 날 수 있느냐"(요 1:46).

목수인 아버지의 작업실에서 대패질을 하면서 그는 창밖으로 지나치는 로마 병정의 모습에 점차 익숙해졌다. 그리고는 그들의 깃털 장식을 한 투구와 이교를 상징하는 깃발을 보며 자신의 나라가 이방 나라에게 점령당했다는 사실을 날마다 생각했다. 그는 왕족 혈통에 속했기에 시대를 잘 타고 났다면 다스리는 입장이 될 수도 있었을 것이다.

우리는 이 젊은 소년이 마을 소녀들로부터 선망의 눈길을 받았다는 기록을 결코 읽어 본 적이 없다. 연애나 로맨스 같은 이야기도 없으며, 물론 그는 결혼도 하지 않았다. "그는… 고운 모양도 없고 풍채도 없은즉 우리가 보기에 흠모할 만한 아름다운 것이 없도다"(사 53:2). 오히려 그는 한적한 산지를 외롭게 거니는 자로 알려졌다. 그가 서른 살이 될 때까지 산책은 계속되었다. 그는 공생애로 나서야 할 때를 감지했다.

한편 낙타 가죽으로 만든 옷을 입은 이상한 사람이 요단 강가에서 무리를 모으기 시작했다. 그는 곧 오실 분에 대해, 그리고 사람들에게 바로 이분을 맞이할 준비가 되어 있어야 한다는 사실에 대해 열정적으로 설교했다. 이 거친 설교자는 예수님을 만난 적이 없었으며 아마 그의 이름도 몰랐을 것이다.[4] 하지만 그의 인생의 유일한 목적은 이제

---

4) 요한복음 1장 33절에서 세례 요한은 "나도 그를 알지 못하였으나 나를 보내어 물로 세례를 주라 하신 그이가 나에게 말씀하시되 성령이 내려서 누구 위에든지 머무는 것을 보거든 그가 곧 성령으로 세례를 주는 이인줄 알라 하셨기에"라고 말하고 있다. 이는 요한이 예수님께 세례를 주기 전까지 예수님이 메시아라는 사실을 알지 못했다는 것을 의미한다. 여기에는 결코 의문의 여지가 없으나 우리는 이 구절이 또한 요한과 예수님이 이전에 결코 만난 적이 없음을 의미한다고 보며, 이것이 본 장

막 나타날 이분을 모든 사람들이 영접하도록 준비시키는 것이었다.

예수님께서 요단 강가를 따라 걸어오셨다. 그리고는 줄을 서서 기다리고 있는 무리들 뒤에 서셨다. 한 사람씩 세례 요한에게 절을 하고 세례를 받았다. 이제 예수님의 차례가 되었다. 하지만 예수님께서 다가오시자 세례 요한은 멈칫 놀라며 그분을 살폈다. 물론 예수님은 분명히 세례를 받으실 필요가 없었다. 사람들이 이러한 상황을 오해할지 모른다. 하지만 예수님께서 말씀하셨다. "우리가 이와 같이 하여 모든 의를 이루는 것이 합당하니라"(마 3:15 TCNT). 그리고는 세례를 받으셨다.

그 후 예수님은 다양한 형태의 갈급함을 알고자 성령에 이끌려 광야로 가셨다. 사십 주야로 골짜기를 헤매며 야생 동물들의 소리를 들으셨다. 그의 민족은 사십 년 동안 또 다른 광야를 떠돌아다녔지만 죄를 지으며 단 하루도 시험을 이겨 내지 못했다. 그들에게 있었던 만나도 예수님에게는 주어지지 않았다. 하지만 사십 일이 지나자 마침내 뜨끈뜨끈하고 버터가 잔뜩 발라진 빵, 간단히 명하기만 하면 만들어 낼 수 있는 빵이 나타났다. 마귀는 그에게 제안했다. "저 빵 냄새 좋지 않아? 이게 무슨 소린가 했더니, 네 배에서 나는 꼬르륵 소리구나! 안색이 창백한 걸 보니 너는 진이 다 빠진 게 틀림없어." 마귀가 미소 지으며 재촉했다. 그러나 이것은 아니다. 생명의 떡은 유혹에 빠져들어선 안 된다. 좋다. 그러면 성전 꼭대기로 인도되었

에서 우리의 입장이다. 비록 두 사람의 어머니들이 '친척' 이었고(눅 1:36의 이 단어는 포괄적이다), 두 사람이 태어나기 전에 어머니들 서로가 방문긴 했지만, 요한과 예수님은 서로 다른 마을에 살고 있었다. 예수님이 세례 받기 전에 다른 어떤 접촉도 기록되어 있지 않다.

을 때 그는 어떻게 대응하셨을까?' '아, 만일 성전 꼭대기에서 뛰어내린다면, 저 성전 아래 사람들이 그 광경에 얼마나 놀라워할까! 천사들이 호위하는 가운데 한 발자국만 내디디면 되는데… 이것만으로 나의 신성에 대한 모든 의구심이 단번에 사라질 텐데.' 그분은 오래 전 이전 세상에서 자신을 뒤덮던 존경과 주목을 다시 회상하였을까? 아니다. 그는 틀림없이 자제했을 것이다. 지금은 예전 그때와는 완전히 다른 상황이다. 하지만 이 지구상을 떠돌며 온갖 세상을 구경하는 것을 분명 좋아하셨을 텐데…. 알프스의 남쪽 나라, 아니면 히말라야의 장관을 보라. 오, 인도의 광채와 중국의 궁궐들과 페르시아의 신비로움은 어떠한가. 동유럽, 중부 유럽, 영국의 외진 해변. 수백만의 신하들이 시중을 들었을 텐데. 단지 잠깐만 무릎을 땅에 떨어뜨리면 되는 일이었는데… 가벼운 존경의 표시로 무릎만 꿇으면 되는 일이었는데….

하지만 그는 얼굴을 돌렸다. 아니, 그는 무릎을 꿇어서는 안 되었고, 그렇게 할 수도 없었다.

그는 그렇게 하지 않았다.

그래서 마귀는 사라졌다. 적절한 시기에 다시 올 셈이었다. 그때가 언제가 될지 마귀는 정확히 생각해 두고 있었다.

이렇게 해서 어떤 왕이 했던 것보다 가장 예측할 수 없는 모습으로 구원을 위한 원정이 시작되었다. 크세르크세스 왕의 원정과는 판이하게 달랐다. 왕이 통치하는 한 백성들은 왕과 국가를 위해 그들의 토지와 돈과 자녀를 바쳐야 했다. 하지만 우리의 왕은 궁전의 모든 열락에서 발을 빼고, 온화한 벽난로와 웅장한 연회장도 포기했으며, 귀중품과 토지도 저버린 채 자신의 백성들을 위해 죽기 위해 원정을 시작하셨던 것이다.

　마치 뉴잉글랜드 사람들이 첫눈이 오면 너무 오래 머물러 불편을 주기 전까지는 좋아하는 것처럼 처음에는 사람들도 그를 좋아했다. 사람들이 너무 열성적으로 몰려들었기에 단순히 모여 든다는 것 자체가 이미 성가시게 느껴질 정도였다. "삼가 아무에게도 알게 하지 말라." 방금 전까지 장님이었던 두 남자에게 그가 엄히 타일렀다. 하지만 그들은 "나가서 예수의 소문을 그 온 땅에 전파"(마 9:30-31)했다. 갓 태어난 아기처럼 피부가 변한 한 문둥병자에게도 그는 "삼가 아무에게 아무 말도 하지 말라"고 명했다. "그러나 그 사람이 나가서 이 일을 많이 전파하여 널리 퍼지게 하니 그러므로 예수께서 다시는 드러나게 동네에 들어가지 못하시고 오직 바깥 한적한 곳에 계셨으나 사방에서 그에게로 나아오더라"(막 1:44-45).

　무료로 진료 받고, 놀라운 구경거리와 함께 점심 식사를 먹으며, 그가 바리새인들을 웃음거리로 만드는 광경을 지켜보기 위해 사람들은 갈릴리의 고지대와 유대의 암굴 속 은신처에서 쏟아져 나왔다.

　"저 친구가 어떻게 신실한 체 하는 바리새인의 콧대를 꺾는가 보자고!"

　사람들이 떠들어댔다. 엘리트 성직자의 꼭두각시가 매일 한 명씩 무리들 앞에 나와 그를 넘어뜨리기 위해 질문을 퍼붓는 것 같았다. 하지만 그들은 목적을 이루기는커녕 불쌍하게도 얼굴에 달걀 세례를 받고 물러나곤 했다. 가끔 거물급 성직자들이 직접 나와서 그럴 듯 하게 온갖 성경 구절을 인용해 그에게 도전했다. 그러나 이들 역시 그에게 비참하게 깨지고 말았다. 사람들은 이들이 얼굴을 벌겋게 붉히는 모습을 이전에는 본 적이 없었다.

그들은 갈릴리에서 당한 모욕에 기필코 보복하기 위해 대제사장의 저택에 다시 모여 비밀 회동을 했다. 그들은 한 가지 지독한 제안을 떠올렸다. 일반인들이 그 내용을 알았다면 경악했을 것이다. 하지만 예수님은 이미 아셨고 그가 어디서 무엇을 하든 늘 그 결말을 염두에 두셨다.

이 구원 작전의 첫 번째 희생자가 헤롯 왕의 감옥에서 발생한다. 아무도 이 일이 일어날 줄 예상하지 못했다. 성직자들도…. 심지어 헤롯 왕 자신조차도. 궁정 연회에서 헤롯 왕의 수양딸이 음악에 맞춰 춤을 추며 분위기를 주도한다. 소녀의 흐느적거리는 몸짓에 헤롯 왕은 현혹된다. 그는 하객들 앞에서 우쭐해져 앞뒤 가리지 않고 말하기 시작한다.

"자, 네 소원을 말해 보거라. 내가 들어 줄 테니."

믿어지지 않는다는 눈초리로 그녀가 왕에게 묻는다.

"정말이에요?"

"그렇고 말고."

야만적인 살기가 그녀의 얼굴에 감돈다. 기회만 노리고 있었던 딸과 엄마였다. 그녀의 엄마는 광야에서 외치는 한 선지자를 싫어했다. 머리카락을 젖히며 딸이 대답한다.

"좋아요. 한 가지 부탁이 있어요."

저녁 연회가 채 끝나기도 전에 세례 요한의 목이 큰 접시 위에 올려진다. 구세주의 도래를 앞서 전파한 선지자는 이렇게 사라지고 말았다. 이제 사람들의 모든 관심은 세례 요한이 외쳤던 구세주에게 쏠렸다.

그러는 동안 예수님은 설파하셨다.

"회개하라. 천국이 가까왔느니라."

'회개하라'는 말이 사람들에게는 이상하게 들렸다. 이 말 때문에 앞서 간 아모스와 이사야 그밖에 수많은 국가적 영웅들이 고난을 받았다. 대부분의 사람들은 회개해야 할 대상이 자신이라 생각지 않았으며, 이 말을 잘 새겨들어서 회개해야 할 자들이 따로 있으리라고 생각했다. 그러나 이 설교자는 세금을 잘 내고 성경을 확실히 읽고 있는 선한 시민들에게도 회개할 것을 요구하셨다. 그는 세상이 판단하는 죄인뿐만 아니라 순수한 방관자들의 마음까지도 찔렀던 것이다.

고향에서는 그에 대한 신뢰가 점차 사라졌다. 사람들은 종종 누군가가 유명해지면, 그의 어린 시절만 기억하고 오늘의 됨됨이에 대해 놀란다. "많은 사람이 듣고 놀라 가로되, 이 사람이 어디서 이런 것을 얻었느뇨 이 사람의 받은 지혜와 그 손으로 이루어지는 이런 권능이 어찌됨이뇨 이 사람이 마리아의 아들 목수가 아니냐 야고보와 요셉과 유다와 시몬의 형제가 아니냐 그 누이들이 우리와 함께 여기 있지 아니하냐 하고 예수를 배척한지라"(막 6:2-3).

예수님의 친형제들도 의심스러워하긴 마찬가지였다. 한번은 예수님이 방에 들어갔을 때, 형제들은 웃음을 참고 서로 윙크를 해 가며 자못 심각한 태도로 그에게 재촉했다.

"형님의 중요한 메시지를 좀 더 많은 자들에게 전하시지요."

이와 같은 회의적인 분위기 때문에 예수님의 고향에서는 다른 곳에 비해 병 고침을 받은 자들이 적었고 사람들은 수근거리기 시작했다. 고향 사람들의 불신은 이런 모습으로 자연스레 확인되었다. 나사렛 마을에서 이런 모습들이 없었다 하더라도 호의적인 여론은 분열되었을 것이다.

"예수께 대하여 무리 중에서 수군거림이 많아 혹은 좋은 사람이라 하며 혹은 아니라 무리를 미혹하게 한다 하나"(요 7:12).

그의 선하심이 사실상 사람들을 두렵게 했다. 한 마을에서 예수님이 아주 지독하게 귀신 들린 자를 고쳐 주자, 그 마을 사람들은 예수님께 다른 마을로 떠나 달라고 부탁했다. 도움을 받은 어떤 사람은 고맙다는 인사도 없이 사라졌다. 세례 요한이 메뚜기와 석청으로 자족하며 지낼 때, 왜 예수님은 연회에 참석 했는지 크게 의아해하는 사람들도 있었다. 부유했던 지배 계급 중에 그를 흠모했던 자들은 진퇴양난에 빠졌다. 그들은 예수님을 좋아했지만, 누구든지 그를 추종하면 공회에서 축출당할 것을 잘 알고 있었기 때문이다. "저희는 사람의 영광을 하나님의 영광보다 더 사랑하였더라"(요 12:42-43). 예수님의 설교가 청중을 자극해서 그들이 돌멩이를 집어 들었던 경우와 같이 몇몇 추한 사건들은 그들을 더 두렵게 했다. 그러나 예수님은 결코 물러서지 않고 자신의 임무를 계속 수행하셨다.

그는 이 마을 저 마을을 돌아다니며 꾸준히 말씀을 전했고, 사인을 요구하며 달려드는 열성 팬들을 피하기 위해 종종 배 안이나 올리브 나무숲 같은 의외의 장소에서 주무셔야 했다. 그가 여행하면서 설교하고, 논쟁하고, 병 고치고, 남의 말을 경청할 때, 전 우주가 시시각각 그의 신성에 의지했다. 북미 대륙의 갈색 곰은 자신을 창조하신 분의 신호를 받고 동면을 시작한다. 북극의 제비갈매기는 북극점에서 남으로 8도 떨어진 곳에 위치한 그들의 번식지를 떠나라는 신호를 기다린 후, 겨울을 나기 위해 남극으로 향한다. 창조주의 메아리가 자신의 뇌에 울려 퍼지는 것을 감지한 암컷 물거미는 공기 방울을 가두고, 호수 바닥에 거미줄로 자신의 알을 감싸 보관하는 방법을 알게 된다. 하지만 인간이 되신 하나님, 선생님 자신은 종종 거할 곳이 없으셨다. "여우도 굴이 있고 공중의 새도 거처가 있으되 오직 인자는 머리 둘 곳이 없다"(마 8:20).

머리 둘 곳이 없다? 그의 머리를 어디에 둘 것인지 유대인 대공회는 분명하게 계획하고 있었다. 이 공회원들에게 더 이상 "만일"이라는 것은 문제가 되지 않았다. 오로지 "언제"라는 것만이 문제가 될 뿐이었다. 그가 기적을 행했다는 것은 아무도 부인할 수 없었다. 저들은 계속해서 그를 비난했다. 그의 능력은 명백히 어두운 곳에서 왔어. 모세를 조금이라도 숭모하는 자라면, 안식일에 거지더러 방석을 흔들며 뛰어 돌아다니라고 하지는 못했을 거야. 그는 도대체 몸에 무엇을 지녔기에 천민들이 먹던 밥그릇을 그대로 사용하는 거야? 그가 예언자라면 어떤 인간 쓰레기들이 항상 자기에게 들러붙는지 알았을 거야. 그는 도대체 자신을 누구라고 생각하는 거야? 오, 맞다. 그의 "아버지"께서 그를 보내셨어. 어! 아냐. 그가 거룩한 하나님 아버지를 보았더라도 알아채지 못했을 거야. 골치 아픈 이 천재가 민중을 혼란에 빠뜨리도록 왜 우리가 방치해야 하는 거지? 로마 총독 빌라도와 우리의 취약한 관계를 이 작자가 악화시키도록 왜 우리가 내버려 두는 거지? 정신 차리지 않으면, 세계 교정자라고 자칭하는 이 작자 때문에 로마 군병의 창끝으로 칫솔질을 당하는 수모를 우리가 겪게 될 거야.

또한 로마 세력의 주둔은 결국 그리 나쁜 것이 아니었다. 맞다. 이 이방 세력은 사형 선고의 최종 권한을 가지고 있었다. 유대인들이 설득하는 바람에 이 이방 당국자들이 법을 집행한 것이라면, 로마법에 넘겨진 이 문제아의 마지막 고통스런 몇 시간을 저 유대인들은 씁쓸한 기분으로 만족해하며 지켜봤을 것이다. 이 문제아의 마지막 순간은 돌팔매질로 잘 처리 된 사형 집행처럼 흉악했을 뿐만 아니라, 실제로 이런 사형 집행 방식보다 훨씬 더 긴 시간이 소요되었다.

이것보다 더 어떻게 잘 집행시킬 수 있었겠는가?

깜박거리는 등잔불가에서 저녁을 드시다 고개를 들고 방 안에 함께 있는 자들의 얼굴을 면밀히 살피신다. 열두 명의 낯익은 얼굴들. 한 명만 제외하고 이들은 모두 그의 친구였다. 이들과 얼마나 많은 길을 함께 걸어왔던가! 하지만 이들이 오늘 밤 그의 생각을 짐작이나 할 수 있을까? 아이가 아빠의 마음을 과연 진정으로 이해할 수 있을까? 이 점에 관한 솔로몬의 생각은 옳았다.

"마음의 고통은 자기가 알고"(잠 14:10).

그가 오신 것은 이들을 위해서였다. 비참한 땅에서 살아온 이 토박이들은 다른 나라에서 오신 그분의 심정을 결코 헤아릴 수 없었다. 항상 깨닫는 데 너무 느리고 절박한 문제들에 대해 너무 둔했다. 자신들이 결코 이해할 수 없던 새로 올 세상에서 누가 최고의 영예를 누릴 것인지에 대해서만 항상 옥신각신했다. 하지만 그는 이들을 사랑하셨다.

그는 떡 부스러기가 떨어지는 것을 보며 평정을 유지한 채 신중히 떡을 떼셨다. 포도주는 그의 목 안으로 흘러 내려가고 있었다. 신령한 포도주가 그의 혈맥을 통해 차갑게 흐르기 시작했다. 성육신 하신 분이 친구들과 함께 먹고 마셨다. 그는 광야에서 만났던 낯익은 어둠의 세력을 감지하셨다. 마지막 시간이 다가온 것이다. 유다가 떠나기 위해 일어섰다. 그리고는 제자들의 눈길과 마주쳤다. '네가 하려는 짓을 서두를지어다.' 바깥 어둠 속에서 기다리고 있던 세력이 유다를 사로잡았다. 이후 몇 시간 동안 온 우주에서 가장 악한 마귀가 예수님의 한 제자의 육신을 조종하기 시작한다.

예수님은 제자들에게 조용히 마지막 시간을 말씀하셨고, 그들은 함께 찬송을 불렀다. 이제 떠날 시간이 되었다. 그들은 어둠 속으로 들어갔다. 목자와 열한 마리의 양은 한밤중에 성문을 지나고 가파른 계곡을 타고 내려와 올리브나무가 있는 언덕 위로 올라섰다. 목자를 따르겠다고 이 순간까지 남은 이들의 운명은 어떻게 될 것인가? 사단은 벌써 이 열두 번째 사도를 집어삼켰다. 그는 하얗게 질린 얼굴로 나뭇가지에 매달려 숨을 거두는 비참한 최후를 맞이했다. 남은 열한 명 중에 한 명은 겁에 질려 서두른 나머지 알몸인 채로 도망치다 정강이에 상처를 입기도 했다. 영혼을 피투성이로 더럽힌 채 어둠 속으로 사라지고 있었다. 남은 자들 역시 모두 겁에 질려 꽁지가 빠지도록 뒷걸음질치며 구석으로 숨어들었다. 목소리 크고 서글서글했던 한 어부는 이 순간에도 슬며시 남을 앞질러 한밤의 소동을 벌일 태세였다. 무지하게도 그는 끝까지 주님을 따르겠다는 자신의 용기를 얼마 전까지 자랑했었다. 그러나 날이 새기도 전에 그는 한 사람의 귀를 자르고 모닥불 가에서 계집종에게 잊을 수 없는 말을 던진 후 닭이 울자 전율하고 말았다. 유다처럼 나무에 매달려 죽어야 할 것인지 그는 흐느끼며 생각했다. 예언은 가까이에서 성취되었다. "목자를 치면 양이 흩어지려니와"(슥 13:7).

예수님께서 겟세마네 동산에서 기도하셨을 때 예수님과 가장 가까웠던 세 명의 제자들은 따라붙어 기도할 마음이었을까? 나중에 이들은 복음서에서 당시 예수님이 가지셨던 예감에 대해 기록했다. 이 예감은 제자들이 그들 자신을 위해 마귀의 유혹에 대적할 수 있는 내적인 힘을 갖도록 기도하라는 사전경고였다. 훗날 마태는 다른 제자들이 알아차리지 못한 이것을 특별히 기록하고 있다. "내 마음이 심히 고민하여 죽게 되었으니 너희는 여기 머물러 나와 함께 깨어 있으라" (마 26:38).[5]

"나와 함께" 깨어 있으라.

목자이신 예수님께서 자신의 생애 처음으로 그들에게 요청하셨다. 그날 밤 그는 인간적인 위로를 부탁하셨다. 그러나 누군가의 하품을 시작으로 그들의 기도는 졸음의 나락으로 떨어지고 말았다.

이제 하나님의 독생자는 올리브 동산 땅바닥에 엎드려져 앞으로 전개될 일들을 예감하며 자신의 영혼을 토해 내고 있었다. 사도들 중에는 철야로 고기잡이하는 일에 익숙한 자들도 있었지만, 훗날 세계 역사를 바꿔 놓은 열한 명의 사도들이 이날 밤 이 중요한 장면에서는 정신 못 차리고 졸고 있었다. 하지만 불과 이십여 미터 전방에서는 그들의 운명을 영원히 결정지을 싸움이 전개되고 있었다. 하나님의 독생자가 절규하던 어둠 속에서 보이는 것은 졸고 있는 숨결을 따라 오르락내리락하는 세상 짐에 짓눌린 그들의 어깨뿐이었다. 하지만 이날 밤 천국의 관중석은 초만원이었고, 지옥에서도 이 쓸쓸한 동산의 광경이 어떻게 끝이 날지 목을 빼고 지켜보고 있었다. 아버지께서 내려다보며 냉정히 고개를 끄덕이셨다. 독생자는 하늘을

---

[5] NIV에는 없는 "깨어 있으라"는 말이 "영적인 경계를 유지하라"는 말보다 더 문맥에 어울리는 것 같다. 비록 후자가 41절에서는 더 자연스런 번역이지만 말이다. 윌리엄 헨드릭슨(William Hendriksen), 타스커(R.V.G. Tasker),를 포함한 다수의 학자가 이런 견해를 견지하고 있다.

응시하며 받아들이겠다는 표시로 고개를 숙이셨다. 한 떼의 무리들이 횃불을 치켜든 채 마을을 떠나 어둠을 뚫고 동산으로 다가오고 있었다. 예수님은 글썽이는 눈물을 참으시며 그들을 지켜보셨다.

"일어날 시간이다."

예수님께서 열한 명의 제자들에게 조용히 말씀하셨다.

횃불을 든 무리들이 당도하자 양 떼들이 달아나기 시작했다. 목자는 묵묵히 서 있었다. 폭풍이 몰아쳤다.

이후 일어나는 소용돌이를 누가 묘사할 수 있겠는가? 단 한 번의 재판에서 어떻게 그리 많은 거짓 증언이 제기될 수 있었을까? 과연 한 사건의 법정에서 그렇게 많은 죄목이 퍼부어질 수 있는 것이 가능하기나 한 일일까? 물에 빠진 자들이 자신들을 구하러 구명선을 타고 온 자에게 물에 빠지라고 소리치는 꼴 아닌가. 하나님께서 자신은 하나님이라고 주장하셨다. 저들에게 이런 주장보다 더 나쁜 것이 어디 있겠는가! 하나님은 메시아를 보내겠다고 맹세한 약속을 지키셨다. 그들에게 이 말이 얼마나 우스웠던가! 그날 이른 아침 소돔과 고모라는 예루살렘 다음으로 순결해 보였다. 날이 밝자 이성을 잃은 군중들이 성난 기세로 몰려드는 가운데, 빌라도는 수세기에 걸친 로마법의 정의를 일순간에 날려 버리고 손을 씻었다.

구세주는 이제 열한 명의 제자들과는 전혀 다른 무리들에게 내던져지셨다. 모세가 보기 원했지만 허용되지 않았던 그 얼굴이 주먹질을 당하며 피투성이가 되었다(출 33:19-20). 이 땅의 배반을 저주하기 위해 하나님이 보냈던 가시들이 그분의 이마에 둘려졌다. 그리고는 등, 엉덩이, 종아리에 채찍질이 가해졌다. 그의 피부는 곧 피멍이 들어 마치 성문 밖에 쟁기질 해 놓은 밭처럼 보였다.

"눈가리개를 씌우고 매질을 계속하자!"

누군가 소리쳤다.

"그래. 이자를 뺑뺑이 돌리는 건 어떨까? 누가 널 쳤니? 알아 맞추어 봐, 헤헤."

그들이 침 뱉는 일을 멈췄을 때, 그의 몸 안에 있는 침보다 몸 밖에 붙은 침이 더 많았다. 더 이상 그를 알아보기 힘들었다.

"저자를 끌어내려! 십자가를 지고 놀이터로 내보네."

형편없는 로마 군병들의 희롱을 받으며 골고다 언덕을 향해 끌려가셨다.

"드러누워!"

손에 못을 쥔 군병이 망치를 들어올리며 소리쳤다. 그러나 그가 예수님의 손목을 잡고 못 박을 준비를 할 때 그의 심장은 틀림없이 두근거렸을 것이다. 이 순간 누군가가 이 군병의 생명을 틀림없이 지탱해 주었을 것이다. 그렇지 않고서는 누구도 제정신으로 혼자 이 일을 해낼 수는 없었을 것이다. 누가 이 군병의 폐부에 숨을 공급했을까? 누가 이 군병의 체세포에 에너지를 주었을까? 누가 이 군병의 신체 분자들이 서로 붙어 있을 수 있게 해 주었을까? 오직 독생자에 의해서만 "만물이 함께 섰느니라"(골 1:17). 예수님은 이 군병이 오래도록 살길 바라며 또한 그렇게 허락하셨다. 이 군병은 못을 박기 위해 크게 팔을 휘둘러 내리쳤다.

그러는 동안, 독생자는 자신과 아버지가 인간을 창조할 때 팔의 신경을 어떻게 디자인했는지 떠올리신다. 팔의 신경은 모든 통증을 감지했다. 디자인은 하자가 없음이 입증된다. 신경은 칼날같이 예민하게 작동한다. 군병들이 십자가를 들어올리며 소리쳤다.

"자, 위로 올라간다!"

하나님이 많은 사람들 앞에 속옷 차림으로 전시되셨다. 하나님은 거의 숨을 쉴 수가 없으셨다.

그러나 이제까지의 고통은 그가 앞으로 당할 무시무시한 고통에 비하면 전초전에 불과했다. 그는 전혀 경험해 본 적이 없는 감각을 느끼기 시작했다. 어디선가 소름끼치도록 사악한 냄새가 퍼지기 시작했다. 그는 코가 아닌 심장으로 감지했다. 그는 더러움을 느꼈다. 흠 없는 그에게 인간의 사악함이 기어오르기 시작했다. 그 사악함은 우리의 영혼으로부터 나온 살아 있는 분비물이었다. 아버지의 눈에 생명이었던 아들이 썩은 시체로 변했다.

자신의 아버지를…! 아들은 이런 모습으로 자신의 아버지를 마주했음에 틀림없다!

천국에서 아버지는 이제 성난 사자처럼 갈기를 흔들며 일어나, 십자가에 달려 떨고 있는 아들의 모습에 포효했다. 독생자는 자신을 보는 아버지의 이런 표정을 결코 본 적이 없었다. 또한 그처럼 뜨거운 숨소리도 느낀 적이 없었다. 그 포효는 보이지 않는 세계를 뒤흔들고 보이는 세계의 하늘을 깜깜하게 만들었다. 독생자는 이것들을 알아채지 못했다.

"인자여! 너는 왜 그런 짓을 했느냐? 너는 다른 사람을 속였고, 욕심을 냈고, 도둑질했고, 헐뜯었고, 살인했고, 시기했고, 미워했고, 거짓말했다. 또한 누군가를 저주했고, 강탈했고, 탕진했고, 포식했고, 간음했고, 배반했고, 사기했고, 모독했다. 오, 네가 회피한 의무들, 네가 저버린 어린아이들이여! 누가 그처럼 가여운 자들을 무시하고, 비겁하게 행동하였으며, 내 이름을 욕되게 하였느냐? 너는 날

카롭고 약삭빠른 말을 자제해 본 적이 있느냐? 어린 소년들을 희롱하고, 생명을 위협하는 마약을 거래하고, 편 가르기를 하고, 부모를 조롱했던 너는 얼마나 독선적이었으며 불쌍한 주정뱅이 같았던가! 누가 너에게 그처럼 대담하게 부정 선거를 하고, 혁명을 조장하고, 동물을 학대하고, 마귀를 섬기라고 했느냐? 나열을 해도 끝이 없도다! 가정을 파괴하고, 처녀를 간음하고, 잘난 체하고, 뚜쟁이 노릇을 하고, 정치인을 매수하고, 미신을 믿고, 음란 사진을 찍고, 뇌물을 받고, 방화를 저지르고, 테러를 저지르고, 사이비 종교를 만들고, 노예를 거래하고, 한 모금씩 이런 맛을 즐기고 그것을 자랑하기까지 한 너를 나는 증오한다. 네 안에 있는 이 모든 것들이 가증스럽다! 너에 대한 모든 혐오가 나를 지치게 만드는 도다. 너는 나의 분노를 느낄 수 없느냐?"

물론 예수님은 이런 것들과는 아무 관계가 없으신 순수한 분이다. 그분은 아무런 죄가 없으시다. 하나님 아버지는 이것을 알고 계셨다. 그러나 성부와 성자 간에 한 가지 약속이 있었으며, 생각조차 할 수 없는 일이 이제 일어나야만 한다. 저질러진 모든 죄에 대해서 예수님이 개인적으로 책임이 있는 것처럼 취급 받으실 것이다.[6]

---

6) 그리스도가 이런 일들에 대해서 전적으로 순결하다는 사실은 두말할 나위가 없다. 베드로는 예수님이 "죄를 범치 아니하시고…"라고 썼고, 히브리서의 저자는 "거룩하고 악이 없고 더러움이 없고 죄인에게서 떠나 계시고…"라며 그를 전적으로 칭송하면서 그분은 "죄는 없으시니라"고 자랑하고 있다. 모든 성경 구절들 역시 이에 동의하고 있다. 구약 시대의 속죄 제물들은 "흠이 없어야" 만 했다. 왜냐하면 제물들은 세상의 죄를 제거하는, 도덕적으로 완전하신 하나님의 양을 상징했기 때문이다(벧전 2:22; 히 4:15, 7:26; 레 4-5장). 그러나 모든 시간에 걸쳐 가장 영광스럽고 신비한 사실은 아버지께서 우리의 죄를 자신의 신성한 아들에게 옮기셨다는 것이다. 예수님의 의가 신자인 우리에게 부여된 것과 같이 그렇게 우리의 죄가 그에게 부여되었다. "여호와께

하나님은 자신의 마음에 귀한 보배이자 거울에 비친 자신의 모습과 같은 예수가 거칠게 출렁이는 죄 속으로 침몰하는 것을 지켜보셨다. 모든 세기에 걸쳐 누적된 인간을 향한 여호와 하나님의 격노가 한 방향으로 폭발했다.

"아버지! 아버지! 왜 나를 버리셨나이까?!"

하지만 천국은 귀를 막았다. 아들은 내려와 답변할 수도 없고 하지도 않으실 아버지를 올려다보았다.

성삼위일체가 이미 계획해 놓은 일이었다. 성자는 이 일을 견뎌 냈다. 성령은 이 일을 가능하게 했다. 성부는 자신을 사랑했던 성자를 버렸다. 나사렛에서 하나님이 사람으로 된 예수는 멸망했다. 죄에 대한 성자의 희생을 성부는 받아들이고 만족해하셨다. 구원은 이렇게 해서 성취되었다.

하나님은 자신의 톱을 내려놓으셨다.

하나님은 우리에게 고통을 주시며, 우리가 하나님을 신뢰하기를 바라는 분이시다. 이분이 하나님이시다.

서는 우리 무리의 죄악을 그에게 담당시키셨도다"(사 53:6). "하나님이 죄를 알지도 못하신 자로 우리를 대신하여 죄를 삼으신 것은…"(고후 5:21). 하나님이 자신의 사랑하는 아들을 마치 죄인처럼, 마치 개인적으로 범죄한 것처럼 취급하셨다. 하지만 십자가상에서 예수님은 흠이 없는 하나님의 양으로, 시종일관 의로운 성격으로 남아 계셨다. 이 장 마지막 부분의 요점은 다음과 같다. 인간의 죄와 동일시되는 경험은 그리스도의 신성한 본성에 무한대로 배치되는 것이었다(우리를 대신해서). 그의 사랑하는 아버지의 진노를 참아 내는 것은 십자가 처형의 육체적 고통보다 훨씬 더 괴로운 것이었다. 하지만 아버지와 아들이 이 속죄를 함께 계획했고, 그 성스러운 금요일에 협력해서 일하셨다는 사실을 우리는 유념해야만 한다. 우리를 위해 아들을 벌주면서도 아버지는 아들을 사랑했다. 우리에게 이것은 헤아리기 어려운가? 그럴 것이다.

제3장 고통을 지시는 하나님   87

제 4 장

하나님은 정말로 우리의 고통을 원하시는가?

성도 중에는 틀림없이 다음과 같이 이야기하는 분들이 있을 것이다. 바로 그 점이에요! 우리를 위해 예수님께서 엄청난 고초를 겪으셨다는 것을 알려 주셔서 감사합니다. 그가 고난을 당한 이유는 바로 우리로 하여금 고통을 겪지 않게 하려는 것이었겠죠. 삼위일체께서는 하늘나라에서 더할 나위 없이 행복하시며 우리도 기쁨이 넘치길 원하십니다. 예수님의 연민은 소경의 눈을 뜨게 하셨고 앉은뱅이를 일으키셨어요. 그는 질병을 영광스럽게 여긴 적이 없으며, 고통과 슬픔을 반기신 적도 결코 없으셨어요. 예수 그리스도는 어제도 오늘도 앞으로도 영원히 동일하시므로 그의 마음이 지금은 변했다고 생각하는 것은 어이없는 일이죠. 그가 이미 치르신 대가를 왜 우리에게 또 치르라고 하시겠어요? 이사야 53장은 '그가 우리의 질고를 지고 우리의 슬픔을 당하였거늘…, 그가 채찍에 맞음으로 우리가 나음을 입었도다'라고 말하고 있잖아요. 고통은 사단이 하는 일이며, 예수님은 이런 사단의 권세를 쳐부수기 위해 오셨어요. 사단은 전적으로 악하고, 하나님은 전적으로 선하시죠. 하나님은 이런 사단을 도구로 사용하기 위해 구걸하지 않으시잖아요. 물론 하나님은 우리의 시련을 통해 우리를 선하게 하실 수는 있지만, 그렇다고 우리가 곤경에 빠져 있길 원하지는 않으시잖아요. 곤경을 우리에게 보내지 않으신다는 것은 말할 나위도 없고요. 하나님이 정말로 원하시는 것은 우리에게 복을 주시는 것이며 자신의 선하신 약속을 우리가 믿길 원하시죠. 그래서 사단이 우리들 주위에 만들어 놓은 고통의 감옥을 허물어 우리를 자유롭게 하고, 이를 통해 스스로 영광 받으십니다.

러시아, 루마니아, 부다페스트, 볼티모어, 아프리카, 애팔래치아, 런던, 리틀록… 세계 어느 곳을 가든지 여러분은 이와 같은 말을 쉽게 들을 수 있을 것이다. 이런 견해를 갖고 있는 많은 그리스도인들은 대부분 고매한 성품을 갖춘 사람들이다. 그들은 성경 공부, 교회 봉사, 가정생활, 헌금, 이웃돕기, 구제, 전도 등에 열심이며, 가는 곳 어디든지 주님과 주님 나라에 대한 사랑을 드러내는 사람들이다. 하지만 이분들의 이런 견해는 진리와 오류가 불행하게 뒤섞인 것일 뿐만 아니라, 예수님께서 이 땅에 오셨던 이유의 핵심을 놓치는 것이다. 결코 이분들을 가볍게 대하거나 야박하게 대하려고 하는 말이 아니다. 이어지는 두 장을 읽어 보면 이런 견해가 왜 잘못된 것인지 납득하게 될 것이다. 여기서 우리는 이런 견해를 다음과 같이 극복하고자 한다.

첫째로 예수님께서 우리의 죄를 불쌍히 여기시며 죽으셨지만, 하나님의 계획은 이것도 좋고 저것도 좋은 식이 아닌, 모든 그리스도인이 고통을 겪을 것을 요구하시며 때로는 아주 강도 높은 고통도 주신다는 점이다. 우리를 격려해 주기 위해 우리 삶의 여정에 밝은 순간을 주실 수도 있다. 신나는 모험이나 로맨스를 주실 수도 있다.

즐거운 한때는 우리에게 웃음을 가져다 주고, 가끔 일이 꼬이는 경우는 눈물로 우리에게 즐거움을 주시기도 한다. 하나님은 주길 좋아하시는 분이기 때문이다. 그러나 예외 없이 우리는 삶의 곳곳에서 마음이 무너지고, 스스로 가장 좋아하던 인물들이 죽는 것을 경험하며 우리가 바라는 것보다 더 일찍 목숨을 다할지도 모른다.

둘째로 하나님의 계획은 구체적이라는 점이다. 하나님은 '모든 사람들에게 최소한의 은총은 꼭 줘야지' 하시며 지구를 향해 광범위하게 그것을 뿌린 후 누가 가장 듬뿍 젖는가 보시는 분이 아니다. 자연을 시계 태엽 감듯 맑은 날과 폭풍우 치는 날로 감아 놓고는 뒤로 물러앉아 자연에서 펼쳐지는 쇼를 감상하시는 분이 아니다. 사단이 무한정 날뛰며 돌아다니게 하거나, 자유방임의 통치를 신봉하거나, 자기가 소유한 지구를 임대해 놓은 채 지구에는 안사시는 분도 아니다. 오히려 그분은 우리들 각자에게 닥치는 시련들을 구분하여 그의 선한 뜻을 완성시켜 주는 시련만 허락하신다. 인간이 당하는 고초를 즐거워하지 않으시기 때문이다. 하나님은 이 시련들을 우리들 각자에게 똑같이 나눠주시지 않는다. 하나님께서 불공평하게 행하시는 은밀한 이유를 알지 못하면 우리는 이 점에 대해 실망할 수도 있다. 그러나 하나님의 지혜와 사랑 안에서 그리스도인 각자가 겪는 시련 하나하나는 그 개인의 영원한 선을 위해 이미 만세 전에 정해지고 구체적으로 마련된 것이다. 심지어 전혀 그렇게 보이지 않는 시련을 당할 때조차도 말이다. 어떤 것도 우연히 일어나는 법은 없다⋯ 비극조차도⋯ 우리의 뜻을 거슬러 행해지는 죄악들조차도⋯.

셋째로 우리의 죄로부터 우리를 구해 내는 것이 하나님 계획의 핵심이라는 점이다. 그분이 궁극적으로 관심을 갖고 있는 대상은 우리의 아픔이나 가난, 무너진 가슴 등이 아니다. 물론 이런 것들에도 관심을 기울이시긴 하지만 이것들은 실제적인 문제의 단순한 증상에 불과하다. 하나님께서 가장 관심을 기울이는 것은 어떻게 하면 우리를 편안하게 해 줄 것인가에 대해서가 아니라 어떻게 하면 우리가 죄를 미워하고, 영적으로 성장하며, 그분을 사랑하도록 가르쳐 줄 것인가에 대해서이다. 이를 위해서 하나님은 우리에게 아주 점진적으로, 때로는 고통스러울 정도로 천천히 구원의 열매를 주신다. 다시 말해 하나님은 우리가 천국을 향해 나아가는 동안 쓰라린 죄의 통증을 계속해서 느끼도록 하신다. 이러한 통증은 죄의 독성을 드러내 줌으로써 우리가 누구로부터 어떻게 구원받았는지를 끊임없이 주지시켜 준다. 그래서 죄악을 물리치기 위해 악(고통)에 대항하는 것이다. 이 모든 것이 하나님의 지혜를 찬양하기 위함이다.

마지막으로, 먼 훗날 되돌아보면 지금 우리가 겪고 있는 모든 슬픔은 그럴 수도 있었던 최선의 가능한 사건으로 입증될 것이다. 우리는 하나님이 우리에게 주셨던 시련들에 대해 천국에서 끊임없이 감사하게 될 것이다. 이것은 디즈니랜드에서 나오는 이야기가 아니다. 이것은 진리이다.

1. 하나님의 계획은 고통을 포함한다

성경을 심각하게 받아들이는 사람들과 그렇지 않은 사람들 모두 하나님이 고통을 싫어하신다는 사실에는 동의한다. 예수님은 짧은 생애의 대부분을 고통을 덜어 주는 일로 보내셨다. 하나님은 성경의 여러 곳에서 굶주린 자들을 먹이고, 헐벗은 자들을 입히고, 옥에 갇힌 자들을 보살피고, 연약한 자들을 변호하라고 우리에게 말씀하신다. 그래서 우리가 어려움에 처한 사람들을 보고 연민의 정을 느낄 때, 하나님께서 동일한 감정을 이미 먼저 느끼셨다는 사실을 알게 된다. 또한 아픈 자들을 병상에서 일으켜 줌으로써 연민을 드러내신다. 어떤 때는 의사들도 놀라는 기적적인 치유로 기도에 응답하신다. 하나님은 아이를 낳지 못하는 여인들에게 아이를 낳게 해 주고, 사업가들이 빚에서 헤어나게 해 주고, 알츠하이머병 환자들이 길을 안전하게 건너도록 보호해 주며, 슬픈 상황들이 행복한 결말을 맺도록 해 주신다. 죄에 대한 벌을 꼭 주셔야만 하는 경우조차도, 그분은 벌주는 것이 기쁘지 않다고 말씀하신다(겔 18:32). 에덴 동산에 내려졌던 저주는 천국에서 취소될 것이며, 우리가 가졌던 모든 한탄과 동경은 역사에 흥미 거리로 남게 될 것이다. 눈물은 모두 날아가 버릴 것이며, 크리넥스는 필요 없게 될 것이다.

그러나 오로지 고통을 해소시켜 주기 위해 하나님이 고통과 관계하신다고 보는 것은 결코 옳지 않다. 자신을 따르는 모든 사람은 시련을 예상할 수 있다고 하나님께서 분명히 말씀하신다.

하지만 예수님께서 십자가에 매달리셨기 때문에 우리가 지옥과 같은 고통을 겪을 필요는 없다고 생각할지도 모른다. 그러나 이 말이 우리가 살고 있는 이 지구상에서 고통을 겪을 필요가 없다는 말은 아니다. 관련된 성경을 보자.

> 그가 내 이름을 위하여 해를 얼마나 받아야 할 것을 내가 그에게 보이리라(행 9:16).

그리스도를 위하여 너희에게 은혜를 주신 것은 다만 그를 믿을 뿐 아니라 또한 그를 위하여 고난도 받게 하심이라(빌 1:29).

그리스도의 고난이 우리에게 넘친 것같이…(고후 1:5).

우리가 하나님 나라에 들어가려면 많은 환난을 겪어야 할 것이라(행 14:22).

성경은 여기서 한 발 더 나아가 그리스도인을 "하나님의 후사요 그리스도와 함께 한 후사"라고 부르며 "우리가 그와 함께 영광을 받기 위하여 고난도 함께 받아야 될 것이니라"(롬 8:17)고 덧붙이고 있다. 다시 말해 그리스도의 고통을 먼저 겪지 않고는 아무도 천국에 갈 수 없다는 것이다.

혹자는 이렇게 말한다. 하지만 그리스도인이 그런 고통을 겪는 것이 분명 하나님의 계획은 아니잖아요? 하나님의 최선의 뜻도 아니잖아요? 과연 그런가?

하나님의 뜻대로 고난을 받는 자들은 또한 선을 행하는 가운데 그 영혼을 미쁘신 조물주께 부탁할지어다(벧전 4:19).

누구든지 이 여러 환난 중에 요동치 않게 하려 함이라 우리로 이것을 당하게 세우신 줄을 너희가 친히 알리라(살전 3:2-3).

또 누군가는 이렇게 말할 것이다. 하지만 이런 성경 구절들은 아마도 종교적인 박해에만 적용되고 있어요. 예수님은 제자들에게 세상으로부터 미움을 받을 거라는 사실을 경고했어요. 영어 수업 시간에 예수님을 언급했던 한 고등학생은 점심시간이 되면 아마도 식당에서 친구들에게 놀림을 당하게 될지도 모릅니다. 과거 수세기 동안 담대하게 말씀을 전했던 신자들은 화형으로 처형되어 삶을 마감했지요. 아직도 어떤 나라에서는 한밤중에 경찰들이 그리스도인의 가택에 들이닥치고 있습니다. 성경이 고통을 약속할 때는 이런 것들을 뜻하는 것이지, 인생의 다른 문제들을 의미하진 않잖아요. 박해를 별개의 문제로 제외시키면, 성경 원리대로 살아가는 그리스도인들의 경우는 행복과 건강을 기대할 수 있는 것 아닌가요.

이 같은 주장을 바꿔 말하면 다음과 같다. '그리스도인들은 부당한 대우를 예상할 수 있지만, 홍역을 치를 정도의 고통을 예상할 수는 없다. 세상은 우리를 미워하더라도 아프게 할 수는 없다. 우리가 죽음을 피할 수는 없겠지만, 질병, 장애, 교통사고로 인한 장기간의 재활 치료 등은 피할 수 있다. 만일 우리가 건강을 약속하시는 하나님을 믿고 기도드린다면 이 모든 것이 가능할 것이다.

이런 견해의 논리적 근거는 무엇일까? 부분적으로 이런 것들이다.

1. 아담의 원죄 후 하나님이 인간에게 내린 저주로부터 질병이 발원한다.[1]
2. 예수님은 이 저주를 돌려놓기 위해서 오셨다.
3. 그러므로 그리스도인이 질병을 앓고 살 수는 없다.

이제 이 주장들을 하나하나 살펴보고 우리가 이것을 여전히 수용

---

[1] 여기서 '질병'이라는 단어는 미생물이나 유전적 변이, 사고 등 그 원인이 무엇이 되었든 간에 모든 의학적인 문제들을 위해 사용되었다.

할 수 있을 것인지 알아보자. 첫 번째 주장은 당연히 맞는 말이다. 식민지 개척 시대 뉴잉글랜드 지역의 어린아이들은 '아담의 타락으로 우리 모두 죄에 빠졌다' 라는 입문서 구절을 암송했다. 원죄가 있기 전에는 두통도, 무좀도, 치통도, 당뇨병도 없었다. 유명한 야구 선수였던 루 게릭은 자신의 이름을 딴 루게릭병이 생길 줄 몰랐다. 다운 박사 역시 자신이 연구한 질병 이름이 자신의 이름을 따서 다운증후군이 될 줄은 몰랐으며, 코네티컷 주 라임 마을이 진드기가 일으킨 괴질 치료를 연구하는 곳으로 유명해질 줄은 몰랐다. 그러나 금단의 열매를 한 움큼 깨물어 먹은 것으로 모든 것이 엉망이 되었다. 인간이 하나님을 거역하도록 부추긴 사단은 이제 인간의 거역에 대한 하나님의 징벌을 수행하는 도구가 되었다. 사단은 자신의 악역을 우리와 함께 행사하도록 하나님으로부터 승낙을 받았다. 얼마 되지 않아 사단은 욥을 불화로에 처넣는다. 예수님은 한 불쌍한 여인을 십팔 년이나 꼽추로 지내게 한 사단을 꾸짖기도 하셨다(눅 13:11, 16).

두 번째 주장 역시 옳은 말이다. "하나님의 아들이 나타나신 것은 마귀의 일을 멸하려 하심이니라." 예수님께서 한번은 자신을 도둑에 비유하시며, 도둑이 집을 털려면 집주인을 우선 꽁꽁 묶어야 한다고 말씀하셨다. 사단이 집주인이고 예수님께서 훔쳐 내는 물건이 우리들인 셈이다(요일 3:8; 마 12:29).

그러나 세 번째 주장에서 논리는 무너지고 만다. 우리는 모두 "예수님께서 우리의 질병을 지기 위해 오셨으므로 우리는 질병을 더는 참고 견딜 필요가 없다"고 생각하고 싶어한다. 하지만 이렇게 이야기하는 것은 마치 '모든 도토리는 참나무에서 왔으니 도토리를 가져다 톱질을 하면 참나무 야외 벤치가 될 것이다'라고 하는 것이나 '국회에서 청정 수질 법안이 통과되었으니 내일부터 맨해튼 주민들은 이스트 강물을 마실 수 있다'라고 하는 것과 다를 바 없다.

참나무를 판자로 활용허려면 사십 년이 경과해야 한다. 의회가 법안의 결과를 보장할 수 있다고 해도 산업 폐기물을 정화시키는 데는 시간이 소요된다. 구원도 마찬가지이다. 예수님께서 시작한 일과 그 일의 결과는 그가 다시 오실 때에야 비로소 완결될 것이다. "다 이루었다"라고 예수님께서 십자가상에서 말씀하셨다. 대가를 치르고 사들이심으로 구원은 완결되었고, 그 종국도 확실하게 정리되었다. 그러나 하나님의 자녀들에게 구원을 적용시키는 것은 결코 끝나지 않았다.

아래에 열거된 대비되는 생각들을 살펴보자. 구세주가 오셨다. 그래서 사자는 언젠가 양과 함께 눕게 될 것이다. 그 사자가 로마의 원형 경기장에서 초대 그리스도인들의 뼈를 부서뜨렸다. 성경은 우리가 "구원을 가지고 있다"(have redemption)고 말한다. 그러나 우리의 구원의 날은 아직도 미래에 있다.[2] 하나님은 우리를 '구원하신 상태이다'(has saved). 그러나 우리는 여전히 "구원되어 가고 있는 중이다"(being saved).[3] 예수님께서 '그의 백성을 죄로부터 구원하기 위해' 오셨다. 그러나 '우리가 죄 없다고 주장한다면, 우리를 속이는 것이고 진리가 우리 안에 거하지 않는 것이다'라고 성경은 말씀한다.[4] 고린도전서 15장 45절에서 예수님은 마지막 아담으로 기

---

2) 에베소서 1장 7절 및 골로새서 1장 14절은 로마서 8장 23절 및 에베소서 1장 14절과 대비된다.
3) 디모데후서 1장 9절은 고린도전서 1장 18절 및 고린도후서 2장 15절과 대비된다.
4) 마태복음 1장 21절, 요한1서 1장 8절.

록되어 있다. 처음 아담이 초래해 놓은 저주를 제거하기 위해 이 마지막 아담이 오셨다. 그러나 다가오는 여름에 여러분은 여전히 마당의 잡초와 씨름할 것이고, 둘째 아이를 낳는 일이 결코 즐거운 일만은 될 수 없을 것이다. 천국에 가서야 "다시 저주가 없으며"(계 22:3)라고 말할 수 있을 것이다.

그렇다. 예수님은 우리의 슬픔을 담당하셨다. 그러나 사도 바울은 함께 옥에 갇힌 동료가 병들었을 때 '슬픔'을 알았다. 그는 동족의 영적인 암흑 상태에 대해 "큰 근심과 마음에 그치지 않는 고통이 있다"고 고백했다. 그리고 그는 그리스도의 사도들을 "슬프지만 항상 즐거운" 자들로 기술했다.[5] 우리의 죄를 위해 예수님께서 죽음을 당하셨다. 그러나, 고린도 사람들이 자신들의 죄에 대해 "하나님의 뜻대로 근심하는 것을" 예수님의 죽음이 막지는 않았다(고후 7:9). 예수님 자신도 "이제 우는 자는 복이 있나니"라고 하셨고, 또 야고보도 우리가 죄 지을 때 "슬퍼하며 애통하며 울"것을 권했다.[6]

그렇다. 예수님은 "우리의 질병을 지셨다"(사 53:4). 그분의 십자가로 우리는 천국으로 가는 차편을 얻었고, 그분의 이적으로 우리는 낙원을 어렴풋하게나마 볼 수 있다. 그분은 우리에게 크고 작은 수많은 축복을 통해 영원한 복락을 미리 맛보게 하신다. 그러나 이러한 것들은 모두 흐릿하거나, 사전 맛보기에 불과한 것들이다. 우리는 아직 천국에 있지 않다. 그러하기에 신령한 디모데는 위장병과 잦은 질병이 있고, 바울의 빌립보 서신을 전달한 동역자 에바브로디

---

5) 빌립보서 2장 27절, 로마서 9장 2절, 고린도후서 6장 10절.
6) 누가복음 6장 21절, 야고보서 4장 9절.

도는 죽을 병에 시달렸다. 바울은 '병든' 동역자 드로비모를 밀레도에 남겨 두었다. 그리고는 갈라디아 사람들에게 "내가 처음에 육체의 약함을 인하여 복음을 전하였다"라고 고백했다. 그는 병에서 회복하기 위해 갈라디아로 우회했던 것으로 보인다.[7]

어떤 기독교 교사들은 위에서 열거한 사실들이 바울과 동역자들의 믿음이 부족했기 때문이라고 말한다. 하지만 정말로 이렇게 생각하고 싶은 것일까? 우리가 성경을 곡해했을 가능성은 생각해 보지도 않고 그리스도의 사도들에게 비난의 화살을 돌리는 것은 겸손치 못한 태도가 아닐까?

하지만 하나님께서 내 모든 질병을 고치신다고 구체적으로 말씀하고 계시지 않나요?(시 103:3)

맞다. 시편 103편에서 다윗이 그렇게 말했다. 다윗이 어떤 사람이었는가? 그는 사울 왕을 피해서 굴 속에서 수개월을 숨어 지내야 했고, 절친한 친구를 전쟁에서 잃어야 했고, 자신의 기도에도 불구하고 한 아들이 병들어 죽어야 했고, 또 다른 아들은 자신을 암살하여 왕권을 탈취하려 기도했으며, 전염병으로 자신의 부하 칠만 명이 죽는 것을 공포 속에서 지켜봐야 했다. 하지만 그는 이런 위기와 시련 속에서 병들었을 때마다 회복되었고, 그것에 감사했다.

그렇지만 다윗의 고통은 죄를 지은 것에 대한 벌이었기 때문에(삼하 12:10, 14), 그가 죄를 짓지 않았다면 고통을 피할 수 있지 않았을까요? 우리가 신실하게 살면 고통을 당할 일은 없지 않을까요?

---

7) 디모데전서 5장 23절, 빌립보서 2장 27절, 디모데후서 4장 20절, 갈라디아서 4장 13절.

돌팔매로 골리앗을 넘어뜨린 양치기 소년 다윗을 향하여 죄 없는 사람이 정죄의 첫 돌을 내던져 보라! 우리가 "(하나님) 마음에 맞는 사람"(삼상 13:14)이라고 성경이 밝히고 있는 이 사람보다 영적으로 더 우월하다고 정말로 말할 수 있을까? 우리의 정욕과 미움이 다윗의 간음과 살인과 다를 바 없다고 예수님이 암시하시지 않았던가?(마 5:21, 27-28) "고난당하기 전에는 내가 그릇 행하였더니 이제는 주의 말씀을 지키나이다"(시 119:67)라고 고백한 시편의 또 다른 기자보다 우리가 더 우월한가? 여러분이 이들보다 우월하다면 다시 한번 생각해 보기 바란다. 여러분은 여러분 자신의 양심을 알지 못하는 것이다. "주께서 그 사랑하시는 자를 징계하시고 그의 받으시는 아들마다 채찍질하심이니라 하였으니"(히 12:6).

하지만 예수님의 약속에 치유와 번성이 들어 있지 않습니까? "너희가 내 이름으로 무엇을 구하든지 내가 시행하리니… 내 이름으로 무엇이든지 내게 구하면 내가 시행하리라"(요 14:13-14).

참으로 엄청난 말씀이다. 이 말씀이 우리를 꾸짖는다. 우리 모두 회개하고, 좀 더 담대하게 기도할 수 있기를 바란다. 그러나 예수님의 약속을 좀 더 면밀히 살펴보도록 하자. "네가 무엇을 구하든 내가 행하겠다." 멋지게 들리는 말씀이다. "내 이름으로 너희가 무엇을 구하든 내가 행하겠다." 내 이름으로 구한다는 말씀의 의미가 무엇일까? 평소 우리들이 기도를 끝마칠 때 아멘이라고 하기 바로 전, '예수님의 이름으로' 기도드린다고 하는 말 이상의 의미인 것은 틀림없다. 예수님의 이름으로 구한다는 의미는 다음과 같은 기도들이다. 하나님께서 나의 기도를 들으시는 이유는 오로지 내가 하나님 아들의 초대를 받은 손님이기 때문이라는 것을 내 스스로 받아들이고 구하는 의미의 기도이다. 예수님께서 이 땅에 계셨을 때 하나님께 담대하면서도 존경을 표하며 구했던 의미의 기도이다. 예수님께서 우리에게 가르쳐 주신 것들을 구한다는 의미의 기도이다. 가르쳐 주신 것들이란 무엇을 의미하는가? 예수님은 주기도문에서 이것을 영적인 것들, 영원한 것들로 요약하고 계신다. "하나님의 나라가 넓어지시옵기를… 이 배반의 땅에서 하나님의 뜻이 이루어지기를… 하나님께서 우리의 범한 죄를 사하여 주시옵고… 우리를 유혹하는 악에 넘어가지 않도록 하옵소서"(마 6:9-13). 여섯 가지 주문 사항 중에 단 한 가지만 이 땅의 문제에 관하여 다루시면서 '우리에게 일용할 양식을 주옵시고' 라고 기도할 것을 가르치신다. '주가지수를 축복하시옵고 나스닥과 함께 하옵소서' 라고 기도할 것을 가르치지 않으신다.

  물론 우리가 기본적으로 필요로 하는 것 이상에 대해 기도하는 것, 예를 들어 수잔이 잃어버린 고양이를 찾을 수 있도록 기도하는 것, 내일 내 생일 파티가 재미있도록 기도하는 것, 이번 겨울에 우리 모두 감기 걸리지 않도록 기도하는 것, 크리스마스가 빨리 왔으면 좋겠다고 기도하는 것은 잘못된 일이 아니다. 하나님은 어린아이들의 기도를 듣기 좋아하신다. 또한 하나님은 어른들에게도 "너희 염려를 다 주께 맡겨 버려라", "모든 일에 기도로 간구하라"(벧전 5:7 NIV; 빌 4:6 LB)고 말씀하신다. 그러나 우리는 진정으로 예수님께서 편한 삶을 위해 우리에게 백지 수표를 주셨다고 생각하는 것일까? 우리 앞길에 시련이 하나도 없도록 기도할 수 있다고 여기는 것일까? "악에는 어린아이가 되라 지혜에는 장성한 사람이 되라"(고전 14:20).

  당신이 초등학교 6학년 소년 단원을 인솔하고 인근 대학교에 갔다고 상상해 보자. 프로그램 휴식 시간에 다과 및 음료가 탁자 위에 차려져 제공된다. '부담 없이 마음대로 드세요'라고 쓴 조그만 팻말이 보인다. 지미가 주머니에 과자를 움켜잡아 넣기 시작한다. 친구 위셀이 접시에 놓인 사탕을 통째로 셔츠 안으로 쏟아 붓는다. 에디는 창피한 내색이라고는 전혀 없이 과일 주스 여섯 잔을 들이마신다.

당신은 어이가 없어 탁자로 다가가 소리친다.

"잠깐만, 이 녀석들!"

천진스러운 아이들이 의외라는 표정으로 대꾸한다.

"하지만 팻말에…!"

맞다. 팻말에는 분명 그렇게 써 있다. 하지만 당신은 아이들을 구석으로 몰아가며 여전히 소리칠 것이다. 팻말은 읽었지만 상황은 읽지 못한 아이들을 혼내 줄 기세로…. 당신은 아이들에게 뭐라고 말해 줄 것인가?

"이것은 단지 간식일 뿐이야. 명절날 음식이 아니라고!"

"물론 너희들이 공짜로 먹을 수 있지만 누군가가 너희들을 위해 사야만 했다고!"

"너희들이 이렇게 마음대로 다 가지려고 하면 나머지 애들은 아무 것도 먹을 것이 없게 돼!"

"너희 부모님들이 너희들더러 공중도덕을 잘 지키라고 가르치신 것은 이런 경우를 염두에 두고 하신거야!"

다시 말해서 지능 지수 40은 넘는 사람이라고 생각하고 팻말을 읽어야 한다.

우리가 무엇을 요구하든지 들어주신다는 예수님의 약속에 대해서 우리의 머리를 사용해 보도록 하자. 베드로는 말씀을 왜곡해서는 안 된다고 우리에게 경고한다. 바울은 성경을 올바르게 다루어야 한다는 사실을 디모데에게 주시시킨다. 이들 사도들은 성경을 잘못 다루는 교사들을 알고 있었던 것 같다. 한 말씀을 다른 말씀과 대조함으로써 우리는 이와 같은 과오를 피할 수 있으며 새롭게 이해할 수 있게 된다. 연관되는 구절들은 기차가 탈선하지 않도록 지켜 주는 두 개의 레일과도 같다. 관련 구절들은 운하와 같아서 가르침이 올바른 방향으로 전달되게 하고 우리가 자의적인 해석으로 진흙탕에 처박히지 않도록 인도해 준다.

요한1서 5장 14절이 바로 이런 운하와 같다. "그의 뜻대로 무엇을 구하면 들으심이라." 이 구절은 우리의 생각이 괘도를 이탈하지 않도록 우리를 수로 안으로 조금 이끌어 준다. 우리가 하나님으로부터 요구하는 바를 승낙 받기 위해서는 그것이 하나님께서 이미 원하신 바가 되어야만 한다. 기도 모임에서 우리가 하나님의 팔을 비틀어 떼를 쓴다고 해서, 또는 하나님은 더 좋은 판단을 갖고 계신데도 이에 거슬리게 하나님을 설득한다고 해서, 하나님이 우리의 요구를 들어주시지는 않는다. 이것은 마치 도로에 스피드 범퍼가 있어 운전자가 마음대로 과속하지 못하도록 하는 경우로 비유되는 간단한 생각인데 이것을 이해 못하는 사람들이 있다. 하나님의 뜻을 자기 마음대로 다룰 수 있는 핸들을 쥐고 있는 양 그들은 이렇게 생각한다. "내 병을 참고 견디라는 은혜를 하나님이 주시기보다 내 병을 고쳐 주시는 데서 하나님은 틀림없이 더 영광을 받으실 것이다." 하지만 사도들은 이런 식의 천리안으로 앞을 내다보지 않았다. 바울도 한때는 '내 몸의 가시'를 제거해 달라고 간청했다. 그 가시가 없었다면 틀림없이 더 잘 사역했을 것이다. "(그러나) 내게 이르시기를 내 은혜가 네게 족하도다." 또 한번은 바울이 비두니아에 복음을 전하고

자 하였다. 틀림없이 하나님은 복음이 그곳에도 전파되기를 원하셨을 것이다. "(그러나) 예수의 영이 허락지 아니하시는지라." 그래서 야고보는 성도들에게 하나님의 뜻이 어디에 있는지 앞서 추정하지 말며 계획을 너무 단정적으로 세우지 말라고 권고했다. "너희가 도리어 말하기를 주의 뜻이면 우리가 살기도 하고 이것저것을 하리라 할 것이거늘."[8] 자신의 도시락통 안에 전지전능의 하나님을 갖고 있는 사람은 아무도 없다.

요한복음 15장 7절은 또 다른 운하이다. "너희가 내 안에 거하고… 무엇이든지 원하는 대로 구하라 그리하면 이루리라." 이 말씀은 매우 엄청난 선언이다. 내가 사는 방식이 하나님의 청력에 영향을 주는 것 같다. 기도가 응답되어지는 것에 관해 이야기할 때 순종하는 삶만큼 중요한 것은 없다. 신실함으로 가득 찬 헌금조차 순종하는 삶을 대신할 수 없다. 예수님은 또 다른 조건을 첨부하셨다.

"너희가 내 안에 거하고 내 말이 너희 안에 거하면 무엇이든지 원하는 대로 구하라 그리하면 이루리라."

이것은 더 구체적이다. 나는 산을 옮기기에 충분한 믿음, 연례 총회를 흥미롭게 만들기 충분한 믿음을 가질 수 있다. 그러나 주님의 말씀이 내게 거하지 않고 주님의 가르침을 내가 무시한다면, 내 기도는 여전히 응답되지 않을 것이다. 우리는 주님 말씀에 우리의 온 정신을 쏟는 것과 우리 기도에 대한 응답을 받는 것과의 연관성을 진정으로 이해하고 있는 것일까? 컵 안에 홍차 봉지를 오래 넣어 둘수록 차는 더 진해진다. 우리의 정신이 하나님의 말씀 안에 흠뻑 빠

---

[8] 사도행전 16장 7절, 고린도후서 12장 9절, 야고보서 4장 15절.

져 있을수록 우리는 주님께서 중요하게 여기시는 것이 무엇인지 더 분명히 깨닫고 우리의 기도는 더 강력해진다.

우리는 마가복음을 통해 이 점을 이해할 수 있다. 예수님이 가버나움에서 지낸 놀라운 스물네 시간을 마가가 어떻게 기록했는지 기억하는가? "저물어 해질 때에 모든 병자와 귀신 들린 자를 예수께 데려오니 온 동네가 문 앞에 모였더라 예수께서 각색 병든 많은 사람들을 고치시며 많은 귀신을 내어 쫓으시되." 다음날 아침 많은 사람들이 이 놀라운 의사를 찾아가 보았으리라고 쉽게 상상이 간다. 그러나 그들은 예수님을 마을에서 찾지 못했다. 예수님은 거의 숨어서 한적한 곳에서 홀로 기도하고 계셨다. 그리고 예수님께서 대답하셨다. "다른 가까운 마을들로 가자 거기서도 전도하리니 내가 이를 위하여 왔노라"(막 1:32-39).

예수님께서 지금도 이 말씀을 하신다.

"그래, 내가 전도할 수 있노라. 이것을 위해 내가 왔노라."

전날 밤 예수님 소식을 뒤늦게 접해 들은 가버나움의 남은 환자들에 대해 예수님께서 관심이 없으셨다는 말이 아니다. 주님의 목적은 그들의 질병을 치료해 주는 것이 아니라 그들에게 복음을 전하는 것이었다. 그가 행한 기적들은 긴급한 메시지를 가시적으로 돕는 배경일 뿐이었다. 긴급한 메시지는 이것이었다. 죄가 너를 사망에 이르게 한다. 지옥은 있다. 하나님은 자비로우시다. 그의 나라가 너를 변화시킬 것이다. 나를 통해 너는 천국으로 갈 것이다. 사람들이 기적을 직접 경험하고도, 이 메시지를 간과하고 영원한 것들을 사모하는 마음이 흐트러질 때마다, 구세주는 돌이켜 떠나셨다. 그를 찾아 수십 리를 쫓아온 무리에게 예수님은 이렇게 말씀하셨다. "내가 진실로 진실로 너희에게 이르노니 너희가 나를 찾는 것은 표적을 본 까닭이 아니요 떡을 먹고 배부른 까닭이로다 썩는 양식을 위하여 일하지 말고 영생하도록 있는 양식을 위하여 하라 이 양식은 인자가 너희에게 주리니 인자는 아버지 하나님의 인치신 자니라"(요 6:26-27). 주님의 이 말씀은 그의 기적을 설명할 뿐 아니라 우리의 기도를 안내해 주고 있음에 틀림없다.

어떤 기독교 교사는 다음과 같은 말로 우리를 확신시키려 한다. "하나님은 당신의 질병을 고쳐 주길 원하신다. 그래서 세상이 이것을 주목하고 믿게 된다." 그러나 하나님은 이렇게 말씀하신다. "저들이 모세와 선지자에게 듣지 아니하면 비록 죽은 자 가운데서 살아나는 자가 있을지라도 권함을 받지 아니하리라." 성공 비결 세미나에서는 이렇게 가르칠 것이다. "하나님은 물질의 풍성함으로 여러분께 복 주시길 원하신다." 그러나 주님은 이렇게 가르치신다. "가난한 자는 복이 있나니." 그리고 경고하신다. "부자는 천국에 들어가기가 어려우니라." 성경을 곡해하는 사람들은 이렇게 단언한다. "하나님은 그분의 자녀들이 행복해하는 것을 보기 원하신다." 하지만 예수님은 말씀하신다. "애통하는 자는 복이 있나니"(눅 16:31; 6:20-21; 마 19:23).

모든 사람들이 행복한 삶을 움켜잡을 만큼의 믿음을 가지고 그런 삶을 누리게 하기 위해 예수님께서 십자가상에서 죽으셨던 것일까? 여러분이 판단하기 바란다. 우리 주님 자신은 가난하셨고, 대부분의 초대 기독교 신자들 역시 가난했다. 대부분 출신 신분이 비천하고 보잘 것 없는 사람들이었다. 마케도니아의 신자들은 극심할 정도로 가난했고, 야고보는 교수형을 당했으며, 베드로는 감옥에 갇히는 신세가 되었다. 스데반은 돌에 맞아 죽었고, 요한은 황량한 섬에 유배

되어 죽었다. 예루살렘에 있었던 그리스도인들은 쫓기는 신세가 되었다. 아굴라와 브리스길라는 로마에서 추방되었다. 마가는 혹독한 선교 여행 끝에 선교활동을 포기하기도 했다. 베드로는 소아시아에 있는 모든 그리스도인들을 가리켜 "여러 가지 시험을 인하여 근심하는 자들"이라고 기술했다. 그들 중 대부분은 노예와 부녀자였으며, 믿지 않는 남편들은 자신들의 아내를 이해하지 못했다. 많은 성도들이 독신이었고 결혼을 갈망했지만, 불확실한 시대라서 결혼을 두려워했다. 또 대부분 공개적으로 모욕과 박해를 받았다. 그들은 병들었고 재산은 차압당했다. 그들은 유혹을 받고 죄를 범하는 것이 무엇을 의미하는지 알았고, 상처 입은 양심의 고통 또한 알고 있었다. 교회에 속한 모든 성도들이 실로 여러 가지 문제를 안고 있었다. 계속 정진하기 위해 모두들 지속적으로 격려 받아야 할 필요를 느꼈다. 바울의 일기 한 대목이 아마도 그것을 가장 잘 대변해 줄 것이다.

(내가) 여러 번 죽을 뻔하였으니 유대인들에게 사십에 하나 감한 매를 다섯 번 맞았으며 세 번 태장으로 맞고 한 번 돌로 맞고 세 번 파선하는데 일 주야를 깊음에서 지냈으며 여러 번 여행에 강의 위험과 강도의 위험과 동족의 위험과 이방인의 위험과 시내의 위험과 광야의 위험과 바다의 위험과 거짓 형제 중의 위험을 당하고 또 수고하며 애쓰고 여러 번 자지 못하고 주리며 목마르고 여러 번 굶고 춥고 헐벗었노라.[9]

그들은 원하지 않았던 것을 소유했으며 소유하지 않았던 것을 원

---

9) 각각의 내용들에 대한 다음 성경 구절들을 참조할 것. 초대교회 그리스도인들의 가난 (행 6:1; 11:28-29; 고전 1:26; 4:11; 고후 8:2), 야고보와 베드로(행 12:2-3), 스데반(행 6:12-7:60), 요한(계 1:9). 예루살렘의 그리스도인들(행 8:1), 아굴

했다. 이 모든 것들에 대해 "아무든지 나를 따라오려거든 자기를 부인하고 날마다 제 십자가를 지고 나를 좇을 것이니라"(눅 9:23)고 말씀하신 구세주께 그들은 순종할 뿐이었다. 하지만 주님의 고통에 동참함으로 '주님의 부활의 능력'을 맛보았다.

성경이 이 이상 더 분명할 수는 없다. 하나님은 지구상에 단 두 곳을 제외하고는 자신의 자녀들이 고통을 겪을 것을 요구하신다. 그곳은 남캘리포니아와 플로리다의 디즈니랜드로서 멜빵 옷을 입고 친절하게 이야기하는 미키 마우스가 있는 곳이다.

라 및 브리스길라(행 18:1), 요한이라는 마가(행 13:13), 소아시아의 그리스도인들(벧전 1:6, 전체 서신을 볼 것). 노예들(고전 7:22; 엡 6:5-8; 딛 2:9), 믿지 않는 남편을 가진 여인들(고전 7:13-14; 벧전 3:1-6). 독신들(고전 7:8-9, 25-27; 빌 2:27; 딤후 4:20; 갈 4:13). 유혹, 죄, 양심(눅 22:62; 고전 5:1; 고후 2:7 및 10:8-11과 비교, 갈 1:11-13), 신자들의 영적 투쟁을 서술한 구절들(롬 7:14-25; 갈 5:16-17; 엡 6:10-18), 문제가 있는 교회들, 격려의 필요(신약의 서신문들 중 어느 곳이든 읽을 것!), 바울의 "일기"(고후 11:23-27).

제 5 장

크고 작은 모든 시련들

1. 제5장을 읽기 전에…

1995년 오클라호마시티에 있는 연방 정부 건물이 테러에 의해 폭파된 직후, 피바다를 이룬 채 사방에 사람들이 쓰러져 있었다. 혹시 여러분 중에 그때 그곳에 있었던 분도 있을지 모르겠다. 당신이 그곳에 있었다고 가정하고 당시 상황을 상상해 보자. 당신 곁에 한 여인이 쓰러져 있다. 얼굴, 몸통, 팔, 온 전신에 유리 파편이 박힌 채로 분명 동맥이 끊어져 있었는데, 어느 부분에서 끊어졌는지 분간할 수가 없다. 너무 끔찍한 장면이라 당신은 기절할 지경이다. 혼돈과 공포에 사로잡힐 것이며, 한번 더 폭발이 있을지 모른다고 당신은 느낄지도 모른다. 이러한 상황을 저주하거나 아니면 기도하고 싶은 기분에 휩싸일지도 모른다. 이루 형용할 수 없는 수만 가지 감정에 사로잡힐 것이다. 하지만 이 여인을 살리기 위해 당신은 감정에서 빠져나와, 어떻게 하면 피를 멎게 하고 겁에 질린 이 여인을 돌볼 수 있는지 생각해야 한다.

그렇지만 이런 폭발 사고를 당했는데 어떻게 사람이 감정을 느끼지 않을 수 있겠는가? 극심한 고통은 당연히 깊은 감정을 수반한다.

그 폭발이 있은 후 오클라호마는 물론 전국이 비통함에 잠겼다. 우리는 울어야 한다. 하나님도 눈물을 흘리신다. "범사에 때가 있나니… 울 때가 있고." 그러나 또한 생각해야 할 때도 있다. 감정과 생각이 서로 대체될 수는 없다.

이어지는 제5장과 제6장은 감정적으로 접근하면 이해하기 어렵다. 많은 그리스도인들이 넘어지는 원리를 다루고 있기 때문이다. 여러분 중에 말로 표현할 수 없는 사별의 슬픔이나 극심한 고통, 위로 받기 힘든 마음의 아픔 등으로 하늘을 바라볼 수 없는 분이 있는가? 하나님은 그 심정을 이해하신다. 이런 분은 이 책을 잠시 덮고 하나님 앞에서 마음껏 울기 바란다. 혹시 무엇인가 읽기 원한다면 시편을 읽기 바란다. 지금은 이성을 갖고 자세히 논쟁할 때가 아니다.

그러나 고통이 여전히 심하긴 하지만 여러분이 몸을 추스를 수 있는 상태가 되었다면, 성경을 잡길 바란다. 성경은 '생각', '숙고', '고찰', '비교', '판단' 등을 할 수 있는 명령들로 가득 차 있다. 예수님은 삶, 죽음, 고통 등에 대해 질문하던 사람들에게 종종 "율법에 무엇이라 기록되어 있느냐" 되묻곤 하셨다. 무리들은 눈을 깜박이며 성경을 넘기기도 하고 고심끝에 성경 구절을 제시하곤 했다. 하지만 논의는 여기서 끝나지 않고 진짜 문제가 제기된다. 예수님이 그들에게 물으신다. "네가 어떻게 읽느냐?" 이 질문의 의도는 그 구절의 의미를 진정으로 알고 있는가 하는 것이다. 여기에는 엉성하거나 감상적인 생각이 자리잡을 여지가 없다.

우리가 하나님에 대해 생각하는 것이 우리와 하나님과의 유대 관계에 영향을 미친다. 또한 그것은 우리가 하나님께 얼마만큼 영광 돌리게 될 것인지에 대해 영향을 미친다. 하지만 하나님에 대한 우리의 생각은 신뢰할 만한 것이 못 된다. 하나님에 대한 원시인의 생각은 하나님이 어떤 생일 선물을 좋아하실까하고 추정하는 식이어서, 인간을 희생 제물로 바치는 문화를 초래하기도 했다. 우리가 단순히 하나님에 대한 우리의 감정에 의지할 수도 없다. 우리가 원하는 식으로 하나님을 간주해 버린다면, 틀림없이 우리는 우리의 형상대로 하나님을 재창조할 것이다. 우리는 사도 바울이 묘사한 사람들처럼 될 것이다. "저희가 하나님께 열심이 있으나 지식을 좇은 것이 아니라"(롬 10:2).

하나님에 관한 지식이 안전하게 보관되어 있는 유일한 금고는 성경뿐이며, 이러한 성경은 우리에게 생각할 것을 요구한다. 하나님은 언제나 한결같이 우리를 부르고 계신다. "오라 우리가 서로 변론하자 너희 죄가 주홍 같을지라도 눈과 같이 희어질 것이요 진홍같이 붉을지라도 양털같이 되리라"(사 1:18).

여러분은 본 장의 내용들을 읽으면서 거부감을 일으킬 수도 있다. 시련을 당할 때조차 하나님이 주관하신다는 내용을 담고 있기 때문이다. 믿지 않는 사람들과 또한 많은 그리스도인들도 하나님이 모든 것을 주관하신다는 사실을 그럴듯한 이유를 내세우며 인정하려 들지 않는다. 결국 그들이 고삐 풀린 말과 같이 되어 마차가 길 밖으로 튕겨져 나가거나, 이미 뒤집혀진 마차 밑에 깔리는 상황이 되면 그들은 이렇게 생각할지 모른다.

좋다. 그리스도인들을 향한 하나님의 계획은 고통도 포함한다. 당신이 93페이지에 제시한 첫째 항목이다. 하지만 두 번째 항목인 하하나님의 계획이 개개인에 대해서 '구체적'이며, 시련이 우리에게 '분배'된다는 견해에 대해서 우리는 유보적이다. 실제로 당신은 하나님이 인간으로 하여금 고통을 겪게 하신다고 확언할 수는 없지 않은가! 성경은 하나님이 사랑이시라고 하지 않는가! 내가 겪는 시련이 하나님으로부터 오는 것이라면, 사랑에 대한 정의가 달라져야 하는 것 아닌가! 강간, 살인, 지진, 심장병 등을 실제로 선포하는 분이 하나님이라면, 그런 하나님은 내가 섬기는 하나님이 아니다. 어떤 식으로든지 이런 일들을 일으키는 분이 하나님이라고 말하는 것은 하나님을 괴물로 만드는 것이다. 이 같은 하나님을 생각하면 두려워지며 마치 내가 졸개가 된 기분이 든다. 결정을 내리는 기계가 하늘에 있어 내가 조심하든 안 하든, 기도하든 안 하든 관계없이 장차 내 뼈가 부러질 것과 고약한 소송에 휘말릴 것을 이미 예정해 놓았다는 것 아닌가! 내가 아는 하나님은 거룩한 하나님이어서 다른 사람을 시켜 나에게 죄 짓도록 하시는 분이 아니다. 하나님은 누군가에게 무엇을 하라고 시키시는 분이 아니다. 우리는 로봇이 아니다. 하나님은 불행을 계획하지 않으신다. 불행은 그냥 일어날 뿐이거나 아니면 사단이 일으키거나 할 뿐이다. 하나님은 우리의 기도를 들으사 그분의 자비로 종종 비극과 슬픔을 사전에 막아 주신다. 하지만 이러한 고통이 발생한 경우에도 그것은 하나님이 하신 것이 아니다. 오히려, 하나님은 일어날 일이 일어나도록 보통은 내버려 두시고 난 다음에, 자신을 사랑하는 자들을 위해 나쁜 일들을 선한 일로 바꾸신다.

분명히 이 주장에는 생각해 볼 것들이 많다. 누가 감히 이런 주장에 이의를 제기하겠는가? 우리를 졸개라고 말하는 주장에 반대하는 것은 당연하다. 우주가 거대한 꼭두각시 쇼는 아니다. 하나님은 진실로 고통을 경멸하신다. 하나님은 결코 죄를 짓지 않으시며, 어느 누구에게도 죄 짓도록 유혹하지도 않으신다. 하나님을 괴물로 여긴다니, 이 얼마나 모독적인 생각인가! 우리 기도가 전혀 소용없고 우리의 행동 또한 아무 의미가 없다니, 이 얼마나 이상한 생각인가!

우리가 이같이 말도 안 되는 이야기에 대항해서 하나님을 옹호하려고 애쓰는 동안, 하나님 자신에 대한 말씀을 우리 스스로 거부하는 모습을 보게 되는 것은 참으로 슬픈 일이다. 하나님은 자신이 세상을 주관한다고 분명히 주장하시기 때문이다. 그분이 원하면 주관 '할 수' 있다는 것도 아니고, 할 필요가 있을 때 개입 '할 수' 있다는 것도 아니다. 세상이 죄를 범할 때조차도, 우리가 고통을 당할 때조차도, 그분이 실제로 항상 주관하시는 것이다. 하나님은 자신의 사전 승인 없이는 그 무엇도 우리를 건드릴 수는 없다고 주장하신다. 또한 "나를 위하여 정한 날들이 하나도 되기 전에 (주의) 책에 다 기록이 되었다"(시 139:16)라고 주장하신다. 위풍당당하게 하나님은 말씀하신다. "화, 복이 지극히 높으신 자의 입으로 나오지 아니하느냐"(애 3:38).

하지만 신기한 점이 하나 있다. 하나님은 우리에게 억지로 시키지도 않고, 우리 의지를 무시하지도 않고, 우리를 인간 이하로 만들지도 않으면서 모든 것을 주관한다고 주장하시는 것이다. 하나님의 하시는 일이 자연계에서 일어날 경우 그 일이 너무 분명하고 규칙적이어서 일반적으로 우리는 그 일에 하나님이 관여했는지 분간할 수 없다. 실제로 소위 '자연법칙'이라는 것은 그분이 일상적으로 다루는 것들에 관해 우리가 단순하게 설명해 놓은 것일 뿐이다.

그러므로 성경에 기록된 것처럼, 사람들이 우리에게 죄를 지을 때 오직 그 사람들에게 책임이 있으며 하나님께서 언젠가 그들을 심판하실 것이다. 하나님이 늘 다루시는 것을 우리가 단순히 설명한 것이 자연법일진대, 태풍이 닥쳤을 때, 국가 태풍통제소에서 과학적인 설명을 하는 것은 종교적인 것과 무관한 것이 아니다. 질병이 얼쩡거릴 때는 그럴 만한 의학적인 이유가 있는 것이다. 동물들이 문제를 일으킬 때, 이들은 본능에 의해 행동하는 것이다. 사고가 발생했을 때, 그것을 사고라고 불러도 아무 문제가 없으며, 성경조차도 그렇게 부르고 있다. 어린아이들이 죽고, 전 인구가 기아선상에 허덕이고, 마약 중독자가 겁먹은 편의점 점원을 향해 방아쇠를 당길 때, 하나님은 자신의 세계에 대해 눈물을 흘리신다. 이 모든 일들은 진실이다. 하지만 동시에 성경은 또 다른 진리를 주장한다. 태풍, 질병, 불행, 뱀에 물림, 기아, 주유소 강도 등 이 모든 죄가 범해지는 순간 하나님은 단 30초도 손을 털고 나 몰라라 하지 않으신다. 그분의 계획은 이런 비극에도 불구하고 성취되어 가고 있는 것이다. 이러한 사고들은 정말 불행이다. 하나님도 그렇게 여기신다. 하나님은 그 불행한 일들이 지니고 있는 사악함, 비참함, 파괴성을 혐오하신다. 하지만 하나님은 자신이 사랑하는 것을 완성하기 위해 혐오하는 것들을 헤치고 나아갈 결의로 차 계신다.

혹자는 '어떻게 이것이 가능하냐'고 물을 것이다.

무한하신 하나님을 헤아려 보려는 유한한 인간 세계여.

너무 신학적인 내용으로 들어가지 않기 위해, 실제 있었던 두 사건을 통해 이 문제를 살펴보도록 하자.

2. 고통당하는 하나님의 사람들

1) 첫 번째 실화

"이 지역"하면 테러가 연상되는 곳이 어디일까? 바로 중동이다. 다음 이야기는 한 남자가 그곳에서 개인적으로 겪은 무시무시한 공포를 개략적이지만 정확하게 전한 것이다.

그는 국제적으로 잘 알려지진 않았지만 자기 나라에서는 잘 알려진 공인이었다. 그는 자신의 신앙을 토대로 다양한 자선 사업을 펼쳤기 때문에, 어렵게 사는 사람들은 물론 많은 유명인들 사이에서도 영웅으로 여겨졌다. 하지만 이해 관계가 다른 한 정치 파벌에게 그의 존재는 일종의 위협이었다. 이 정치 단체는 한밤중에 그를 납치했고 여느 극단적인 단체와 마찬가지로 자신들의 행동을 정당화했다. 그리고는 사이비 정치 재판을 열어 죄목을 씌운 후 유죄를 선고했다. 결국 그는 어떤 방으로 끌려가 불한당들에게 교묘히 린치 당했고 고문대에 묶여져 온몸이 찢어지고 뒤틀리는 무자비한 고문을 받았다. 많은 존경을 받아왔던 그는 고문을 끝내 이겨 내지 못했다. 분노와 슬픔에 젖은 그의 친구들은 그를 항상 다른 사람을 도와주었던 겸손한 사람으로 기억했다. 그를 살해한 자들은 아무런 법의 심판을 받지 않았다.

2) 두 번째 실화

1978년 8월 6일, 남편을 설득해서 자기와 이혼하지 않게 하겠다고 마음먹은 한 부인이 훌쩍 차를 몰고 조지아에서 남편이 있는 플로리다로 가는 도중이었다. 강아지도 함께 태웠고 용기를 내기 위해 보드카도 휴대했다. 보드카를 마신 탓에 그녀는 플로리다 중간쯤 왔을 때 이미 노란 중앙선을 제대로 분간할 수 없었다. 포트 로러데일이 멀지 않은 북쪽 물안개가 드리워진 441번 고속도로를 타고 있을 때, 이 여인의 승용차는 중앙선을 침범해 맞은편에서 오는 녹색 지프와 정면 충돌하고 말았다. 지프에는 다섯 명의 젊은이들이 타고 있었고, 뒷좌석 중앙에 앉았던 젊은이가 가장 큰 부상을 입게 되었다.

사고 발생 후 77일이 지나서야 의사들은 이 젊은이가 생명을 유지할 수 있다는 판단을 내렸다. 폴 루프너(가명)라는 열아홉 살의 이 젊은이는 중환자실을 나와 집으로 돌아갔지만, 목 아래로 전신이 완전히 마비된 상태로 살아가야 하는 현실에 직면하게 되었다.

아버지와 형제들은 폴을 위해 휠체어 이동이 자유롭도록 집을 개조해야 했다. 폴은 여느 때와 마찬가지로 가족들의 따뜻한 사랑 속에 지냈으며, 목을 이용하여 휠체어를 자동 제어하는 일에 익숙해져 아버지와 낚시도 갔고, 형제들의 도움을 받으며 1년간 대학에도 다녔다. 어머니 품에 안겨 어떻게 하면 그리스도인이 되느냐고 묻던, 다섯 살 당시부터 간직해 온 신앙심도 더욱 깊어지게 되었다. 퇴원 직후 집에 돌아와 적응하던 때에는 하루에도 몇 번씩 눈물과 웃음이 뒤섞이는 어려운 시기였지만, 여전히 집안 분위기는 밝아서 친구들이 부담 없이 찾아올 수 있었다고 한다.

5년이 지난 어느 날 폴은 졸지에 백만장자가 되었다. 자동차 사고로 자신이 마비된 것은 자동차의 구조적인 결함 때문이라고 자동차 회사를 상대로 낸 소송에서 승소했기 때문이었다. 그리고는 자신의 희망 사항을 식구들에게 말하였다. "내 형제들은 모두 성장해서 집을 나갔습니다. 저도 제발 그렇게 하게 해 주세요. 저도 저만의 세상을 갖고 싶어요." 이런 요구를 한 것은 사고가 난 이후 처음 있는 일이었다. 아버지와 어머니가 승낙을 했고, 폴은 부모님의 여름 별장이 있는 노스캐롤라이나 스모키 마운틴 마을로 이사를 했다.

폴은 자신을 돌봐 줄 간호사를 구한다는 광고를 냈다. 친구가 한 여성을 추천해 주면서, "그녀의 이름은 재닛(가명)인데 그리스도인이니까 믿을 만해"라고 안심시켜 주었다. 하지만 재닛은 비밀스러운 문제를 한 가지 갖고 있었고, 폴이 바로 그 문제의 해결책이 돼 버렸다. 곧 폴은 재닛에게 홀딱 빠졌고, 재닛은 폴의 은행통장에 홀딱 빠졌다. 재닛을 제외한 다른 간호사들은 교대가 끝나면 항상 자신들의 집으로 돌아갔다. 하지만 재닛은 근무 시간이 끝나면 일단 폴의 집에서 나왔다가도 다른 간호사들이 떠나고 나면 다시 그의 집으로 돌아왔다. 마약에 빠져 있던 재닛은 마약을 함께 나눌 상대를 찾을 수 있게 된 것이다. 이것을 뿌리칠 정도로 폴은 강하지 못했다. 재활 치료를 받고 있었을 당시, 한 서투른 견습생이 근육 이완제로 마리화나를 추천한 적이 있었다. 그런데 지금, 사고 후 그의 인생에서 처음으로 만난 여자였던 재닛이 폴에게 다시 마리화나를, 그리고 곧 이어서는 좀 더 강력한 마약을 강권하고 있었던 것이다.

어느 추운 겨울날, 폴과 재닛은 짐을 챙겨 스모키 마운틴을 떠나 플로리다로 향했고, 폴의 가족들이 있는 곳에서 세 시간 정도 떨어진 곳에 둥지를 틀었다. 그들은 결혼을 했고 호숫가에 있는 집을 구입했다. 부인이 된 재닛은 "누구든 찾아오세요. 대환영이에요"라고 시집 식구들에게 상냥하게 말했지만, 막상 식구들이 찾아가 보려고 하면 번번이 거절당했다. 그때마다 폴은 이렇게 말했다. "우리도 그렇게 계획을 세웠는데, 재닛이 오늘 몸이 불편해서 곤란하게 됐어. 생리 불순, 뭔지 알잖아. 다음 기회에 보면 안 될까?" 또 다른 경우에는 재닛이 대문을 빠끔히 연 채로 폴이 상태가 안 좋아서 오늘은 안 되겠다고 하며, 미안하지만 집 뒤 보트 계류장으로 가면 전화가 있으니까 거기서 전화로 폴과 통화한 후 돌아가 달라고 하는 것이었다. 5년 동안 폴의 식구들이 폴과 재닛을 만난 적은 단 세 번뿐이었다. 통화할 때마다 폴의 목소리가 분명치 않게 들렸다. 재닛이 모든 통화를 엿듣기 위해 폴이 스피커 폰을 사용하도록 했기 때문이었다. 시집 식구들이 무슨 조치를 취해야 했을까? 하지만 결혼했으니 독립적으로 살도록 상관하지 말라고 폴이 줄곧 요구했으니 취할 무슨 조치가 있었겠는가?

결혼 후 수년이 지난 어느 날, 폴은 부모님께 전화를 걸었다. "어머니 아버지, 제가 그 동안 하나님을 멀리 떠나 살았어요. 이제부터 성경 말씀대로 살고 주 예수 그리스도와 올바른 관계를 가지며 살기로 결심했어요. 내 생활이 바뀔 거예요." 실제로 그의 생활은 변화되었고, 가족들은 그것을 확인할 수 있었다. 다시 폴은 자기 집을 드나드는 간호사들에게 자신의 신앙에 대해 자유롭게 이야기할 수 있게 되었다. 폴의 영향으로 몇 명은 그리스도인이 되기도 했다. 잠깐 동안이긴 했지만 재닛도 변했다. 그러나 옛날 버릇으로 되돌아갔다. 폴은 가족들에게 전화할 때가 즐거웠다(그의 가족들은 인내심을 가지고 그의 전화를 기다리는 법을 배워야 했다). 폴은 마약에서 손을 뗐고, 그가 가족을 만나보고 싶어 한다는 것을 가족들도 알 수 있을 정도였다. 그러나 전화는 점점 뜸해졌다. 가족을 만나는 것을 재닛이 결코 좋아하지 않았다. 마당에 있는 독일산 맹견들은 방문하려는 사람들을 위협해 물러나게 했다. 소포를 전달하러 온 배달차는 담벼락 밖에서 클랙슨을 눌러야 했다. 하지만 이런 와중에도 단순히 생선만 싣고 있는 것 같지 않은 수상한 흰색 생선 트럭은 계속해서 정기적으로 찾아왔다.

폴은 어디 있는가? 재닛의 친정이 가까이 있으니 친정 엄마는 가끔 딸을 찾아가 보겠지 하며 폴의 부모들은 짐작했다. 하지만 친정 엄마 역시 환영받지 못했다. 재닛은 폴을 모든 외부와 철저히 격리시켰다.

1990년 9월 9일, 뜻밖에 재닛이 친정 엄마에게 도움을 청했다.

"폴이 가슴에 통증을 느끼고 숨을 제대로 못 쉬고 있어요."

엄마가 급히 달려가 보고는 다그쳤다.

"얘야, 너는 지금 나를 필요로 할 때가 아니다! 응급 구조대 911이 필요한 순간이라고!"

응급 대원들은 지금도 당시 목격했던 상황을 떠올리면 구역질이 난다고 한다. 재닛의 방만 제외하고는 온 집안에서 역한 냄새가 진동했다고 한다. 너무 불결한 침대 매트리스, 뼈만 앙상하게 남은 폴의 몸, 자르지 않아 길게 더부룩한 머리, 길게 감긴 손톱, 살가죽을 통해 보이는 뼈. 질병, 그리고는 수시간 후 사망.

사건 수사 후 태만 죄로 재닛에게 15년형이 내려졌다. 검사는 재닛에게 물었다.

"결혼해서 사는 동안 코카인 사는 데 들어간 돈이 얼마나 된다고 생각하는가?"

결혼 전에 연봉 1만 5000달러밖에 받지 못했던 간호조무사 신분의 재닛은 한동안 머뭇거리다 목청을 가다듬은 후 이렇게 대답했다.

"한 100만 달러쯤요."

3. 계획 단계에서 하나님이 계셨던가?

이 두 가지 이야기는 믿어지지 않지만 실제 있었던 일이다. 선한 자선사업가가 정치적인 이유로 고문 끝에 죽었다. 음주 운전자 때문에 십대 소년이 전신 마비가 되었고 돈으로 서서히 죽음에 이르렀다.

하나님은 이 두 사건을 처음부터 의도하셨을까? 하나님께서 두 사건이 일어나도록 허락하신 것은 분명하다. 그러나 이 두 사건이 일어나도록 정해져 있었던 것일까? 이 사건들이 그의 '계획의 일부'였을까? 이 자선사업가의 피살이 신성한 청사진 속에 있었던 것일까? 폴의 가족들이 '우리 식구는 이 시련을 견뎌 내도록 예정되었어'라고 정확하게 말할 수 있었을까? 아니면 하나님 생각으로는 꼭 폴이 아닌 다른 어떤 소년이라도 똑같이 뒷좌석 중앙에 앉을 수 있었던 것이었을까? 꼭 그 자선사업가가 아니더라도 또 다른 한 아내의 남편이 살해될 수 있었던 것일까? 폴의 경우에 대해서 우리는 하나님으로부터 어떤 직접적인 대답도 갖고 있지 않다. 이 같은 상황에 대해서는 성경에 아무런 언급도 되어 있지 않기 때문이다. 하지만 자선사업가에 대한 이야기는 성경에 있다.

이 자선사업가는 바로 예수님이신 것이다.[1]

신약성경은 이 자선 사업가의 피살에 대한 우리의 질문에 거침없

---

[1] 우리가 말하고자 하는 바는 이 사건이 우리 시대에 일어났다는 것을 말하려는 것이 아니라 단지 우리 시대에 중동이 테러와 연관되어 있다는 것이다. 산헤드린의 법정 절차는 불법이었다. 군인들이 형을 집행하는 데 즐거워했다는 것은 그들이 불한당이었음을 보여 준다. 십자가형을 받는 자들이 고통스럽게 숨쉬도록 하기 위해 몸을 펼쳐 고정시켰다. 우리의 의사를 전달하기 위해 이런 소재를 사용한 우리를 용서하시길 바란다.

이 대답해 준다. 신약성경은 예수가 죽임을 당한 것과 이를 명한 하나님의 선언을 놀랍게도 같은 페이지에서 취급하고 있다. 예루살렘에 있던 무리들을 향해 베드로가 했던 설교를 들어보라.

"나사렛 예수… 그가 하나님의 정하신 뜻과 미리 아신 대로 내어 준 바 되었거늘 너희가 법 없는 자들의 손을 빌어 못박아 죽였으나… 회개하여…"(행 2:22-23, 38).

"회개하라." 그들의 죄는 명백하며 심판은 무서울 것이다. '하나님은 이미 알고 계시기에' 십자가 처형이 다가오는 것을 보셨다. 또한 '미리 정하신 목적에 의해' 이 일이 벌어질 것을 미리 보셨다. 왜냐하면 그 일이 일어나도록 그분께서 명령을 내리셨기 때문이다. 이 표현을 글자 그대로 보면 '하나님께서 이미 지정하신 공회원들에 의해' 라는 말이된다. 이것처럼 이해하기 어려운 것도 없지만, 하나님은 원하셨고 명을 내리셨다. 그렇다. 역사상 가장 잘 알려지고, 가장 흉악한 고문 살해를 결정하신 것이다. 이 점은 이어지는 두 장에서 보게 될 초대 그리스도 신자들의 다음과 같은 기도를 통해 더 분명해진다. "헤롯과 본디오 빌라도는 이방인과 이스라엘 백성과 합동하여 하나님의 기름 부으신 거룩한 종 예수를 거스려 하나님의 권능과 뜻대로 이루려고 예정하신 그것을 행하려고 이 성에 모였나이다"(행 4:27-28).

"당신의 힘과 의지는 이미 오래 전에 결정되었다" 이 표현은 네댓 페이지 이전에서 제기된 다음과 같은 회의적인 생각들과 부합되는가?

"실제로 살해를 명하시는 하나님은 내가 섬기는 하나님이 아니다!"
"불행이 닥쳤을 때 그 불행은 하나님이 보내신 것이 아니다."

아니다. 이런 회의적인 생각들과는 부합되지 않는다. 하나님이 이 비극을 보내신 것이다. 그가 이 살해를 명령하신 것이다. "하나님이 사랑이시라면 죄와 폭력의 무시무시한 행위를 결코 명하실 리 없다"라고 우리는 생각하지 않는다. 왜냐하면 위에서 인용한 사도행전 2장 및 4장의 성경 구절들 때문이다. 예수님을 살해한 자들이 단순히 꼭두각시들이었다고 우리가 생각한다면, 이 성경 구절들은 "로봇 논리"가 될 것이다. 그러나 이 성경 구절들은 "로봇 논리"를 허용하지 않는다. 다시 말해 예수님 살해범들이 단순 꼭두각시들이었다고 우리가 말할 수 있지 않는 한, 음주운전을 한 부인이나 폴 루프너 부인이 하나님께서 명하신 단순 꼭두각시들이었다는 것에 우리는 반대한다. 빌라도가 사형 판결을 내린 후 초조하게 자신의 손을 씻었던 것을 보라! 자신을 단순 꼭두각시로 여겼다면, 손을 씻을 필요가 있었겠는가? 군중들이 외치는 소리를 들어 보라, "그 피를 우리와 우리 자손에게 돌릴지어다!"(마 27:25). 분명히 그 죄스러운 군중들은 자신들이 스스로 자유롭게 행동하고 있다고 여기고 있지 않았는가? 하지만 하나님께서 이 모든 것을 계획하셨다.

혹자는 이렇게 말한다. 아, 이것은 미리 짜여진 각본이었구나. 예수님의 십자가 형벌은 인류의 구원을 결정짓는 일종의 특이한 사건이었구나. 하나님은 세상을 자동 조작으로 운영하시다가 인류의 구원, 전 국가들의 운명, 또는 다른 기이하고 특별한 경우들과 관련한 중대한 위협에 처할 때는 언제든지 수동 조작으로 변경하시는구나. 하지만 이 말이 크고 작은 모든 일들 뒤에 하나님의 손길이 절대적으로 관여하고 계신다는 것을 의미하는 것은 아니지 않는가!

하나님의 손길이 어떤 일에 관여하고 계신지 성경에서 찾아 보자.

인생이 순탄할 때 하나님께 감사를 드리는 것은 대부분의 그리스도인들에게 크게 어려운 일이 아니므로 폭풍이 몰아치고 예기치 않은 일들이 일어나는 경우를 살펴보기로 한다. 먼저 레위기에서 시작해 보자. 불쾌하긴 하지만 국가 전체에 영향을 줄 정도로 대단한 것은 결코 아니었던 문둥병에 대처하는 방법을 하나님은 이스라엘 백성들에게 알려 주셨다. "내가 네게 기업으로 주는 가나안 땅에 너희가 이른 때에 내가 너희 기업의 땅에서 어느 집에 문둥병 색점을 발하게 하거든 그 집 주인은 제사장에게 와서 고하기를 무슨 색점이 집에 생겼다 할 것이요"(레 14:34-35).[2)]

구약시대 이스라엘 백성들은 하나님이 퍼뜨린 문둥병 곰팡이 색점을 발견하면 그 가정에 제사장을 불러야만 했다. 그러면 제사장은 적절한 절차에 따라 일을 진행해 나갔다. 하지만 이 성경 구절은 한 가지 어려움을 제기한다. 벽에서 스며 나온 곰팡이 종류들 중에서 하나님이 보낸 문둥병 곰팡이 색점을 하늘의 도움 없이 어떻게 분간할 수 있단 말인가? 본문은 이것에 대해 아무것도 언급하지 않고 있다. 왜 그럴까?

다음으로 출애굽기를 보자. 모세가 하나님께 자신은 바로 왕 앞에서 '내 백성을 보내 달라' 고 능숙하게 말할 언변이 없다며 항변하는 대목이다. 우리는 여기서 웃게 된다. 후일 창세기를 저술하고 그밖에 다른 명작들을 쓴 사람이 말주변이 없다고? 아마 모세가 말보다는 글을 더 잘 썼는지 모른다. 혹자는 모세가 가벼운 언어 장애가 있

---

2) NIV 성경에서 사용한 "번지는 문둥병"이라는 단어는 많은 주석가들에 의해 곰팡이, 심지어 이끼류 등의 성장을 의미하는 것으로 이해되어 왔다.

었다고 생각하기도 한다. 더 큰 가능성은 그가 핑계를 댔을 것이라는 거다. 어찌되었거나 "여호와께서 그에게 이르시되 누가 사람의 입을 지었느뇨 누가 벙어리나 귀머거리나 눈 밝은 자나 소경이 되게 하였느뇨 나 여호와가 아니뇨"(출 4:11)라고 말씀하신다.

하나님이 사람을 귀머거리로, 벙어리로, 소경으로 만드신다…? 창세기는 분명 그렇게 전하고 있다. 하지만 시력 장애가 화학 약품 사고, 유전자 장애 등으로 오고, 청력 장애(언어 구사에도 영향을 미치는)가 장기간의 고열, 세균 수막염, 큰 소음에 근접 노출 등에 의해 온다는 사실을 그 후 의학 연구로 알게 되었다.

다음은 잠언이다. 라스베이거스 호텔 객실에서는 거의 볼 수 없는 다음 구절을 보자. "사람이 제비는 뽑으나 일을 작정하기는 여호와께 있느니라"(잠 16:33). 제비뽑기는 여러 기회들을 각각의 제비에 부여해 당첨이 공정하게 이루어질 수 있도록 한 것이다. 경기에 앞서 두 축구 팀은 동전을 던져 누가 먼저 공을 찰 것인지를 결정한다. 하나님은 승자를 항상 선택하신다고 잠언은 전한다. 항상이라고? 글쎄, 하지만 라스베이거스에서 마피아가 종종 특정 주사위를 무겁게 만들어 불공정하게 도박을 한다고 우리가 의구심을 가질 때 하나님은 종종 당혹해하신다.

다음은 아모스에 있는 구절이다. "여호와의 시키심이 아니고야 재앙이 어찌 성읍에 임하겠느냐"(암 3:6). 재앙이 임하도록 시키신다고? 자, 14세기에 유행했던 페스트는 말할 것도 없고 지진, 홍수, 폭동, 에이즈, 고속도로 마비, 아파트 화재, 바그다드 폭격, 세계 주요 도시의 테러 폭발 등 CNN 뉴스에 나오는 모든 대도시의 재앙들을 생각해 보자. 우리가 알고 있고 우리가 사랑하고 있는 하나님께서 과연 이런 무시무시한 사건들이 일어나도록 명하실 수 있었을까? 아마도 아모스 선지자가 오해했을 것이다. 결국 7장 14절에서 아모스는 이렇게 시인한다. 하나님이 자신을 사역자로 부르시기 전에는 "나는 선지자가 아니며 선지자의 아들도 아니요."

여기까지 이르면 우리가 알게 되는 것이 있다. 성경이 예수의 십자가 처형, 샤워실의 곰팡이, 시력 장애, 청력 장애, 복권 당첨, (시골은 말할 것도 없고) 도심의 재앙까지 이 모든 것들을 하나님의 명령과 결부시킨다는 것이다. 우리가 이 말을 과연 올바로 읽을 수 있을까? 이러한 것들이 하나님의 명령과 결부된다니, 너무 냉혹하게 들리지 않는가. 물론 우리가 이들 성경 구절들을 희랍어나 히브리어 원문으로 읽을 수 있다면 그 의미가 상당히 다르게 와 닿고 덜 문제될 것이다.

문제가 되는 또 다른 구절이 잠언에 있다. "왕의 마음이 여호와의 손에 있음이 마치 보의 물과 같아서 그가 임의로 인도하시느니라" (잠 21:1). 왕들은 수세기에 걸쳐 무고한 사람을 교수형에 처하고, 과도한 세금을 부과하고, 젊은 여인들을 궁정으로 불러들이는 등 로빈 후드가 분개했던 이 같이 다소 잔인한 일들을 명령해 왔다. 그러나 소비에트 연방 붕괴 이후 민주주의는 성행하고, 진정한 왕을 좀처럼 찾기 어려운 요즘, 이 구절은 우리에게 더이상 적용되지 않는다. 그러나 예레미야 애가는 이 생각을 좀 더 확장시키고 있다. "주의 명령이 아니면 누가 능히 말하여 이루게 하랴"(애 3:37). 후유, 이 구절은 좀 더 포괄적이다. 이 구절은 매매를 성사시키려는 자동차 판매원, 법안 제정을 약속하는 상원 의원, 교통정리를 하는 경찰관, 미식축구 경기를 이끄는 쿼터백 등 모든 사람을 다 포함시킨다. 또한 동전을 구걸하는 거리의 거지, 조약을 협상하는 외교관, 정숙을 요청하는 도서관 사서, 레스토랑에서 조심스레 청혼을 하는 청년 등 모든 부류의 사람들을 대상으로 한다. 새 정책을 발표하는 국방성 관리, 잠잘 시간이라고 소리치는 유모, 처형을 명령하는 모든 독재자, 피자를 주문하는 모든 청소년, 이 구절에 따르면 자기 개에게 슬리퍼를 집어 오라고 명령하는 주인조차 그들이 하려는 바가 하나님이 원하시지 않는 것이라면 이룰 수 없는 것이다. 하지만, 아! 이 구절은 이렇게 읽어진다. "그렇다면 누가 말할 수 있고, 그 말한 것을 이룰 수 있단 말인가?" 아마도 이 모든 사람들이 자신들의 요구를 글로 써서 이루고자 한다면 이룰 수 있을까?

이 모순을 내려놓도록 하자. 성경이 틀리지 않았다면, 좋은 일이든 나쁜 일이든 즐거운 일이든 비극적인 일이든 하나님의 명령 밖에서 일어나는 것은 그 어떠한 것도 존재하지 않는다. 폴 루프너의 인생이 아닌 당신 인생에서도 마찬가지다. 하나님의 이유가 무엇인지 우리는 헤아리지 못할지도 모르고 하나님의 생각에 동의하지 않을지 모른다. 그리고 그것 때문에 하나님을 사랑하게 될지도 모르고 그것 때문에 하나님을 미워하게 될지도 모른다. 하지만 간단한 말로 하나님은 세상을 주관하신다. "여호와께서 온갖 것을 그 쓰임에 적당하게 지으셨나니 악인도 악한 날에 적당하게 하셨느니라"(잠 16:4). "오직 우리 하나님은 하늘에 계셔서 원하시는 모든 것을 행하셨나이다"(시 115:3).

하지만 저는 여전히 로봇이 된 것 같은 느낌을 떨쳐 버릴 수 없습

니다. 하늘에 계신 하나님께서 리모콘 단추를 누르고 있는 모습이 자꾸 떠오르네요. 하나님께서 모든 것들을 일어나게 하신다면, 그리스도인이 의학, 물리학 또는 다른 과학을 공부할 필요가 있을까요? 하나님께서 사람들의 생각과 행동을 지배하신다면 어떻게 사람들이 인간적일 수 있을까요? 사람은 궁극적으로 아무것도 하지 않으며 하나님만이 하신다는 것입니까? 우리들의 시련의 관점에서 보면 마귀는 어디에서 온 것인가요? 저질이고 사악한 사람들은 왜 존재하는 것인가요? 과학이 설명할 수 있는 킬러 허리케인이나 교량 붕괴 같은 사건은 왜 발생하는 것인가요? 당신의 이야기는 사람이나 사건이 개입할 수 있는 어떠한 여지도 허락하지 않는군요. 오직 하나님뿐이군요. 하나님의 계획, 하나님의 명령, 하나님의 행동, 하나님, 하나님, 하나님.

무거운 질문이다. 이에 대한 대답을 위해서 또 하나의 장이 필요하다.

제 6 장

천국의 비열한 위장술?

모든 것이 오직 하나님, 하나님, 하나님뿐인가? 이 위대한 복의 근원이신 분이 실제로는 거대한 조종자일 뿐이란 말인가? 만약 우리가 성경을 항상 올바로 읽고 하나님은 궁극적으로 자신의 뜻을 항상 이루신다고 한다면, 우리는 하나님을 과연 어떤 분이라고 말할 수 있을까? 하나님이 아끼신다고 하는 이 지구에서는 이미 수많은 불의가 횡행한 지 오래되었다. 이 사실은 하나님의 이력서에 보기 좋게 기재될 내용이 결코 아니다. 제2장과 제3장에서 우리가 살펴본 하나님의 모든 자비하심은 대체 어디로 간 것일까? 예수님의 인자하심은 난폭한 하늘나라 아버지에 대한 일종의 연막에 불과했던 것일까? 하나님이 주인이시라면, 사단은 하나님께 고용된 종업원일까? 마귀가 천국에서 월급을 받고 있는 것인가? '선하신 주님'이 실제로는 우리를 겁에 질리게 하는 사악한 독재자일 뿐일까?

우리는 그 누구보다 이 문제에 대해 우리보다 더 많이 경험한 사람과 이야기해 보는 것이 좋을 것이다. 욥이 바로 그런 사람이다. 욥과 이야기해 보자.

1. 하나님과 사단은 교대로 일하는 것일까?

여러분은 의로운 사람 욥을 기억할 것이다. 그는 돈, 토지, 지위, 가족 등 모든 것을 소유했던 사람이었다. 어느 날 사단이 욥의 평판 높은 신앙심에 비위가 거슬린다며 하나님의 보좌로 슬며시 다가와 말했다. "당신이 욥을 봐주기 때문에 욥이 당신을 사랑하는 것입니다. 당신이 팔을 펼쳐 들고 욥이 가진 모든 것들을 내치시면, 욥은 틀림없이 당신의 면전에서 당신을 저주할 것입니다."

"욥을 네 손에 붙이노라. 오직 그의 몸에는 손을 대지 말지니라." 하나님이 대답하셨다.

곧 욥에게 최악의 날이 들이닥쳤다. 한 하인이 뛰어 들어와 나쁜 소식을 전했다. "스바인 도둑 떼가 노새와 황소들을 약탈하고 하인들을 살해했습니다!" 이 하인의 말이 채 끝나기도 전에, 또 다른 하인이 숨을 헐떡이며 뛰어 들어왔다. "'하나님의 불길'(벼락을 칭하는 히브리 관용구)이 모든 양 떼와 목동들을 죽였습니다(아마도 산불을 나게 해서)." 또 다른 전령이 황급히 도착해 갈대아인이 습격해 약대를 약탈하고, 목동들을 살해했다는 소식을 전했다. 하지만 최악의 상황은 아직 좀 더 있어야 했다. 이 전령은 머뭇거리며 차마 말을 전하지 못한다. "나리의 자녀들에 관한 소식입니다." 자세한 이야기가 필요치 않았다. 전령은 말을 이었다. "열 명의 자녀분들 모두가 큰 아드님 댁에서 저녁 식사 중이었습니다… 강한 바람이 사막에서 불어 닥쳐 집의 네 기둥이 쓰러지는 바람에 집이 무너져 내렸고, 자녀들이 그만 모두 죽고 말았습니다."

욥의 반응은 감동적이었다. 그는 옷을 찢고 슬픔에 잠겨 삭발을 한 후, 머리를 땅에 박고 엎드려 경배드렸다. 하지만 우리의 관심은 욥의 경건함이 아니다. 우리가 제기하는 문제의 초점은 하나님 자신에 관한 것이다. 우리가 겪는 시련을 논할 때 하나님께서 어떻게 사단을 개입시키실 수 있을까? 하나님의 역할이 자연스럽게 발생하는 것처럼 보이는 인생의 슬픈 사건, 사고들의 역할 그리고 악한 사람들의 역할과 어떻게 다른 것일까? 욥의 파란만장한 이야기가 우리에게 주는 교훈은 무엇일까?

욥의 이야기는 우리가 알아야 할 필요가 있는 거의 모든 것들을 간결하게 가르쳐 준다.

여러분 스스로에게 물어보기 바란다. 누가 혹은 무엇이 욥에게 시련을 가져다 주었는가?

가장 기본적인 차원에서 보았을 때, 자연의 힘이 욥에게 시련을 가져다 주었다. 사막 바람이 불었고 벼락이 내리쳤다. 욥에게 이런 자연 현상들이 기적적이거나 초현실적으로 나타난 것은 아니었다. 욥의 거주 지역에서 번개와 강한 바람은 희귀한 일이 아니었고 이러한 자연법칙은 결코 중단되지 않았다. 이 비극이 발생하기 수시간 전에 뉴스의 기상 통보관이 기상 상태를 점검하고, 폭풍을 예보하고, 과학 용어로 이 같은 상황을 잘 설명했을 수도 있었을 것이다. 하여튼 성경에 따르면 나쁜 날씨로 인해 욥의 가족들은 죽었다.

또 다른 기본적인 차원에서 보았을 때 사악한 사람들이 욥에게 시련을 가져다 주었다. 탐욕스런 사람들이 살해 계획을 세워 실행에 옮겼다. 법정에서 검사는 스바인과 갈대아인들에게 최고형을 구형했을 것이다. 이 피고인들의 범행 동기는 살육과 약탈이었다. 이 범법자들은 한적한 장소로 범행 기회를 포착했다. 순전히 단순한 탐욕에서 어쩌면 일말의 쾌감까지 느끼며 저지른 범행이었지, 강요를 받아서 억지로 저지른 일이 아니었다. 판결은 분명히 유죄였을 것이다. 이들 사막의 유목민들은 언젠가 하나님 앞에서 자신들의 범죄에 대해 진술하게 될 것이다. 하여튼 성경에 따르면 사악한 자들이 욥의 목동들을 살해했다.

계속해서 좀 더 살펴보도록 하자. 누가 혹은 무엇이 욥에게 시련을 가져다 주었는가? 깊은 차원에서 보았을 때, 사단이 그렇게 했다. "내가 그의 소유물을 다 네 손에 붙이노라." 하나님이 사단에게 말씀하셨다. 사단이 돌아서서 하나님 목전을 떠난다. 눈 깜짝할 사이에 학살이 도처에서 일어난다. 만약 마귀의 가마솥에 끓는 물이 줄줄 흘러넘쳐 누군가에게로 들어가는 것이 눈에 보였다면, 바로 욥이 그러한 상황에 처했단 것을 알 수 있을 것이다. 사단이 정기적으로 자연을 향해 자신의 방아쇠를 당겼는지에 대해서는 성경이 이야기해 주는 바가 없다. 하지만 분명히 사단은 그 폭풍을 일으키는 후원자 역할을 했다. 성경은 모든 불신자들이 사단의 손아귀에 들어 있다고 말하고 있다. "온 세상은 악한 자 안에 처한 것이며…"(요일 5:19, 또한 고후 4:4 및 딤후 2:26도 참조). 그리고 임의로 떠돌며 살인을 일삼은 저 유목민들을 선동한 것이 분명 사단이었다. 비록 그 폭풍이 자연적인 현상이었고 그 약탈자들 또한 난폭한 사람들의 모습에 걸맞게 자연스레 행동했지만, 하여튼 성경에 따르면 사단이 이 모든 일들-불, 바람, 칼-을 주관했다. 사단은 이에 대한 대가를 지옥에서 치를 것이다.

또 누가 혹은 무엇이 욥에게 시련을 가져다 주었는가? 가장 깊은 차원에서 보았을 때, 하나님의 명령이 그렇게 했다. 분란을 일으키겠으니 허락해 달라고 사단은 하나님께 요구했다. 이것을 허락해 주신 분은 하나님이셨다. 욥은 자신이 통곡할 때 이 사실을 알았다. "주신 자도 여호와시요 취하신 자도 여호와시오니"(욥 1:21), "우리가 하나님께 복을 받았은즉 재앙도 받지 아니하겠느뇨"(욥 2:10). 극심한 고통을 당한 욥이 하나님으로부터 다음과 같이 위로받는 것으로 욥기는 끝을 맺고 있다. "여호와께서 그에게 내리신 모든 재앙에 대하여 그를 위하여 슬퍼하며 위로하고…"(욥 42:11). 이것은 단순히 욥이 전하는 이야기가 아니다. 이것은 성경이 전해 주는 하나님의 말씀이다. 하나님은 욥기에서 자신이 욥에게 시련을 명령하신 이유에 대해 단 한 가지도 밝히지 않고 계시지만, 자신만이 알고 있는 선한 이유들 때문에 욥에게 시련을 명하셨다. 욥이 겪은 고통의 궁극적인 배후에는 하나님이 계셨다.

어떻게 보면 욥기의 모든 이야기가 하나님, 하나님, 하나님이었다. 하나님이 명령하지 않은 것은 아무것도 일어나지 않았다. 하지만 사건이 어떻게 전개되었는지 살펴보자. 사단은 자유롭게 행동했다. 아무도 사단을 제재하지 않았다. 사단의 동기는 거칠고 해로운 것이었다. 사단은 욥의 인생을 망가뜨리고, 하나님을 부끄럽게 만들길 원했다. 이러한 사단에 대한 하나님의 반응은 자신이 붙잡고 있는 고삐를 그저 느슨하게 한 것뿐이었다. 하나님이 사단에게 보인 반응을 할리우드식 영화로 만든다면 이런 제목이 될 것이다. "너 하고 싶은 대로 해 봐." 명령하신 말투는 불분명하고 깔보는 식이었을 것이다. 하지만 사단이 시궁창 같은 마음으로 스스로 기획한 음모는 결코 부정확한 것이 아니었을 것이다. 스바인과 갈대아인들의 경우는 어떠했을까? 마음대로 하기는 사단과 다를 바가 없었다. 그들은 경건한 기도로 하루를 시작하지도 않았고, 하나님의 인도를 구하지도 않았다. 또한 하나님께서 욥의 가축 떼가 약탈당하고 하인들이 살해되길 원하신다는 것도 몰랐으며, 자신들의 원정을 거룩한 것으로 여기며 말을 타고 달린 것도 물론 아니었다. 그들은 술에 취해 떼지어 돌아다니며 약탈을 일삼고, 인생의 단순한 쾌락을 즐기는 자들이었다. 하나님께서 저들을 연단시킬 목적으로 저들의 팔을 비트는 것 같은 신성함이 이들한테는 개입되지 않았다. 욥의 재앙에 관여한 자연은 어떠했나? 우리가 모르는 방식으로 사단의 후원을 받으며, 자연은 종종 그러하듯 잘못된 방향으로 욥의 가족에게 들이닥쳤다. 자연은 굉음을 내며 거칠게 몰아쳤다. 번개를 내리고, 건물을 무너뜨리고, 사람과 짐승의 생명을 앗아갔다. 자연은 사건의 전말을 알지 못했다. 과학적인 관점에서 봤을 때, 자연은 재앙이 발생한 날에 그 발생 지역을 특별하게 구별 짓지 않았다. 자연 자신은 이해하지 못하는 전기 법칙, 고기압 저기압 배치 원리, 그밖에 여타 과학 원리들에 따라 그저… (우리가 '그저'라고 말할 것인지?)… 자연적으로 행동했을 뿐이다.

그럼, 하나님을 비난하는 것을 철회해 보자. 하나님의 명령이 재앙의 빌미를 제공했지만, 하나님이 재앙을 일으키진 않으셨다. 하나님께서 사단의 버스에 몰래 올라타신 후, 광기가 서린 사단 주변에 보이지 않는 철책을 둘러 세우셔서 사단의 사악함으로부터 궁극적으로 선함을 가져다 주셨다. 하나님은 어느 누구도 어느 무엇도 압살시키지 않으시면서, 사악한 성격의 마귀와 지독한 폭풍의 비정한 악을 이용하셨다. 하나님은 누구에게도 강요하지 않으셨고, 누구의 의사도 무시하지 않으셨고, (우리가 이해하는 한) 어떤 자연법칙도 중단시키지 않으셨다.

바로 여기에 심오한 뜻이 있다. 하나님은 명령을 내리지만 그렇다고 반드시 직접 행하지 않으시며, 사단과 자연을 이용하지만 그렇다고 직접 자신의 손으로 누군가를 압살시키지는 않으신다. 이것이 무슨 말일까? 하나님이 어떻게 뜻을 이루신다는 것인가? 우리가 하나님의 방법을 이해할 때 그분의 마음을 알게 될 것이다. 실마리를 찾기 위해 성경을 살펴보자.

2. 허락 쪽지들(첫 번째 해답)

하나님은 자신이 찬성하지 않는 모든 것들이 일어나도록 허용하신다. 이것은 분명한 사실이다. 하나님 자신은 결코 행하지 않으실 일들을 다른 것들이 행하도록 허용하신다. 하나님은 욥의 약대들을 훔치지 않으셨다. 하나님이 보드카에 만취된 상태로 운전하다 폴 루프너의 차를 들이박으신 것은 아니었다. 헤로인 마약을 중3 학생들에게 팔고는 고맙다고 고개를 끄덕이지도, 아우슈비츠 유대인 수용소에서 학살을 감행하시지도 않았다. 하나님은 우리가 세상을 엉망으로 만들고 서로를 학대하는 모습에 심히 슬퍼하신다. 십계명을 주신 이유 중의 하나로 하나님의 이런 슬픔이 자리잡고 있다. "살인하지 말라." 하나님이 말씀하신다. "나는 의롭지 않은 살인을 미워한다. 간음하지 말라. 가정이 파괴되는 것을 지켜보는 것은 경멸스럽다. 도둑질하지 말라. 너희가 남의 물건을 훔치므로 사회는 무너지기 시작한다." 하박국 기자는 하나님에 대해 정확히 말하고 있다. "주께서는 눈이 정결하시므로 악을 참아 보지 못하시며 패역을 참아 보지 못하시거늘"(합 1:13).

하나님의 이런 성격은 사사기 10장 16절에 감동적으로 묘사되어 있다. 하나님은 암몬 족속이 이스라엘 백성을 억압하는 것을 지켜보신다. 하나님의 백성이 죄를 지었기에 하나님은 그들을 도와주지 않고 지켜 보신다. 이스라엘 백성은 이 사실을 깨닫고 각성한다. 그들은 하나님께 간절히 기도하고, 섬겨 왔던 우상들을 내던진다. 마침내 (여기 하나님의 성격을 명증하는 구절이 있다) 하나님은 "이스라엘의 곤고를 인하여 마음에 근심하셨다". 인간의 고통을 보시고 하나님께서 자비의 마음을 일으키신 것은 이것이 처음은 아니었다. 오래 전에 하나님께서 모세에게 이렇게 말씀하셨다. "내가 애굽에 있는 내 백성의 고통을 정녕히 보고 그들이 그 간역자로 인하여 부르짖음을 듣고 그 우고를 알고"(출 3:7).

이쯤 되면 하나님이 우리를 고문하는 신성한 지하 감옥의 수문장처럼 느끼지 않지 않을까? 하나님은 이 모든 일들을 허락하셨지만, 그것들을 결코 좋아하지는 않으셨다.

혹자는 안도의 한숨을 쉬며 이렇게 말할 것이다. "아, 그러니까 하나님이 괴물은 아니라는 말씀이군요. 하나님은 단지 허용만 하실 뿐, 죄를 짓는 것은 바로 사람이라는 거군요. 나쁜 것은 죄인이고 선한 것은 하나님이시다. 그러면 이제 다 됐네요. 이제 기분이 좀 나아졌네요."

하지만 너무 편안해하지는 말기 바란다. 우리가 무엇에 동의하고 있는지 생각해 보기 바란다. 하나님은 보스니아 마을의 대학살을 허용하셨다. 미시시피 주에서 백인들이 흑인들에게 폭력을 행사할 때 하나님은 뒷짐을 지고 서 계셨다. 하나님은 전쟁을 허용하신다. 하나님은 백혈병을 묵인하신다. 어떻게 이런 것들이 정당화될 수 있는 것일까?

　당신이 밤중에 도시의 골목을 걷는다고 해보자. 컴컴한 골목에서 틀어 막힌 입을 통해 나오는 듯한 여인의 비명 소리를 듣는다고 하자. 당신은 어떻게 해야만 할까? 경찰을 부른다? 하지만 당신이 바로 경찰이라고 하자. 그리고 때마침 비번이어서 권총은 휴대하고 있지 않다고 하자. 당신은 어두운 곳에 숨어 여인의 목에 칼을 드리대며 그녀가 입고 있는 블라우스를 찢고 있는 모습을 보고 있다. 당신은 이런 상황을 대비해 훈련을 받아왔다. 자, 그런데 이유가 어찌됐은 조용히 뒤를 돌아, 가던 길을 갔다고 하자. 두려워서, 귀찮아서, 고혈압이 있어서, 약속에 늦어서… 등등 어떤 이유 때문이든지 말이다. 이날 밤 당신은 과연 잠을 잘 수 있을까? 사람들이 당신의 행동을 알면, 당신에 대해 어떻게 생각할까?

　하나님은 세상의 모든 곳에서 시시각각 악화일로로 치닫는 이런 상황과 늘 마주하고 계신다. 우리는 이렇게 말할지 모른다. 하나님은 이런 상황에 대비해 오셨다고. 하나님은 무기를 갖고 계시다고. 그러나 하나님은 뒤로 물러서신다. 하나님은 이러한 상황들이 일어나도록 허용하시는 것이다. 우리는 이것을 어떻게 받아들여야 할까?

　어떤 이들은 하나님은 할 수 있는 것이 아무것도 없다고 받아들인다. 그들은 하나님이 무기를 갖고 계시지 않다고 생각하거나, 아니면 적어도 최후 심판의 날까지는 우리들의 일에 간섭하지 않기로 작정하셨다고 여긴다. 이러한 생각이 베스트셀러『선한 사람들에게 나쁜 일들이 일어났을 때』(When Bad Things Happen to Good People)의 입장이다. 이 책의 일부분을 보자.

하나님은 의로운 자들이 평화롭고 행복하게 살기를 원하신다. 하지만 때로는 하나님 자신도 이런 삶을 가져다 줄 수 없다. 하나님조차 제지하기 힘든 것은 잔악함과 혼란을 조장한 당사자들이 자신들은 선의의 피해자였다고 주장하는 것이다. … 하나님은 자신의 한계를 설정해 놓았기 때문에 우리의 모든 자유를 빼앗으려고 간섭하시지 않는다. 우리 스스로를 해칠 수 있는 자유뿐만 아니라 주변 사람들도 해칠 수 있는 자유까지 우리의 모든 자유에 대해 하나님은 간섭하지 않으신다.[1]

그러나 이런 입장은 성경에 있는 하나님과 전혀 맞지 않는다. 성경은 전지전능하신 하나님을 우리에게 다음과 같이 알려 준다.

> 여호와께서 열방의 도모를 폐하시며 민족들의 사상을 무효케 하시도다 여호와의 도모는 영영히 서고 그 심사는 대대에 이르리로다(시 33:10-11).

> 땅의 모든 거민을 없는 것같이 여기시며 하늘의 군사에게든지 땅의 거민에게든지 그는 자기 뜻대로 행하시나니 누가 그의 손을 금하든지 혹시 이르기를 네가 무엇을 하느냐 할 자가 없도다(단 4:35).

성경에서 하나님이 '허용하신다', '묵인하신다' 라는 말의 의미는 일반적으로 사람들이 사용하는 의미보다 훨씬 더 의도적인 뜻이다. 하나님은 허용이라는 뜻의 파란 불을 주신다. 그 이유는 하나님이 무력하거나 자신의 창조물들과 이전투구하기 싫어서 스스로 한계를 설정하셨기 때문이 아니라, 하나님이 의도적으로 결정하시기 때문

---

[1] 해럴드 쿠시너(Harold S. Kushner), 『선한 사람들에게 나쁜 일들이 생겼을 때』 (When Bad Things Happen to Good People, New York: Avon, 1983), pp. 43, 81.

이다. 에스겔 20장 같은 곳을 읽어 보면 이것이 명백한 사실임을 알 수 있다. 여호와께서는 이스라엘의 유감스런 우상 숭배의 역사가 사람을 희생 제물로 바치는 지경까지 타락한 것을 소상히 밝히신다. 하나님이 26절에서 이렇게 말씀하신다. "그들이 장자를 다 화제로 드리는 그 예물로 내가 그들을 더럽혔음은 그들로 멸망케 하여 나를 여호와인 줄 알게 하려 하였음이니라."

"내가 그들을 더럽혔음은…."

이미 오래 전에 하나님은 무슨 일들이 일어날지 알고 계셨다. 하나님은 우상신 몰렉에 대한 충성 제물로 유대 어린아이들을 바칠 것이라는 사실을 아셨다. 하나님은 모세에게 이렇게 말씀하셨다. "나는 내가 맹세한 땅으로 그들을 인도하여 들이기 전 오늘날에 나는 그들의 상상하는 바를 아노라"(신 31:21). 하나님은 왜 이런 사악한 일이 일어나도록 허용하셨을까? 그분은 악으로 더럽혀진 유대인들의 영혼을 드러내기 위해서라고 우리에게 말씀해 주신다. 그들의 가증스런 악을 그들 스스로 보게 하려고 작심하셨던 것이다. 하나님은 어린아이를 살해하는 짓을 혐오하시지만 이것을 못하게 하기 위해 자신의 무기를 꺼내 들지 않으셨다. 우리로서는 참으로 이해하기 어려운 이야기이다. 그러나 하나님에게는 죄를 드러나게 하는 것이 인간의 고통을 경감시키는 것보다 훨씬 중요했다. 상상할 수조차 없는 고통의 경우일지라도 예외가 될 수 없었다. 그래서 하나님은 그것을 허락하도록 명령하신 것이다.

하나님이 무언가를 허락하실 때, 그분이 의도적으로 그렇게 하신다는 사실을 다른 성경 구절들에서도 분명히 볼 수 있다. 하나님은 그 무언가가 일어나도록 명하시는 것이다. 예컨대, 민수기 35장을 보면 "그릇(accidentally, 실수로-표준새번역) 살인한" 사람을 이스라엘 법정이 어떻게 처리해야 하는지 하나님께서 가르치고 계신다. 책임을 져야 할 살인자가 피신할 수 있는 성역이 있어야 하고, 일정 기간이 경과되어 사건이 진정된 후 재판이 열리도록 지시했다. 우발적인 불행한 사건은 이런 것들이었다. 벽돌을 쌓고 있던 석공이 실수하여 아래에서 일하던 다른 인부의 머리에 벽돌이 떨어지거나 나무를 패던 도끼 날이 빠져 주위에 있던 사람에게 날아가 죽게 되는 등 모든 불상사들은 이러한 절차를 밟아야 했다. 모두 누군가를 해칠 의도가 전혀 없었던 경우이다. 하지만 유사한 상황을 다룬 구절인 출애굽기 21장 13절을 보면 하나님께서 이렇게 말씀하신다. "만일 사람이 계획함이 아니라 나 하나님이 사람을 그 속에 붙임이면 내가 위하여 한 곳을 정하리니 그 사람이 그리로 도망할 것이며." 하나님은 일이 일어나는 것을 그냥 보고만 계시는 것이 아니라 그 일이 직접 일어나도록 하시는 것이다. 우리에게는 우발적으로 사건이 일어난 것처럼 보일지 모르나 사실은 하나님이 그것을 구체적으로 허락하셨기 때문에 일어난 것이다. 모든 사물을 관장하고 계신 분이 벽돌과 도끼 날이 날아갈 때 이것들의 분자 단위까지 챙기고 계심이 분명하다(골 1:17). 하나님의 허락은 무심하고 우발적인 것이 아니다.

여기서 우리는 모두 머뭇거리게 된다. 그리고 이렇게 물을 것이다. "작업이 위험하단 사실을 알고 있었던 고대 사회의 인부를 가상하는 경우라면 이런 주장을 수용할 수 있다. 하지만 쓰레기차에 치어 죽은 내 딸의 경우는 어떻게 되는 것인가?" 아, 맞아. 앞에서 소개한 폴 루프너 같은 경우는 또 어떻게 되는 것일까? 우연은 없다는 점에서 성경은 실질적인 것이다. 이 주제에 대한 성경의 가르침을 거부하고 싶은 유혹을 받거나 우리의 불행을 허락하신 하나님에 대해 혐오감이 드는가?

반대의 경우를 생각해 보자.

당신을 슬프게 하는 어떠한 일도 하나님이 의도적으로 허락하시지 않는다고 생각해 보자. 어떠한 신성한 뜻에 의해서도 당신의 시련이 보호받지 않는다면? 당신 앞길에 첩첩산중으로 놓인 불행에 대해 하나님이 일절 손을 놓고 방관하신다면? 이런 경우들이 무엇을 의미하는지 생각해 보자.

우선 세상은 훨씬 악해질 것이다. 모든 사람이 단 몇 초도 견딜 수 없는 최악의 상태가 될 것이다. 고삐 풀린 마왕을 연상해 보기 바란다. 제멋대로 날뛰는 마귀는 우리 모두를 욥처럼 만들 것이다. 나치의 통치는 영원히 계속되었을 것이다. 여러분의 목은 사단의 벽난로 위에 박제되어 걸려 있을 것이고, 농구 시합 중간의 휴식 시간에는 사람을 제물로 바치는 쇼가 진행될 것이며, 전문대학에서는 어린아이를 성적으로 희롱하는 기술을 가르치게 될 것이다. 이러한 일들이 더 악화되지 않는 유일한 이유는 하나님께서 악을 제어하시기 때문이다. 예수님께서 베드로에게 말씀하셨다. "사단이 밀 까부르듯 하려고 너희를 청구하였으나"(눅 22:31-32) 우리는 늙은 독사 사단이 감히 하나님 앞에 얼쩡거리지 못했을 거라고 확신할 수 있다. 사단은 하나님의 허락을 받아야만 했다. 이것은 사단이 설정된 한계 내에서만 제한적으로 활동한다는 것을 의미한다. 하나님이 의도적으로 물러서시는 경우에만 사단은 자신의 목을 쳐들 수 있다. 하나님은 항상 구체적이고 현명하며 선한 이유 때문에 물러서시지만, 종종 그 이유가 현재 우리들 삶 속에 숨겨지기도 한다.

두 번째로, 하나님께서 당신에게 구체적인 시련이 일어나도록 의도적으로 명령하시지 않는다면, 이러한 하나님은 과연 어떤 분이실까? 당신이 처한 상황은 어떻게 설명될 수 있을까? 하나님은 자신의 백성들을 잘 보호하지 못한다는 말을 듣게 될 것이다.

당뇨병으로 다리 하나를 막 잃고, 뇌졸중으로 고통 받는 한 과부는 신음하며 '주님의 명령으로 조금 보호를 받았죠'라고 중얼거릴 것이다.

그러나 상반되는 두 가지 모습의 하나님을 생각해 보자. 먼저 생각해 보고자 하는 하나님은 도무지 이유를 알 수 없는 참담한 일을 포함해 모든 일을 의도적으로 일어나게 하시는 하나님이다. 그 다음 생각해 보고자 하는 하나님은 고통당하는 우리를 보면서도, 팔 하나가 등 뒤로 묶여져 있어 도와주고 싶어도 도와주지 못한 채 슬피 우시는 하나님이다. 하나님이 세상을 주관하시든지, 아니면 사단이 세상일의 안건을 상정하면 하나님은 반응을 보이시는 정도로 제한된 역할을 담당하시든지, 두 가지 경우 중 하나이다. 후자의 경우 전능의 하나님은 사단이 무자비하게 짓밟으며 지나간 일을 정리하며 사단의 뒤치다꺼리를 하는 소년으로 전락할 것이고, 이런 상황에서도 어떻게 해서든지 선을 쥐어 짜내려고 하실 것이다. 그러나 이 경우는 당신을 위해 하나님이 마련하신 최선의 계획도 아니고, 의도하신 바도 아니다. 바꿔 말해 하나님께서 어떻게 해서든지 상처를 봉합해 주신다 해도 당신의 고통 그 자체는 아무런 의미를 갖지 못할 것이다. 하나님은 후자의 경우에 해당되지 않는 것이다. 우리가 접하는 구체적인 상황이 하나님과 별 관계가 없다고 믿는 어느 그리스도인 작가의 표현을 보자.

1982년 시카고에서 누군가가 타이레놀 포장을 살짝 뜯고 청산가리를 넣은 후 감쪽같이 그것을 상점 진열대에 올려 놓아, 극약이 묻은 그 알약을 먹고 일곱 명이 목숨을 잃는 사건이 발생했다. 그들의 가족은 두말할 나위 없이 이 사건이 주는 일말의 의미라도 찾아보려 애썼다. 시카고에 하고많은 사람들 중에서 왜 자신들의 가족이 희생되었을까? 하나님께서 그렇게 하셨을까? 아니면 그냥 정해진 운명이거나 단순히 재수가 없어서였을까? 우리는 몇 가지 해답을 억지로 꾸며내 거기서 위안을 받을 수 있을지도 모른다. 하지만 서글프게도 이들의 죽음에는 아무런 의미가 없었던 것이다. 그저 우연치고는 너무 황당무계한 사건이었을 뿐이다. 이 이상 아무것도 아니었다. 여기에 이 사건의 비극이 자리잡고 있는 것이다.[2]

아니다. 우발적으로 사람이 희생된 사건이 비극이 아니다. 진짜 비극은 어느 그리스도인이라도 이런 암흑적 사건을 분명하게 빛나는 성경 말씀의 불빛으로 참아낼 수 있다는 것이다. 하나님께서 악을 제어하지 않으신다면 그 결과는 통제 불능의 악이 될 것이다.

하나님이 미워하는 것이 일어나도록 허용하는 것은 사랑하는 것을 얻으시기 위해서이다.

3. 생각을 심으시는 일종의 정원사(두 번째 해답)

우리는 지금까지 성경을 통해, 하나님께서 행하지 않으면서 어떻게 명령을 내리시고, 암살하지 않으면서 어떻게 이용하시고, 죄 짓

---

2) 존 보이킨(John Boykin), 『상황과 하나님의 역할』 *Circumstances and the Role of God*, (Grand Rapids: Zondervan, 1986), p. 42.

지 않으면서 어떻게 시련을 주시는지 살펴보았다. 첫 번째 해답은 그가 허락하는 모든 일이 그가 일으킨 일은 아니라는 것이었다. 지금부터 말하려고 하는 두 번째 해답은 좀 더 흥미를 돋우는 것으로서, 하나님은 사람들의 의지를 손상시키지 않으면서 그들의 정신에 생각을 심으신다는 것이다.

"하나님께서 우리의 사적인 정신 속으로 침입하신다고?" 혹자는 분명 숨을 헐떡이며 소리칠 것이다. 어떤 사람들은 이 말을 듣고 등골을 오싹할지도 모른다. 특별히 미국인들에게는 더 안 된 이야기이다. 우리는 사생활을 보장받기 위한 헌법적 권리에 대해 모두 광신적이다. 하지만 사단을 생각해 보자. 사단은 항상 사람의 뇌 안으로 넘나든다. 그리고는 마치 보안 코드를 깨부수고 중요한 정부 전산망에 접속하는, 괴물 같은 기술을 가진 해커들과도 같이 우리의 정신을 정기적으로 해킹한다. 성경은 사단을 '곧 지금 불순종의 아들들 가운데서 역사하는 영이라' 고 칭하고 있다. 악령이 사람의 영에 들어간 것을 기술한 대목이다. "아무나 천국 말씀을 듣고 깨닫지 못할 때는 악한 자가 와서 그 마음에 뿌리운 것을 빼앗나니"(마 13:19).

사람들은 이 구절에 대해 다음과 같이 농담을 한다. "마귀가 나에게 그 일을 시켰어." 사람들은 마귀가 존재하지 않는다고 생각하기 때문에 이런 말을 진담으로 하지는 않는다. 마귀가 있다면 자신들의 먼저 번 배우자라고 여길 것이다. 하지만 사람들의 정신은 마치 소금에 절인 오이지와도 같이 마귀의 암시에 푹 절어 있다. 사람들은 마귀를 보지 못한다. 마귀가 영인 까닭이다. 사람들은 마귀의 음성을 듣지 못한다. 마귀는 매우 은밀하게 접근한다. 사람들은 자신들의 정신의 문턱에서 가물거리는 소음을 감지하면, 자기들에게 기회를 제공해 주는 노크 소리쯤으로 간주한다. 하지만 그리스도인들은 실상을 더 잘 파악하고 있다. 그들은 이 눈에 보이지 않는 유혹자의 괴력을 잘 알고 있다.

사단이 악을 위해 무언가를 몰래 행할 수 있다면, 선을 위해 하나님이라고 왜 그렇게 하실 수 없겠는가? 에스겔 38장을 보면 하나님께서 가장 가망 없어 보이는 사람의 마음 속으로 살며시 들어 가신 모습을 볼 수 있다. 곡(Gog)이라는 사람이 바로 그 신비스러운 주인공이다. 이 곡에 관한 예언의 정확한 의미 즉, 그가 누구이고, 어디서 오고, 정확하게 무엇을 하는지에 관해 성경학자들 사이에 의견이 분분하다. 그러나 모두가 동의하는 한 가지 사실은 세상의 종말이 오기 직전에 그가 어떤 식으로든지 하나님의 백성들과 싸움을 할 것이라는 점이다. 여호와께서는 "내가 너를 이끌어다가 땅을 치게 하리니" 이렇게 전쟁을 통해 너를 물리치고 "내 존대함과 거룩함을 나타"낼 수 있기 때문이라고 말씀하신다.

신기한 것은 하나님이 어떻게 그를 불러낼 것인가 하는 점이다. "나 주 여호와가 말하노라 그날에 네 마음에서 여러 가지 생각이 나서 악한 꾀를 내어 말하기를 내가 평원의 고을들로 올라가리라 성벽도 없고 문이나 빗장이 없어도 염려 없이 다 평안히 거하는 백성에게 나아가서 물건을 겁탈하며 노략하리라 하고…"(겔 38:10-12).

"하지만 당신은 사람의 정신에 악한 생각을 불어넣으시는 하나님을 폭로하고 있는 중입니다"라고 누군가가 말할지도 모른다.

아니다. 그렇지 않다. 하나님은 누구도 시험에 들게 하시지 않는다고 말씀하신다(약 1:13). 이것을 다르게 해석하는 것은 신성 모독이다. 오히려 하나님은 마귀의 존재를 이미 아시고 자신의 선한 목적을 달성하기 위해 마귀를 조정하시는 것이지, 단순히 마귀의 사악한 목적을 달성시키기 위해 그렇게 하시는 것이 아니다. 이것은 마치 하나님께서 이렇게 말씀하시는 것과 같다. "좋다. 네가 죄 짓기를 원한다고? 해 봐라. 하지만 이것만은 분명히 하자. 내 면전에서 네가 주먹을 휘두르는 경우조차 궁극적으로 나의 목적을 달성하는 방향으로 죄를 짓게 된다는 것이다." 바로 이 점이 우리가 가장 사악한 사람들로부터 불행을 겪게 되는 경우도 그것이 궁극적으로 하나님으로부터 온 것이라고 받아들이는 이유이다.

"하지만 하나님이 사람들의 의지를 꺾지 않으면서 이렇게 할 수 있나요?"라고 물을 것이다.

물론이다. 성경은 하나님께서 이렇게 행하신 모습들을 많은 곳에서 보여 준다. 여기 간단한 예가 있다.

삼손은 여자에게는 약한, 남자다운 사나이였다.[3] 사사기 14장에서 삼손이 한 블레셋 여인과 사랑에 빠진 것을 볼 수 있다. 이스라엘 사람들은 우상을 섬기는 블레셋 사람들과 결혼할 수 없도록 되어 있지만, 삼손은 이 문제를 별로 심각하게 생각하지 않는다. "그녀와 결혼할 수 있게 해 주세요." 삼손이 부모에게 요청한다. 부모는 "너같이 훌륭한 유대 소년이 어디 있느냐…?"며 거절한다. 그러나 성경은 우리를 무대 뒤로 안내한다. "삼손이 틈을 타서 블레셋 사람을 치려함이었으나 그 부모는 이 일이 여호와께로서 나온 것인 줄은 알지 못하였더라."

"여호와께로서 나온 것"이라고? 유대인은 이방인들과 결혼해서는

---

3) 찰스 스윈돌(Charles Swindoll)이 쓴 구절 가운데 하나이며, 출처는 기억나지 않는다.

안 된다고 명령하신 하나님께서?[4] 물론이다. 삼손이 올바르게 행동하고 있다는 말은 아니다. 삼손이 이 문제에 대해 답변하지 않을 것이라는 말도 아니다. 그러나 삼손이 죄 짓기 원한다면 하나님은 그의 관심이 가나안 여인 카알라 대신 블레셋 여인 필리스로 바뀌도록 결정하실 것이다. 하나님은 블레셋 사람들에게 벌을 내리시길 원하기 때문이다. 벌을 내린다니, 어떻게 내린다는 것인가? 바로 성난 삼손을 통해서 내리시겠다는 것이다. 결혼을 앞두고 신랑의 들러리로 온 자들과 도박을 하며 삼손은 시간을 때우고 있다. 이들이 삼손에게 속임수를 써 그는 돈을 잃고 만다. 삼손은 서른 벌의 리바이스 청바지와 데님 재킷을 할 수 없이 바쳐야만 한다(리빙 바이블에서는 이렇게 읽힌다). 실제로 삼손은 이에 상응하는 그 시대의 물건을 갖다 바쳐야 했다. 자, 이 키 크고 건장하고 젊고 가난한 유대 청년이 어디서 옷 서른 벌을 마련할까? 키 크고 건장한 체구를 지녔지만 이미 사망한 블레셋 젊은이들의 시체에서 가져오는 수밖에.

어째서 하나님은 매력적인 유대 여인이나 가나안 여인이 아닌 블레셋 여인 필리스로 하여금 삼손의 눈을 사로잡게 했을까? 우리는 알지 못한다. 어쩌면 삼손이 그녀를 처음 만났던 저녁 무렵에 하나

---

4) 이스라엘 백성은 가나안 땅의 어떤 족속과도 결혼할 수 없었으나, 전쟁 중 이스라엘의 국경 밖에서 잡혀 온 여자와 결혼할 수 있었다(신 7:1-4; 21:10-11). 하나님이 말씀하신 결혼 금지 대상이 되었던 족속은 '헷, 기르가스, 아모리, 가나안, 브리스, 히위, 여부스'였다. 블레셋은 거론하지 않으셨다. 그렇지만 이스라엘 백성이 가나안 땅에 들어왔을 때(출 13:17) 블레셋은 그곳에 살고 있었고, 하나님께서 유대인들에게 약속하신 바로 그 땅에서 이스라엘을 지배했다(수 13:2-3). 그러므로 삼손의 시대에 블레셋 사람과 결혼하는 것은 적어도 하나님의 율법의 정신을 위반하는 것으로 간주되었다.

님께서 멋진 저녁노을을 펼쳐 놓으셨을지도 모른다. 그러나 필리스의 우아함과 저녁의 무드가 삼손에게 먹혀들어야만 했다. 어쩌면 삼손이 이미 갖고 있던 죄스러운 나약함이 향하고 있는 특정한 방향으로 하나님이 큐피트의 화살을 쏘셨는지도 모른다.

하나님께서 사람에게 생각을 심으시면서 동시에 사람이 결정한 것을 그대로 내버려 두실 수 있을까? 이스라엘의 사악한 왕 아합은 전쟁을 일으키려고 군대를 동원한다. 그가 승리할 것인가, 그렇지 못할 것인가? 용감한 예언자가 그에게 귀에 거슬리는 말을 한다. "여호와께서 왕에게 대하여 화를 말씀하셨나이다(has decreed)." 말씀하셨다는 말을 기억하라. 건의함 속에 있는 한 건의 내용을 별 생각 없이 처리하듯, 하나님께서 대수롭지 않게 생각하신 결과 아합이 전쟁터에서 죽은 것이 아니다. 이 예언자는 아합의 몰락을 계획하신 여호와 하나님의 거룩한 뜻을 생생하게 보여 주고 있다. 예언을 듣고 왕은 꺼림칙해한다. 조심하는 한 방법으로 동맹을 맺고 있는 다른 왕이 왕복 차림으로 전쟁에 임하게 하고, 자신은 일개 병사의 차림으로 전장에 나선다. 하지만 이 계획은 실패한다. 아합 왕이 어떻게 죽는가? "한 사람이 우연히 활을 당기어 이스라엘 왕의 갑옷 솔기를 쏜지라… 해가 질 즈음에 죽었더라"(대하 18:33-34).

적군은 활을 '닥치는 대로' 쏘아댔다. 이보다 더 우연한 일이 있을 수 있을까? 히브리 성경은 이 적군이 '아무 생각 없이' 활을 쏘았다고 표현하고 있다. 그는 재빠르게 활을 당겼다. 탕! 화살은 무작위로 뽑힌 수십 명의 아합 군사를 향해 날아갔다. 기막힌 행운으로 자신의 적국 우두머리를 살해하고, 자기 군대의 최대 목적을 달성한 것이다. 그러면서도 이 적군은 이런 사실조차 모른다. 화살에 궁수의 이름을 썼다면, 이 궁수의 화살이야말로 그런 경우였을 것이다.

하나님은 어떻게 이 궁수의 활이 아합 왕을 향하게 이끄셨을까? 우리는 알 수가 없다. 아합 왕의 갑작스런 움직임을 이 궁수가 포착했는지도 모른다. 이 궁수는 아마도 이렇게 생각했을 것이다. '아, 저기 내가 쓰러뜨리고 싶은 적병이 하나 있군.' 우리가 아는 것은 이것이 우연한 사건이 아니라는 점이다. 하나님께서 어떤 식으로든 생각을 심으신 것이며 또한 어떤 식으로든지 이 궁수의 어깨를 건드리신 것이다. 그리고 화살이 나머지 일을 담당한 것이다.

하나님은 사람의 의지를 침해하면서 생각을 심으실 수 있을까? 오래 전 유대인들이 가나안 땅을 정복할 당시, 현지에 거주했던 가나안 사람들의 경우를 보자.

> 기브온 거민 히위 사람 외에는 이스라엘 자손과 화친한 성읍이 하나도 없고 다 이스라엘 자손에게 쳐서 취한바 되었으니 그들의 마음이 강퍅하여 이스라엘을 대적하여 싸우러 온 것은 여호와께서 그리하게 하신 것이라 그들로 저주받은 자 되게 하여 은혜를 입지 못하게 하시고 여호와께서 모세에게 명하신 대로 진멸하려 하심이었더라(수 11:19-20).

하나님께서 사람들의 마음을 강퍅하게 하신다? 어떻게? 하나님께서 젖과 꿀이 흐르는 땅의 원주민들이 그 땅의 산물로 달콤하게 아침을 먹는 꿈을 꾸도록 하셨는지도 모를 일 아닌가. "이 땅을 유대인들에게 넘겨 준다고? 그럴 순 없지!" 하나님께서 가나안 농장의 생활이 더욱 달콤하도록 풍성한 수확을 주셨는지 모른다. 어떤 방법으로든지 하나님은 그들을 바보로 만들지 않으면서 그들의 생각에 영향력을 행사하셨다.

또 다른 예로 압살롬 왕자의 경우를 보자. 다윗 왕의 아들인 압살롬은 모반을 일으킨다(삼하 15-17장). 다윗 왕과 그의 신하들은 수도를 버리고 피신하였고, 압살롬은 수도를 장악한 채, 아버지를 공격할지 여부를 숙고한다. 압살롬은 유명한 아히도벨에게 자문을 구한다. 아히도벨은 다윗 왕의 총애를 받았던 신하였으나 지금은 배신자 역할을 한다. 사람들은 아히도벨의 권고가 하나님께로부터 온 것이라고 받아들인다. 아히도벨은 다윗 왕을 죽일 계략을 펼쳐 놓는다. 하지만 또 다른 자문관이 그럴듯한 구상을 유창하게 제안한다. 이 자문관은 은밀히 다윗 왕을 동정하고 있어 그의 제안대로라면 다윗 왕이 멀리 도망칠 시간을 벌게 된다. 압살롬이 이 두 가지 상반되는 자문을 듣는 동안, 추앙받는 아히도벨에 대한 관심이 점차 사그라지기 시작한다. 압살롬은 결국 악수를 두고 만다. 다윗 왕은 도망쳤고, 수일 내에 자신의 목숨을 잃는 참패로 끝이 난다. 하나님은 압살롬 왕자의 좋은 판단력은 빼앗아 갔지만, 그의 의지는 그대로 놔두셨던 것이다.

이렇게 해서 압살롬은 하나님이 원하셨던 대로 죽임을 당하였다. 가나안 사람들은 하나님의 목적을 이루는 방향으로 자신들의 땅을 잃었다. 삼손은 결국 붙잡혔고, 여인의 유혹에 넘어가 장님이 되었다. 이러한 것들은 모두 공평한 것일까? 절대적으로 그러하다. 왜냐하면 하나님의 동기가 성스러운만큼, 그들의 동기는 왜곡되고 이기적이었기 때문이다. 두 이해 당사자인 선한 목적을 추구하시는 하나님과 사악한 목적을 추구하는 자들 모두 이런 국면 뒤에 있었다. 요셉이 자기를 노예로 판 형제들에게 말한 것처럼 "당신들은 나를 해하려 하였으나 하나님은 그것을 선으로 바꾸사 오늘과 같이 만민의 생명을 구원하게 하시려 하셨나니"(창 50:20). 따라서 하나님은 늘 상적으로 그리고 의롭게, 자신의 뜻을 성사시키는 사악한 사람들을 벌하신다. 하나님은 유다에 관해 이렇게 말씀하신다. "인자는 이미 작정된 대로 가거니와 그를 파는 그 사람에게는 화가 있으리로다" (눅 22:22).[5]

잔인하거나 무심한 사람들이 당신의 가슴을 무너지게 하고 당신의 꿈을 앗아간 적이 있는가? 그들의 죄악이 당신의 삶 속으로 튀어 들어왔을 때, 그것은 당신을 위한 하나님의 뜻이었다. 당신을 깊이 사랑하시는 하나님, 그리고 그들의 죄목을 낱낱이 세시고 벌주실 하나님의 뜻이었다.

4. 적시라는 타이밍이 전부이다(세 번째 해답)

우리는 하나님께서 세상을 어떻게 다스리시는지 알고 싶어 한다. 세 번째 답은 이렇다. 하나님은 자신의 목적을 달성하기 위해 자연적인 사건들이 특정한 때에 발생하도록 하신다.

---

5) 이 원리의 많은 예들 중 몇몇을 살펴보면 다음과 같다. 하나님은 여로보암의 왕조를 쓸어 내기 위해 이스라엘을 다스릴 왕을 "일으키시겠다"고 약속하셨다(왕상 14:14-16). 그러나 이 약속을 성취하기 위해 바아사를 멸망시키셨다(왕상 16:1-3, 7). 반역하는 이스라엘에게 거짓 선지자들을 보내 "우리 시대에 평강이 있으라"는 메시지를 보내시고 이후(렘 4:10), "나는 그들을 보내지 아니하였다"며 그들을 심판할 것을 약속하셨다(렘 14:13-16). 또 이스라엘을 짓밟는 아시리아를 분명히 "보내시고" 나서 아시리아를 보복하겠다고 다짐하셨다(사 10:5-19). 이들 각각의 경우에 벌을 받았던 당사자들은 하나님을 섬길 의도가 없었다.

아데네에서 사도 바울은 열심히 복음을 전했다. "회당에서는 유대인과 경건한 사람들과 또 저자에서는 날마다 만나는 사람들과 변론하니"(행 17:17).[6] 그들 중 몇몇은 신자가 되었다. 하지만 시장 거리를 활보하던 그들이 사도 바울을 만난 것은 우연의 일치가 아니었다. 왜냐하면 신자들은 '창세 전에' 선택된 사람들이기 때문이다(엡 1:4).

주전 5세기에 페르시아 왕 크세르크세스(아하수에로)가 일과를 마치고 잠자리에 든다. 자고 싶을 때 잠들 수 있는 사람이 과연 얼마나 있었을까? 왕 곁에서 부채질을 해 주는 신하도 있었고, 지루함을 달래기 위해 음악을 연주하는 악사도 있었고, 잠자리를 같이할 궁녀들도 많았고, 만취 상태로 몰고 갈 포도주도 지천이었다. 왜 이 왕이 몸을 뒤척이며 잠을 이루지 못하는 것일까? 하루 일과가 너무 고돼서? 저녁 식사에 너무 매운 향신료가 들어가서? 너무 자란 발톱이나 무좀 걸린 발 때문에? 누가 속사정을 알겠는가? 하지만 "이 밤에 왕이 잠이 오지 아니하였다"(에 6:1). 그는 피리나 술이나 악사를 찾는 대신, 누구든지 듣고만 있으면 금세 곯아떨어질 자신의 통치사를 낭독하라고 요청한다. 낭독자가 단조롭게 그것을 읽어 내려가고 있을 때, 한 희미한 구절이 크세르크세스의 정신을 가다듬게 한다. 날이 새면 왕비 에스더가 제국을 뒤흔들 요청을 왕에게 할 터였는데, 그 구절은 이것을 왕이 정확히 준비하게 만든다. 왕은 정신을 새롭게 하여 에스더의 요청을 승낙하였고 이로써 유대 민족을 말살 위기에서

---

6) KJV 성경의 '그를 만난 저들과' (with them that met with him)라는 표현은 '우연히 지나치게 된, 같이 하게 된, 우연히 만난' 등의 의미를 지닌(Thayer's 사전 및 그밖의 사전들) 희랍 원어 *paratunchano*의 뜻을 충실히 반영하지 못하는 것으로 보인다.

구하게 된다. 이 위대한 민족은 위기일발의 순간을 넘기고 이로부터 수세기가 흐른 후, 세상 죄를 대신해 자신을 희생시킨 젊은 소년을 낳는다. 이 모든 것이 왕이 잠들 수 없었기 때문에 일어난 것이다.

당신의 인생도 우연의 일치를 만드시는 하나님의 즐거움을 발견하는 데 있어 예외가 아니다. 7월 4일 독립 기념일에, 당신이 가든파티를 계획하고 있다고 생각해 보자. 당신은 필라델피아에 살고 있으며 점심 메뉴로 햄버거 숯불구이를 생각하고 있다. 날은 따뜻하고, 숯불은 잘 타오르고 있다. 뒷마당의 잔디는 잘 가꿔져 있어 소프트볼 놀이에 제격이다. 참석자들 모두 후식을 가져 오는 것도 잊지 않았다. 그런데 하나님은 당신 모르게 비를 내리길 원하신다. 당신의 친구들이 각자 집으로 돌아가길 원하신다. 처남이 도와 당신과 함께 서둘러 숯불 판을 차고 안으로 옮기고 자동차 곁에 서서 퍼붓는 빗소리를 함께 듣게 되길 하나님은 원하시는 것이다. 그곳에서 두 사람은 영적인 화제들로 이끄는 긴 대화를 나누다 결국 당신 처남은 회심하게 될 것이다. 당신의 처남은 그렇지 않아도 최근에 하나님에 대해 생각해 보고 있었던 중이었는데 워낙 얌전한 사람이라 개인적인 이야기를 드러내 놓고 말하길 꺼려해 적당한 때와 장소를 필요로 해 왔던 것이다.

하나님은 어떻게 일이 이런 식으로 성사되게 하실까? 기적의 비가 난데없이 내린 것일까? 정확하다는 기상 예보를 비웃기나 하듯 갑자기 비가 내려, 그 원인을 살펴보기 위해 특수 조사대라도 데려와야 할까?

아니다. 당신의 뒷마당은 여전히 따뜻하지만, 7킬로미터 상공의 공기는 냉각되기 시작한다. 이것이 기적일까? 아니다. 극지방의 찬

공기가 제트 기류를 타고 북서쪽에서부터 이동해 온다. 무겁고 건조한 이 공기는 하강하면서 당신 뒷마당 상공의 고온 다습한 공기를 위로 밀어 올린다. 상승하는 공기는 냉각되면서 구름이 되고, 더 상승하면서 얼음 결정으로 바뀐다. 여기서 주목할 것이 있다. 주변의 물 분자를 잡아먹으면서 더욱 커진 얼음 결정은 이제 너무 무거워져 떠다닐 수가 없게 되고, 결국 눈이 되어 떨어지기 시작한다. 하지만 때는 여름철, 당신의 뒷마당에 당도할 때쯤 비로 변해 내리는 것이다.

"안녕히 가세요, 스미스 씨 식구들! 안녕히 가세요, 윌슨 씨 식구들! 비는 내렸지만 즐거웠어요. 그래, 처남! 이 숯불 판을 옮기는 것을 도와줘서 고마워."

제트 기류는 수일 전 200마일 북쪽 캐나다의 로키 산맥 상공에 있었다. 그런데 삼 일 전 이 기류에 변화가 생겼다. 그것도 필라델피아를 향해 기류가 이동할 만큼의 변화가 말이다. 이 기류가 당신의 주말 파티와 무슨 관계가 있을까? 이 변화는 딱 알맞았던 것일까? 산을 넘는 기류의 이동 경로는 정확했다. 어떻게 그런 정확한 경로가 가능했을까? 하루 전날 적당한 태평양 수온과 지구의 자전으로 인해 대기는 복잡한 상태가 되었다. 그런데 이 때의 수온은 지난 4월에 형성된 것이다. 알맞은 양의 햇빛이 도달하도록 태평양 상공을 덮고 있던 구름의 양이 적절했던 것이다. 그런데 4년 전 6천 마일 떨어진 곳에서 화산 활동이 일어나 그 화산재가 대기로 유입되었고, 이것이 지난 4월의 구름 양을 결정했다. 이 일이 있기 11년 전에는 태양이 흑점 활동을 일으켜 궁극적으로 지난 4월의 태평양 수온에 영향을 주었다.

하나님은 당신의 처남을 상당히 오래 전부터 생각해 온 것이다.

물론 당신의 처남이 그 갑작스러운 비로 인해 가든파티에 참석하지 못했을 런지도 모른다. 처남은 사실 오늘 골프 치러 가려고 오래 전부터 계획하고 있었다. 그런데 같이 골프 치러 가려고 했던 친구의 부인이 오늘 아침 정원 물품을 판매하는 상점에서 독립 기념일 대바겐세일이 있다는 광고를 보고는, 남편이 함께 가지 않으면 절대 밥을 차려주지 않겠다고 그 즉시 결심하게 되었다. 그리고는 마침내 조립이 몇 분 만에 된다고 하는 사랑스러운 잔디 탁자를 사고야 만다. 이렇게 해서 하나님은 이 모든 일이 일어나도록 자연 현상을 준비하시고 이에 더하여, 이날 아침 한 주부의 마음에 생각을 심으시고, 광고업자들로 하여금 조립하는 데 다섯 시간 반이나 걸리는 시간을 과장하도록 허용하셨던 것이다. 하나님은 이와 같은 일을 이 세상의 모든 사람들에게 행하신다. 그들이 비를 필요로 하든 햇빛을 필요로 하든 그들의 삶 안에서 역사하시는 그분의 사역을 넓히기 위해서.

이것은 전적으로 자연스럽지만 머리가 빠개질 정도로 복잡한 일이다.

5. 기적의 여지는 있는가?(네 번째 해답)

그렇다. 하나님은 종종 기적을 실제로 행하신다. 그분이 어떻게 행하시는가에 대한 네 번째 답이다. 그래서 종종 아픈 사람들을 위한 우리의 기도가 응답되어 의사들을 어리둥절하게 만드신다. 하나님은 또한 직접적이고 초자연적으로 자연을 이따금 비틀었다가 본 괘도로 돌려놓는 경우도 있는 것 같다. 누가 이렇게 말할 수 있을까? 여호수아의 요구에 응해 태양을 멈추게 하셨을 때, 홍해 바다를 갈라지게 하셨을 때, 하나님은 자연을 비트는 것 이상의 조치를 취하신 것이다. 이것이 재현된다면 현장 추적 방송 팀이 쏜살같이 달려가지 않겠는가! 하지만 기적은 하나님이 일상적으로 하시는 일이 아니다.

많은 그리스도인들은 시험을 당할 때 하나님을 보지 못한다. 아무 기적이 일어나지 않으면, 적어도 범람한 물이 빠지지 않거나, 암세포가 누그러지지 않으면 하나님은 일을 하시지 않는 것임에 틀림없다. '애굽에 나타났던 열 가지 재앙들, 그것은 하나님께서 무엇인가 하고 계시다는 것이다.' 맞다. 바로의 침실에 득실거리는 개구리와 이 들은 몇 년 전 멋진 영화로 만들어졌다. 하지만 하나님이 무대 뒤에 순무에서 피를 쥐어짜듯 악으로부터 선을 비틀어 빼내고, 사단의 가장 사악한 장난을 아무도 모르게 이용하고, 러시아에 있는 죽음의 포로 수용소 철책조차 뚫고, 그 속에 은혜와 구원을 침투시키며 무한하도록 복잡하게 세상을 주관해 나가시는 모습을 담은 영화를 천국에서 본다면, 그 영화는 분명 오스카상을 수상할 것이다. 한편 하나님은 우리가 그분을 신뢰하길 원하신다. 부활하신 예수님이 회의적인 도마에게 말씀하셨다. "너는 나를 본 고로 믿느냐 보지 못하고 믿는 자들은 복되도다"(요 20:29).

그럼 왜 우리는 여전히 의심하는 것일까? 우리의 지성은 제한되어 있기 때문이다. 우리는 이 진리를 담아 포장할 만큼 충분히 큰 상자와 넓은 포장지를 찾을 수 없다. 아무도 전지전능한 하나님의 전체를 파악할 수 없다. 심지어 "천사들도 살펴보기를 원하는 것이다"(벧전 1:12). 하지만 파악불가능하다는 것이 그리스도인에게 문제가 되는가? 모든 그리스도인은 삼위일체를 인정하면서도 아무도 그것을 가늠할 수 없다. 이 셋으로 분리된 인성은 각각 신이며 또한 하나의 신이다. 우리가 진실을 이해할 수 있는 능력이 없다고 해서 그 진실이 거짓이 되지는 않는다. 바울이 말한 대로 "깊도다 하나님의 지혜와 지식의 부요함이여, 그의 판단은 측량치 못할 것이며 그의 길은 찾지 못할 것이로다"(롬 11:33).

왜 우리는 의심할까? 믿음은 어려운 것이기 때문이다. 시편 기자는 하나님께서 숨으신다고 말한다. 하나님은 조끼 안으로 팔을 숨기고 계시다. 그분은 자신의 패를 모두 보여 주는 법이 결코 없으시다. "일을 숨기는 것은 하나님의 영화요"(잠 25:2). 우리는 마음의 고통으로부터 선한 것들이 흘러나오는 것을 결코 볼 수 없다. 우리는 관절염이 잠시 누그러져 좀 더 인내심을 갖게 되었다거나 결혼에 실패하여 혼자서 가정을 이끄는 또 다른 편부모들에게 좀 더 동정심이 들게 되었다는 등, 고통으로부터 나오는 선함을 조금 보게 될지도 모른다. 휠체어에 앉은 폴 루프너의 믿음은 몇몇 사람들을 그리스도인으로 이끌었다. 그러나 우리가 헤아릴 수 있는 선함이 우리가 목도하는 악을 능가할까? 아니다. 에덴 동산에서 순수함을 잃은 후, 말할 수 없는 슬픔의 저수지 수문이 열리고 말았다. 슬픔의 눈물이 마르려면 천국에 가서야 그렇게 될 것이다. 그때서야 우리의 마음을 영원히 달래 줄 완전한 해답을 얻을 것이다.

왜 우리는 의심할까? 우리의 마음 바탕에 있는 죄성 때문에 이 진리들을 불편해한다. 우리는 본성적으로 하나님이 몇 계단 낮은 데 계시길 원한다. 우리가 환난당할 때 도와주실 수 있을 만큼 충분히 높은 거룩하심, 하지만 우리가 감당할 수 있을 만큼만 높은 거룩하심을 원한다. 루이스는 자신의 걸작 『사자, 마녀 그리고 옷장』(The Lion, the Witch, and the Wardrobe)에서 이러한 모습을 멋지게 묘사했다.[7] 사악한 마녀의 마법에 걸린 오빠를 두 어린 여동생이 찾고 있다. 두 소녀는 비버 씨 부부의 집에 숨어 있다. 비버 씨 내외는 떠도는 소문 하나를 나직한 목소리로 들려 준다. 오랫동안 보이지 않았던 나니아 나라의 사자 왕 아슬란이 나타났다고. 이 사자 왕은 예수님을 상징한다.

"그는 사람인가요?" 루시가 물었다.
"아슬란이 사람이냐고?" 비버 아저씨는 단호하게 말했다. "물론 사람은 아니지. 잘 들어 봐라. 그는 숲 속의 왕으로 바다 건너 위대한 황제의 아들이지. 너희들, 동물의 왕이 누군지 알지? 아슬란은 사자야. 사자, 위대한 사자."
"어! 사람인 줄 알았는데. 사람을 해치지는 않나요? 사자를 만나면 좀 무서울 것 같은데" 수잔이 말했다.
"암, 그렇지. 그리고 분명히 해 둘 것이 있어. 아슬란 앞에 무릎을 꿇지 않고 나설 수 있는 사람들이 있다면 그들은 아주 용감하거나, 아니면 어리석거나 둘 중 하나란 사실이지." 비버 아줌마가 말했다.
"그렇다면 그는 안전하지 않을 수도 있네요?" 루시가 말했다.
"'안전'이라고? 아줌마가 하는 말을 못 들었니? 누가 안전하다고 했니? 그는 안전하지 않단다. 그렇지만 그는 선하지. 내가 너희들에게 다시 말하지만 그는 왕이야." 비버 아저씨가 말했다.

당신의 운명을 자신의 손에 쥐고 계신 전능의 하나님은 안전한 분이 아니시다. 그는 결코 안전한 분이 아니시다. 내가 다시 말하지만 그는 왕이시다.

하지만 그는 선하시다.

---

7) 루이스(C. S. Lewis), 『사자, 마녀 그리고 옷장』 The Lion, the Witch, and the Wardrobe, (New York: Macmillan, 1950), p. 64.

제 2 부

하나님은 무엇을 하고 계신가?

제 7 장

왜 그런가에 대한
몇 가지 답변

엄청난 진리가 우리의 조그만 머리에 쏟아져 들어올 때 우리는 짐짓 가만히 앉아 있는 체한다. 하나님은 선하시고, 최선의 것이 무엇인지 아시고, 악의 도전에도 상처 입지 않으시며, 자신의 선한 목적을 이루기 위해 큰 재난들을 조종하실 수 있다는 것을 우리는 시인한다. 그러나 우리는 여전히 힘든 싸움을 벌이고 있다. 우리 자신을 이런 인식 속에 몰입시키기란 쉬운 일이 아니다. 우리가 어려움에 처해 싸우고 있을 때, 하나님은 그 어느 때보다 더 거대한 존재로 보인다! 하나님의 뜻은 너무나 높고 전능하고 거대해서 덮어씌운 우리의 어금니에 금이 간 것을 알아채시는 그분의 방법, 심지어 그 이유에 대해 우리는 놀라움을 금치 못한다.

언젠가 천국에 가면 우리의 눈물이 마를 것임을 알고 우리는 위안을 받는다. 하지만 지금 당장은 어떻게 되는 것일까? 고통 받는 것은 그냥 그렇다 쳐도 의미를 모른 채 고통 받는 것은 참기 힘들다. 우리는 묻고 싶어 안달이 난다. 고통의 이면에 '누가' 있는가에 관한 문제는 앞에서 다뤘다. 하지만 하나님은 대체 무엇을 하시는 분인가? 아마도 우리는 '누가' 라는 문제보다 '왜' 라는 문제에 대해 더 궁금할 것이다.

고통에 과연 이유가 있는 것일까?

"조니! 정말 이유가 있나요?" 카알라 라슨이 내게 물었다. 묻는 모습이 너무 심각해서 마치 온 세상의 무게가 그녀의 어깨를 누르고 있는 것 같았다. 카알라는 자신이 고통을 겪는 이유에 대해 간절히 알고싶어 하는 삼십대 후반의 여인이다. 그녀는 심한 당뇨로 고통받고 있다. 이미 두 다리를 절단했고, 심장 마비에다 신장 이식 수술을 겪었으며, 혈관 파열과 끊임없이 싸우고 있다. 또한 심한 부종과 사실상 실명 상태에 있다. JAF 가족 수련회에서 처음 카알라를 만났을 때, 나는 "카알라, 당신이 견뎌 낼 수 있다는 것이 놀라워요"라고 말을 건넸다. 그녀는 환하게 웃으며 대답했다. "내 몸의 다른 부분을 더 잃기 전에 수련회에 참석하는 것이 좋을 것 같아서 왔어요."

최근에 그녀가 자신의 몸 일부분을 우편으로 보내 왔다. 소포 상자를 열어 보니 그녀가 사용했던 의족 하나와 메모가 놓여져 있었다. "내 몸의 모든 부분이 당신과 항상 함께 있을 수는 없으니 일부분만이라도 당신과 함께 해야 할 것 같아서요!" 여전히 그녀는 유머 감각을 잃지 않고 있었다.

올해 있었던 수련회에서는 카알라가 조금 우울해 보였다. 점점 더 악화되는 시력에 더 많은 수술이 예상되는 탓에, 이처럼 계속 싸우는 것이 과연 가치 있는 일인지 회의를 갖기 시작했다. 아침 일과가 끝난 휴식시간 동안, 우리는 큰 창문가에 있는 조용한 구석에 자리를 함께했다. 차분한 마음으로 대화를 나누었다. 단순 명료한 이야기들. 고통은 아픔이라는 데 동의했다. 포기하려는 유혹에 대해 우리는 탄식했다. 마침내 우리는 핵심에 도달했다. '도대체 무엇 때문에' 라는 문제에 당도한 것이다.

창밖 먼 곳을 응시하던 시선을 무릎으로 내려뜨리며 카알라가 말했다. "나를 좀 봐요." 그녀의 반바지 속으로 의족을 둘러싼 커다랗고 둥근 플라스틱 컵의 윤곽을 볼 수 있었다. 카알라는 인조다리를 차고 있지 않았다. 대신에 쇠봉 같은 것이 무릎 부분에 관절처럼 연결되어 있었다. 그녀는 새로운 것을 보여 주기 위해 손을 쳐들었다. 희고 두꺼운 거즈가 손가락 밑동 마디 주위를 감고 있었다. 그녀의 손가락이 절단되었던 것이다. "내 몸은 계속 떨어져 나가고 있어요."

창밖에서는 어린아이들이 조잘대고 있었다. 현관 접수실 책상에서는 전화벨 소리가 울리고 있었고, 복도 저편에서는 십대 여러 명이 깔깔대며 놀고 있었다.

한참이 지난 후 카알라는 말을 이었다.

"나는 그리스도인이고, 지금까지 계속해서 고통을 겪고 있어요. 이 정도면 이제 겪어야 할 만큼 겪은 것 아닌가요?" 카알라는 호소하는 눈빛으로 말을 계속했다. "저는 이제 우울하지도 않아요. 전 단지… 왜 이렇게 계속해서 고통을 겪어야 하는 것인지, 그것을 이해할 수 없을 뿐이에요. 지금 당장 집으로 돌아가고만 싶어요. 천국으로 말이에요."

이와 같은 질문을 받을 때, 나는 보통 즉시 답변하려 하지 않고 그냥 듣기만 한다. 하지만 나는 카알라를 누구보다 잘 알고 있다. 그녀는 하나님께 두 주먹 불끈 쥐고 따지며 대들거나 하나님을 거부하는 분노의 단계를 이미 오래 전에 넘어섰다. 지금 카알라가 천국으로 가고만 싶다고 말하는 것은 간절한 마음에서 그러는 것인가? 나는 카알라의 이런 마음에 조심스럽게 대응하기로 마음먹었다.

"카알라, 정말로 대답을 원해요?" 내가 심각하게 물었다.

그녀가 고개를 끄덕였다.

"좋아요. 당신은 지금 이 땅에 있어요. 당신은 지금 천국에 있지 않아요. 이렇게 된 데에는 하나님의 몇 가지 이유가 있어요."

"어떤 이유들이죠? 대체 그 이유들은 얼마나 선하길래, 나의 이 고통을 능가할 만큼 선하다는 말인가요?" 붕대가 감겨진 손을 다시 쳐들며 카알라가 말했다.

"성경을 들고 빌립보서 1장 21절을 내게 한번 읽어 보세요." 나는 그녀의 휠체어와 다리 사이에 끼어 있는 성경을 향해 눈짓하며 말했다.

카알라는 붕대가 감겨진 손으로 성경을 더듬듯 넘겼다(성경 구절을 찾는 것을 도와주고 싶지만 내가 전혀 도움이 되지 못할 뿐만 아니라 오히려 더 힘들게 할 것이라고 얘기해 주었다). 카알라는 성경 구절을 찾아 큰 소리로 읽었다. "'이는 내게 사는 것이 그리스도니 죽는 것도 유익함이니라.' 봐요. 바로 이거예요! 맞잖아요? 죽는 것이 얻는 것이라고 하잖아요. 사도 바울조차도 나와 생각이 같다고요."

내가 억지로 웃으며 말했다. "계속해서 읽어 보세요."

"알겠어요, 그렇게 하죠… '그러나 만일 육신으로 사는 이것이 내 일의 열매일진대 무엇을 가릴는지 나는 알지 못하노라 내가 그 두 사이에 끼었으니 떠나서 그리스도와 함께 있을 욕망을 가진 이것이 더욱 좋으나 그러나 내가 육신에 거하는 것이 너희를 위하여 더 유익하리라.' (빌 1:22-24)")

눈은 거의 실명 상태이고 두 다리를 잃은 채 병을 앓고 있는 여인이 붕대 감은 손으로 성경을 더듬으며 소리내서 읽고 있는 모습을 지켜보면서, 나는 북받치는 울음을 억눌렀다. "두 사이에 끼어서 찢어지고 있어도 괜찮아요. 천국의 집으로 가는 것이 훨씬 더 좋지요."
내가 부드럽게 말했다. 마치 수면제를 건네 주면서 단번에 생을 마감하라는 허락을 내리는 것인지 의아해하는 눈빛으로 카알라는 나를 쳐다보았다. 나는 잽싸고 단호하게 말을 이었다.

"하지만 당신이 이곳에 남아 있는 것이 더 필요합니다."
"왜죠?" 그녀가 자신의 머리를 흐트러뜨리며 말했다.
"자, 봐요. 말씀을 다시 잘 읽어 보라고요. '내가 육신에 거하는 것이 너희를 위하여 더 유익하리라.' 이곳을 떠나 예수님과 함께 있는 것이 훨씬 더 좋을 거라고 생각하겠죠. 하지만 당신이 이곳에 남아 있으면, 가족과 친구들이 당신으로부터 배울 무언가가 존재하는 거랍니다. 영원히 중요한 그 무언가가."

카알라가 창으로 얼굴을 돌렸다. 먼 곳을 바라보며 깊은 생각에 잠겼다. 아마도 업무에 있어선 냉정하고 침착하나 영적인 것들에 대해서는 차가운 마음을 지닌, 자신의 이식 수술을 담당했던 간호사 크리스티를 생각하고 있을지 모른다. 아니면 새로운 규정에 불만을 토로하며 휴식 시간을 보내고 있던 다른 간호사들이나 갱년기가 주요 문제가 되고 있는 교회 친구들 혹은 옛 직장 동료들 생각, 동네 이웃들 생각, 슈퍼마켓에서 항상 반갑게 인사해 주었던 점원들을 생각하는지도 모른다.

카알라는 창으로부터 고개를 돌리며 물었다.
"그들에게 내가 남아 있는 것이 더 유익이라고요?"

1. 본보기의 힘

앞에서 언급한 오클라호마시티 연방 정부 건물이 테러 공격으로 폭파되어 168명의 사망자가 발생했던 사건으로 되돌아가 보자. 목사로 사역 중인 내 친구가 '제일 크리스천 교회'(the First Christian Church)에 모인 피해자 가족들을 함께 만나 보러 가자고 나를 초대했다. 교회에 모인 가족들은 서로 부둥켜안고 사랑하는 식구들의 생사 여부를 기다리고 있었다. 적십자사로부터 신원확인을 받고 나서야 나는 이 가족들이 모여 있는 곳으로 들어갈 수 있었다.

적십자사 요원이 있는 곳으로 휠체어를 타고 들어갈 때, 하얀 가운을 입은 친절해 보이는 한 여인이 큰 소리로 외쳤다. "어머나, 당신을 진심으로 환영해요!"

나는 등을 돌려 돌아다보았다. 저 여인이 나한테 한 소리였나? 나를 알아보고 한 소린가? 나중에 알게 된 일이지만, 이 여인은 카운슬링 서비스 책임자였고 내가 누구인지 전혀 모르고 있었다. 왜 두 팔을 벌리고 나를 환영했는지 물어 보았다.

"이렇게 멋지신 분! 이와 같은 위기 상황이 닥쳤을 때 당신같이 휠체어를 타는 사람들이 자원 봉사를 하러 오면 좋겠다고 생각했죠. 피해를 당한 사람들이 도움을 받으러 이곳에 와서 당신같이 자신의 어려움을 잘 감당하면서 남을 돕는 모습을 보게 된다면, 저 사람들이 큰 위로를 받고 희망을 갖게 될 테니까요. 당신은 저 사람들에게 강력한 본보기가 될 거예요. 저 사람들에게 비극을 극복하고 일어설 수 있다는 희망, 그 자체가 바로 당신입니다."

오클라호마시티는 이 위기를 잘 극복하고 있는 중이다. 하지만 편안함을 추구하는 우리 문화에 젖어 있는 많은 사람들은 그렇지 못하다. 어깨를 축 늘어뜨린 채 거의 패배 단계에 이른 많은 사람들에게 필요한 것은 강력한 본보기이다. 그들은 자신들이 겪고 있는 싸움보다 더 엄청난 싸움을 경험하고 있는 사람들을 지켜볼 필요가 있다. "게으르지 아니하고 믿음과 오래 참음으로 말미암아 약속들을 기업으로 받는 자들을 본 받는 자 되게 하려는 것이니라"(히 6:12).

사람들이 진흙탕 같은 어려움 속에서 허우적거리고 있거나, 불평불만을 토해 내는 영에 감염되어 있거나, 혹은 앞의 히브리서에서 언급한 것처럼 싸움에 지친 신자들과 같이 (하나님이 금하시는) 나태한 모습을 하고 있거나 한다면, 그들은 하나님의 능력이 정말로 살아 역사하고, 이론이 아닌 실제로 하나님은 살아 계시며, 그들의 삶에 살아 역사하신다는 사실을 깨달을 필요가 있다. 이것이 바로 우리의 고통 뒤에 있는 선한 '이유'인 것이다. 카알라 라슨의 삶은 강력한 본보기이다.

나는 카알라에게 물었다. "하나님이 당신을 필요로 하신다는 사실을 당신은 알고 있나요?"

"하나님은 아무도 필요로 하지 않아요." 카알라가 대답했다.

나는 말했다. "맞는 말이에요. 하지만 하나님은 당신의 삶을 사용하길 좋아하시죠. 특별히 다른 성도들을 위해서. 다른 성경 구절 하나를 더 살펴보죠. 골로새서 1장 24절입니다."

"어떤 구절이예요? 신학의 기본인가요?"

"맞아요. 당신에게 당신에게 딱 맞는 말씀이죠. 게다가 나는 이것을 가슴으로 알지 못하고 있어요." 내가 강조해서 대답했다.

"좋아요. 여기 있네요." 카알라가 성경 구절을 찾으며 말했다. "내가 이제 너희를 위하여 받는 괴로움을 기뻐하고 그리스도의 남은 고난을 그의 몸된 교회를 위하여 내 육체에 채우노라."

카알라는 조용히 이 구절을 다시 한번 읽은 뒤 위를 바라보았다.

"허어?"

"예수님께서 십자가상에서 행하신 것에 관한 한 부족한 것은 단 하나도 없습니다. 주님께서 말씀하셨듯이, 다 이루신 것이었어요. 하지만 구원의 이야기를 사람들에게 보여 주는 것에 있어서는 무언가 부족한 것이 있어요. 예수님은 더 이상 육신의 몸으로 우리들 주위에 있지 않아요. 하지만 당신과 나는 여기 있어요. 우리가 고통을 당하고 그 고통을 은혜로 대할 때 우리는 마치 걸어 다니는 간판과 같이 고통당하는 사람들의 삶에 역사하시는 하나님의 희망적인 손길을 선전하게 되는 거예요. 이것은 신자들의 유익을 위함입니다. 하지만 이것은 본보기가 되거나 심지어 격려를 해주는 문제 그 이상의 차원이랍니다." 나는 적당한 말을 찾으며 더듬거렸다. "우리가 고통을 은혜로 감내하는 것은 당신 때문이지요. 왜냐하면 우리는 그리스도 안에서 한 지체이기 때문에 우리는 함께 연결되어 있어요. 당신의 승리는 나의 승리가 되는 것이죠"(고전 12:26을 볼 것).

나는 카알라가 내 의견을 받아들이는 것을 지켜보았다. 다른 사람들에게 유익을 주는 사람들 중 나도 한 명인 것을 깨달을 수 있었다. 그렇다. 나는 사지 장애인이다. 하지만 내 장애가 카알라만큼 심하다고는 생각하지 않는다. 각종 혈관 성형 수술(막힌 혈관을 뚫어 주거나 우회 혈관을 만들어 주는 수술)을 받으며, 카알라는 혼자의 힘으로 나보다 더 심한 역경을 감당하고 있다. 발에 있는 고쳐지지 않는 성가신 궤양과 아스피린으로도 소용없는 등의 통증에 대해서 내가 어떻게 대처해야 하는지 그녀는 본을 보여 주고 있다. 누군가의 신장을 받아야만 하는 여인이 하나님의 도움으로 고통을 이겨낸다면 나도 이겨 낼 수 있는 것이다.

그녀는 인공 보철이 의족에 결합되는 부분을 토닥거리며 긴 한숨을 지었다. "당신 말이 맞아요. 이것이 아니었다면 내가 하나님께 이토록 지독하게 매달리지는 않았을 거예요. 그리고 항상 크리스티가 있고, 또한 하나님을 모르는 다른 친구들도 있어요. 나는 그들을 생각해야만 하죠."

나는 그녀가 자랑스러워서 환하게 웃었다. 마치 그녀가 실천신학 박사 학위를 받은 것만 같았다. "하나님께서 당신이 처한 상황 가운데 당신을 지켜주신다면 우리 모두는 우리의 연약함을 당연히 자랑해야 합니다. 고통을 덜 겪고 있는 사람들이 자신들보다 더 큰 고통을 겪고 있는 사람들을 볼 때 엄청난 의미가 전달되는 것입니다. 사람들이 당신을 지켜보고 하나님에 대한 강력한 무언가를 배우게 되는 것입니다."

이것은 마치 내가 일전에 받은 소박한 시 한 편의 내용과 비슷하다.

나는 의자에 한 여인이 앉아 있는 것을 보았다.
그녀는 오늘 또다시 교회에 왔다.
그들이 집을 팔았다고 누군가 말했다.
그들은 다른 동네로 이사 갈 것이다.
안돼요! 내가 소리쳤다, 그들은 떠날 수 없어요.
그들은 이사 갈 수 없어요.
나는 이 여인을 알게 될 기회가 없었다.
내가 이 여인에게 묻고 싶은 무엇인가가 있었다.

당신의 비밀을 내게 말해 줄 수 있는지요.
당신의 발 앞에 앉고 싶습니다.
매끼 식사와 같은 고통을 당신은 어떻게 다루는지 나는 알고 싶습니다.
당신의 건강은 점점 나빠지는데
어떻게 당신은 계속 웃음을 유지하는지요?
저주받은 생을 살고 있는데
어떻게 당신은 계속 하나님을 의지하는지요?
내가 그녀를 볼 때마다 그녀의 웃음은 깊은 곳에서 우러나온다.
그녀가 의자에 갇혀 있다고
그녀와 하나님과의 친분에 금이 가지 않는다는 것을 나는 안다.
그녀는 자신의 건강이 나빠지고 있다고 시인한다.
그녀는 자신이 점점 쇠약해지는 것을 알고 있다.
나 같으면 도망치고 싶을 텐데
어떻게 그녀는 저렇게 평정을 유지할 수 있는가?
나의 친구여, 당신이 어떻게 주님을 의지할 수 있는지
내게 말해 줄 수 있소?
주님이 당신에게 칼을 휘두르는 것 같은데
당신은 어떻게 그리 잠잠히 있을 수 있는지요?
당신은 나에게 약속과 같은 존재입니다.
내가 주님께 다시 돌아선다면 고통의 한복판에서조차
하나님은 가까이 계시고 신실하시다는 약속 말이오.

리즈 허프(Liz Hupp)

그 누구도 홀로 고립되어 있지 않다. 우리 모두는 서로 연결되어 있다. "우리 중에 누구든지 자기를 위하여 사는 자가 없고 자기를 위하여 죽는 자도 없도다"(롬 14:7). 인생의 목적은 다른 사람을 위해 사는 것이다. 예수님은 이것을 우리에게 보여 주셨다. 고린도전서

1장 27-29절은 특별히 이 '다른 사람들'에 대해 언급하고 있다. "그러나 하나님께서 세상의 미련한 것들을 택하사 지혜 있는 자들을 부끄럽게 하려 하시고 세상의 약한 것들을 택하사 강한 것들을 부끄럽게 하려 하시며 하나님께서 세상의 천한 것들과 멸시 받는 것들과 없는 것들을 택하사 있는 것들을 폐하려 하시나니 이는 아무 육체라도 하나님 앞에서 자랑하지 못하게 하심이라."

카알라는 하나님을 비웃는 세상의 현명한 사람들을 부끄럽게 만든다. 자신의 힘을 의지하는 목이 굳은 사람들을 또한 부끄럽게 만든다. 그녀는 그들에게 그림자를 드리우고 있으며 그들도 이것을 알고 있다. 그들은 그녀의 대담하고 맹렬한 믿음을 이해할 수 없다. 하지만 괜찮다. 달리 어떻게 그들의 자랑이 사라지겠는가? 달리 어떻게 매끄러운 허리 곡선, 군살 없는 복부, 사진 잘 받는 활짝 웃음, 총명한 두뇌, 재물, 사무실 벽에 걸린 번쩍이는 황동 액자로부터 그들의 신뢰를 없애겠는가?

카알라는 또 다른 손가락을 잃을지 모른다. 그렇게 된다면 그녀를 지켜보는 세상은 기가 꺾여 입을 딱 벌린 채 그녀의 끈질긴 하나님에 대한 신뢰를 믿을 수 없다고 말할 것이다. 그녀가 미친 것이거나 아니면 신학적인 교리를 뛰어넘어 그녀의 고통 뒤에 살아 계시는 하나님이 존재하는 것이거나 둘 중 하나이다. 그녀의 삶은 하나님이 살아서 역사하신다는 살아 있는 증거이다. 기독교는 상당히 포괄적인 주장을 한다. 주장이 강하면 강할수록 그 주장을 뒷받침하는 증거가 강해야 한다. 하나님은 카알라의 믿음의 근본을 살펴보라고 말씀하시며 오락가락하는 신자들을 포함하여 믿지 않는 자들을 열심히 부르신다. 그녀의 증거는 그 증거가 받치고 있는 주장들만큼 담대하다. 그리고 이러한 사실은 사람들로 하여금 그분에 대해 거듭 생각해 보게 한다.

> 찬송하리로다 그는 우리 주 예수 그리스도의 하나님이시요 자비의 아버지시요 모든 위로의 하나님이시며 우리의 모든 환난 중에서 우리를 위로하사 우리로 하여금 하나님께 받은 위로로써 모든 환난 중에 있는 자들을 능히 위로하게 하시는 이시로다 그리스도의 고난이 우리에게 넘친 것같이 우리의 위로도 그리스도로 말미암아 넘치는도다 우리가 환난받는 것도 너희의 위로와 구원을 위함이요 혹 위로받는 것도 너희의 위로를 위함이니 이 위로가 너희 속에 역사하여 우리가 받는 것 같은 고난을 너희도 견디게 하느니라(고후 1:3-6).

카알라가 고난을 받는다면 그것은 다른 사람들의 평안을 위해서이다. 카알라가 고통을 당한다면 그것은 수술을 도와준 간호사 크리스티의 구원과 관계가 있다. 또한 갱년기 위기를 겪고 있는 친구들의 인내심을 위해서이다.

"이제 내가 깨닫습니다. 내 몸이 조각조각이 난다면 그것은 나 자신만의 유익을 위해서 하나님이 그렇게 하시는 것이 아닌 게 분명합니다." 카알라가 자세를 바로 세우고 말했다.

"당신 주위에 있는 사람들의 유익을 위해서죠." 나는 그녀가 못다 한 말을 거들었다.

카알라 라슨은 완전히 눈이 멀지도 모른다. 그녀는 결국 몸으로는 아무것도 할 수 없을지도 모른다. 그렇게 되었을 때 그녀는 계속 살아야 할 아무런 목적도, 이유도 없어 스스로 아무 소용이 없다고 느끼는 감정에 대해 여전히 염려하지 않을 것이다. 그녀는 계속해서 하나님의 증인이 될 것이다(행 1:8).

  이 '왜'라는 질문에 대한 답변'은 어떤 젊은 여인이 나에게 준 편지에도 잘 드러나 있다. 티나라는 이름을 가진 이 여인은 할머니를 돌보고 있다.

조니에게,

어제 할머니께서는 자신이 쓸모없는 존재처럼 느껴지는 기분 때문에 괴로워하셨습니다. 자신에게 유익함이 있는지, 과연 어떤 목적을 성취할 수 있는지, 침상과 소파만 오가는 생활에 무슨 의미가 있는지, 할머니는 심난해하셨습니다. 제가 한 가지 깨달은 것이 있습니다. 우리는 흔히 우리의 목적, 의미, 유용성 등을 우리 몸으로 행하는 것들과 결부시킨다는 점입니다. 반면에 우리에게 육체적인 것은 거의 요구하지 않는 영적인 것, 일례로 격려 같은 것에 대해서는 우리가 매우 소홀히 대하고 있다는 것입니다.

저는 이 점을 할머니께 전해 드렸습니다. 하지만 그 순간 저의 내면의 삶이 하나님께 영광 돌리는 삶의 방향으로 향하고 있지 않다는 사실을 깨달았습니다. 저의 목적은 '할머니를 돌보는 것' 뿐이라서 주님 말씀에 귀 기울이고 기도 생활에 집중하고, 그래서 다른 사람들에게 순수한 마음으로 관심을 기울이지는 못했던 것입니다. 이런 모습들이야말로 제 안에서 반드시 일어나야만 하는 것들이죠.

당신을 사랑하는 티나

2. 다른 사람을 위하여

따뜻한 웃음이 오가고 때로는 눈물을 흘리며, 카알라와 나는 이야기를 계속했다. 성경 말씀에 근거한 생각들이 서로의 영을 굳건히 해 주었다. 시계를 보았다. 수련회의 다음 순서가 시작될 시간이 되었다.

함께 기도를 나눈 후 카알라는 휠체어를 움직여 자신이 속해 있는 반을 향해 가면서 어깨 너머로 말했다. "우리가 나눈 얘기를 되새겨 봐야겠어요." 나는 카알라를 수련회로 데리고 온 친구들이 그녀를 거들어 맞아 주고 있는 광경을 지켜보았다. 한 친구가 그녀에게 물통과 빨대를 주고 껴안아 주었다. 저들에게 카알라가 계속 살아 있어 주는 것이 더 좋고 꼭 필요한 일이다.

하지만 물고 늘어지는 의문이 있다. 고통을 겪는 사람들의 삶에 이런 의미를 부여한다는 것, 그것은 결국 공리주의자이신 하나님을 돕는 시청각 보조 도구쯤으로 그들을 취급하는 것이 아닐까? 그들은 다른 사람들이 보고 배울 수 있는 교훈의 대상일 뿐일까? 계속해서 자신을 비우며 고통 받고 있는 사람들은 단지 감동을 주는 귀감일 뿐일까? 카알라는 무엇을 얻기 위해 존재하는 것일까?

나는 바울의 사례에 귀를 기울였다. 남들을 강하게 하고 격려하기 위해 자신이 남아 있는 것이 더 필요하다는 것을 인정한 후, 그는 다음과 같은 말을 추가했다. "내가 살 것과 너희 믿음의 진보와 기쁨을 위하여 너희 무리와 함께 거할 이것을 확실히 아노니 내가 다시 너희와 같이 있음으로 그리스도 예수 안에서 너희 자랑이 나를 인하여 풍성하게 하려 함이라"(빌 1:25-26).

나는 '나를 인하여'라는 이 부분에 특별히 더 호감이 간다. 카알라를 지켜본 사람들이 얻은 것은 그녀의 영원한 계좌로 입금될 것이다. 이것은 요한복음 15장 5절과 8절에 나타난 불변의 원리이다.

"나는 포도나무요 너희는 가지니 저가 내 안에, 내가 저 안에 있으면 이 사람은 과실을 많이 맺나니."

우주의 전능하신 하나님은 카알라가 다른 사람들의 삶에 씨앗을 뿌리는 모습을 지켜보신다. 그녀가 기도로 물을 줄 때마다 하나님은 계산하신다. 그녀의 선한 무언가가 한 영혼뿐아니라 심지어 그녀가 알지 못하는 여러 영혼들을 움직일 때, 하나님은 그녀의 구좌로 입금을 하시는 것이다. 그녀가 다른 사람의 삶에 본보기를 보임으로 그 사람의 믿음이 자라고 열매가 맺히는 것을 보실 때마다 하나님은 그녀의 구좌에 새 입금을 기록하신다.

다른 사람들이 소득을 얻으면 그녀가 소득을 얻게 된다. 그들이 상급을 받으면 그녀가 수확을 거두게 된다. 그들이 올림을 받으면 그들과 함께 그녀가 높임을 받게 된다. 그들이 맺은 열매에 장식할 영예의 리본을 그녀가 함께 나누는 것이다. 사도 바울이 다른 사람들을 위해 자신의 삶을 바쳤을 때 그들에 대해 "나의 기쁨이요 면류관"(빌 4:1)이라고 말한 이유가 여기에 있다. 다른 사람들이 바로 우리의 면류관인 것이다.

나는 카알라가 벌이는 싸움판으로 뛰어들고 싶다. 그녀의 고통을 요구하는 것이 아니다. 내가 원하는 것은 그녀의 태도이다. 우리가 스스로 가진 것 없는 가난한 자들이라고 여길 때, 그녀는 우리 모두가 얼마나 부유한지 일깨워 준다. 우리는 우리의 연약함을 정면으로 마주할 때 좀 더 강해지며, 산산조각 난 우리의 꿈과 작별의 키스를 나눌 때 비로소 영광을 얻게 된다.

우리의 편안함을 희생했지만 하나님의 편안한 팔에 드러누울 수 있고, 이 세상의 즐거움을 잃었지만 이 세상 밖의 환희로 다가갈 수 있다. 우리는 우리 자신들을 비우고 하나님의 은혜로 부유해진다. 이것이 바로 그리스도 자신이 우리에게 주신 모델이다.

> 너희 안에 이 마음을 품으라 곧 그리스도 예수의 마음이니 그는 근본 하나님의 본체시나 하나님과 동등됨을 취할 것으로 여기지 아니하시고 오히려 자기를 비어 종의 형체를 가져 사람들과 같이 되었고 사람의 모양으로 나타나셨으매 자기를 낮추시고 죽기까지 복종하셨으니 곧 십자가에 죽으심이라 이러므로 하나님이 그를 지극히 높여 모든 이름 위에 뛰어난 이름을 주사(빌 2:5-9).

여기서 '이러므로' 라는 말에 주목하길 바란다. 이 부분은 마치 수학 공식이나 역비례, 아니 모든 비례를 다 무너뜨리는 방정식같다. 하나님은 우리를 그저 오래되고 높은 곳으로 이끄시거나 단순히 구경꾼들이 있는 화랑으로 이끄시는 것이 아니다. 우리는 유업을 받은 자들로서 그리스도와 함께 그의 곁에 앉게 될 것이다. "자녀이면 또한 후사 곧 하나님의 후사요 그리스도와 함께한 후사니 우리가 그와 함께 영광을 받기 위하여 고난도 함께 받아야 될 것이니라"(롬 8:17). 놀랍지 않은가! 우리가 그리스도와 함께 고난을 받아 그분 최고의 영광을 함께 나눌 수 있게 된다는 것이다. 극심한 투쟁을 하고 있지만 때로는 휘날리는 연줄같이 온 마음으로 하나님께 매달리고 있는 신자들이야말로 그리스도의 영광을 함께 나눌 것을 정말 확신하는 사람들이다.

면류관을 받으신 그리스도께 주어진 모든 능력, 영예, 영광, 축복,

부유함이 온 우주에 넘치고, 우리는 이것들을 함께 나눌 것이다. 이보다 더 가치 있는 일이 있을까? "생각건대 현재의 고난은 장차 우리에게 나타날 영광과 족히 비교할 수 없도다"(롬 8:18).

하나님은 아담과 하와에게 에덴 동산에서 영원한 낙원으로 가는 지름길을 제시했다. 그러나 우리의 첫 조상인 이들이 우회 도로를 택한 결과 고통은 이제 인류의 한 부분이 되었고, 하나님은 그 고통을 사용하실 것이다. 내키지 않는 마음이 아닌 즐거운 마음으로 사용하실 것이다. 왜냐하면 고통이 아무리 어둡고 질긴 것일 지라도 하나님은 마치 자몽의 즙을 짜내 달콤한 것으로 만들듯 마귀의 면전에서 고통을 짓뭉갤 것이기 때문이다. 고통이 피할 수 없는 것이라면 하나님은 고통으로부터 우리를 구원하여 최상의 편대로 천국으로 인도하실 것이다.

당신이 고통을 당할 때 천국을 생각한다는 것은 어렵다. 하지만 이러한 생각은 남들에게는 축복이요 당신에게는 유익하다. 그러므로 바울은 "우리가 선을 행하되 낙심하지 말지니 피곤하지 아니하면 때가 이르매 거두리라 그러므로 우리는 기회 있는 대로 모든 이에게 착한 일을 하되…"(갈 6:9-10)라고 말했다.

이 말씀은 우리가 지쳐 쓰러질 것 같을 때마다 우리를 지켜 준다.

3. 하지만 만약에

만약에 카알라의 본보기가 아무에게도 유익이 안 된다면? 그녀가 가족 수련회에 참석하는 것이 불가능해지거나 완전히 홀로 살게 된다면? 신실한 삶은 지켜보는 사람이 있게 마련이다. 하지만 좀처럼 아파트 밖으로 외출하는 일이 없는 미망인이나 텅 빈 캠퍼스에서 외롭게 주말을 보내고 있는 외국 유학생 혹은 독방에 수감된 죄수나 양로원 복도 맨 끝 방에서 지내고 있는 노인의 경우는? 이 노인이 간병인 그룹과 거의 연락이 없다면? 불필요하게 도움을 요청하는 일 없이 양로원의 지원 시스템을 신뢰하며 조용히 지내는 노인의 삶을 보며 아마도 몇몇 간호사들은 용기를 얻을지도 모른다. 하지만 아무도 이것을 알아채지 못한다면 과연 어떻게 되는 것일까?

고통에 고독이 겹치면 위험한 자리에 올라서게 된다. 당신은 계속해서 쑤시는 듯한 육체적 고통에다 고독이라는 정신적 아픔까지 더해 잠을 이루지 못하고 누워 있다. 남들은 당신 앞에 놓인 거대한 산을 알지 못한다. '고통은 아무런 의미가 없다'라고 생각하는 것은 매우 해롭다. 우리가 실제로 고독하든 그렇지 않든 간에 아무도 우리의 슬픔을 알아 주지 못한다는 느낌을 받게 될 때 우리는 절망하게 된다.

존 매컬리스터 씨가 생각난다. 육 척 장신의 거구가 퇴행성 질병으로 날로 쇠약해지고 있다. 움푹 들어간 눈이지만 반짝이는 눈빛을 소유한 친구. 개미 떼의 습격을 당하고도 살아났던 나의 친구. 그를 기억하는가? 존은 사람들과 더는 부대끼지 못한다. 질병 초기에는 혼자서 차를 몰고 교회나 쇼핑몰에 갈 수도 있었고, 젊은 뇌성마비 환자들에게 성경을 가르치기 위해 그들이 거주하는 곳으로 찾아갈 수도 있었다. 가게에서 만난 이웃들은 손을 흔들며 인사를 건넸고, 주민들은 주차장에서 그를 멈춰 세우기도 했다. 주유소 점원들은 그의 환한 인사에 손을 흔들어 주곤 했다. 그러나 세월이 흘러 그의 휠체어도 낡게 되었다. 자주 찾아와 주는 방문객도 없다. 몹시 여위고 말도 할 수 없게 된 그는 거실 한가운데 놓인 침대에 앉아 하루하루를 보내고 있다. 창밖의 새들이 이제는 그의 중요한 친구이다.

존 매컬리스터는 정말로 혼자일까?

역동적이고 놀랄 만한 무엇인가가 공기를 채우고 집 주변의 대기를 흔들며 존의 방에 흘러넘치고 있다. 천국의 능력자들과 권세자들과 함께 천사들이 보고 듣고 알고 있다. 사람들은 존을 주목하지 않을지도 모른다. 하지만 영적인 세계는 그를 지켜보고 있는 것이다. 천사들은, 심지어 마귀들까지 개개인의 생각과 감정에 강한 흥미를 갖고 있다.

"이는 이제 교회로 말미암아 즉, 그리스도인으로 말미암아 하늘에서 정사와 권세들에게 하나님의 각종 지혜를 알게 하려 하심이니" (엡 3:10).

나는 여러분이 다음과 같은 생각하는 것을 들을 수 있다. 천사가 눈을 치뜨고 우리를 도청하고 있단 말인가? 우리 차 앞으로 어떤 차가 급차선 변경으로 끼어들 때, 천사가 조수석에 앉아 우리가 외치는 소리를 듣는다는 말인가? 자식들이 부모 말을 듣지 않고 대들 때, 부모가 욕설을 퍼부을 것을 마귀가 양손을 마주잡고 신이나서 기대한단 말인가? 권세자들과 능력자들이 발뒤꿈치를 쳐들고, 우리가 하나님께로 다가갈지 등을 돌릴지 지켜본단 말인가?

이것은 공상과학소설이 아니다. 누가복음 15장 10절은 실화이다. "내가 너희에게 이르노니 이와 같이 죄인 하나가 회개하면 하나님의 사자들 앞에 기쁨이 되느니라."

사람들이 하나님을 믿기로 결심했을 때, 하나님의 천사들은 실제로 감동한다. 에베소서 3장 10절을 다시 읽어 보라. 하나님의 목적은 보이지 않는 수백 만의 존재들에게 자신을 가르치는 것이다. 존은 물론이고 우리들은 천사들과 악마들의 유익에 대해 하나님이 자신을 가르치는 내용을 적는 칠판이다. 하나님의 영원한 팔이 연약한 자들을 얼마나 강력하게 지탱해 주고 계신지 영적인 세계가 배울 때마다 하나님은 영광을 받으신다. 그들은 하나님께서 인내심을 갖고 존의 존재 속속들이 스며들어가 계신 분이라는 사실을 배운다. 내 친구 존의 삶은 결코 헛된 것이 아니다. 비록 많은 사람들이 관심을 안 주는 것 같지만 아주 많은 누군가는 존이 상상하는 것 이상으로 관심을 갖고있다.

존의 삶이 발휘하는 또 다른 힘이 있다. 사단으로 하여금 넌더리나게 하는 것이다. 존의 하나님에 대한 신뢰가 마귀를 구석으로 몰고 간다. 비록 몸은 쇠약해지고 시력은 거의 잃었어도, 저 멀리 전쟁터에서 울려오는 나팔 소리를 듣는 노병과 같다. "내게서 아무리 많은 것을 빼앗아 간다고 해도 나 결코 하나님을 저주 않겠네."

존은 축소판 욥이다. 하나님 면전에서 사단은 욥을 조롱했다. "욥이 사랑하는 것은 당신이 아니고 당신의 축복이오. 사람들이 당신의 장점만 보고 당신을 따라올 만큼 당신이 위대하진 않소."

그러나 욥이 말한다. "그가 나를 죽이시리니 내가 소망이 없노라 (KJV: 비록 그가 나를 치시나, 나는 그를 의지하노라—역자 주)"(욥기 13:15). 이 같은 선언이 욥을 또한 존 매컬리스터를 위대하게 한다. 하지만 더 위대하게 평가되고 있는 분은 하나님이시다. 이 선언보다 더 마귀를 상처 줄 수 없다. 그리고 존 역시 그 일에 한몫을 담당했다. 우주의 강력한 힘들이 충돌하는 전쟁터가 가장 비천한 인간의 삶에서 나타난다. 그리고 이러한 사실이 지구상에서 가장 낮고 비천한 인간의 지위를 상승시킨다.

나는 **존**이 이 땅을 하직하고 천국을 향하는 날을 그려 본다. 그의 영이 몸의 껍질을 벗고 올라갈 때, 전 우주의 천사들이 숨을 죽이고 존경을 표하며 늘어설 것이다. 그의 영이 하나님께 달콤한 향내를 내며 승천할 때, 천사들은 놀라움 속에 경례를 하며 지켜볼 것이다. 보시라! 연회가 열릴 것이다.

우리가 하루하루 살아간다는 것은 무엇인가를 의미한다. 우리의 시련에 대해 하나님은 선한 어떤 것을 갖고 계신다. 우리의 시련에는 이유가 있다. 우리를 위해, 다른 사람들을 위해, 하나님의 영광을 위해, 천상의 많은 무리를 위해.

4. 하나님의 영광을 위해

그러나 고통은 이보다 훨씬 많은 것들을 이뤄낸다. 고통은 하나님께 매우 귀한 무언가를 드리는 발판을 마련한다. "이러므로 우리가 예수로 말미암아 항상 찬미의 제사를 하나님께 드리자 이는 그 이름을 증거하는 입술의 열매니라 오직 선을 행함과 서로 나눠 주기를 잊지 말라 이 같은 제사는 하나님이 기뻐하시느니라"(히 13:15-16).

시편 기자 다윗은 항상 이것을 실천했다. 그는 시편 43편 5절에서 탄식하며 말한다. "내 영혼아 네가 어찌하여 낙망하며 어찌하여 내 속에서 불안하여 하는고." 그러나 그의 혼이 그를 끌어 내리기 전에 다윗은 벌떡 일어난다. "너는 하나님을 바라라 나는 내 얼굴을 도우시는 내 하나님을 오히려 찬송하리로다."

하나님은 찬미를 기뻐하신다. 하나님이 받으시는 찬미가 달콤한 희생의 향내일 때, 그분의 기쁨은 넘쳐난다.

그 이상 하나님을 기쁘게 하는 것은 없다. 어째서 그럴까? 손가락 관절염을 앓고 있는 한 여인이 당신을 위해 베갯잇에 수를 놓아 주었다고 하자. 당신에게 이 선물은 아마도 민첩한 손가락을 가진 여인이 만들어 준 것보다 훨씬 큰 의미를 가질 것이다. 그 이유는 관절염을 앓는 여인이 더 많은 노력을 들였기 때문이다. 그녀의 선물은 비용과 희생을 포함하고 있기 때문이다. 당신은 그녀가 투자할 수밖에 없었던 시간을 짐작해 볼 것이다. 손마디를 문지르기 위해 자주 작업을 멈추어야 했고, 한 땀씩 뜰 때마다 그녀가 참아야 했던 통증을 생각하면 분명히 당신은 감동의 눈물을 흘릴 것이다.

희생에 대해 우리가 이 같은 반응을 보인다면, 하나님은 얼마나 더 열광하실까? 찬미를 위한 희생은 찬미를 더욱 영광스럽게 한다.

남편 켄과 나는 조그만 교회에 출석하여 예배드린다. 교회의 왼쪽 통로에 내 휠체어를 위한 공간을 만들기 위해, 우리는 접는 의자 몇 개를 이리저리 끌어다 놓아야 한다. 포머로이 씨 가족은 평소에 우리보다 오른쪽 몇 줄 앞에 앉는다. 부부, 두 아들 그리고 막내딸 베로니카. 이 막내딸은 자신의 금발 머리 위에 예쁜 모자를 쓰는 것을 좋아한다. 베로니카는 예배 중에 기침을 많이 한다. 감기가 자주 걸리는 아이라고 나는 생각했다. 나중에 알았지만 베로니카는 낭성 섬유증(폐포가 꽈리 모양의 뻣뻣한 낭종으로 변해 있는 채로 태어나는 선천성 질환으로 치료법이 없음 – 역자 주)을 앓고 있어 가래가 계속해서 기도를 막는다고 한다. 예상되는 이 질환의 발전경과는 결코 낙관적이지 않다. 베로니카는 이로 인해 의기소침해하지 않는다. 그 아이는 겨우 열한 살인데, 지난번 크리스마스 때는 반 친구들을 이끌고 보스니아의 고아들에게 수백 개의 장난감을 모아 보냈다.

예배를 볼 때, 베로니카를 바라보는 것은 나에게 기쁨이다. 특별히 우리가 찬송을 부를 때에.

제게 호흡을 불어넣어 주세요, 주님의 호흡을.
새 생명 가득 불어넣어 주세요.
그래서 주님이 사랑하시는 것을 저도 사랑할 수 있도록.
주님이 하시는 것을 저도 할 수 있도록.

찬송 구절구절마다 그녀는 기침을 한다. 하나님이 그녀의 찬양을 받으시면서 정녕 어떤 생각을 하실지 궁금하다. 그녀가 천식으로 거친 숨을 쉬며 찬송을 부를 때, 그것은 순수한 희생의 찬양이다. 제한된 폐 기능을 가지고 있는 베로니카는, 내 가슴을 채우고 내 온 마음과 조화를 이루는 감동을 선사한다.

희생은 하나님의 영광을 빛나게 한다. 또 희생은 우리가 하나님의 자녀라는 지고한 가치를 입증해 준다. 이런 찬미는 우리로 하여금 우리의 논리, 자부심, 취향을 포기하게 한다. 하지만 이것은 가치 있는 일이다. "죽임을 당하신 어린 양이 능력과 부와 지혜와 힘과 존귀와 영광과 찬송을 받으시기에 합당하도다"(계 5:12).

5. 한편으로는

카알라 라슨에게 또 다른 병이 생겼다는 소식을 방금 막 들었다.

수련회를 마치고 내게 보낸 짤막한 사연 뒤에 추신에서 그녀는 이 사실을 전했다.

조니에게,

당신과 대화를 나눈 후 내가 다시 "달음질할 수 있고 선한 싸움을 싸울 수 있다"고 느끼게 되었어요. 더는 치료를 받고 싶지 않았던 이유는 두려움 때문이었어요. 내가 내리는 결정들이 나에게만 관계되는 것이 아니고 내 가족, 친구 그리고 지켜보는 주위 분들에게 영향을 미친다는 사실을 저는 이제 알게 되었답니다. 하나님이 내게 은혜로우시고, 자비로우시고, 신실하시기 때문에 저는 지금 살아 있습니다. 그래서 다음번 혈관 성형술이나 다른 어떤 치료가 필요한 일이 생기더라도 저는 그것을 받을 준비가 되어있습니다.

당신을 사랑하는 카알라

추신: 내가 자궁암에 걸렸다는 것을 막 알았어요.

나는 이 편지를 옆에 놓고 깊은 숨을 쉬었다. 알려 주어서 고마워요, 카알라. 저도 선한 싸움의 달음질을 계속할 준비가 되어 있어요. 중요성과 능력의 측면에서 그녀의 본보기는 더 커지고 있다. 그리고 그녀의 가족이나 친구들 혹은 나조차 그녀를 잊을지 모르지만 하늘의 천사들이나 권세자들은 항상 지켜보고 있다. 하나님은 언제나 지켜보신다.

하나님은 살아 계시다.

하나님은 피동적이지 않으시다. 그는 심심할 때만 관망하시는 분이 아니다.

카알라라는 존재는 "도대체 왜"라는 질문에 몇 가지 좋은 답변이 될 것이다. 그런데 그녀와 교회 친구들이 더 가까워지고 서로를 도와 감에 따라 하나님이 고통을 주신 또 하나의 이유가 분명해질 것이다. 그들 모두에게 이것이 분명해질 것이다. 그 이유는 하나님 자신만이 아신다는 것이다.

6. 고통을 완화시켜 보자

고통을 완화시켜 주고 싶은 것이 하나님의 심정이다. 그렇게 하시기 위해 하나님은 필사적으로 애쓰신다. 하나님은 눈물을 마르게 하고, 짐을 가볍게 하고, 아픔을 제거하고, 전쟁과 폭력을 멈추고, 질병을 치료하고, 마음의 상처를 고치며, 결혼 생활을 바로잡아 주시기 위해 하늘과 땅을 움직이신다.

노숙자들에게 밥을 먹여 주고, 헐벗은 자들에게 옷을 입혀 주고, 죄수들을 심방하고, 고아를 입양하고, 애통해하는 자를 위로하고, 죽어가는 자에게 위안을 주고, 어린아이들을 보호하고, 상처 입은 자를 치료하고, 가난한 자에게 필요한 것들을 공급해 주고, 과부를 돌보고, 불의를 도말하고, 공해를 세정하고, 낙태를 금하고, 잘못을 바로잡고, 동물을 보호하고, 인종 차별을 시정하고, 노인을 돌보고, 의기소침한 자들을 북돋아 주고, 범죄를 추방하고, 음란물을 박멸하고, 장애인을 보살피고, 학대를 금하고, 부패를 척결하고, 비방을 차단하고, 도박을 제거하고, 굳은 마음을 녹이고, 죽은 자들을 새 생명으로 바꾸기 위해 하나님은 애쓰신다.

하나님은 자신의 거룩한 사명에 우리가 동참하도록 요구하시지만 이내 우리는 뒤처진다. 하나님이 눈물을 흘리신다면 그것은 고통에 대한 하나님의 결의가 너무 깨끗하시기 때문이다. 하지만 이것을 깨닫고 그분의 요구에 행동으로 응하는 사람들은 그리 많지 않다. 하나님께 속한 사람들도 말이다. 우리는 하나님께 귀 기울이지 않는다.

> 그들이 날마다 나를 찾아 나의 길 알기를 즐거워함이 마치 의를 행하여 그 하나님의 규례를 폐하지 아니하는 나라 같아서 의로운 판단을 내게 구하며 하나님과 가까이하기를 즐겨 하며 이르기를 우리가 금식하되 주께서 보지 아니하심은 어찜이오며 우리가 마음을 괴롭게 하되 주께서 알아주지 아니하심은 어찜이니이까 하느니라 보라 너희가 금식하는 날에 오락을 찾아 얻으며 온갖 일을 시키는 도다… 나의 기뻐하는 금식은 흉악의 결박을 풀어 주며 멍에의 줄을 끌러 주며 압제당하는 자를 자유케 하며 모든 멍에를 꺾는 것이 아니겠느냐 또 주린 자에게 네 식물을 나눠 주며 유리하는 빈민을 네 집에 들이며 벗은 자를 보면 입히며 또 네 골육을 피하여 스스로 숨지 아니하는 것이 아니겠느냐(사 58:2-3, 6-7).

하나님은 이 땅에서 자신의 손과 발이 되어 봉사하는 사람들을 통해서 고통을 거두어들이길 갈망하신다. "그는 몸인 교회의 머리라"(골 1:18). "그는 머리니 곧 그리스도라 그에게서 온몸이 각 마디를 통하여 도움을 입음으로 연락하고 상합하여 각 지체의 분량대로 역사하여 그 몸을 자라게 하며 사랑 안에서 스스로 세우느니라"(엡 4:15-16).

몸은 자신의 일을 하게 되어 있다. 그리고 그 일은 바로 하나님의 일이다. "우리가 하는 모든 일의 원천이 되는 그리스도의 지도를 받아 우리가 앞으로 나아가는 것이다." (유진 피터슨〈Eugene Peterson〉의 『메시지』(The Message)에 나오는 에베소서 4장 15절).

유리 방황하는 불쌍한 자들에게 복음을 전하는 것에서부터 쉼터를 제공하는 것에 이르기까지 모든 것에 대해, 우리는 우리의 머리이신 그리스도로부터 지침을 받는다. 이 지침들이 더 분명하게 제시될 수는 없었다. 어떤 경우에는 하나님께서 우리가 "귀히 쓰는 그릇이"(딤후 2:21) 되길 요구하며 우리의 동정심에 호소하신다. 또 어떤 경우에는 하나님께서 책상을 똑똑 두드리며 마치 초등학교 2학년생을 대하듯 우리의 책상을 또다시 두드리신다. "하나님 아버지 앞에서 정결하고 더러움이 없는 경건은 곧 고아와 과부를 그 환난 중에 돌아보고 또 자기를 지켜 세속에 물들지 아니하는 이것이니라"(약 1:27).

하지만 우리는 말을 더듬거리며 행하겠다는 확답을 피한다. 그리고 하나님이 고통을 이 세상에 상존하는 현상이 되도록 허락했다며 잘못을 그분께 돌린다. 이것은 참으로 모순된 말이 아닐 수 없다(우리가 거짓을 벗고 주님을 따른다면, 고통이 이 세상에 상존하는 현상이라고 말하지는 않을 것이다). 하지만 우리는 발을 질질 끌며 더디 움직인다. 때로 우리는 무언가 행하길 거부하는 동안 자만과 편견에 사로잡혀 불순종한다. 이럴 때 고통은 번식하고 잠행성 바이러스처럼 퍼지기 시작한다. 많은 경우 고통은 제지되고 박멸될 수 있다. 그러나 그보다 더 흔히 우리는 그것을 정지시키기 위해 아무것도 하지 않기 때문에 불행은 번져 나간다. 우리가 "머리를 붙들지 아니하"(골 2:19)므로 그분의 손과 발은 고통을 완화시키는 데 실패한다.

그러면 이러한 사실들이 카알라 및 그녀의 교회 친구들과 무슨 관계가 있는 것일까?

"우리의 아름다운 지체는 요구할 것이 없으니 오직 하나님이 몸을 고르게 하여 부족한 지체에게 존귀를 더하사 몸 가운데서 분쟁이 없고 오직 여러 지체가 서로 같이하여 돌아보게 하셨으니 만일 한 지체가 고통을 받으면 모든 지체도 함께 고통을 받고 한 지체가 영광을 얻으면 모든 지체도 함께 즐거워하나니"(고전 12:24-26).

하나님의 손과 발은 그 몸이 고통 받는 자를 감싸 안을 때 강해진다. 신경 돌기는 바로 서고 아드레날린은 흐른다. 행동을 하기 위해 근육은 팽팽해진다. 눈은 필요에 주목하고 귀는 요청에 경청한다. 발은 앞으로 전진하기 시작한다. 한층 더 노력할 때 몸은 기능을 발하기 시작한다. 몸은 목적을 이루기 위해 연합한다. "분쟁이 없고… 서로 같이 돌아보게 하셨으니." 성도 중에 누군가가 고통을 겪을 때 교회는 파편으로 쪼개질 시간이 없다.

바로 이 때문에 카알라가 남아 있는 것이 더 필요한 것이다. 그녀는 주님 안에 한 지체인 그 몸을 돕는다. 이 일은 이미 일어나기 시작했다. 그녀의 주일 학교는 벌써 다른 사람들을 돌볼 방법을 찾기 시작한다. 장애 어린이를 가진 가정이 올 여름에 우리 수련회에 참가할 수 있도록 길을 모색한다.

하나님의 말씀은 실제로 이렇게 외친다. "몸의 더 약하게 보이는 지체가 도리어 요긴하고"(고전 12:22). 이것이 바로 예수님께서 우리들 교제 가운데 연약하고 가난하고 불구의 사람들에게 특별한 영예를 주시는 핵심적인 이유이다. 하늘은 신자들 가운데 카알라 라슨 같은 사람들이 없으면 교회가 무력해질 것을 안다. 결국 "하나님이 세상에 대하여는 가난한 자를 택하사 믿음에 부요하게 하지 아니하셨느냐"(약 2:5).

희생적인 봉사로 교회가 힘을 발휘할 때 그 교회는 본연의 역할, 본연의 위대한 목적에 발을 들여 놓는다. 교회가 이렇게 할 때 하나님이 웃으신다. 고통은 제압되고, 아픔은 가시며, 마음을 짓누르고 눈을 멀게 하는 아픔은 물러나는 것이다.

이것이 그녀가 '도대체 왜'라고 물은 질문에 대한 좋은, 아주 좋은 해답이다.

하지만 더 좋은 답들이 있다.

제 8 장

우리가 가진 최선의 해답

영국 남부 지방을 여행하고 있을 때였다. 내 친구 주디가 작은 마을 교차로에 서 있는 탑을 가리켰다. 제1차 세계대전 중에 숨진 열여덟 명 젊은이들의 이름이 탑에 새겨져 있었다.

"이들이 모두 이 작은 마을 출신들이었단 말이야?" 나는 믿기 어려워 물어 보았다. 손으로 셀 수 있을 정도의 가옥들, 몇몇 가게, 한두 개의 창고 그리고 교회 하나가 전부인 작은 마을이었다. 영국 군대 징병관이 마을 젊은이들에게 모두 함께 지원하면 같은 곳에서 근무하게 해 준다는 약속을 했다며 주디가 당시 상황을 설명해 주었다. 엄청난 인명 살상이 있었던 세계대전이었던 것을 상기하면, 이 약속은 동네 젊은이들이 모두 함께 죽는 것을 의미했다. 살해된 9백만 명 중 거의 백만여 명이 영국인이었다.

마을은 결코 이전과 같을 수 없었다. 가게는 검은 조기를 내걸었다. 사람들은 교회로 모였고, 자식을 잃은 부모들이 서로 부둥켜안 았다. 눈물이 걷히고 시간이 지나면서 슬픔은 진정되었다. 이 조그만 마을은 마음의 평정을 되찾았고 유럽 대륙의 어떤 대도시들보다 더 숭고하고 용감한 영혼을 간직하게 되었다.

온갖 공포와 마음의 상처에도 불구하고 선한 무언가가 자라났다.

그렇다. 거기에는 찬양의 희생이 있었다. 권세자들과 권력자들이 경이롭게 지켜보았다. 타인의 유익을 위해 많은 사람들이 고통을 겪었다. 믿지 않는 자들은 부끄러워했고 그들의 자랑은 사라졌다. 거의 싸우지 않았던 자들은 최전선에서 싸움을 감당했던 자들로부터 많은 것을 배웠다. 이 마을에 있는 그리스도의 지체가 사랑 안에서 성장했다.

마을 사람들이 공동으로 얻은 것은 있었는지 모른다. 하지만 개개인의 경우를 보자. 영국인 어머니들은 집 문을 걸어 잠그고 깊은 슬픔과 눈물로 자신의 베개를 적셨다. 아들 하나도 아니고 둘을 잃어버린 어머니의 울음. 어쩌면 세 명이었을지도 모른다. 아니면 남편이었을지도….

고통이 주는 대규모의 유익, 그리고 고통이 천국과 교회와 지켜보는 세상 사람들에게 미치는 영향은 정말로 탁월하다. 하지만 고통을 당하는 개개인의 마음은 영혼의 깊은 곳과 교통하게 하는 고향과도 같은 위안을 필요로 한다. 왜냐하면 고통을 겪는 것은 어마어마하게 무섭도록 개인적인 일이기 때문이다.

하나님은 이것을 아신다. 그래서, 이 영국 마을에 슬퍼하는 어머니들과 미망인들이 성경을 펼쳐 들고 위안을 찾아 나섰을 때, 크게 웃으시는 예수님을 묘사한 구절을 대하고도 그들이 결코 무례함을 당했다고 느끼지 않았다. 그들은 성경을 펼쳤고 슬픔을 알고있어 애통해하는 한 남자를 발견했다.

> 그는 육체에 계실 때에 자기를 죽음에서 능히 구원하실 이에게 심한 통곡과 눈물로 간구와 소원을 올렸고 그의 경외하심을 인하여 들으심을

얻었느니라 그가 아들이시라도 받으신 고난으로 순종함을 배워서 온전하게 되었은즉 자기를 순종하는 모든 자에게 영원한 구원의 근원이 되시고(히 5:7-9).

이 말씀은 고통 받는 영혼에게 복음이다. 하나님의 아들은 자기 자신이 고통을 면하려 하지 않고 고통을 통해 살았으며 그 속에서 배웠다. 이 과정이 끝났을 때 그는 자신에게 순종하는 모든 자들에게 도움의 근원이 되었다. 우리는 고통을 겪어야만 할까? "제자가 그 선생보다, 또는 종이 그 상전보다 높지 못하나니." 자신이 고통을 겪으므로 순종을 몸소 배운 이가 말씀하신다. "제자가 그 선생 같고 종이 그 상전 같으면 족하도다"(마 10:24-25).

성경을 펼쳐 보면 우리는 하나님이 왜 우리에게 고통을 허락하시는지 그 이유들을 발견한다. 이 고통은 넓은 영역의 고통이 아니라 개개인의 삶이라는 구체적인 영역에서의 고통이다. 이 이유들의 일부분을 배움으로써 우리는 세상에 큰 영향을 줄 수 있다.

1. 조형물

영국의 이 마을에는 한 군인의 동상이 세워져 있었다. 승합차를 타고 그 동상 옆을 지나면서, 그것이 북부 프랑스 전쟁터에서 싸웠던 이 마을 젊은이들의 용맹을 상징하는 것임을 알게 되었다. 그렇다고 제1차 세계대전, 1918년에 있었던 유행성 대독감, 제2차 세계대전, 아르메니아와 방글라데시에서 발생했던 지진과 대홍수, 이들 수많은 재앙에서 생존한 사람들이 결코 덜 용감한 것은 아니다.

고통은 감동을 주는 수많은 동상들을 만들어 냈다. 마을 광장에 받침돌들 위에 세워진 이 동상들은 단순히 청동물품은 아니다.

고통은 우리로 흰 대리석에서 깎아 낸 조각과도 같이 "거룩하고 흠 없는" 그리스도의 형상을 덧입게 한다(엡 1:4). 이탈리아 피렌체의 한 예술가가 르네상스기의 대조각가 미켈란젤로에게 이런 질문을 한 적이 있다. "당신은 이 거대한 대리석 덩어리에 다가설 때 무엇을 보십니까?" 미켈란젤로는 대답했다. "아름다운 모습이 저 안에 갇혀 있는 것을 봅니다. 망치와 끌을 잡고 그것이 자유로워질 때까지 다듬어 내는 것이 간단히 말해 내 임무입니다."

"너희 안에 거하는 그리스도, 그 영광스런 희망"의 아름다운 형상, 그 가시적인 표현이 하나의 잠재된 가능성과도 같이 그리스도인들의 내면에 자리 잡고 있다. 무엇이 드러나게 할 것인지를 알고 계신 하나님은 망치와 끌을 다루듯 고통을 사용하셔서, 여러분 안에 있는 자신의 형상을 드러내기 위해 우리를 깎아 내고 다듬으신다. 하나님은 자신의 독생자 예수 그리스도를 자신의 모델로 선택하신다. "하나님이 미리 아신 자들로 또한 그 아들의 형상을 본받게 하기 위하여 미리 정하셨으니 이는 그로 많은 형제 중에서 맏아들이 되게 하려 하심이니라"(롬 8:29).

하나님이 만든 작품은 어떻게 보일까? "우리가 이 보배를 질그릇에 가졌으니 이는 능력의 심히 큰 것이 하나님께 있고 우리에게 있지 아니함을 알게 하려 함이라 우리가 사방으로 우겨쌈을 당하여도 싸이지 아니하며… 우리가 항상 예수 죽인 것을 몸에 짊어짐은 예수의 생명도 우리 몸에 나타나게 하려 함이니라"(고후 4:7-10). 이것은 모든 것을 초월하는 능력의 형상이다.

하나님은 계속해서 깎고 다듬으신다. "너무 자고하지 않게 하시려고 내 육체에 가시를… 주셨으니"(고후 12:7). 하나님은 모든 숨겨진 틈과 심지어 우리의 성질까지도 면밀히 살피며 밤늦도록 작업하신다. "너희 안에 이 마음을 품으라 곧 그리스도 예수의 마음이니 그는… 자기를 낮추시고 죽기까지 복종하셨으니 곧 십자가에 죽으심이라"(빌 2:5-8).

이 조각 작품이 더 모진 폭풍과 시련을 견뎌 낼 수 있을까? "우리가 환난 중에도 즐거워하나니 이는 환난은 인내를, 인내는 연단을, 연단은 소망을 이루는 줄 앎이로다"(롬 5:3-4). 이것은 단단한 반석과 같은 희망의 형상이다.

하나님은 망치질을 계속하신다. "고난당하기 전에는 내가 그릇 행하였더니 이제는 주의 말씀을 지키나이다… 고난당한 것이 내게 유익이라 이로 인하여 내가 주의 율례를 배우게 되었나이다"(시 119:67, 71). 내 몸이 마비되기 전 내 손은 많은 잘못된 것들을 찾았고, 내 발걸음은 나쁜 곳을 향하곤 했다. 내 몸이 마비된 후 유혹에 이끌린 이 같은 선택들은 현저하게 줄어들었다.

우리 삶으로부터 죄를 세척해 내고, 우리가 그분 자신에게 헌신토록 하고, 은혜에 의지하도록 하고, 우리를 다른 성도들과 하나로 묶고, 사려 깊고 민감하게 하고, 우리의 정신을 단련하시고, 우리가 시간을 현명하게 사용하게 하고, 우리의 희망을 넓히고, 우리가 그리스도를 더 잘 알게 하고, 진리를 갈망하게 하고, 회개하게 하고, 슬픔 가운데 감사하도록 가르치고, 우리의 믿음을 늘리고 우리의 성품을 강화시키기 위해, 하나님은 고통을 사용하신다. 이 얼마나 아름다운 형상인가!

이 형상은 어떤 것과도 닮지 않았다. 그리스도가 내 안에서 드러날 때, 그것은 유일무이한 조각이다. 조니에게서 볼 수 있는 인내, 자제력, 끈기, 온화함, 친절, 죄에 대한 건강한 증오심 등이 형상의 특징을 말해 주고 있다. 이것은 개개인에게 독특하게 나타나므로 내게 나타난 민감성이나 자제력은 내 남편 혹은 다른 사람의 것들과 다르다. 내가 겪고 있는 고통은 나를 위해 특별히 신성하게 재단된 나만의 것이다. 주님의 형상을 닮기 위해 내가 겪는 '네 번째와 다섯 번째 등뼈 마디에서 척추 신경이 차단되어 마비되는' 고통과 똑같은 고통을 다른 사람도 겪을 필요는 없다.

망치질과 끌질에 우리를 내맡기는 것은 '우리가 당하는 고통에 순종하는 법을 배우기 위함이다.' 변하는 것은 우리의 상황이 아니라 우리이다. '우리는 누구인가?' 라는 질문의 그 '누구' 가 변화되는 것이다. 마치 점점 더 늘어나는 영광으로 주님을 닮아가는 형상처럼 말이다. "그러나 언제든지 주께로 돌아가면 그 수건이 벗어지리라… 우리가 다 수건을 벗은 얼굴로 거울을 보는 것같이 주의 영광을 보매 저와 같은 형상으로 화하여 영광으로 영광에 이르니 곧 주의 영으로 말미암음이니라"(고후 3:16-18).

나는 망치와 끌만을 바라볼 여유가 없다. 내 주위를 둘러보고서 하나님이 도려낸 파편 조각들에 슬퍼할 수만은 없다.

평생 고통을 괴로워하고 슬퍼하며 사는 사람들, 특별히 그러한 그리스도인들을 생각하면 가슴이 미어진다. 그들은 고통에게 잡아먹히면서 지내고 있다. 수년 동안 나도 그랬다. 나의 휠체어는 때로는 고집스러웠고 때로는 구슬피 흐느꼈으며 계속되는 치료에 비명을 질러 댔다. 결국 의기소침해진 나는 포기하고 말았다. 내가 곧 휠체어라고 생각하게 되었다. 이런 태도는 내 영혼을 건조하고 깨어지기 쉽게 만들었다. 나쁜 사람이 되지는 않았지만 나에게는 살고자 하는 열정이 전혀 없었다. 영적 무기력과 함께 나를 삼키는 하루하루 판에 박힌 일들 속에서, 나는 패배감에 지친 나날들을 보냈다. 기도나 성경이 아닌 텔레비전 연속극이나 주말 쇼핑으로 위안을 삼았다.

쓰린 기분으로 물러나고 체념하는 태도는 결코 좋지 않다. "그래. 이게 내 인생의 운명이야" 하고 우리는 신음한다. 고통이 주는 한계 상황이 비록 가슴 아프지만, 그 한계에 익숙해서 고통을 체념으로 받아들이고 체념의 연장선상에서 앞날을 내다보는 것이다. 하지만 이것은 오래 가지 못한다. 고통에 항복하는 것은 영혼을 약하게 하거나 분노를 일으킨다. 나는 당뇨병으로 곧 한쪽 다리를 잃게 될지도 모르는 63살의 노인을 알고 있다. 이 노인은 화난 사람처럼 씨근거리며 앞으로 닥칠 미래를 바라본다. "그렇게 되면 텔레비전 앞에 들러붙어 살거나 이부자리에 들어가서 나오지 않으면 되는 거지 뭐." 이 노인은 아직 다리를 잃지도 않았는데 이렇게 말하고 있는 것이다.

자부심은 더 나쁘다. 내가 어렸을 때를 기억해 본다. 무릎이 까져 울고 있는데 헨리 삼촌이 덥석 말을 던진다. "턱을 들어. 그렇게 울 것 없다고. 조그만 상처는 좋은 거야!" 이런 말은 떡 벌어진 가슴과 입을 꽉 다문 채 웃고 있는 삼촌과 같은 거친 남자의 이미지와 어울린다. 눈물을 훔쳐 낸 나는 다시는 삼촌 앞에서 울지 않겠다고 결심을 한다. 다른 사람들도 똑같은 경험이 있을 것이다. 나는 속으로 "헨리 삼촌이 다시는 이 같은 일에 참견 못하도록 해야지!"라고 말했다. 이렇게 이를 악물며 자기를 이기고자 하는 냉정한 태도는 영혼을 시들게 한다.

고통을 믿는 것은 막다른 죽음이며, 조각가를 믿는 것은 희망의 삶이다.

주님이 결코 깊게 상처 내지는 않으신다는 것을 믿고 당신의 초점을 주님께 맞추기 바란다. 하나님께서 당신의 고통을 더 악화시킬 것이고, 비정상아를 또다시 낳게 하실 것이며, 치매를 주어 할 수 없이 요양원 신세가 되게 할 뿐 아니라 재산마저 송두리째 앗아갈 것 같아 두려운가? 하나님은 변덕스러운 조각가가 아니시다. "나 여호와가 말하노라 너희를 향한 나의 생각은 내가 아나니 재앙이 아니라 곧 평안이요 너희 장래에 소망을 주려 하는 생각이라 너희는 내게 부르짖으며 와서 내게 기도하면 내가 너희를 들을 것이요 너희가 전심으로 나를 찾고 찾으면 나를 만나리라"(렘 29:11). 하나님은 정확하게 조각을 다듬질하시겠다고 약속하신다. 유진 피터슨은 고린도전서 10장 13절에 이렇게 설명했다. "당신이 부닥치는 어떤 시험이나 유혹도 다른 사람들이 겪었던 경로를 벗어나지 않는다. 당신이 기억해야 할 것은 오직 하나님은 결코 당신을 실망시키지 않으신다는 점, 그분은 결코 당신의 능력을 넘도록 당신을 밀어붙이지 않으신다는 점, 당신이 잘 극복할 수 있도록 항상 당신을 도와주신다는 점뿐이다."

아프게 망치질하는 과정은 우리가 완전히 성스러워질 때까지 계속될 것이다(그리고 이 땅에서 우리가 완전히 성스러워질 가능성은 없으니 망치질은 계속될 것이다). 이것이 바로 내가 나의 전신 마비를 만성적인 상태로 받아들이는 이유이다. 내가 목을 다쳐 전신 마비가 되었을 때, 그것은 내가 신속하게 풀어 낼 수 있는 퍼즐이 아니었다. 곧 있으면 다시 정상으로 돌아올 수 있는 잠깐 동안의 정신적 쇼크도 아니었다. 내 목을 다치게 한 다이빙 사고는 그리스도를 닮아가는 길고 힘든 여정의 시작이었다. 물론 이 여정이 좀 수월했으면 하고 소망했던 시간들이 없었던 것은 아니다. "이것이 내게서 떠나기 위하여 내가 세 번 주께 간구하였더니 내게 이르시기를 내 은혜가 네게 족하도다 이는 내 능력이 약한 데서 온전하여짐이라 하신지라 이러므로 도리어 크게 기뻐함으로 나의 여러 약한 것들에 대하여 자랑하리니 이는 그리스도의 능력으로 내게 머물게 하려 함이라"(고후 12:8-9).

나는 아직 완전하지 않다. 내 조각이 연마되어 완전해질 때까지 내가 가야 할 길은 아직도 멀다. 하나님의 은혜 곧 그분 자신의 뜻을 행하시려는 의지와 능력이 넘친다. "그러므로 피곤한 손과 연약한 무릎을 일으켜 세우고 너희 발을 위하여 곧은 길을 만들어 저는 다리로 하여금 어그러지지 않고 고침을 받게 하라"(히 12:12). 건강, 온전함, 성숙함 그리고 완전함이 언젠가는 내 것이 될 것이다!

그래서 이 과정이 정말로 지루하게 느껴질 때면 나는 야고보서 1장 2-4절을 기억해 낸다. "내 형제들이여 그대들의 삶이 온갖 시련으로 시달릴 때, 이것이 그대들을 방해하는 것들이라고 분노하지 말고, 친구들이라고 환영하기 바란다. 이 시련들이 그대들을 찾아 온 것은 그대들의 믿음을 시험하고 그대들 내면에 인내심을 기르기 위한 것임을 깨닫기 바란다. 인내심이 충분하게 자라날 때까지 계속 시련 받도록 하기 바란다."(필립스 본)[1]

인내심이 충분히 자라났다. 이것이 '도대체 왜' 라는 질문에 대한 답변들 가운데 하나이다. 하지만 다음과 같은 생각은 여전히 나를

---

1) 필립스(J. B. Phillips), 『현대 영어로 쓴 신약』 The New Testament in Modern English, (New York: Macmillan Publishing Company, 1972), p. 478.

움츠리게 한다. 하나님 제발 당신께서 기꺼이 깎아 내길 원하시는 모든 것을 내게서 제거해 주세요. 당신의 손 안에서 떨어져 나가는 조각들은 중요한 것들이 아니지요. 당신께서 저와 가까이 지내는 것을 즐거워하신다면 "당신이 거룩하신 것같이 저도 거룩해야만 하지요." 이것은 필수 조건이지요. 특별히 나는 거룩한 자들의 성스러운 처소인 천국으로 향하고 있으니까요.

"사랑하는 자들아 너희를 시련하려고 오는 불 시험을 이상한 일 당하는 것같이 이상히 여기지 말고 오직 너희가 그리스도의 고난에 참예하는 것으로 즐거워하라 이는 그의 영광을 나타내실 때에 너희로 즐거워하고 기뻐하게 하려 함이라"(벧전 4:12-13).

내가 하나님을 사랑하면 고통은 궁극적으로 아무런 문제도 되지 않는다. 내게 그리스도가 있으면 되는 것이다. 아픔이 멈추지는 않는다. 하지만 나는 "환난 중에도 즐거워"(롬 5:3) 할 수 있는 것이다. 왜냐하면 고통이 쥐고 있는 악함보다 내 삶에 계신 하나님의 능력이 훨씬 더 크기 때문이다. 나는 나의 조각품이 완성되는 것을 보고 싶다.

> 하나님이 한 인간을 연단시키길 원하실 때 훈련시키길 원하실 때
> 하나님이 한 인간을 가장 고귀한 역할을 담당하도록 가꾸실 때
> 그분이 한 인간을 온 세계가 놀라워할 만큼 위대하고 담대한 자로 만들길 온 마음으로 열망하실 때,
> 그분이 사용하시는 방법들을 주목하여 볼지니,
> 그분이 충성스레 선택한 자를 얼마나 무자비하게 연단시켜 완전하게 하시는지
> 얼마나 그를 망치로 내리치고 상처 입히며
> 엄청난 타격을 가해 토기의 형상을 만드시는지,

이것은 오직 하나님만 이해할 수 있으시네.
고통스런 인간은 울부짖으며 두 팔 벌려 탄원하지만
인간을 향한 선한 계획을 그분께서 실천에 옮기실 때
토기의 모양은 바꾸시나 결코 부수지는 아니하신다네.
하나님이 택한 자를 어떻게 사용하시는지
강력한 능력을 그에게 불어넣으시고
그의 행동 하나하나가 모두 하나님의 영광을 드러내도록 유도하시며
하나님은 모든 일을 빈틈없이 이루시네.

작자 미상

내가 원하는 것은 "그의 영광의 찬송이 되는"(엡 1:12) 것이며, 또한 주님의 형상을 닮아가는 것이다. 조각가이신 하나님도 이것을 원하신다. 왜냐하면 "너희 속에 착한 일을 시작하신 이가 그리스도 예수의 날까지 이루실"(빌 1:6) 것이기 때문이다.

이 모든 것들이 우리에게 고통이 따르는 이유들이다. 이것들이 '도대체 왜'라는 질문에 대한 부분적인 대답들이다.

하지만 부분적인 대답들일 뿐이다.

내가 휠체어를 탄 지 십 년이 지난 어느 날, 내가 보고 깨닫기 시작한 것들에 대해 감사한 마음이 들었다. 주님의 친절, 연민, 악에 대한 민감함 등에 대해 곰곰이 생각해 보는 동안 그리스도의 형상이 서서히 나타나기 시작했다. 나는 이 첫 10년을 일종의 이정표이자 통로로 생각했다. 나는 하나님께서 내게 더 많은 것을 보여 주시고, 계속해서 나를 이끄시며, 더 높은 곳으로 나를 끌어올리길 원하신다는 사실을 깨달았다. 그것은 실제로 '나라는 조각을 연마하는' 과정이었다. "그리스도 도(道)의 초보를 버리고… 완전한 데 나아가는"

(히 6:1-2) 과정이었다. 나는 지나온 생을 거울로 보듯 뒤돌아보며 일종의 점검표를 만들었다.

- 모든 것이 나의 선을 위해 연합하여 작용하고 있다. 이는 하나님의 영광을 위함이다. 결코 베스트셀러 작가나 유명 연사가 되려 하지 말자. 오직 그리스도를 닮아가려고 노력하자. 점검할 것.

- 연단은 나로 하여금 어쩔 수 없이 하나님에 관해 결정을 내리도록 한다. 또한 신앙의 근육을 만들도록 강요한다. 나는 휠체어를 타기 전보다 지금 더 하나님을 신뢰할 수 있다. 점검할 것.

- 고통은 나의 특성을 길러 낸다. 모든 관계에 있어서 엉성한 태도를 취하지 말자. 약속을 중요시하자. 적어도 내가 접하는 모든 것들에 대해 좀 더 인내심을 갖자. 사람들을 더 중요하게 여기자. 점검할 것.

- 전신 마비는 현실 도피라는 관점에서가 아니라 이 세상에서 더 행복하고 바람직하게 살 수 있길 바라도록 해 준다는 관점에서 천국을 더욱 실제적으로 이해할 수 있도록 도와준다. 왜냐하면 더 많은 것들이 앞으로 천국에 있기 때문이다. 점검할 것.

- 나의 의식이 건전해졌다. 이것을 의심하지 말자. 움직이지 않는 내 두 팔과 두 다리는 대부분 사람들이 접하는 일반적인 유혹들을 내가 이겨 내는 데 도움이 되었다. 점검할 것.

- 내가 고통을 겪고 있기 때문에 아픔을 당하는 다른 사람들을 좀 더 이해하게 되었다. 사고를 당하기 전에는 나 같은 사지 마비자들에게 별로 관심을 갖지 않았을 것이다. 하지만 지금은 다른 이야기이다. 점검할 것.

이와 같은 점검 사항들이 건조하고 기계적인 것으로 보일지 모른다. 하지만 수년 전에 받은 다음과 같은 난처한 질문에 부분적으로나마 답하는 데 이런 점검 사항들이 도움이 되었다. "왜 하나님은 시련 더미를 그렇게 높이 쌓고 있나요?" 왜냐고? 하나님은 나를 안전한 곳에 내버려 두는 것보다 내가 하나님의 아들을 닮아가는 데 더 많은 관심을 두고 계시기 때문이다. 나의 신앙을 정제하고 마음을 겸손하게 하며 의식 세계를 정화하고 품성을 단련시키시는 등, 하나님은 외부 상황보다 내부적인 자질에 더 관심을 두신다. 이것이 잘못된 답변은 아니지 않는가.

하지만 항상 최선의 해답이 있는 것은 아니다.

좋은 해답들도 때로는 충분하지 않다.

2. 우리를 만족시키는 유일한 해답

"얘, 코니." 내 친구 코니에게 전화를 걸었다. "몇 주일 후에 강연 약속이 있어서 그곳 볼티모어에 비행기를 타고 갈 거야. 학창 시절의 영라이프 클럽 친구들이 너무너무 보고 싶네." 고향에 가서 어릴 적 고등학교 친구들과 함께 멋진 점심을 위해 옷도 잘 차려 입고, 이야기도 나누고, 사진을 돌려보며, 옛 추억도 떠올리고 한 시간 정도 기도와 찬송을 하며 시간을 보낸다는 것은 생각만 해도 멋진 일이었다. 1967년에 졸업을 한 후 한 번도 함께 모일 기회가 없었다. 나는 정말로 이 친구들을 만나보고 싶었다.

3주 후 근사한 오후를 보낼 채비를 하고서 나는 코니의 집 현관에 휠체어를 타고 도착했다.

"너 머리 어떻게 한 거니?"

"얘, 내가 옛날 노래책 몇 권을 가져왔어."

코니가 우리를 식탁으로 안내할 때까지 인사와 포옹으로 집 현관이 떠들썩했다. 수놓은 식탁보, 도자기 접시, 과일이 가득 담긴 대접, 신선한 꽃들이 우리를 맞이했다.

감사 기도 후 식탁에 접시가 올려질 때 내가 말했다. "자, 세 가지만 요구할게. 기도할 시간과 찬송할 시간을 각각 할애해 놓는 것 하고, 각자가 그동안 있었던 일을 이야기하는 거야."

한 팔에 깁스를 한 채 식탁 끝에 앉아 있던 밀리부터 이야기하기 시작했다. 물론 우리는 헤어지기 전에 그녀의 깁스에다 모두 사인을 했다. 물론 나는 펜을 입에 물고 사인할 때 침을 흘리지 않겠다고 약속했다. 그러나 우리는 그녀가 깁스한 지 수개월이나 됐다는 사실을 모르고 있었다. 정말? 병세가 그렇게 암울하단 말이야? 만성 감염이라는 소식은 우리를 침울하게 했다.

다음 순서는 재키였다. 재키는 나와 재미있게 지냈던 친구로 남자 친구들과 함께 다니기도 했고, 밀크셰이크를 같이 나눠 먹기도 했으며, 필드하키를 함께 하기도 했던 친구였다. 재키는 음식을 포크로 누르며 접시를 쳐다보며 말했다. "너희들 내 남편 다 알잖아. 우리, 사이가 좋지 않게 끝났어. 아들 녀석은 마약을 끊는 문제로 애를 먹고 있고." 은 식기가 부딪치는 소리만 들릴 뿐, 식탁은 조용했다.

다음 이야기할 차례는 고등학교 시절 내 남자 친구의 어머니인 필버트 여사였다. 며느리가 가정을 버리고 집을 나가는 바람에, 아들이 일하는 동안 자신이 손자들을 돌봐 줘야 했다고 말했다. 지금은 손자들이 다 커서 돌봐 줄 필요가 없게 됐지만, 이제는 파킨슨병을 앓고 있는 남편을 뒷바라지하는 데 시간을 보내고 있다고 했다. 나는 그녀의 이야기를 계속 듣고 있었다. 하지만 먼 옛날 주로 금요일 저녁 시간에 그녀의 근사한 집에서 내가 피아노를 치곤 했던 기억을 더듬고 있었다. 평온하고, 잘 정돈된 아름다웠던 집. 그 정경을 회상하며 그녀가 전해 주는 사연들을 들으니 더욱 내 마음이 아팠다. 그녀는 눈시울을 붉히며 말했다. "어떤 사람들은 내가 크리스천 부인회에서 강연하는 것을 그만두어서는 안 된다고들 하지. 하지만 나는 주님이 원하시는 곳으로 나를 인도하실 거라고 확신하고 있어."

다이애나는 이야기들을 들으며 반대편 끝에 앉아 있었다. 그녀는 별로 말이 없었다. 우리가 서로 인사를 나눌 때도 그녀는 이상할 정도로 조용해 보였다. 그녀가 말할 차례가 되었다. 그녀가 자녀들의 반항과 마약 복용 이야기를 하기 시작했을 때, 우리는 그녀의 우울한 표정을 이해할 수 있었다. 접시 부딪치는 소리도 멎었다. 고등학교 이래로 다이애나는 줄곧 영적으로 견고한 아이였다. 우리 중 어느 누구보다 하나님과 가까운 아이였다. 하지만 견고해서 미동조차 안 할 것 같았던 그녀의 반석이 오늘 흔들리고 있었다. "실은 나, 오늘 점심 모임에 오지 않으려고 했어. 남편과 함께 어젯밤 늦게 아들을 재활원에서 집으로 데려왔거든. 아주 안 좋은 상황이야. 난 모르겠어. 정말 모르겠어."

침묵이 우리를 덮었다. 재키는 이런 분위기를 어색해했다. 그녀 역시 마약에 중독된 아들이 있었다. "얘 다이애나야, 희망을 갖고 계속 기도해야 돼. 어떻게든지 잘될 것이라는 것을 알아야 한다고. 계속 믿으렴. 누가 아니? 일이 이렇게 된 이유가…." 나타난 외부 상황에 대해 하나님께서 아마도 가다듬고 계실 몇 가지 내적인 성질들을 재키가 점검하고 있었다. 강철 같은 신앙, 강인한 성품, 생동하는 희망, 다른 사람에 대한 민감한 관심. 하지만 무서운 침묵만이 계속 됐다. 다이애나는 이미 이 모든 것들을 알고 있었기 때문이다.

상담에 도사였던 것은 말할 것도 없고, 수년에 걸친 성경 공부로 우리 모두에게 풍성한 신학 지식을 전해 주던 친구였다. 그 친구는 원리들을 알고 있었고 내가 계속 "왜"냐고 물었을 때, "고통은 인내를 낳는다. 고통은 신앙을 재정립한다"며 이 말들을 나에게 떠먹여 주었었다. 다이애나는 이렇게 삼십 년을 살아온 여인이었다.

침묵을 서서히 접고 찬송을 시작하였다. 처음에는 약하게, 그리고는 모두의 입을 모아 흘러넘치도록.

> 길리앗에는 유향이 있네
> 상처 입은 자들을 온전하게 하기 위해
> 길리앗에는 유향이 있네
> 죄로 병든 영혼을 치유하기 위해[2]

마치 예배당에 다리를 꼬고 모여 앉았던 십대였던 때로 되돌아간 것 마냥 영라이프 클럽 시절 우리가 즐겨 부르던 노래가 기억에서 살아났다.

바빌론 군대가 쳐들어와 두려워하던 중, 예언자 예레미야가 외쳐댔던 질문에 영감을 받아 만들어진 오래된 찬송가였다. "우리의 상

---

2) 찬송가집 『경배 찬양과 찬미』, The Hymnal for Worship & Celebration 중에서 "길리앗에는 유향이 있네"(Waco: Word Music, 1986), p. 423.

처는 치유할 길이 없는 건가요? 우리의 슬픔에 아무런 해답도 없는 건가요?" 고등학교 2학년 시절 짝사랑하던 남학생으로부터 상처 입은 마음을 달래기 위해 우리는 길리앗에 있는 유향이신 하나님을 찬양했다. 그러나 지금은 이혼, 전신 마비, 질병, 마약으로 풍상을 겪어 세월의 손때에 절은 윤기처럼 이 가락이 반짝였다.

마지막 절을 부르고 났을 때, 코니가 숨을 고르며 말했다. "후식 먹을 사람?" 필버트 여사가 일어나 테이블을 정리하기 시작했다. 의자들이 재정돈되고, 접시 부딪치는 소리가 나고, 식당 방안이 다시 즐거운 수다로 가득했다. 커피가 나왔을 때 나는 뒤로 물러나 앉으며, 내가 아니 우리 모두가 새로운 이정표를 통과했음을 깨달았다.

당신의 마음이 스펀지처럼 쥐어짜일 때 '왜 이런 일이 생기는가에 대한 열여섯 가지 성경적인 좋은 이유' 를 정연하게 늘어놓는 것은 상처 부위에 소금을 뿌리는 것과 같다. 이런 식으로는 상처를 아물게 할 수 없다. 당신이 훗날 이 고통을 회고할 때 성경적인 이유를 나열해 볼 수 있을 것이다. 하지만 아픔을 당하고 있는 지금 이 순간 '왜 이런 일이 생기는지 내가 설명해 보리이다' 와 같은 태도로 접근하는 것은 늘상 통용되는 방법이 아니다.

아무리 좋은 해답이라 할지라도 그것은 최후의 일격이 될 수 없다. 정화된 믿음 그 자체는 결코 종착점이 아니다. 그 믿음은 하나님 안에서 정점에 달한다. 강인한 품성은 그 자체를 위해 만들어지는 것이 아니라 하나님을 위해 만들어진다. 활기찬 희망은 그것이 지향하는 바가 주님께 있기 때문에 더 영적인 힘을 갖는다. 이 점을 망각하면 믿음에 누를 끼치고 품성을 약화시키고 희망을 잃게 된다. "이런 것이 너희에게 있어 흡족한즉 너희로 우리 주 예수 그리스도를 알기에 게으르지 않고 열매 없는 자가 되지 않게 하려니와"(벧후 1:8).

성경이 주는 해답을 하나님으로부터 분리시켜서는 결코 안 된다. 고통의 문제는 어떤 것 어떤 대상에 관한 것이 아니라, 어떤 분 어떤 인격에 관한 것이다. '우리 주 예수 그리스도를 아는 것'은 당신이 조각가에 주목하는 것이지, 고통이나 고통이 주는 유익에 주목하는 것이 아니다.

더구나 해답은 머리를 위한 것이다. 실제로 상처가 있는 감정이나 마음에 해답이 항상 와 닿는 것은 아니다. 내 친구 다이애나와 같이 쓰라린 고통을 당하는 사람들의 모습은, 비참한 환경에 처해 있는 아이들이 부모 얼굴을 쳐다보면서 "엄마 아빠, 왜 이런 거예요?" 하고 울면서 묻고 있는 모습과 다를 바 없다. 이 아이들이 원하는 것은 자신들의 질문에 대한 설명이나 답변이 아니다. 자신들을 들어올려 안아 주고 등 두드려 주며 모든 것이 괜찮을 것이라고 확신시켜 주는 아빠를 원하고 있는 것이다.[3]

우리가 애타게 원하는 것은 확신이다. 하나님이 주시는 확신, 우리의 문제를 초월하는 실체의 질서가 있다는 것에 대한 확신, 아마도 모든 것이 괜찮을 것이라는 확신 말이다. 우리는 철학의 오솔길을 따라 산책한다. 그리고는 쿵! 하는 고통에 부닥친다. 생을 바라보는 우리의 근본적인 시각은 더 이상 우리의 세계에 대한 의미나 안위를 바라보지 않는다. 고통은 우리가 탄 배를 사정없이 뒤흔들 뿐만 아

---

[3] 이 주제에 관한 더 많은 독서를 위해 우리는 피터 크리프트 박사(Dr. Peter Kreeft)의 책 『고통의 의미』 *Making Sense Out of Suffering*, (Ann Arbor, Mich.: Servant Books, 1986)를 추천한다.

니라 아예 전복시켜 버린다. 우리는 세상이 조각조각 떨어져 나가지 않는다는 확신을 필요로 한다. 우리가 수억만 개의 원자로 산산조각 나 우주를 떠돌지 않게 될 것임을 알기 원한다. 세계가, 우주가, 칠흑같이 어두운 혼돈이 아니라 질서 정연한 곳이라는 것을 확신하길 원한다. 하나님은 모든 것의 중심에 계셔야만 한다. 그분이 우리 고통의 중심에 계셔야 한다. 그보다 더 중요한 것은 하나님이 우리의 아빠가 되셔야만 한다는 것이다. 우리를 친밀하게 사랑으로 돌보시는 아버지. 이것이 우리가 외치는 요구이다.

하나님은 우리 육신의 아버지와 같아서 단순히 조언만을 하시지 않는다. 하나님은 자기 자신을 주신다. 하나님은 슬퍼하는 과부에게 남편이 되어 주시고(사 54:5), 아이를 낳지 못하는 여인에게 위로자가 되어 주시고(사 54:1), 고아들에게 아버지가 되어 주시고(시 10:14), 신부에게 신랑이 되어 주시고(사 62:5), 병든 자에게 의사가 되어 주시며(출 15:26), 혼란과 우울에 빠진 이들에게 놀라운 권면자가 되어 주신다(사 9:6).

당신이 사랑하는 사람들이 역경에 처했을 때 당신 역시 이같이 행할 것이다. 그들이 애타게 외칠 때 당신은 가슴으로 응답한다. 만일 당신이 우주의 중심에서 우주를 쥐고 있는 전능자라면, 모든 것이 당신 안에서 움직이고 호흡하고 존재한다면, 당신 자신을 주는 것 이상으로 당신이 할 수 있는 일은 없다(행 17:28).

궁극적인 해답은 바로 이것이다.

그리고 우리는 이제 출발했을 뿐이다.

제 9 장

고통의 의미 이해

이성은 머리를 향하지만 관계는 영혼을 향한다. 고통의 근저에는 우리가 당하는 환난을 뚫고 손길을 펼치시는 하나님의 우정이 있다.

다음 이야기를 보자. 당신은 생각에 몰두한 채 길을 걷고 있다. 어떤 사람이 당신에게 다가와 크고 무거운 짐을 당신의 등에 지고 가라고 강요한다. 그는 당신에게 세 블록을 걸어 간 후 좌회전해서 두 블록을 간 다음, 우회전해서 똑바로 걸어가라고 명령한다. 당신은 무거운 짐 밑에서 비틀거리면서, 당황해하고 한편으로는 화를 내며 걷고 있다. 짐은 너무 무겁기만 하고, 당신의 허리는 끊어질 것 같다. 이 모든 일이 너무 무의미하고 우연스럽다. 당신은 이 무거운 짐이 당신을 송두리째 집어삼키고 있는 모습에 분노한다. 그리고는 당신이라는 전(全) 존재가 당신의 최대 관심사가 된다.

세 번째 블록의 중간쯤 갔을 때, 봇짐을 풀어 내리며 당신은 마침내 소리지른다. "내가 도대체 무엇을 바라고 이 고생을 하는 거야!"

이때 진실이 드러난다. 당신이 지고 온 짐은 이미 부상당해 의식을 잃어버린 당신의 자녀였다. "뭐야?" 어느새 당신은 의미 없는 미로를 터벅터벅 걷고 있는 것이 아니라, 병원의 응급실로 향하는 가장

빠른 길을 재빠르게 걷고 있는 자신을 발견한다.

당신은 즉시 몸을 바로 잡는다. 당신의 무릎은 더 이상 휘청거리지 않는다. 아드레날린과 새로운 에너지가 당신의 걸음걸이를 빠르게 한다. 새로운 태도로 앞으로 나아간다. 왜 이런 변화가 일어날까? 당신이 겪고 있는 고통은 일종의 관계를 수반한다. 임의의 관계가 아닌 당신과 당신 자녀와의 관계이다. 발걸음이 빨라지고 심장 박동이 올라간 것은 자녀에 대한 당신의 사랑 때문이다. 당신의 관계가 당신의 짐에 의미를 부여한다. 심지어 당신이 길을 헤매는 경우에도 의미가 있다. 당신은 당신이 어디로 갈 것인지 알고 있다. 당신의 여행에는 병원이라는 확실한 종착지가 있다. 그리고 이 점은 소망을 불어넣어 준다.

고통 그 자체만으로는 아무 의미가 없다. 그 자체만 놓고 보면 고통은 우리를 당혹스럽게 하고, 좌절시키는 짐일 뿐이다. 하지만 관계라는 관점에서 볼 때 고통은 갑자기 의미를 지니게 된다.

1. 고통에서 관계를 발견하기

영화 '잠꾸러기'(Sleeper, 1973)에서 배우 우디 알렌은 과학 실험용 냉동 인간으로 보관되었다가 백 년 후에 깨어난다. 지난 세기를 되돌아보라고 그에게 두툼한 사진첩이 주어진다. 사진을 보는 동안 폭소를 자아내는 장면이 계속된다. 빌리 그레이엄 목사의 사진이 나타난다. 알렌은 잠시 머뭇거린 후 말한다. "흠, 빌리 그레이엄… 하나님과 개인적인 관계를 가졌다고 주장한 자…." 청중은 물론 폭소를 터뜨린다. 하나님과 개인적인 관계를 갖는다는 것이 사람들에게 얼마나 이상한 관념으로 받아들여지는지 잘 드러내는 장면이다. 그렇다. 이것은 정말로 놀라운 주장이다.[1]

더욱 놀라운 것은 하나님은 폭소를 터뜨리지 않는다는 사실이다. 하나님의 관점에서 보면 자신과 인간이 개인적인 관계에 있다는 사실은 하나도 이상할 것이 없기 때문이다. 하나님은 연회를 마련하고 사방으로 초대장을 보내는 주인이시다. 하나님은 아흔아홉 마리의 양을 들판에 남겨 두고 길 잃은 한 마리 양을 찾아 나서는 목자이시다. 하나님은 거지들을 위해 화려한 연회를 베푸는 임금이시다. 그분은 예비한 처소를 갖고 있으며 관계를 갖는 것에 관심을 갖고 계시다.

나는 이와 같은 하나님을 알고 싶다! 천국의 성벽을 넘어 철철 넘쳐흐르는 환희의 삼위일체 폭포수 아래로 저를 밀어 넣어 주소서. 그분이 항상 기분 좋으시다면 나는 그것을 붙잡고 싶다. 내가 길을 잃고 방황한다면 그분이 나를 찾아 주시길 원한다. 주님, 천국을 떠나 이곳으로 내려오시옵소서. 그래서 돈으로 얼룩진 탁자들을 뒤엎으시고 '금지'라는 의문(疑問)의 율법들을 폐기하시고 저를 받아 주시옵소서.

하나님을 향한 우리의 열망은 이렇게 강렬한 것이어야 한다. 하지만 체제와 절차의 산물이 된 우리들은 수렁에 빠져 있다. 예배 중 찬

---

[1] 이 부분의 아이디어는 팀 스태퍼드(Tim Stafford)의 책 『하나님의 얼굴 알기』 *Knowing the Face of God*, (Colorado Springs: NavPress, 1996), p. 16로부터 왔다.

송을 하는 방법이나 성령에 의해 인도받는 방법과 같은 예배 형식이 우리의 수렁이 될 수도 있다. 우선 죄를 먼저 고백하고, 그 다음은 회개를 하고, 그 다음은 찬미와 감사, 간구, 그리고는 다시 찬미를…, 이런 순서에 연연해 할 때 우리는 수렁에 빠지게 된다. 우리는 늘 이런 체계와 절차에 신경을 쏟는다.

성경 공부 방법과 예배 기술 등은 하나님을 알아 가는 데 도움이 된다(우리는 어딘가에서부터 시작을 해야만 한다). 하지만 한 개인이 하나님과의 관계를 배양시키는 데 있어서 이것들은 쉽게 진부한 것이 되거나 기계적인 것이 되고 만다. 심지어 예수님조차 사람들이 성경 연구에 평생을 바치고도 성경이 가리키고 있는 오실 자를 알지 못한다는 사실에 놀라셨다(요 5:39-40). 양이 많은 것이나 절차적인 일에 초점을 두는 것은 사업가나 군대 하사관이나 바리새인들의 일이지 하나님을 위한 일이 아니다. 당신은 하나님과 함께 어떤 일을 함에 있어 핵심은 뒤로 한 채 겉만 만지고 지나쳤을지도 모른다. 하지만 이것이 "A, B 또는 C를 해보시오. 그러면 당신은 하나님을 더 잘 알게 될 거요" 하는 것보다 더 훨씬 낫다. 하나님은 삶 속에서 우리가 잃어버린 어느 한 조각이 아니다. 그 한 조각을 찾아낸다고 우리의 삶이 다시 꿰맞춰져 영적으로 효과적이고 매끄럽게 사는 것은 아니다.

모든 개인적인 관계는 이런 식으로 이뤄지지 않는다. 하나님과의 개인적인 관계는 더욱 그러하다. 우리가 누군가와 좀 더 가까워지기를 원한다면 하나님이든 아니면 그 누구이든 간에 마음과 마음을 서로 좀 더 가까이 밀착시켜야 한다. 좋아하는 것은 좋아하는 것대로 싫어하는 것은 싫어하는 것대로, 서로 이야기하고 토론하는 것이다.

서로 간에 즐거움을 찾아내는 것이다. 부부간에 하듯 상호간에 관심을 표하는 것이다. "내가 뭐 도와줄 것이 없나요? 필요한 것이 무엇인가요?" 당신의 팔소매를 걷어붙이고 일이 잘 되도록 함께 힘을 쓰는 것이다. 튼튼한 관계는 서로 함께 나눈 많은 경험들로 얽혀서 짜여진 사이이다.

이것이 긴밀한 친밀감을 만든다. 그러나 긴밀한 친밀감이라는 것이 엄격히 통제될 수는 없다. 내가 누군가와 일정한 시간을 보내도록 나 자신을 훈련시키는 것은 조절할 수 있으나, 친밀감 그 자체를 조절할 수는 없다. 친밀감은 두 영혼이 서로 비벼 댈 때 생긴다. 이것이 바로 다른 어떤 것보다도 우리가 갈망했던 것이다. 내가 상대방을 알고 동시에 상대방이 나를 아는 것, 심지어 가장 좋은 관계에서조차 우리는 여전히 누군가가 우리를 붙들고 녹여 결코 부서지지 않을 하나의 결합체를 만들고자 하는 열정으로 우리를 껴안아 주기 위해 우리가 당하고 있는 고통의 세계로 들어와 그것을 이해해 주길 간절히 원하고 있다. 하나님은 그 오래된 갈망에 답하신다. 그것은 바로 그분을 위해 우리가 창조되었다는 메시지를 울려 퍼지게 하는 갈망이다. 하나님의 완벽한 음조를 내는 소리굽쇠를 쳐 보자. 정확한 음은 아니더라도 같은 음역에 있는 무언가가 우리 안에서 울려 퍼진다. 뻥 뚫린 자신들의 영혼을 예수님께서 채워주실 수 있다는 것을 알았던 예수님 활동 당시의 창녀들, 집 없는 자들, 장애인들의 모습과 오늘 우리의 모습이 다르지 않다. 이들은 그가 가는 곳이면 어디든 따라다녔다. 경험을 함께 나누는 것은 아픔을 완화시킨다.

특정한 경험이 이 같은 일체감을 가져다 준다. 당신은 그러한 경험을 선택하지 않을 것이다. 그것은 깨끗하게 정돈된 것이 아니다. 치밀한 방법으로 그것을 다룰 수도 없다. 그것은 추하고, 더럽고, 아프고, 위험하다. 왜냐하면 그것은 당신을 하나님께로 가까이 가게 할 수도 있고 멀어지게 할 수도 있기 때문이다. 그러나 당신이 그 진흙탕을 헤쳐 나오면 하나님과 밀접하게 지낸 그 달콤했던 경험을 다른 무엇과도 바꾸려 하지 않을 것이다. 이보다 더 당신의 마음과 하나님의 마음을 서로 연결시켜 주는 것은 없다.

이런 특정 경험이 당신과 사람들을 하나로 묶어 주듯, 당신과 하나님을 묶어 준다. 제2차 세계대전 참전 용사들은 이러한 사실을 알고 있다. 암이나 비행기 사고로부터, 혹은 1950년대에 만연했던 소아마비로부터 살아남은 사람들도 이것을 안다. 병원의 병실 동료들도 이것을 느낀다.

이것은 함께 나눈 고통이다. 당신이 참호 안에서 동료에게 실탄을 전해 주며 적군이라는 공동의 대상과 싸울 때, 당신과 동료의 마음은 하나로 뭉쳐질 수밖에 없다. 서로에 대한 지식은 유일한 것이며 그리고 서로에게 친밀한 것이다.

나와 같은 해, 같은 날 척추를 다친 스킵이라는 친구가 있다. 우리는 통로에서 서로 지나칠 때마다 상대방의 휠체어를 유심히 바라본다. 그리고는 자동적으로 동지애를 느낀다! 1994년 캘리포니아 노스리지 지역에 지진이 발생한 후 나는 이웃들과 더 친해졌다. 남편 켄은 첫 진동이 있었을 때 집 밖으로 뛰쳐나갔고 어둠 속에서 브라이언과 홀랜더 씨와 맞닥뜨렸다. 그들은 공포로 얼어붙었고, 그들이 서 있던 길이 수동 착암기처럼 흔들리는 것을 느꼈다. "여기 그곳에 있었던 자가 있다. 그는 내가 무엇을 느꼈고… 내가 무엇을 경험했는지 정확히 알고 있다. 우리는 우리들 사이에만 유일한 그 무언가를 함께 공유하고 있다."

고통을 함께 겪는 동료들 간의 단결심은 깊다.

하나님과 함께 나눈 고통은 더 깊다.

2. 나는 그리스도를 알고 싶다

"아빠, 나 언제 휠체어 탈 수 있는 거야?" 다섯 살 된 매슈가 아빠를 올려다보며 말했다. 그 아이의 투명한 갈색 눈동자는 슬픔에 젖어 간청하고 있었다. 매슈와 스티븐 형제는 부모와 함께 우리 JAF 수련회에서 일주일을 보냈다. 두 형제는 목발이나 휠체어를 사용하는 십여 명의 아이들과 친구가 되었다. 그의 아빠가 매슈의 이런 요구를 내게 전해 주었을 때 나는 웃었다. 이 어린 소년은 휠체어가 필요하지 않은데도 그것을 달라고 조르고 있었다!

매슈에게 휠체어는 크리스마스 선물 목록 중 첫 번째였다. 그에게 휠체어는 즐거움을 주는 놀이기구이다. 또한 그것은 멋진 클럽, 조니와 특별한 관계를 즐기는 어린이들의 특별한 클럽에 참여할 수 있는 초대장을 의미한다. 다섯 살 난 매슈에게 아픔, 마비, 쓰린 심정, 장애 등에 대한 개념은 전혀 없다. 그 아이는 이런 어두운 면을 전혀 고려치 않는다. 무시할 뿐이다. 그 아이가 원하는 것은 휠체어를 탐으로써 내 친구들인 장애인 어린아이들과 함께 어울리고, 나와 동질감을 느끼고 나처럼 되어서 나를 알 기회를 잡고 싶은 것이 전부이다. 소원이 이럴진대 휠체어를 갖는다는 것은 그 아이에게 분명 멋진 일이다. 아이는 휠체어를 반갑게 맞이할 것이다.

매슈 같은 아이의 이런 심정을 보면 사도 바울의 다음과 같은 언급 뒤에 숨어 있는 진짜 심정을 이해하게 된다. "또한 모든 것을 해로 여김은 내 주 그리스도 예수를 아는 지식이 가장 고상함을 인함이라 내가 그를 위하여 모든 것을 잃어버리고 배설물로 여김은 그리스도를 얻고 그 안에서 발견되려 함이니…"(빌 3:8-10). 매슈는 클럽에 가입하고 싶어했다. 하지만 그리스도의 고통과의 친교는 엘리트 신자들의 그룹 속에 속한 사람들만의 것이 아니다. 친교(fellowship)라는 단어는 원문에 코이노니아(koinonia)라는 단어로서 어떤 공통적인 것을 함께 나눠 경험한다는 의미를 담고 있다.

사도 바울도 이것을 염두에 두고 말하였다. "내가 그리스도와 그 부활의 권능과 그 고난에 참예함을 알려 하여 그의 죽으심을 본받아"(빌 3:10). 마치 다섯 살 난 매슈처럼 슬픔에 잠겨 간청하는 눈빛으로 상기된 채 말하는 바울의 음성을 당신은 들을 수 있을 것이다. 바울은 어두운 면, 쓰린 심정, 장애 등을 모두 무시하고 있다. 그것이 고통을 의미해도 좋다. 그는 기꺼이 받아들일 것이다. 그리스도를 알기 위해서라면 무엇이라도 감내할 것이다. 아픔과 사망이 인류의 타락으로 이 세계에 들어왔을 때, 그것들은 하나님께서 인간을 위해 고이 간직하신 것이 아니었다. 아담이 하나님과 함께하는 기쁨 대신 고통을 택했을 때, 하나님은 그 고통을 인간이 하나님을 더 잘 알 수 있는 방법으로 전환시키셨다. 바울은 이것을 이해하고 있었다. 나는 그리스도를 알고 싶다!

'누구를 안다' 라는 말의 의미는 그와 따듯하고 긴밀하며 깊은 결합을 갖는 것을 의미한다. 창세기에서 아담이 그의 부인 하와를 알았다(Knew)고 했을 때(창 4:1, KJV)의 의미가 바로 그러하다. 이는 함께 결합한 육신의 영적인 모습인 것이다. 바울은 단순히 머리로 예수님을 알아 가기를 원하지 않았다. 그는 가슴으로, 그의 전(全) 존재로 예수님을 경험하길 원했다. 폭포수같이 흘러내리는 기쁨으로 하나님의 선하고 기쁘신 감정을 포착하길 원했을 뿐 아니라, 열정적으로 자신을 껴안아 주고 자신을 붙들어 녹여 붙여 다시는 깨어지지 않게 결합시켜 주시는 하나님을 느끼길 원했다.

당신이 하나님께 녹아들어 하나님과 이렇게 하나가 될 때, 그것은 하나님에 대해서 아는 것이 아니라 하나님을 아는 것이다. 하나님의 내면을 말이다. 아버지가 아들을 어떻게 사랑하시는가. 아들이 자신이 아닌 아버지를 어떻게 기쁘게 해 드리는가. 성령이 자신이 아닌 아들을 어떻게 드러내는가. 아들이 결코 자신을 가리키지 않으면서 어떻게 아버지를 드러내는가. 아버지가 독생자 아들을 낳았고, 아들은 아버지를 영화롭게 하고, 성령은 아버지와 아들 모두를 존중한다. 이것은 일종의 신성한 '살신 행위'이다.

바울은 자신의 마음이 하나님과 결합되어 있다면 그것은 고통을 의미하는 것이란 사실을 알고 있었다. 그것은 결코 자신을 가리키는 것이 아닌 하나님을 공경하고 영화롭게 하는 것이고, 하나님과 함께 참호 안에 들어가 공동의 적과 싸우는 것이며, 그곳에서 함께 마음의 고통을 느낄 수 있는 것을 의미하는 것이다.

이것이 진정한 단결심이다. 참호 안에서 하나님을 안다는 것은 왜 우리가 하나님을 의지하는지를 안다는 것이다. 적과 교전 중에 뒤에서 바쳐 주시는 분을 당신은 왜 신뢰하지 못하는 것일까? 당신이 하나님을 신뢰하기 전에 하나님이 무엇을 하실 것인지를 정확하게 이해하려는 끊임없는 요구로부터 자유로워지는 것이 하나님을 아는 것이다.

하나님과 단결심으로 결합된 사람들은 진짜 적이 누구인지 안다. 이들은 하나님의 실탄이 결코 동나지 않을 것을 안다. 이들은 자신들이 비틀거릴 때에도 하나님의 자비를 안다. 하나님의 보호를 안다. 전쟁 중에 임하시는 하나님의 평화. 상처받는 자들을 위한 하나님의 동정.

그들은 참호 안에서도 하나님이 그들과 함께 계신다고 확신한다.

3. 나는 알고 싶다…
주님의 고통에 참여하며 교제하는 것이 무엇인지

주님은 우리가 고통 받을 때 우리와 하나가 되는 것을 기뻐하신다는 이 부분이 가장 멋지다.

사도 바울이 다마스커스로 향하는 도중에 부활하신 주님은 "사울아 사울아 네가 어찌하여 내 사람들을 핍박하느냐"라고 묻는 대신 "어찌하여 나를 핍박하느냐"(행 9:4). 이렇게 말씀하셨다. 주님은 우리들의 고통을 자신의 고통으로 여기신다. 당신이 아플 때 주님은 가슴을 찌르는 통증을 느끼신다. 주님은 우리의 고통을 자신의 개인적인 것으로 받아들이신다. 요한복음 15장 18절에서 주님은 이렇게 말씀하신다. "세상이 너희를 미워하면 너희보다 먼저 나를 미워한 줄을 알라." 이것은 예수님의 관점에서 표현하는 친밀성이다.

예수님은 "우리 연약함을 체휼하지 아니하는 자가 아니요 모든 일에 우리와 한결같이 시험을 받은 자로되 죄는 없으신"(히 4:15) 구주

이시다. 내 친구인 피터는 앞을 볼 수 없는 십대 소년으로, 낮은 나뭇가지에 머리를 부딪쳐 넘어졌을 때 얼마나 수치심을 느꼈는지 나에게 이야기해 준다. 친구들이 지켜보는 앞에서 땅바닥에 나동그라졌을 때, 그는 아픔과 당혹함을 느꼈다. 하나님에 대한 그의 믿음은 흔들렸다. 장님이 어떤 것인지 하나님 당신은 이해 못합니다. 다음번에는 무엇에 부딪쳐 넘어질지 당신은 알지 못합니다! 하지만 예수님은 이해하신다. "지키는 사람들이 예수를 희롱하고 때리며 그의 눈을 가리우고 물어 가로되 선지자 노릇 하라 너를 친 자가 누구냐 하고"(눅 22:63-64).

나의 또 다른 친구 글로리아는 딸의 병세가 좋지 않아 우울해 하고 있었다. 그녀의 딸 로라는 태어나면서부터 퇴행성 신경 장애로 이미 수많은 고통을 받았고, 의사의 진단에 따르면 앞으로 더욱 심한 고통과 임박한 죽음이 기다리고 있다고 한다. 딸의 침상을 빠져나온 어느 날 밤에 글로리아는 말한다. "하나님, 이것은 옳지 않습니다. 지금까지 당신은 당신의 자녀 중에 한 명이 죽어 가는 것을 지켜봐야 했던 적이 결코 없었습니다!" 이렇게 말하자마자 그녀는 자신의 입을 손으로 막았다. 실제로 하나님은 자신의 자녀가 죽어 가는 것을 지켜보셨다. 자신의 독생자가 죽어가는 것을 말이다.

예수님이 우리의 연약함을 위로해 주실 수 있는 구주이시라는 사실을 내가 깨닫기 시작했던 초창기 시절에 나는, '어떻게 그리스도께서 십자가상에서 마비되셨는지를' 모든 사람들에게 열정적으로 전해 준 적이 있다. 내가 느꼈던 것을 그들은 어떻게 이해했을까. 내가 마주친 사람들 중에 심한 스트레스에 빠져 있던 한 소방관이 있었다. 저녁 식사 자리에서 나는 그에게 권했다. "주님은 살아 계십니다. 주님은 이해하십니다." 건물 밖에서는 택시가 경적을 울려 댔고 트럭들이 지나다녔지만 우리는 대화에 몰두하고 있었다. 소방관의 눈빛이 나를 지켜보고 있었다. 밝고 신실한 내 눈빛을. 불신과 경멸에 찬 그의 눈빛은 지친 그의 입과 조화를 이루고 있었다. 테이블 밑에서 두 팔을 꺼내면서 그가 화를 냈다. "그래서 하나님은 이해하신다는 말씀이죠, 제기랄. 그자가 내게는 어떤 선한 것을 행하시는 거요?" 팔소매를 걷어 올리자 두 손이 있어야 할 곳에 매끄러운 의수(義手)의 끝부분이 드러냈다. "화염 속에서 내 두 손이 타 버렸소. 직장도 잃어버렸고."

옛날 일이 생각났다. 나는 막 병원에서 나온 직후였고, 따라서 신학생도 성경 전문가도 아니었다. 내 얼굴에 즐거운 기색이라고는 없었다. 나는 내가 알고 있는 만큼 최대한 솔직하게 답변했다. "내가 모든 해답을 알고 있지는 않아요. 또 모두 안다고 해서 그것이 당신에게 도움이 될 거라고 확신하지도 않아요. 하지만 모든 해답을 갖고 계신 한 분을 나는 알고 있어요." 한동안 침묵이 흘렀다. 그의 시선을 아래로 향했다. "그리고 그분을 안다는 것은 모든 것을 변화시킨답니다." 이때처럼 확신을 갖고 말한 적은 없었던 것 같다. 하지만 나는 두 팔을 잃은 이 남자와 함께 단결심을 감지했다. 그리고는 나 자신도 놀랄 말을 던졌다. "그분 없이 두 발로 서서 지내느니 차라리 그분을 알면서 이 휠체어에 앉아 지내겠어요." 내가 사고를 당한 후 처음으로 이런 말을 하는 순간이었다.

말씀으로 가득 찬 서류 가방이 이 소방관에게 필요했던 것이 아니었다. 그에게는 말씀이 필요했다. 그 말씀은 육신이 되었다. 박힌 못들로 인해 구멍난 두 손목과 너덜너덜 거의 떨어져 나갈 듯한 주님의 두 팔. 침 뱉음을 당하고, 파리가 날아다니는 가운데 피가 흐르도록 매를 맞으며, 쏟아지는 증오심을 감내하신 주님. 이것은 단순히 예수님에 관한 사실만은 아니다. 추상적인 개념의 사랑도 아니다. 이것은 퍼부어지는 포도주와 같은 사랑이다. 불길같이 강렬한 사랑이다. 그날 저녁 식사에서 이 소방관은 하나님을 더 이상 먼 산을 바라보며 젖어드는 신비적인 명상의 대상으로 생각하지 않았다. 그분에 관한 한 추상적인 신성함이나 깨끗하게 단정된 그 무엇도 남아 있지 않았다. 인류를 지옥 불에서 구하기 위해 십자가상에서 예수님이 피 흘리셨을 때, 하나님은 피범벅이 되셨다. 이 사실은 화염 속에서 사람을 구해 내려다 사고를 당한 이 소방관에게 특별한 호소력을 발휘했다.

다양한 프로그램과 시스템과 방법들은 수도원의 고상한 탑이나 목판 성화 장식에 잘 자리잡고 있다. 신학 서적으로부터 얻는 것은 머리로 아는 지식이다. 하지만 하나님을 정말로 알게 된다는 것에 초대되는 것은 항상 고통에 초대되는 것을 의미한다. 이때 고통은 혼자서 받는 것이 아닌 주님과 함께 받는 고통을 말한다. "아무든지 나를 따라오려거든 자기를 부인하고 자기 십자가를 지고 나를 좇을 것이니라 누구든지 제 목숨을 구원코자 하면 잃을 것이요 누구든지 나와 복음을 위하여 제 목숨을 잃으면 구원하리라"(막 8:34-35).

이 소방관은 흥미를 갖기 시작했다. 하나님은 단순히 이 소방관의 죄를 노출시킨 것만이 아니었다. 그 소방관이 아슬아슬한 순간에 불길이 치솟는 건물 안에서 어린아이를 창 밖으로 꺼내기 위해 건물 안으로 들어갔던 것같이, 그분이 직접 그의 죄 안으로 들어가셨다. 그러나 예수님이 잃은 것은 두 손만이 아니었다. 그분은 자신의 목숨을 잃으셨다. 감사하게도 그분은 불에 타 죽진 않으셨다. 또한 생명을 되찾으셨다. 얼마나 놀라운 능력인가! 내가 고통 가운데 평안하고자 한다면, 그러한 평안이 교리나 대의에 의해 유지되는 것이 아니라 이 우주에서 가장 강력한 인격에 의해 유지되길 원한다.

놀라운 사랑, 어떻게 그럴 수 있을까? 늘상 무미건조하고 무관심하고 차갑고 혼자였던 나였는데, 이런 나를 위해 주님께서 자신의 심장에 비수를 꽂으셨다니! 생명의 하나님, 그가 죽음을 껴안음으로 죽음을 정복할 수 있으셨다니! 죄의 권세를 무너뜨리기 위해 죄로 하여금 자신을 멸망케 하셨다니, 놀랍지 않은가! "하나님의 미련한 것이 사람보다 지혜 있고 하나님의 약한 것이 사람보다 강하니라"(고전 1:25).

이런 주님을 체험하기 위해 그리고 '그의 부활의 능력'을 체험하기 위해 사도 바울이 고통을 받은 것은 그리 놀랄 일이 아니었다.

4. 나는 알고 싶다… 주님의 부활의 능력이 무엇인지

줄리아 비치 여사는 몸이 엉망이 된 남편 밥 비치 씨 뒤에 서 있었다. 그녀는 늙고 가냘픈 체구에 키 작은 여자였다. 건장한 체구의 남편은 사냥 중에 발생한 사고로 한쪽 눈에 안대를 하고 있었다. 그녀는 한숨을 쉬며 고백했다. "아침에 눈을 뜨기 전에 나는 가끔 이런 생각이 듭니다. 예수님, 저 이제는 더 버틸 수 없습니다. 너무 실의에 빠져 침대 정리조차 하고 싶지 않아요." 나는 이 부부가 하루하루 어떻게 보내고 있는지 궁금했다. 비치 부인은 이 세상 밖으로부터 오는 능력을 필요로 한다.

당신은 이 능력 없이 당신이 처한 상황을 극복할 수 없다. 당신 쪽에 힘이 있어 아픔을 밀어 내지 않는 한, 그것을 밀치고 헤쳐 나갈 방법은 없다. 어딘가로부터 공급받는 힘이 없이는 밝은 전망이나 행복한 희망을 가질 수조차 없다.

그러나 바울은 왜 '그의 부활의 능력'을 이야기하고 있을까?

그리고 이것이 어떻게 비치 부인을 도울 수 있을까?

첫째로 부인은 예수님이 자신의 심정을 이해하신다는 사실을 아는 것으로부터 도움을 받는다. 부활하기 위해 예수님은 먼저 죽으셔야 했다. 죽기 위해 그는 먼저 인간의 몸을 입으셔야 했다(그의 신성을 포기하지 않으신 채). 그러므로 예수님도 한때 비치 부인과 같은 길을 걸으셨고, 이 땅에서 삶의 아픔을 느끼셨다. 그는 지금 천국에 있지만 이 땅에 있었던 시절을 떠오르게 하는 '신성한' 기억을 간직하고 계신다. 그는 비치 부인이 겪고 있는 것을 알고 계신다. 줄리아 비치 부인이 상심해 있는가? 예수님이 그녀와 함께 상심해 하신다. 이웃들이 그녀를 도와주러 더이상 오지 않는가? 예수님은 한 시간 동안만이라도 함께 기도하도록 가장 친했던 세 명의 친구에게 그것을 강요하실 수 없었다. 그녀가 세상으로부터 외면당한다고 느낀다면 예수님 역시 외면당하셨다. 그녀가 비애에 빠져있는가? 예수님은 나락에 떨어져 '슬픔의 사람이요 질고에 익숙한 자'(사 53:3, KJV)가 되셨다. 과연 그가 그녀의 지옥으로 내려오실까? 그렇다. 왜냐하면 "내 주변이 온통 암흑입니다", 하지만 "(그에게는) 어두움이 숨지 못하며 밤이 낮과 같이 빛나리니"(시 139:12, KJV)라고 줄리아가 울부짖을지도 모르기 때문이다. 당신 곁에 하나님이 앉아 계시다는 것을 알면, 당신은 거의 모든 것, 심지어 병상 곁에서 밤을 새며 앉아 있는 수 시간 조차 참아 낼 수 있다.

두 번째로 '그의 부활의 능력'이 비치 부인을 도와준다. 왜냐하면 부활하신 예수님의 권한으로 부으시는 성령의 수혜자로 그녀가 구별되었기 때문이다. 이것은 그녀가 엄청난 능력에 곧바로 접근할 수 있음을 의미한다.

하지만 잠깐만. 아픔 없이는 얻는 것도 없다. 성령을 부어 주시기 위해 예수님께서 죄와 죽음을 정복하셔야 했던 것을 기억하라. 이런 능력에 접근할 수 있다는 것은 우리에게 무언가를, 예컨대 '한쪽 눈을 도려 내는 것'이라든가 "만일 네 오른손이 너로 실족케 하거든 찍어 내버리라 네 백체 중 하나가 없어지고 온몸이 지옥에 던지우지 않는 것이 유익하니라"(마 5:29-30)와 같은 대가를 요구하는 것을 의미한다. 우리의 고통 중에 예수님은 우리와 하나가 되신다. 우리 또한 그분 안에서 그분과 하나가 된다. 그분은 우리의 육신을 취하시고 우리는 그분의 신성을 취한다.

> 저희는 잠시 자기의 뜻대로 우리를 징계하였거니와 오직 하나님은 우리의 유익을 위하여 그의 거룩하심에 참예케 하시느니라 무릇 징계가 당시에는 즐거워 보이지 않고 슬퍼 보이나 후에 그로 말미암아 연달한 자에게는 의의 평강한 열매를 맺나니(히 12:10-11).

예수님이 죄를 위해 죽으셨다면, 우리는 죄에 대해 죽는다. 이것은 예수님이 죄의 대가를 치르며 죽으신 것처럼 그렇게 우리도 죽어야 한다는 것을 의미하진 않는다. 하지만 우리가 삶의 변화를 경험하고 고통을 뒤흔드는 능력을 경험하고자 한다면, 우리는 "항상 예수 죽인 것을 몸에 짊어져야 한다"(고후 4:10).

처음에는 이런 것이 비치 부인에게 잘 받아들여지지 않았다. 냉혹하고 심한 이야기로 들렸다. "한 눈을 도려 내라고? 내 남편은 이미 눈 하나를 잃어버렸는데! 하나님, 당신은 우리에게서 더 무엇을 가져가시길 원하나요?" 하나님이 원하시는 것은 이 연약하고 지친 여인이 그녀의 의구심, 공포, 불안 그리고 자신의 능력에 대해 죽은 바 되는 것이다. 이것들이 그녀에게는 너무 무거워서 그녀가 짊어질 수 없다는 것을 하나님은 아신다.

자신에 대해 죽는 것. 예수님이 당한 비통함과 고통에 비하면 이것은 약간의 맛보기에 불과한 것이다. 하지만 우리는 이것을 맛보아야만 한다. 우리가 그분의 기쁨, 평화, 천국을 이용하고 그분의 모든 유익함에 참여하고자 한다면, 우리는 그분의 고통을 친교하며 나누어 가져야 하고 죽음에 있었던 그분과 같이 되어야 한다. 죽음은 생명으로 향하는 관문이다.

그리고 능력으로 인도되는 관문이다.

하지만 그 문을 어떻게 통과해 걸을 것인가?

5. 십자가

고통 그 자체는 아무 유익이 없다. 그러나 우리가 고통을 하나님과 우리 사이에 있는 것으로 인식할 때, 고통은 의미를 갖는다. 십자가 상에서 고통은 해결된다. 십자가는 해결의 장소이다. "십자가는…하나님의 능력이라"(고전 1:18). 그곳은 하나님과 우리 사이에 능력이 발생하는 곳이다.

그곳은 관계가 탄생하고 깊어지는 곳이다. 처음에 십자가는 아버지와 독생자 아들 사이의 해결이었다. 그곳에서 발생한 것, 즉 구원의 역사 때문에 십자가는 의미를 갖는다. 아버지와 독생자 아들 사이뿐만 아니라 독생자 아들과 우리 사이에 해결. 십자가는 우리와 예수님과의 관계의 중심이다. 2천 년 전에 실제적인 어떤 것이 십자가에서 발생했다. 이곳이 우리가 영적으로 탄생한 곳이다.

상징적인 무언가가 지금도 여전히 발생하고 있다. 십자가는 우리가 죽는 곳이다. 우리는 매일 십자가로 간다. 하지만 이것은 쉽지 않다. 우리는 보통 어느 곳이든 간에 예수님을 따라가려 한다. 말하자면 그분에 의해 물이 포도주로 바뀌는 연회장이나, 그분이 배를 타고 설교하고 계시는 햇빛 내리쬐는 해변이나, 수천 명을 먹이시는 솔솔바람 부는 언덕 저편으로, 심지어 장사꾼들의 탁자를 뒤엎으시는 성전으로 말이다. 하지만 십자가가 있는 곳이라면 어떨까? 우리는 망설인다. 십자가로의 초대는 너무나 두렵도록 개인적이다. 이것은 혼자 오라는 초대이다. 주님은 당신에게 일반적인 요구를 하는 것이 아니라 개인적이고 구체적인 요구를 하신다. 우주의 전능하신 자와 당신 사이에 해결이 이루어지는 곳이다.

우리는 십자가를 죽음의 장소로 알고 있다. "그러므로 땅에 있는 지체를 죽이라…"(골 3:5). 누가 이 같은 일을 하고 싶어 할까? 자신의 자존심을 십자가에 처형시키라니? 자신의 백일몽과 환상을 처단하라니? 자신의 소소한 염려들의 무덤을 파라니?

우리는 결코 우리 자신을 십자가로 끌고 갈 수 없다. 거기에는 매력을 끌 만한 것이 아무것도 없다.

그래서 우리는 십자가와 관계없는 삶을 살거나, 그렇게 살려고 한다. 시간이 경과함에 따라 우리가 처음 믿을 때의 그 절실함은 기억에서 점차 흐려진다. 우리에게 십자가는 '그 당시에' 있었던 무언가가 되어 버리고 한때 우리가 하나님을 얼마나 굶주렸었는지 잊어버린다. 우리는 자기만족 속에 성장한다. 우리는 행위를 실천한다. 한쪽 뺨을 맞은 것에 대해 다른 뺨도 돌려 대기도 하고 오 리를 가자는데 십 리를 가기도 한다. 그러나 이런 노력은 그저 노력일 뿐이다. 우리는 이 사실을 좀처럼 인정하지 않는다. 하지만 우리가 얼마나 자율적인 하나님으로 취급하고 있는지 스스로 잘 알고 있다.

이 지점에서 하나님은 간섭하시기 시작한다.

하나님이 우리에게 고통을 허용하신다. 그분은 피터가 소경이 되고, 로라가 퇴행성 질병에 걸리고, 비치 씨가 사냥 사고를 당하고, 내가 전신 마비가 되도록 허락하신다. 고통은 우리를 아무것도 아닌 존재로 만든다. 키르케고르(Sören Kierkegaard)의 말을 빌리면 "하나님은 무(無)에서 모든 것을 창조하시고, 사용하시려는 모든 것을 우선 무로 돌려놓으신다." 아무것도 아닌 상태로 변화되는 것은 십자가로 이끌림을 받는 것이다. 이것은 잔인한 자비이다. 우리의 어두운 면은 이것을 혐오한다. 우리의 각성된 면은 이것을 출발 거점으로 인식한다.

경이로운 교환이 십자가에서 일어난다. 고통이 우리를 갈보리 언덕 아래 무릎 꿇게 할 때 우리는 우리 자신에 대해 죽는다. 우리의 자존심과 분노를 제거하지 않고는, 우리의 꿈과 욕망을 내던지지 않고는, 그곳에 오랫동안 무릎을 꿇고 있을 수 없다. 이것이 '십자가로 가는 것'에 관한 전부이다. 이렇게 우리가 십자가로 갈 때 하나님은 우리에게 능력을 부여 하시고, 새롭고 영원한 희망을 심어 주신다. 우리는 새롭게 일어난다. 하나님의 멍에는 쉽고 그분의 짐은 가볍다. 하지만 우리가 자족하는 올챙이가 되는 바로 그때, 고통은 더 심하게 몰아친다. 그래서 우리는 우리 안에 순교자가 고행의 길을 걷도록 하면서… 우리를 자신을 과시하고자 하는 마음을 제거해 가면서… 다시 십자가를 찾는다. 이렇게 해서 해결을 향한 업무는 지속될 수 있다. 우리가 고통의 십자가를 굳게 잡을 때, 하나님은 자신의 사랑과 능력과 평화를 더욱 나타내신다.

십자가로부터 떨어져 있는 것… 그것은 어떠한 능력도 없다.

나는 어린 시절 농가에서 살았는데 내가 즐겨 찾던 곳 중에 하나는 축사 옆 목초지 비탈에 있는 연못이었다. 나는 올챙이와 가재들을 시간가는 줄 모르고 지켜보곤 했다. 나는 철썩 주저앉아 연못물이 어디에서 오는 것인지 궁금해 하곤 했다. 연못 주위를 돌아보아도 연못으로 들어오는 개울의 물줄기를 찾을 수가 없었다. 바위 위로 졸졸 흐르는 실개천도 없었고, 샘터 옆 냉동 창고와 연결된 파이프를 타고 흘러드는 물줄기 같은 것도 없었다.

나의 아버지는 땅속 깊은 곳에서 솟아오르는 샘물에 의해 연못물이 채워진다는 사실을 찬찬히 설명해 주셨다. 이 샘물이 보글보글 솟아올라 연못을 채운다고 일러 주셨다. 아버지가 연못 주위를 더 넓게 파셨다면 샘물은 계속해서 연못을 채웠을 것이다. 이것은 쉽게 이해가 안 되는 신비스런 사실이었지만 나는 곧 만족해하고는 개구리와 가재들과 다시 어울려 놀았다.

수십 년에 걸친 전신 마비는 이제 더는 이해할 수 없는 불가사의가 아니다. 불구로 인해 많은 제약들이 나를 침입해 들어올 때면, 나 중심적인 비비꼬인 생각의 덩굴들과 죄와 반항의 먼지들을 파헤쳐내고, 나 자신의 권리를 뿌리째 뽑고, 습관적인 죄의 파편들을 말끔히 밀어 내며, 자존심을 퍼내고 있는 예리한 삽날을 종종 느끼곤 한다. 고통을 당하는 중에도 하나님을 믿는다는 것은 나 자신을 비운다는 것을 뜻한다. 그리고 자신을 비운다는 것은 하나님께서 내 안에 자리 하실 공간이 그 만큼 늘어난다는 것이다. 연못의 크기를 넓히는 것처럼 말이다. 고통이 나를 위해 하는 가장 위대하고도 선한 일은 하나님을 위한 나의 공간을 늘려 준다는 점이다. 그러면 샘물과도 같이 하나님은 내 안에서 자유롭게 흐른다. "나를 믿는 자는 성경에 이름과 같이 그 배에서 생수의 강이 흘러나리라"(요 7:38).

자그마한 개울이 아닌 평안이라는 강력한 강물이.

6. 하나님의 사랑이 우리를 강권하신다

고통은 하나님과 우리 사이에서 이 놀라운 해결을 이루어 낸다. 그리고 하나님과 우리 사이에서 놀라운 무언가가 발생할 때, 그분의 십자가는 더 이상 죽음의 상징으로 보이지 않는다. 또 다른 경이로운 교환이 일어나, 십자가가 생명의 상징이 된다. 승리의 생명. 우리는 더 이상 발버둥치고 소리치며 십자가로 가지 않는다. 우리는 생명을 사모하며 십자가로 달려간다. 사랑의 요구에 더 복종하도록 "그리스도의 사랑이 우리를 강권하시는도다"(고후 5:14). 이리하여 우리는 "모든 무거운 것과 얽매이기 쉬운 죄를 벗어 버리게"(히 12:1)된다.

우리는 더 이상 무언가를, 심지어 '강물 같은 평안' 처럼 달콤한 그 무언가를 얻기 위해 십자가로 가지 않는다. 우리는 결코 십자가로 '가지' 않는다. 우리는 십자가로 끌림을 받는다. 거역할 수 없이 압도되어서.

마치 자석처럼 하나님의 내면으로 내가 이끌림을 받도록 나를 조르고, 유인하고 유혹하면서, 그리스도의 사랑이 내 가슴에 일방적이고 강력한 요구를 펼치신다. 내 마음은 시편 25편 14절에 의해 잠에서 깨어난다. '여호와의 친밀함이 경외하는 자에게 있다' 면 그 전지전능하신 분으로부터 친밀성을 얻기 위해 크고 작은 어떤 고통이든 (두통, 폐렴, 밀실 공포증을 느끼며 병상에 누워 있어야 하는 장기간의 투병. 세상은 앞서 가고 있는데, 자신은 뒤쳐져 주저앉아 있는 듯한 느낌 등) 당할 만한 가치가 있는 것이다. "그러나 이 모든 일에 우리를 사랑하시는 이로 말미암아 우리가 넉넉히 이기느니라 내가 확신하노니 사망이나 생명이나 천사들이나 권세자들이나 현재 일이나 장래 일이나 능력이나 높음이나 깊음이나 다른 아무 피조물이라도 우리를 우리 주 그리스도 예수 안에 있는 하나님의 사랑에서 끊을 수 없으리라"(롬 8:37-39).

하나님은 어떤 분리도 원치 않으신다. 예수님과 나 사이에 아무것도 없도록 하기 위해 하나님은 예수님과 나 사이에 고통을 허락하신다.

우리는 보다 깊고, 보다 기쁜 마음으로 고백하고 신뢰하고 복종하고 순종하면서 앞으로 또 위로 십자가를 향한 여행을 계속해 나간다. 하나님과 긴밀히 교제할 때 맛보는 그 달콤함과 즐거움, 그리고 희열을 표현할 어휘를 찾기 위해, 신비주의 그리스도인이나 순교자들을 포함한 수많은 시인들과 지혜자들이 고심했다. 이 기쁨과 평안과 즐거움과 안식과 자유가 하나로 뭉쳐진 단어가 있으면 좋을 것이라는 생각을 해본다. 하지만 이 땅에서 이것을 만족시켜 줄 수 있는 것은 아무것도 없다는 사실을 나는 알고 있을 뿐이다. 해답은 우리의 아버지를 향해 "내가 저희 안에, 아버지께서 내 안에"(요 17:22-23)라고 하신 예수님의 기도에 있다.

당신의 십자가보다 결코 더 멀지도 않고
당신의 발보다 결코 더 높지도 않을
이 땅에 소중한 것들 하찮게 보이고
이 땅에 쓰디쓴 것들 점차 달콤해지네.

오 그리스도시여 여기 우리의 죄악 우리가 목도하오니
이 죄악 응시하며 당신의 사랑 배우게 하소서.
당신께 십자가를 지운 죄,
그 십자가를 지신 우리를 위한 사랑.

우리 여기서 섬김과 베품과
자기 부정의 즐거움을 익힙니다.
우리 여기서 살기 위해 사랑을 모으고
우리 여기서 죽기 위해 믿음을 모으네.

우리 할 수 있는 힘껏 앞으로 나아가며
우리들 가슴은 여전히 향하고 있음에 틀림없네.
우리의 최초 희망이 시작된 곳
우리의 최후 갈망이 끝나는 곳을.

찬란한 빛 가운데 이를 때까지
그대 안에 완전히 구원된 우리,
그대의 십자가로 흰 눈같이 정결케 되고
그대의 발 앞에 우리의 월계관들을 내려놓네.

엘리자베스 런들 찰스(Elizabeth Rundle Charles, 1828-1896)[2]

부활의 능력은 극심한 불안과 저속한 야심을 장사지낸 십자가에서 발생한다. 부활의 능력은 깨끗하게 하는 능력이다. 정결하게 하는 능력이다. 소문날까 두려운 집안의 비밀을 털어 내고 마약 중독에서 벗어나게 하는 능력이다. 당신의 영혼을 가둔 쇠고랑을 끊어 내고 자유의 신선한 공기를 마시도록 하는 힘이다. 의구심과 공포심이 생길 때 "아니요"라고 말할 수 있는 힘이자 하나님의 능력에 "예"하고 말할 수 있는 능력이다. 이 모든 능력은 디모데후서 2장 11-12절 말씀 내용에 해당한다. "우리가 주와 함께 죽었으면 또한 함께 살 것이요 참으면 또한 함께 왕 노릇할 것이요."

아마도 이것이 앞에서 언급한 오랜 갈망에 대한 대답일 것이다. 우리가 주를 위해 창조되었다는 메시지를 울려 주는 갈망. 하나님의 완전한 음조를 내는 소리 굽쇠를 친다면 우리는 완전함을 들을 것이다. 주님과 그분의 부활의 능력을 알고자 하는 우리의 갈망은 아마도 거룩함에 대한 실로 강력한 열망일 것이다.

주님이 우리를 창조하신 바대로 온전히 그렇게 되고자 하는…

---

2) 로버트 브라운(Robert K. Brown) · 마크 노턴(Mark R. Norton), 『연중 찬양』 The One Year Book of Hymns, (Wheaton, Ill.: Tyndale House, 1995), April 11.

7. 십자가 앞으로 나와 당신 자신을 발견하세요

　쇼나 리벨은 파리의 화려한 패션쇼에 나오는 일류 모델이 될 수도 있었다. 늘씬하고 유연한 몸매와 긴 다리로 걸을 때 목 뒤로 나풀거리는 금발 머리. 그녀가 어렸을 때 우리는 그녀를 데리고 시에라 산맥에 가서 캠프를 하곤 했다. 나는 절벽 밑에 앉아서 그녀가 바위를 타거나 낚시 하는 모습을 지켜보며 마음속으로나마 그것들을 즐기곤 했다. 쇼나가 마시멜로를 구워서 내게 건네 주거나, 내 휠체어를 끌어 주며 콜드워터 야영장 주변을 구경시켜 줄 때면 나는 그녀의 엄마에게 "참 듬직한 아이에요"라고 말해 주곤 했다. 세월이 흘러 미술 대학을 졸업하고 영화 산업과 관련된 의상업에 종사하면서 쇼나는 불안정한 삶을 살기 시작했다.

　로스앤젤레스 다운타운에 혼자 살면서 그녀는 어둡고 우울한, 위태로운 길을 걸었다. 어느 외로운 금요일 밤 몇 잔의 술을 마신 후, 몽롱해진 상태에서 집 밖으로 나와 자동차 핸들을 잡았다. 안개가 덮인 어둠 속에서 가로를 따라 차를 몰면서 할리우드 고속도로로 접어들었다. 고속도로를 빠져나올 때 그녀는 차선을 잘못 들어, 남쪽으로 달리는 차량과 정면충돌할 수 있는 북쪽 도로로 접어들게 되었다. 앞에서 달려오는 차들이 전조등을 밝히고 경적을 울려 대면서 황급히 핸들을 돌려 보았지만, 정면 충돌을 피할 수 없었다. 쇼나는 정면 충돌을 기억하지 못한다. 경찰차들이 온 것도 기억하지 못한다. 헬리콥터도, 앰뷸런스도, 텔레비전 저녁 뉴스도…. 한 남자가 사망했고, 또 한 사람이 중상을 입었다. 한 여자가 과부가 되었으며, 세 자녀가 아빠를 잃었다.

수일이 지난 후에도 경찰들은 몸통에 깁스를 한 채 누워 있는 쇼나의 병실 앞을 떠날 줄 몰랐다. 내가 휠체어를 타고 병문안을 갔을 때, 쇼나는 부은 입술로 신음하고 있었다. "미안… 해요." 행복하고 활달했으며 금발 머리를 나부끼던 어린 시절 캠프 때의 모습은 옛일이 되어 버렸고, 이제 쇼나에게 그런 시절은 다시는 돌아오지 않을 것이다.

감옥에서 쇼나가 보내 온 편지들 속에 그 증거가 있다. 최종 판결이 나는 데 2년 넘게 걸렸다. 어머니의 보호 감찰 기간 동안 그녀는 성실하게 감옥 생활을 준비하고 있었다. 일주일에 닷새 밤을 잭 헤이퍼드 목사님 교회에 출석했고, 주일에는 어머니 교회에 출석했다. 성경 공부, 기도 모임, 전도 활동도 하고 우리와 함께 있을 때면 언제나 회개의 눈물을 흘렸다. 자신을 섬기는 죄스런 삶은 사망에 이른다는 사실을 감옥에 있는 다른 여인들에도 기꺼이 전해 주고 싶어 했다.

쇼나는 교도소의 일반 감방이 꽉 차서 당분간 사형수 감방에 고립된 채 성경도 없이 지내게 될 것을 예상하지 못했다. "내게는 이런 경험이 필요했어요. 나의 근원을 시험하는 계기가 되었답니다." 나는 마침내 쇼나가 이번 주에 일반 감방으로 이송되어 일곱 명의 다른 여인들과 함께 지내게 되었다는 소식을 전해 들었다. 쇼나는 눈에 띄는 존재가 된다. 감방 동료 여인들은 거친 반면 쇼나는 사건 이후로 온순하였으며, 동료들은 흑인인 반면 쇼나는 순종 백인이었다. 동료 여인들은 자신들의 어머니와 캠핑을 한 적도 없고 승마를 해보거나 예술 대학에 가본 적도 없었다. 그러나 이 차이는 관심을 끌었다. 이들 중 상당수가 기도와 조언을 듣기 위해 쇼나에게 다가왔다. 한 여인은 비아냥거렸다. "쇼나, 넌 우리보다 훨씬 고상하고 능력 있고 우월하다고 생각하고 있어." 쇼나가 대답했다. "아냐. 너는 뭔가 오해한 거야. 나야말로 가장 나쁜 인간인걸. 나는 모든 기회를 가졌었지. 모든 기회가 내게 주어졌었어. 그런데 나는 그것들을 모두 날려 버렸어. 하지만 그리스도가 나를 용서해 주셨어. 죄인들 중에 가장 나쁜 죄인인 나를 말야. 그리고 그분은 너도 용서해 주실 수 있어."

쇼나는 교도소에서 출소하게 되면 피해당한 가족을 찾아가서 미력하나마 그들이 흘린 피, 그 상처를 회복시켜 주는 일을 하고 싶어 했다. 어디까지나 피를 흘리게 한 사람은 그녀이다. 그녀는 등에 박혀 있는 쇠봉들과 발목의 통증을 통해 죄는 파멸에 이르게 한다는 사실을 영원히 기억할 것이다. 하지만 고통, 특별히 '죄의 결과로 오는 고통'은 그녀의 표현을 빌리면 '반항과 불순종의 삶보다 더 낫다.'

로데오 길가 집에서 살던 시절이나 시에라 산맥을 찾던 시절, 그녀는 자신을 즐거움을 찾아 헤매는 방랑자라고 생각했을지도 모른다. 아마도 그녀는 자신의 정체성이 예술이나 영화의 세계 속에 둘러싸여 있다고 생각했다. 하지만 고통은 그녀를 철저히 혼자 남게 했다. 고통은 그녀를 진찰하고 걸러 내며 끊임없이 그녀에게 "당신은 누구인가?"라는 질문을 던지며, 한 인격으로서의 그녀를 가장 높은 강도로 시험했다. 쇼나가 대답을 하려 했을 때 그녀는 압도되었다. 그녀의 어두운 면이 전에는 숨겨져 있었는지도 모른다. 자기 자신을 우월하게 보이거나 관대하게 보이는데 성공했는지도 모른다. 그러나 그날 밤 사고는 모든 것을 바꿔 놓았다. 고통은 심문하듯 그녀에게 물었다. "너는 너 자신이 매우 잘났다고 생각하지!"

쇼나의 진정한 정체성은 할리우드 고속도로의 시멘트 바닥에서 벗겨졌다. 죽어 마땅한 죄인. 그리고 이 죽어 마땅한 죄는 선한 것의 시작이었다. 만일 죄가 계속해서 그녀의 삶을 자유롭게 넘나들었다면 그녀 인격의 근저는 산산조각으로 파괴되었을 것이다.

　　죄는 우리를 근본적으로 하나님께로 향하게 하며, 우리의 진정한 성격, 정체성, 행복이 의지하고 있는 우리의 실체를 무너뜨린다. 우리는 하나님이 원하시는 것을 원하고, 하나님이 아시는 것을 알며, 하나님이 사랑하시는 것을 사랑하도록 지음 받았다. 죄는 하나님이 원하시지 않는 것을 원하고, 하나님이 아시지 않는 것을 알며, 하나님이 사랑하지 않는 것을 사랑하려는 것이다... 이 모든 것들 속에서 죄는 하나님께 대항할 뿐만 아니라 무엇보다 우리 자신들에 대항해서 그 자체가 최대의 불의인 것을 입증한다.[3]

　"그 사건은 죄의 유혹에 대하여 내가 죽기 위해 필요했다"고 쇼나는 술회한다. "그리스도께서 이미 육체의 고난을 받으셨으니 너희도 같은 마음으로 갑옷을 삼으라 이는 육체의 고난을 받은 자가 죄를 그쳤음이니 그 후로는 다시 사람의 정욕을 좇지 않고 오직 하나님의 뜻을 좇아 육체의 남은 때를 살게 하려 함이라"(벧전 4:1-2).

　고통의 시험은 결코 완화되지 않는다. 우리는 고통이 들이대는 심문을 피할 수 없다. 그것은 항상 우리의 본질을 드러낸다. 우리가 이기적으로 스스로를 사랑한다면 고통은 죄 속에서 활개를 치며 다닐 것이다. 우리 안에 있는 사악함은 겉으로 기어 나와 독을 퍼뜨릴 것이고, 고난은 우리를 증오에 차게 만들 것이다. 또한 우리는 고통을 피하기 위해 자해를 가할 것이고 다른 사람들에게도 아픔을 휘두를

---

3) 토머스 머턴(Thomas Merton), "사람은 섬이 아니다"(*No Man Is An Island*), 『십자가의 언어』 *The Word of the Cross*, (New York: Harcourt, Brace and Co., 1955), p. 84.

것이다. 이렇게 될 때 고통은 우리를 전보다 더 나쁘게 만든다. 고통은 어떤 교과서를 이용해 쉽게 우리를 가르치는 것이 아니다. 고통은 우리들 내면의 것을 이용해 우리를 가르친다.

가장 깊은 본질까지 산산조각이 난다는 것은 수치스런 일이다. 찢어진 채 드러난 자존심이라는 가면, 예쁘장 하게 치장한 껍질이 벗겨져 나간 것…. 하지만 그 드러난 본질 속에 자신을 알게 하는 신선한 무엇가가 있다. 드러난 그 취약성, 투명성. 비로소 하나님과 우리 사이에는 '아무것도' 존재하지 않는다.

그리고 감사하게도 하나님은 우리를 벌거벗은 상태로 내버려 두지 않으신다.

우리가 노출되고 텅 빈 상태가 된다는 것은, 하나님이 이제야 우리를 덮어 주실 수 있기에 아름다운 것이다. 접착제로 무언가를 붙이려면 그 전에 접촉면을 깨끗이 긁어내야 하는 것처럼, 엷게 앉은 먼지(야심과 허영과 타인과 하나님을 대항해 스스로 서 있는 모든 것들)가 없어지지 않는 한 하나님과 우리 사이에 밀접한 접합은 이루어지지 않는다.

이것은 단순히 죄가 제거되는 것만을 말하는 것이 아니다. 이것은 성도가 일으켜 세움을 입는 것이다. "하나님이 미리 아신 자들로 또한 그 아들의 형상을 본받게 하기 위하여 미리 정하셨으니"(롬 8:29). 앞에서 우리가 하나님은 스스로를 보고 즐거워하신다고 말했던 것을 기억하는가? 자신의 거울 속 모습이 그분의 독생자라고 했던 말은 또 어떠한가? 하나님께서 당신 안에 있는 그리스도를 보실 때, 그분이 얼마나 기뻐하시겠는지 생각해 보라. 이보다 하나님을 더 신나게 하는 것은 없다. 한 영혼이 자신의 자존심과 화려한 겉모습을 비울 때 그리스도가 그 영혼을 채워주신다. 이것은 "너희가 죽었고 너희 생명이 그리스도와 함께 하나님 안에 감취었음이니라"라는 골로새서 3장 3절 말씀을 다르게 표현한 것이다. 당신은 죽고 그분이 사시는 것이다.

이것보다 더 영광스럽게 쓰라리면서도 즐거운 것은 있을 수 없다. 그냥 즐거운 것이 아니라 쓰라리면서도 즐거운 것이다.

우리가 비밀스레 갈망하고 있으며 형언하기 어려운 만큼 신비한 방식으로 달콤한 일종의 고통과 죽음이 있다는 것에 당신은 주목해 본 적이 있는가. 이것은 일반적인 고통은 아니다(우리가 피학성 심리를 갖고 있지 않는 한). 하지만 우리가 어떤 신비로운 체험을 할 때 우리는 죽음을 원한다. 나는 이런 느낌을 딱 두 번 가져 보았다. 한 번은 거대한 폭풍이 치는 바다에서 수영을 할 때였고, 또 한 번은 베토벤의 제9번 교향곡을 처음 들었을 때였다. 성행위는 프랑스어로 르 프티 말(le petit mal)이라고 하는데 이는 작은 죽음이라는 의미이다. 그것은 죽음과 같은 정점, 극치의 상태이지만 경건하게 소망되는 극치의 경지를 말한다. 신비주의자들은 하나님 안에서 죽고 싶어 하는 그들의 깊은 소원, 하나님 안에서 무(無)가 되고자 하는 깊은 열망에 대해 이야기한다… 우리가 죽기를 원하고 자신을 완전히 잃는 고통을 갈망한다는 것은 무엇을 의미하는가? 그리고 기쁨은 눈물과 가깝고, 가장 멋진 것은 그냥 달콤한 것이 아니라 쓰라림이 따르는 달콤함이라는 것은 무엇을 의미하는가?[4]

나는 그리스도의 고통과 교제하게 되어서야 비로소 눈물이 달콤하다는 사실을 알게 되었다. 그전까지 나는 길을 잃은 영혼들과 신음

---

4) 피터 크리프트 박사(Dr. Peter Kreeft), 『고통의 의미』 Making Sense Out of Suffering, Ann Arbor, (Mich.L Servant Books, 1986), p. 153.

하는 세계에 대해 비통하게 울어 본 적이 결코 없었다. 내 가슴 속에 있는 아픔은 강렬한 열정을 결코 느끼지 못했고, 슬픔과 기쁨은 결코 그리 달콤하게 뒤섞일 것 같아 보이지 않았으며, 희망 역시 그리 견고해 보이지 않았다. 혼자가 된다는 것은 또 얼마나 불만족스러웠던지….

나의 어머니는 지금까지 늘 가정, 친구, 이웃들로 둘러싸여 사셨다. 그러나 이제는 남편을 먼저 보낸 여든세 살의 할머니로, 살던 집도 처분하고 대부분의 시간을 홀로 보내고 계신다. 하나 둘 잃어 가는 것이 어머니를 비우게 했지만 하나님께서 채워 주셨다. 나는 줄곧 어머니를 걱정했는데, 최근 어머니께서 이런 말씀을 하셨다. "조니야, 하나님이 나를 변화시키셨단다. 난 혼자 있어도 괜찮다. 나는 나 자신을 좋아하고 그래서 나 자신과 함께 있는 것을 즐기고 있단다." 어머니는 지금 자신이 바라보고 있는 대상을 좋아하고 계신다. 어머니 자신이 아닌 어머니 안에 계시는 영광의 희망이신 그리스도를.

고통은 자존심을 가루로 빻는 방앗간이다. 거기서 우리의 영혼은 발가벗겨지고 그리스도에게 접합된다. 그리고 이것은 아름답게 느껴진다.

8. 고통의 능력

고통의 능력은 그리스도의 고난에 동참함으로써 나타난다.

인자가 이 땅에 거하셨을 때 아버지의 위안은 받았지만 친구들로부터는 그 어떤 것도 받지 못했다는 사실은 우리의 가슴을 아프게 한다. 이 땅에 있는 그 누구도 그를 위해 고통에 동참하지 않았다. 그가 가진 것은 제자들의 소경 같은 둔감함뿐이었다. 아무런 격려도 받지 못했고 십자가를 지고 가는 데 어떠한 기쁨도 없었다. 그가 십자가를 감내한 것은 '자기 앞에 놓인 기쁨을 위해서'였다. 그는 당신에게 위안을 주기 위해 어떠한 위안도 받지 않고 그 길을 걸으셨다. 그는 당신에게 기쁨을 주기 위해 아무런 기쁨도 없이 그 길을 걸으셨다. 그는 당신과 내가 다시는 외로워하지 않도록 기꺼이 고립을 택하셨다. 가장 놀라운 것은 그가 당신을 대신하여 하나님의 진노를 감당하셨다는 사실이다. 하나님은 당신에게 아무런 분노도 갖고 있지 않으시다. 다만 용서와 자비와 은총만이 있을 뿐이다.

"하나님의 인자하심이 너를 인도하여 회개케…"(롬 2:4) 하신다면, 우리의 유일한 대응은 가슴을 치며 "하나님께 순복(하고)… 하나님을 가까이(하고)… 손을 깨끗이 (하고)… 마음을 성결케 (하고)… 슬퍼하며 애통하며"(약 4:7-9) 울기를 사랑하는 것 뿐이다.

병적으로 들리는가? 어쩌면 그럴지도 모른다. 하지만 이렇게 할 때 비로소 진정한 능력이 나타난다. 고통을 극복하기 위한 능력만이 아니다. 이것은 말에다 수레를 다는 것이다. 부활의 능력은 우리 삶에서 죄를 뿌리째 뽑아내는 것을 의미한다. 그러면 우리는 거룩한 마음과 함께 그의 엄청난 사랑을 체험하게 된다. 우리가 최종적인 승자 그 이상이 되는 것은 바로 그리스도의 사랑 안에 있을 때이다. 예수님과의 밀접한 관계는 우리에게 가장 밝은 전망, 행복한 희망을 우리에게 선사한다. 아픔을 견디고 헤쳐 나아갈 때 예수님은 우리 편에 서서 힘이 되어 주신다. "나를 떠나서는 너희가 아무것도 할 수 없음이라"(요 15:5). 그분께서 우리에게 이 말씀을 다시 한번 생각나게 하신다.

줄리아 비치 부인을 기억하는가? 우리는 그녀가 어떻게 기운을 차려서 또 하루를 견뎌 낼지 걱정하며 침대에 누워 있는 그녀를 두고 떠났었다. 그녀는 오늘 잠에서 깨어나 이불을 개기 전에 기도할 것이다. "내게 능력 주시는 자 안에서 내가 모든 것을 할 수 있느니라" (빌 4:13). 그녀는 두려움과 자신을 압도하는 감정들 뒤로, 죄를 떨쳐 버릴 것이다. 이 아침의 도전으로 그녀가 움직이기 시작하는 순간, 신성한 에너지가 그녀에게서 용솟음칠 것이다. 시간이 흐르면서 투쟁은 계속될 것이다. 절망적인 상황들로부터 빠져 나와 그녀는 수도 없이 하나님을 찾아야만 할 것이지만, 그녀는 능력을 갖게 될 것이다. 예수님의 능력을. "내가 그리스도와 함께 십자가에 못 박혔나니… 내가 산 것이 아니요… 내 안에 그리스도께서 사신 것이라"(갈 2:20). 비치 부인은 고백한다. "사랑하는 예수님, 저는 압도되었습니다. 저는 아무런 능력이 없습니다… 하지만 당신은 갖고 계십니다. 제가 오늘 한 발짝을 떼어 앞으로 나설 때, 제게 능력 주실 당신을 믿습니다."

그리고 "그의 힘의 강력으로 역사하심을 따라 믿는 우리에게 베푸신 능력의 지극히 크심이 어떤 것을 너희로 알게 하시기를 구하노라 그 능력이 그리스도 안에서 역사하사 죽은 자들 가운데서 다시 살리시고 하늘에서 자기의 오른편에 앉히사"(엡 1:19-20)

예수님을 죽음에서 일으키신 하나님이라면, 하나님은 비치 부인이 당하는 곤경에서 그녀를 끌어올리실 것이다.

제3부

내가 어떻게 버텨 낼 수 있을까?

제10장

영혼의 절규

"**난** 이해할 수 없어. 정말 하나님을 이해할 수가 없다고."
내 일을 돕고 있는 그레그 에릭스가 곧잘 하는 말이다. 회의에 참석하기 위해 고속도로로 먼 길을 가는 도중에도 그레그는 이렇게 말한다. 한동안 우리 사이에 침묵이 흐른다. 나는 운전석 뒤에서 휠체어에 앉아 운전하는 그의 모습을 지켜본다. 그레그만큼 근사한 체구를 가진 남자도 흔치 않다. 네덜란드계로 훤칠한 키에 금발 머리, 밝은 눈을 지녔고 옷차림도 늘 멋지다. 몬태나 주의 강가에서 송어 낚시를 즐기며 야영하는 것이 더 어울릴 텐데도, 여러 회의 장소로 나를 데려다 주기 위해 체크 무늬 셔츠와 청바지에 트위드 자켓을 입고 나왔다.

오늘 내가 유심히 바라보고 있는 그레그의 모습은 신사 잡지에 나오듯 멋져 보이지 않는다. 그레그는 이혼한 상태이며, 반쯤 치유된 아픔이 가끔 되살아나는데, 오늘 오후가 그런 날이다. 그의 한 손은 핸들을 잡고 있고, 다른 한 손은 옆에 앉은 아들 라이언에게 바나나와 과자를 먹이고 있다. 킬킬대며 웃거나 가끔 이상한 소리를 지르거나 두 단어조차 연결해 말하지 못하는 경우만 빼놓으면, 천진무구한 웃음을 지닌 이제 막 열 살의 라이언이 대소변을 가리지 못하는 정신박약아라는 사실을 여러분은 모를 것이다. 라이언은 아버지를 닮아 잘생겼다. 수없이 많이 발작 증세를 보이지만 같이 지내기에 즐거운 아이다. 나는 아빠와 아들을 지켜보면서, 라이언의 엄마가 그들과 함께 있는 장면을 연상해 본다. 엄마 무릎에 안긴 라이언, 칼로 예쁘게 잘라져 플라스틱 상자 안에 가지런히 놓인 바나나. 라이언의 턱에서 뭉개진 바나나가 줄줄 흐르고 있다.

그레그가 핸들을 안 잡은 손으로 바나나 껍질을 내던진 후 인슐린 주사 팩으로 손을 뻗칠 때, 나는 그에게 당뇨가 있다는 사실이 기억났다. 손가락에 주사 바늘을 찌른다. 밖의 도로 상황을 살핀 후, 달콤한 사과 주스를 들이킨다. 라이언을 보고는 입을 오므리며 말한다. "우리 착한 아들." 라이언은 싱글싱글 웃으면서 우리를 즐겁게 한다. 그레그의 삶은 운전하듯 떠돈다. 다람쥐가 쳇바퀴를 돌듯, 한 문제가 해결되면 또 다른 문제가 나타나 정신없는 생활이 계속된다. 그에게는 열두 살 난 딸 켈시가 있다. 한창 자라는 시기라서 아빠는 할 수 있는 한 최선을 다한다.

일요일이 가장 힘든 날이다. 지난 일요일 오후가 그랬다. 아빠와 라이언과 켈시가 약국에서 엄마와 마주쳤다. 아이들은 엄마를 부둥켜 얼싸안았다. 그레그도 함께 부둥켜 안고 싶었지만, 이내 평상시처럼 어색해지고 말았다. 미묘한 감정들이 교차한 후 헤어져야 할 시간이 되었다. 엄마와 떨어지려 하자 라이언은 비명을 지르며 눈물을 흘린다. 아빠가 켈시를 떨어뜨려 놓을 때 라이언은 더 큰 비명을 지른다. 그리고 라이언을 보살펴 주는 가정집 문 앞에 그를 떨어뜨려 놓을 때면 또다시 비명을 지른다. 그날은 교통경찰로부터 속도위반 딱지를 받는 것으로 하루를 마감했다. 제한 속도가 시속 55킬로

미터 지역에서 시속 75킬로미터로 달렸던 것이다. 그는 멍하니 경찰관을 응시한다. 상관 않겠으니 마음대로 하라는 태도다.

우리는 한동안 아무 말 없이 달렸다. 마침내 그가 한숨을 지으며 말한다. "넘어져서 얼굴에 생긴 저 흉터들 좀 보세요." 몸을 굽혀 앞좌석에서 천사처럼 잠든 아들을 만진다. "내가 이 애를 데리러 올 때마다 넘어지고 뒤뚱거리며 달려 나오는 모습을 보면, 나는 정말 이 애를 사랑하게 됩니다. 하지만 여전히 가끔씩 분노가 끓어오릅니다. 하나님이 왜 이렇게 하셨는지, 왜 이런 일이 생기도록 하셨는지 나는 이해할 수 없습니다. 이 모든 것들을 도무지 알 수가 없습니다." 그의 음성이 길게 늘어진다.

'나도 알 수가 없어요'라고 말하고 싶었다. 어둠이 깔리는 긴 고속도로를 달리면서 '알 수 없어요'라는 주제의 대화 분위기가 곧바로 설정되고 있었다. 세상을 선과 악, 흑과 백, '왜 그런가'와 '왜 안 그런가'로 나누어 보고 있었다. 난 그레그와 전 부인이 왜 행복한 가정을 이룰 수 없는 것인지 이해할 수가 없다. 그레그는 아이들을 무척 좋아한다. 몇 달 전 내가 부인을 만났을 때도 그녀는 똑같이 아이들을 사랑하고 돌보아 주고 있었다. 나는 두 사람을 붙잡고 말하고 싶다. "뭐 그리 나쁜 일이 있나요! 사랑과 선함이 승리를 거두는 것을 여기서 보여 주셔야만 해요." 하지만 그들 사이에는 화해할 수 없이 괴리된 세계가 있다. 이미 지나간 이전 세계. 마치 하나님과 그의 창조 사이에 결코 일어나지 말았어야 했을 운명적인 결별과도 같이.

우리 일행이 호텔에 도착한다. 나는 자동차 전조등 불빛에 비친 그레그의 모습을 살핀다. 때는 주일 밤. 측은한 생각에 나는 고개를 젓는다. 그레그는 나와 내 친구들을 호텔에 떨어뜨려 놓고, 라이언과 함께 아이를 보살펴 주는 가정집을 향해 돌아간다. 그 가정집 문 앞에서 아이를 건네주려 할 때, 라이언이 깨지 않고 계속 잠을 자고 있으면, 그날 밤은 다행스런 밤이 될 것이다.

그렇지 않다면, 그날 밤은 괴로워질 것이다.

세상의 많은 사람들이 이처럼 살고 있다. 대부분 사람들이 이혼을 했거나, 장애 아이와 함께 편부모로 살고 있다는 말은 아니다. 많은 사람들이 처한 괴로운 상황들이 사라지지 않고 있다는 말이다. 그 상황들은 호전되지도 않는다. 그레그와 전 부인이 다시 결합하는 일은 아마도 없을 것이다. 라이언이 기적적으로 정상적인 아이가 될 거라고도 믿기지 않는다. 한걸음씩 앞으로 나아가는 매일매일의 일상에서, 고통이란 것이 꼭 이혼이나 심각한 장애처럼 혹독할 필요는 없다. 그것은 끊임없이 투정을 부리는 떠들썩한 십대 아이들에 지쳐 버린 것일 수도 있고, 오후 내내 부엌에 갇혀 음식을 준비하고도 "맛있어요, 엄마!"라는 말 비슷한 것도 듣지 못하는 것일 수도 있다.

대부분의 경우 우리들은 이런 것들을 감당해 낼 수 있다. 긴 막대 위에 접시를 올려놓고 돌려 대는 광대처럼 말이다. 그래서 시끄러운 십대 아이들에 대해서나 침묵만이 흐르는 저녁 식사 시간에 우리가 실망하게 되면, 서둘러 다음 접시를 돌리기 전에 어떻게든 친한 친구와 마음을 터놓고 대화를 나눈다. 일기를 써서 우리의 실망을 종이에 담아 해소하기도 한다. 우리는 목욕탕에 가거나 헬스클럽에 가서 땀을 흘리기도 하고, 새 옷을 사 입기도 하며, 주말을 이용해 등산을 가기도 한다. 기도 모임과 성경 공부도 도움이 된다. 하나님은 우리가 감당할 수 없는 접시는 주시지 않는다. 그리고는 우리가 계속해서 접시를 돌릴 수 있도록 능력을 주신다. 하지만 때때로 우리는 심한 고통으로 인해 이 사실을 믿을 수 없어 한다. 무엇인가가 주어져야만 한다고 생각한다.

　이것이 바로 그레그 에릭스와 그의 부인 사이에서 일어났던 일들이다. 해결되지 않은 너무 많은 상처들. 부부간의 대화에 너무 많은 실패들. 이 같은 상황에서 라이언이 태어나면서 예기치 못했던 불화의 불이 지펴졌다. 이미 발화 직전의 상황에서 아들의 심각한 장애는 불에 기름을 붓는 셈이 되었다. 불길은 높게 솟아올랐고 갈등은 고조되었다. 견딜 수 없는 고통에 그레그와 부인의 믿음은 질식하기 시작했다.

　아픔이 우리의 집 문 앞에서 얼쩡거리고 생의 한복판에 웅크리고 앉아 매일, 매년, 일상의 것이 될 때, 우리는 질식할 수 있다. 우리는 무너질 수 있다. 우리의 분노가 폭발하게 된다.

1. 선한 분노

　쫓겨난 남편들만 울분을 토하는 것이 아니다. 그레그 에릭스가 있기 오래 전에 이미 많은 성도들이 신앙을 잃어버릴 지경에 처했었다.

　　주께서 나를 깊은 웅덩이
　　어두운 곳 음침한 데 두셨사오며
　　주의 노가 나를 심히 누르시고
　　주의 모든 파도로 나를 괴롭게 하셨나이다(셀라)
　　주께서 나의 아는 자로 내게서 멀리 떠나게 하시고
　　나로 저희에게 가증되게 하셨사오니

나는 갇혀서 나갈 수 없게 되었나이다
곤란으로 인하여 내 눈이 쇠하였나이다…
여호와여 어찌하여 나의 영혼을 버리시며
어찌하여 주의 얼굴을 내게 숨기시나이까
내가 소시부터 곤란을 당하여 죽게 되었사오며
주의 두렵게 하심을 당할 때에 황망하였나이다
주의 진노가 내게 넘치고
주의 두렵게 하심이 나를 끊었나이다
이런 일이 물같이 종일 나를 에우며
함께 나를 둘렀나이다
주께서 나의 사랑하는 자와 친구를 내게서 멀리 떠나게 하시며
나의 아는 자를 흑암에 두셨나이다(시 88:6-9, 14-18).

이상이다. 이렇게 문장이 끝나고 있다. 이 시를 쓴 기자는 분노가 담긴 문장으로 갑자기 글을 끝맺는다. 종국적으로 잘될 것이라는 아무런 희망도 드리워져 있지 않다. 비통함에서 행복한 마음으로 찬양하게 되는 전환도 볼 수 없다. 전체 18절에서 즐거움을 표하는 어떤 문구도 찾아볼 수 없다. 하나님은 비열하고 잔인해 보여서, 담배 꽁초를 비벼 대듯 불쌍한 인간들을 발로 깔아뭉개는 듯하다. 이 시편에 나온 말들은 추하고 불쾌하다. 그런데 인생이 또한 그러하다.

하나님은 이런 분노를 감당하고도 남을 만큼 거대하시다. 인간이 분노한다고 해서 당혹해하며 어쩔 줄 몰라 하시는 분이 아니다.

첫째로 하나님은 무슨 일이 일어났는지 알고 계신다. 하나님 스스로 말씀하셨다. "세상에서는 너희가 환난을 당하나." 둘째로 하나님은 우리가 당하는 어려움에 대해 조바심을 내고 당황해 하며 그 이유를 설명하려 들지 않으신다. 마피아의 암살자가 붙잡히지 않으려고

자신의 피 묻은 장갑을 내버리듯, 핏덩이와 내장 같은 한 개인의 분노를 숨겨 주지 않으신다. 그는 분노를 드러나게 하신다. 하나님 자신을 십자가에 못 박은 것으로 자신의 분노를 드러내게 하신 것 기억나는가. 하나님은 고통에 관한 책을 쓰셨다. 그리고 시편 88편 기자와 같은 사람들을 초대해서 자신과 공동 저자가 되게 하셨다. 이렇게 해서 하나님은 성난 사람들이 그들의 불만을 발산하도록 하셨다.

하나님은 그레그 에릭스도 똑같이 하도록 하신다.

"하나님, 저는 이해할 수 없습니다. 당신을 정말 이해할 수가 없습니다! 옳습니다, 옳아요. 내 결혼 문제에 대해 당연히 내가 책임을 져야겠죠. 하지만 라이언의 문제는… 그의 발작과 관련해서 하나님, 당신은 무엇을 하고 계신가요? 라이언이 발작을 해서 넘어질 때마다, 넘어져 머리를 부딪치고 입술이 터질 때마다… 어떻게 당신은 이것을 수수방관만 하시고 있나요? 당신은 내 가엾은 아이를 돌보지 않고 있는 건가요?"

대단한 표현들이다. 우리는 보통 하나님께 대고 이렇게까지는 말하지 못한다. 흔히 우리는 고통에 대한 우리의 깊은 감정을 억누른다. 우리는 하나님께 대드는 대신에 유순한 길을 택해서 하나님께 대놓고 말하기 곤란한 감정을 숨긴 채, 너무도 쉽게 '모든 것을 주님께 맡기자'고 말하며 종교적인 가식 뒤로 숨어 버린다. 이러니 우리가 한 일이라고는 문제를 숨은 불길 뒤로 쑤셔 처박는 것이 전부다. 그곳에서 문제는 부글부글 끓고 있다. 이것이 진짜 심각한 문제이다. 문제가 억압되었을 때, 우리는 그 문제가 타 들어가고 있는 냄새를 맡을 수 없다. 그리고 우리는 어리석게도 일이 잘될 거라고 생각한다. 하지만 그렇지 않다. 희망은 일어났다가도 늦춰지고, 활기가 돋았다가도 시들해진다. '지체된 희망은 마음을 상하게 한다.' 열정은 꺼지고 우리의 가슴은 냉랭해진다.

분노는 계속해서 문제를 폭발 직전으로 몰고 간다. 격노의 감정이 문제를 뜨거운 감자로 만들어 우리를 행동으로 치닫게 한다. 분노는 우리가 실패에 젖어 있는 것을 허용하지 않는다. 분노로 타오른 가슴은 즉시 단호한 선택을 하도록 우리에게 강요한다.

그레그가 경험하는 열받는 감정같은 유형의 분노 조차 전부 나쁘다고 볼 수만은 없을지 모른다. 에베소서 4장 26절에서 '분을 내어도 죄를 짓지 말며'라고 언급한 것을 보면, 적개심이 항상 죄와 동의어가 될 수 없음이 분명하다. 모든 분노가 잘못된 것은 아니다.

암, 파산, 이혼 또는 복합 장애를 가진 아이들의 탄생 등은 사람들을 극한으로 몰고 간다. 환난은 당신을 영적으로 덥게 하거나 아니면 차갑게 만들어 버린다. 예수님은 요한계시록 3장 15-16절에서 이렇게 말씀하셨다. "내가 네 행위를 아노니 네가 차지도 아니하고 더웁지도 아니하도다 네가 차든지 더웁든지 하기를 원하노라 네가 이같이 미지근하여 더웁지도 아니하고 차지도 아니하니 내 입에서 너를 토하여 내치리라." 미움은 종종 무관심보다 사랑에 더 가깝다. 미지근한 것이야말로 하나님께 결코 이르지 못할 유일한 길이다. 격노의 감정에 있어서 보통 수준이라는 것은 있을 수 없다. 그레그가 분노로 미칠 지경이 된 것은 오히려 좋은 일이다. 이래도 그만 저래도 그만 같은 어정쩡한 마음보다 훨씬 좋은 태도이다. 예수님께서 그렇게 말씀하셨다.

격렬한 감정은 참으로 어려운 질문을 던지게 한다. 인생이란 의미 있는 것일까? 하나님은 선하신 분일까? 점점 근본적인 문제를 제기하며 우리의 깊은 감정은 우리가 현재 이동중인 영적인 방향을 드러낸다. 우리가 전능자를 향해 가고 있는 것일까, 아니면 그분으로부터 멀어지고 있는 것일까? 분노는 우리가 겪는 고통의 문제를 '어떤 것'과 관련시켜 파악하기 보다는 '어떤 분'과 관련시켜 파악하도록 한다. 그리고 이것은 옳은 방향으로 움직이고 있음을 의미한다.[1]

내가 그레그를 좋아하는 부분은, 또 하나님이 그레그의 대해 좋아하실 거라고 내가 믿는 부분은 그가 자신의 불만을 하나님께로 가져간다는 점이다. 그레그는 주님을 향해 움직이고 있다. 주님께 실망을 드러내고, 상처받은 것을 표현하며, 라이언이 격렬한 발작 증세를 보일 때 전능자의 선하심에 대해 의구심을 갖는다. 여기에 덧붙여 그레그는 아직 가정을 포기하지 않았다. 이혼해 떠나버린 그의 부인도 포기하지 않았고, 라이언도 내버리지 않았으며, 켈시에게 등을 돌리지도 않았다. 또한 그는 불화의 씨앗을 뿌리거나 자신의 친구들을 자극해 하나님에 대해 반감을 갖도록 하지도 않는다. 그는 하나님의 등 뒤에서 하나님에 대해 이야기하지 않는다. 그는 하나님과 정면으로 마주할 만큼 분노하고 있다.

---

1) 이 페이지에 이어지는 다음 몇 페이지의 아이디어는 댄 알렌더 박사(Dr. Dan Allender)와 트렘퍼 롱먼 3세 박사(Dr. Tremper Longman III)의 책 『영혼의 절규: 우리의 감정은 하나님에 관한 우리의 깊은 의문을 어떻게 드러내는가』 *The Cry of the Soul: How Our Emotions Reveal Our Deepest Questions About God*, (Colorado Springs: 1994), p.150.에서 얻었다. 우리의 감정적인 반응이 하나님과 연관될 때, 그 반응의 본질을 시편이 어떻게 드러내주고 있는지를 이해하는 데 매우 훌륭한 이 책을 추천하는 바이다. 댄 알렌더 박사와 트렘퍼 롱먼 3세 박사는 신학과 심리학에서의 그들의 업적을 결합시켜서 이 철저한 책을 써냈다. 이 주제에 관해 이보다 더 좋은 책이 없다.

이것이 그레그의 분노를 건강하고 좋은 것으로 만든다. 분노로 인해 목에 선 핏줄은 그가 얼마나 신실한가를 보여 준다. 승합차 안에서 그의 이야기를 들었을 때, 말과 말 사이에 깊숙이 숨겨진 정직한 굶주림을 들을 수 있었다. '연합되기를 간구하는' 어떤 바램. 당신이 진정으로 분노하는 사람들이 결국 당신이 가장 깊게 신뢰하는 사람들이다. "나는 심술쟁이 하나님에 대해 미칠 지경이며, 그분이 무엇을 하고 계신지 전혀 이해하지 못하겠습니다!" 이것은 신뢰와는 정반대의 소리로 들리지만, 그럼에도 불구하고 이것은 신뢰의 외침인 것이다.

2. 분노에 대한 하나님의 행동

분노는 또한 어두운 면을 갖고 있다. 분노는 파괴로 이어질 엄청난 잠재력을 갖고 있다.

분노는 즉각적인 해소와 위안을 요구하는 검은 에너지 형태로 궤도를 이탈한다. 분노는 약해지고 무력해지는 것을 경멸한다. 분노는 계속 같은 상태에 머물러 있는 것을 즐긴다. 분노는 하나님께 의지하는 것을 혐오하여, 불신의 독을 퍼뜨리는 소름끼치는 즐거움을 취한다. 이해할 수 없는 것은 이런 종류의 불의한 분노가 우리의 흥미를 자극한다는 사실이다. 분노는 우리에게 거짓 만족을 제시하지만 진실이 드러날 때 그 분노는 우리에게 공허함을 준다.

이런 공허함을 누가 이겨 낼 수 있을까? 나는 노르웨이 화가 에드바르트 뭉크의 유명한 그림 '절규'를 볼 때마다 이런 생각을 하게 된다. 이 그림은 절망을 무시무시하게 표현해 낸 그림으로, 두 눈은 뚱그렇게 뜨고 입은 내벌린 채, 일그러지고 시달려 수척해진 귀신 같은 모습의 인물을 그려 내고 있다. 이 사람은 울부짖고 있는데 당신이 그의 울음 소리를 들을 수 없다는 사실 때문에 무서움은 증폭된다. 그림 속의 비명은 침묵의 외침이며, 그 외침은 일종의 순수하고 정제된 절망의 진수 같은 것이다.

불의한 분노, 우리를 하나님으로부터 멀어지게 하는 분노는 우리의 마음으로부터 마지막 희망의 흔적까지 빨아내 삼켜 버린다. 우리의 보살피는 마음은 정지되고 무감각해진다. 우리는 스스로 우리 영혼을 조용히 살해하고, 침울한 절망을 음습한 안개처럼 불러들여 우리가 구원받고 구속받아 다시 행복해질 것이라는 희망이 우리 가슴에 살지 못하게 한다.

하나님은 이것을 방관하지 않으실 것이다. 그분은 절망을 참지 못하신다. 또한 확신하건대, '절규'와 같은 그림을 좋아하지 않으실 뿐더러, 우리가 귀신같이 존재하도록 내버려 두지 않으신다. 하나님은 불의한 분노라는 우리의 초라한 방패가 하나님을 교묘하게 속이도록 허락하지 않으신다. 그래서 하나님은 우리를 침입하시고 간섭하시며 침범하시고 침해하신다. 그분은 우리의 의기소침이라는 커튼을 찢어내고, 걸어 잠근 문들을 열어젖히며 우리의 어두운 마음에 스위치를 올려 빛을 밝히신다. 또한 자족해 하는 우리들을 뚫고 들어와 우리의 자기 연민 속으로 대담하게 침입하시고는, 자기 연민이 도대체 뭐냐 하시며 서둘러 그것을 떨쳐 버릴 것을 우리에게 요구하신다.

하나님은 때때로 힘든 일을 주심으로 간섭하신다.

나는 하나님이 나의 절망을 깨뜨리며 한가운데로 들어오셨던 때를 결코 잊지 않을 것이다. 내가 마비되어 병원에 누워 지낸 지 첫 해가 지난 어느 시점이었다. 정상 복귀에 대한 가능성이 거의 희박해져 단 한 조각의 희망마저, 의로운 분노와 불의한 분노마저 모두 말라 버린 후의 어느 시점에, 절망이 찾아 들기 시작했다. 나는 물리치료 하는 것을 거부했고, 병문안 온 친구들을 쳐다보지도 않았다.

미시시피에서 온 흑인 간호조무사 헤이젤은 내가 비관의 나락으로 떨어지고 있는 것을 지켜보았다. 그녀는 내가 그녀를 마음에 두고 있다는 사실을 알고 있었다. 그녀는 내 병실로 어슬렁거리며 들어와 의자를 내 병상 가까이 끌어다 놓고 담배를 피우며 휴식을 취하곤 했다. "애야, 내게 말해 보겠니?" 그녀는 담뱃불을 지피며 물었다. 무응답. 그녀는 웃으며 천천히 침상 반대쪽으로 담배 연기를 내뿜었다. 나는 투덜거렸다. "너 소리 지르고 싶지, 그냥 내게 말해 봐. 내가 손수건을 준비했단다." 호주머니를 토닥거리며 그녀가 말했다.

"흠." 나는 마비되었고, 이야기하고 싶지가 않았다.

먹고 싶지도 않았다. 한번은 헤이젤이 내게 저녁을 먹여 주었을 때, 반쯤 씹은 음식이 나의 입 밖으로 질질 떨어지고 있었다. "너 도대체 지금 무슨 짓을 하는 거야!" 그녀가 소리쳤다. 내 몸이 격렬한 발작으로 대응했다. 헤이젤이 포크를 내동댕이쳤다. 콩들이 사방에 흩어졌다. 그녀가 휴지로 내 입을 강제로 닦아 내고는 휴지를 뭉쳐 식판 위로 던져 버렸다. "애야, 정신 차리지 못하겠니? 이 병원을 잘 둘러봐. 너보다 더 심한 사람들을 봐야 정신 차리겠어?"

나는 당혹해져 얼굴이 붉어졌다. 나는 눈물로 대항했다.

"자, 너 이제 이거 먹을 거야 어쩔 거야?"

헤이젤이 나의 깊은 분노의 감정을 불러일으켰다. 나는 눈을 가늘게 뜨고 "좋아"하고 내뱉었다. 음식은 딱딱하고 맛이 없었다. 나는 기계적으로 씹은 후 뒤얽힌 위장으로 억지로 삼켜 보냈다. 그녀와 나 사이에는 한마디 말도 없었다. 그녀가 나간 후 눈물을 멎게 하느라 나는 더욱 애먹었다. 코를 풀어 줄 사람도, 축축이 젖은 베개를 바꿔 줄 사람도 없었기 때문에 계속 울 수만은 없었다. 내가 할 수 있는 거라곤 '난 할 수 없어… 이렇게 살 순 없어. 제발 나를 도와줘' 라는 속삭임을 억누르는 것뿐이었다.

갑자기 나는 내 자신이 무언가를 느끼고 있다는 사실을 깨달았다. 마치 동면에서 깨어나는 동물처럼 무언가가 내 속에서 움직이는 것을 느꼈다. 감정의 마비는 이제 그만. 대신 희망을 향한 자석과도 같은 끌림. 어둠 속에서 크게 소리치고 있는 나를 발견했다. "하나님, 내가 죽을 수 없다면 어떻게 살아야 하는지 보여 주세요." 핵심을 찌르는 짧은 말이었지만, 하나님께서 응답하시도록 문을 열어 놓았다. 나는 하나님께서 응답하실 거라고 생각지 않았다. "여호와는 마음이 상한 자에게 가까이하시고 중심에 통회하는 자를 구원하시는도다" (시 34:18).

나는 성경에 강렬한 흥미를 느꼈다. 쇠막대 틀로 전신을 고정한 채 엎드려 누워 입에 문 막대기로 성경 책장을 넘길 수 있었다. 나는 어디를 펼쳐야 할지 몰랐지만 시편에 관심이 갔다. 시편 88편에 나타난 절망은 그리 흥미롭지 않았다. 하지만 좀 더 희망을 암시하고 있는 나머지 백사십구 편의 시들은 흥미로웠다.

주께서 영원히 버리실까,
다시는 은혜를 베풀지 아니하실까,

그 인자하심이 길이 다하였는가,
그 허락을 영구히 폐하셨는가,
하나님이 은혜 베푸심을 잊으셨는가,
노하심으로 그 긍휼을 막으셨는가 하였나이다(시 77:7-9).

폭발력을 잔뜩 지닌 채 빠르게 치솟는 불길과도 같은 여섯 개의 질문들. 이 시편 기자의 절망은 하나님께 향할 때 신성한 것이 된다. 우리가 주님과 직접 대화하길 바랄 때 틀림없이 놀라운 일이 일어날 것이다. "하나님을 다그친다는 것의 아이러니는 그것이 하나님을 공경하는 행위라는 것이다. 그 다그침은 우리의 마음을 불신앙적인 절망에서 하나님을 이해하려는 강렬한 열망으로 돌려놓는다."[2]

이 시편 기자의 질문들은 현실을 인식하는 역할을 하며, 더없이 행복한 세계에 대한 환상을 드러낸다. 핵심을 찌르는 이 질문들은 세상이 정말로 약속을 지켜 줄 것이라는 환상을 깨부순다. 이 질문들은 우리를 흔들어 깨우고, 썩어 없어질 세상에 너무 안주하지 않도록 우리를 환기시켜 준다. 가슴을 미어지게 하는 이 질문들은 우리의 헛된 희망을 드러나게 한다. 그리고 헛된 희망은 산산조각이 나야만 한다.

결국 이 질문들은 흐느끼는 어느 시편 기자에 의해 단순하게 쓰여진 것이 아니다. 이 절규의 외침들은 하나님의 말씀인 것이다. "하나님의 말씀은 살았고 운동력이 있어"(히 4:12). 우리의 마음을 쓰라리게 하는 질문들을 던지기 위해 적절한 시편 구절을 찾고 있을 때, 우리의 고통을 뒤흔드는 일이 일어난다. 우리는 하나님의 말씀이 다시

---

2) Ibid., p. 150.

그분께로 메아리치도록, 하나님의 언어로 말을 한다. 성경의 시구로 우리의 고뇌를 휘감쌀 때, 우리는 하나님을 찾고 있는 것이다. 그리고 그렇게 찾을 때 우리는 찾게 될 것이다(마 7:7-8).

내장을 쓸어 내는 질문들은 하나님을 영예롭게 한다. 하나님을 향한 절망은 우리의 탄원에 대해 실제로 무엇인가를 해 주실 수 있는 유일한 분에게 우리 자신을 열어 놓아 우리로 하여금 그분을 만나게 해 주는 한 방편이 된다. 그리고 그레그처럼 우리가 전지전능하신 분과 충돌하든지 아니면 단순히 그에게 대들게 되든지 간에, 우리가 더 이상은 똑같은 모습으로 남아 있을 수 없게 된다. 하나님을 경험하게 될 때 우리는 그 이전의 모습과 결코 같지 않다.

내 안에 음습하게 깔려 있던 절망의 안개는 하룻밤 만에 걷히진 않았다. 하지만 나 자신이 의심의 그늘을 넘어서 다른 방향으로 선회하기 시작했다는 사실을 알게 되었다. 나는 하나님께로 향하기 시작했다. 나의 질문들 또한 다음과 같은 역설을 만들어 냈다. 하나님이 부재한 가운데 나는 그의 임재하심을 느꼈고, 그는 꼭 이런 분이어야 한다는 생각을 버린 후에야 나는 그를 찾게 되었다. 또한 나의 절망은 나의 길이 되었다. 왜냐하면 그 절망을 통해 그분이 나를 단단히 잡고 계셨기 때문이다.

3. 하나님께로 향하는 절망

지금까지 우리가 다뤘던 논의가 질문들에 대한 해답을 의미하는 것은 아니다. 분명히 말하지만 그것은 암이 치료되고, 전쟁이 종식

되고, 음주 운전자들이 얌전히 집에 있게 되는 것을 의미하진 않는다. 우리가 던지는 어려운 질문들 중 대다수는 결코 해답을 찾지 못할 것이다. 그리고 이것은 우리의 고통이 두 배로 늘어나는 것을 의미한다. 우리의 시련이 사라지지 않는다는 사실에 추가하여 그 이유가 무엇인지 우리는 알 수 없기 때문이다.

하지만 '도대체 왜'라는 질문에 대한 답변은 어찌 되었건 궁극적으로 만족스럽지 않다는 사실을 기억하기 바란다. 고통받고 있는 자들이 이 같은 질문을 하는 것은 마치 아파하는 어린아이가 아빠에게 '왜?'라고 묻는 것과도 같다. 이 어린아이는 자신의 어려움에 대해 실제로 무엇인가를 해줄 수 있는 사람에게만 자신의 존재를 개방한다. 아이는 아빠의 포옹으로 자신의 아픔이 누그러질 것을 안다. 자신의 아픔만큼 아빠의 가슴을 흔들어 놓는 것도 없다는 것을 알고 있다.

내 친구 짐은 이 모든 것들을 잘 알고 있다. 직장 일로 그는 종종 세 아이를 집에 남겨 놓고 출장을 가야 한다. 얼마 전 짐은 출장을 가기 위해 차를 몰고 공항으로 가던 도중 엄마를 쫓아 따라 나온 일곱 살 난 큰아들에게, 아빠가 집에 없는 동안 엄마를 어떻게 도와드려야 하는지 가르쳐 주었다. 다섯 살 먹은 둘째 아이는 아빠에게 용감하게 매달리며 자기가 엄마를 도와드리겠다고 약속했다. 공항 터미널에 들어섰을 때 두 살 먹은 막내 아이는 활주로에 놓인 비행기를 보고 신이 나서 옹알이를 했다. 그런데 별안간 울음을 터뜨리기 시작하는 것이 아닌가!

"내 마음이 찢어졌지 뭐야." 짐은 외쳤다. "하마터면 출장을 취소할 뻔했다니까. 그저 그 울어대는 불쌍한 어린 녀석을 껴안아 주고

만 있었거든."

그 어린아이의 눈에서 눈물이 솟아나는 것을 보며 난 생각했다. 그 어린아이의 울음이 아빠인 짐의 가슴을 끌어당긴다면, 우리의 눈물은 얼마나 더 하늘에 계신 아버지의 마음을 움직이겠는가. 자신의 자녀가 심한 고통으로 우는 것보다 더 하나님의 가슴을 사로잡는 것은 없다.

다윗이 시편 18편에서 '내가 하나님께 부르짖었더니' 라고 말한 후 어떤 일이 일어났는지 살펴보기 바란다. 다윗의 탄원은 하늘 보좌에 상달된다. 하나님은 일어나신다.

> 저가 그 전에서 내 소리를 들으심이여
> 그의 앞에서 나의 부르짖음이 그 귀에 들렸도다
> 이에 땅이 진동하고 산의 터도 요동하였으니…
> 저가 또 하늘을 드리우시고 강림하시니
> 그 발 아래는 어둑캄캄하도다
> 그룹을 타고 날으심이여 바람 날개로 높이 뜨셨도다…
> 저가 보내사… 나를 취하심이여.

우리의 질문과 외침은 전지전능하신 분을 움직이는 힘을 지녔다. 그분은 응답하기 위해 하늘 보좌를 떠나 지구를 뒤흔드신다. 그분은 이 땅에 이르러 주관하신다. 예수님은 하나님의 품으신 바로써, 하나님이 이 땅에 오시며 주관하시는 방법이 곧 예수님이다. 예수님은 우리가 하나님을 만나는 곳이다.

우리가 구할 때, 하나님은 우리가 고통당하는 가슴으로 예수님을 발견하게 될 거라고 약속하신다. 그리고 이것은 다행스런 일이다.

가슴에서 우러나는 질문과 절망에 관해서 이야기하자면 이 두 가지 모두 예수님만큼 경험한 사람은 아무도 없다. 그는 절망에 굴복한 채 겟세마네 동산의 축축한 안개 속에서 머뭇거리지 않았다. 그는 하나님 아버지를 향했고 십자가로 나아갔다. 거기서 그는 하나님을 향해 절규했다. 그는 자신의 참혹한 불행을 숨기기 위해 자신의 단어를 선택하지 않았다. 대신 그가 선택한 것은 (당신이 이미 알고 있듯) 시편의 단어였다. "내 하나님이여 내 하나님이여 어찌 나를 버리셨나이까." 그는 시편 22편 1절을 인용하며 신음했다. 우리가 결코 가늠하지 못할 최악의 상황에서 예수님은 이렇게 기도하신 것이다. 그 누구도 예수님만큼 하나님으로부터 버림받은 자는 없었다. 그가 버림받았다는 사실은 그의 죽으심이 모두 우리의 죄를 위한 것임을 말한다.

하지만 일은 여기서 끝나지 않는다. 과연 하나님 아버지께서 자기 아들의 탄원에 대해 들은 척도 안 하실 수 있는 것일까?(만약 내 친구 짐이 그렇게는 할 수 없다면, 틀림없이 하나님도 마찬가지이실 것이다. 그리고 하나님께서 정말 그렇게 들은 척도 안 하실 수 있다면, 우리는 심각한 문제에 봉착하게 된다.) 하나님의 응답은 삼 일 후, 빈 무덤으로부터 울려 나온다. 그렇다. 결코 듣지 않으실 리 없다! 그리고 하나님께서 예수님을 죽음으로부터 살려 내셨기 때문에, 우리 모두에게 희망이 있는 것이다. 예수님께서 하나님의 모욕을 받으셨기에 우리는 하나님의 어루만짐 받을 수 있다. 오! 우리는 고통 중에 버림 받았다고 느낄는지 모른다. 그러나 우리가 그렇지 않다는 것이 사실이다. "나의 하나님 어찌하여 나를 버리셨나이까"라는 외침은 전 인류를 위한 그리스도의 절규였다. 그래서 반대로 하나님께서 우리에게 "내가 과연 너희를 버리지 아니하리라"(히 13:5 참조)고 부드럽게 말씀하실 수 있었던 것이다. 절망은 하나님께로 향할 수도 있다. 하지만 모든 희망은 하나님을 향해 있다.

하나님께 직통으로 향하는 절망은 우리를 변화와 참 소망에 이르게 하고 우리가 바라는 하나님이 아닌 있는 그대로의 하나님을 볼 수 있게 한다. 우리가 1센티미터를 드리면 하나님은 1킬로미터를 받으실 것이다. 아니 백만 킬로미터를 받으실 것이다. 자신이 누구인지 당신에게 보여 주기 위해, 자신의 사랑으로 당신을 껴안아 주기 위해, 그분은 순식간에 하늘나라에서 이곳으로 날아오실 것이다.

4. 우리의 감정을 어떻게 다룰 것인가?

깊고도 열정적인 감정은 우리가 차라리 무시했으면 하는 문제들과 정면 대응하도록 우리를 몰아간다. 우리 중 상당수가 차라리 감정을 갖지 않고 느낌 없이 지내는 것이 더 편하다고 생각하는 이유가 바로 여기에 있다. 기분풀이 오락에서부터 마약에 이르기까지 이와 같은 모든 것들로 우리의 감정을 덮어 버리는 것이 더 속 편하다고 여기게 된다. 그러나 우리가 아무런 감정도 느끼지 못하게 될 때, 우리는 무기력해지고, 타인들과는 물론 하나님과도 멀어지게 된다. 우리는 절망을 선호하지는 않는다. 하지만 그 대안인 분노는 너무 파괴적으로 보인다.

우리는 분노를 어떻게 다룰 것인가? 그것을 잘못된 것으로 여길 것인가? 그것으로부터 돌아설 것인가? 억눌러 버릴 것인가?

아니다. 우리는 이렇게 하는 것보다 훨씬 더 많은 것들을 한다. "감정은 영혼의 언어이다. 감정은 마음에 음성을 선사하는 외침이다. 우리의 깊은 열정과 확신을 이해하기 위해서는 영혼의 외침에 경청하는 법을 우리는 배워야만 한다."[3]

시편은 말하는 방법뿐 아니라 듣는 방법을 우리들 마음에 보여 주고 있다. 감정이 영혼의 언어라면, 시편은 우리들에게 싸워 나가는 방법을 가르쳐 주고, 질문할 수 있도록 우리를 초대하며, 절망을 빠져나와 하늘로 향하도록 우리의 분노를 발산시켜 주는, 문법과 문장 구성법을 제공해 준다고 할 수 있다. 시편은 다른 어떤 책보다도 더 훌륭하게 우리의 아픔을 명사들과 동사들로 싸매 준다.

너무 오랫동안이었습니다. 하나님!
너무 오랫동안 당신은 나를 잊으셨습니다.
너무 오랫동안 나는 근심의 무거운 짐을 지고 왔습니다.
너무 오랫동안 나는 가슴 아프게 살아 왔습니다.
너무 오랫동안 나의 오만한 대적들이 나를 멸시해 왔습니다.
(시 13:1-2, The Message 성경-역자 주).

시편은 우리의 분노를 어떻게 다루어야 하는지 알려 준다. 그 처방이 시편 37편 7-8절과 11절에 간결하게 적혀 있다. "여호와 앞에 잠잠하고 참아 기다리라 자기 길이 형통하며 악한 꾀를 이루는 자를 인하여 불평하여 말지어다 분을 그치고 노를 버리라 불평하여 말라 행악에 치우칠 뿐이라… 오직 온유한 자는 땅을 차지하며 풍부한 화평으로 즐기리로다." 파괴적인 감정을 건설적인 감정으로 단순히 대

---

3) *Ibid.*, p. 25.

체시키는 것은 표면적인 해결책일 뿐이다. 이것은 마치 기름 묻은 벽을 수성의 백색 페인트로 덧칠하거나, 찢어진 상처를 꿰매지 않고 반창고로 붙여 놓는 것과도 같다. 해결을 위해서는 보다 근원적인 변화가 필요하다. 그래서 하나님은 우리에게 기다리라고 하신다. "너희는 떨며(In your anger, 분노로-역자 주) 범죄치 말지어다 자리에 누워 심중에 말하고 잠잠할지어다"(시 4:4).

이 얼마나 훌륭한 충고인가! 옛날 청교도들은 이에 관해 '네 자신과 함께 가만히 앉아 있으라' 고 언급하였다. '즉 당신의 분노를 가라앉히라는 말이다. 기다린다는 것은 거부하는 것도, 관심을 다른 곳으로 돌리는 것도 의미하지 않는다. 그것은 악을 삼가는 것이고, 격노에서 돌아서는 것이며, 분노가 빠져나가도록 하나, 둘, 셋하며 열까지 세는 것이다. '아무것도 하지 않는 것' 이 아니라 명확하고 영적인 훈련인 것이다. 하나님을 기다리기로 결정하는 것은 시급한 문제들과 고통스러운 환경으로부터 당신을 벗어나게 해 주고, 주님 앞에서 당신의 마음을 부드럽게 달래 준다.

> 내가 산 자의 땅에 있음이여 여호와의 은혜 볼 것을 믿었도다
> 너는 여호와를 바랄지어다 강하고 담대하며 여호와를 바랄지어다
> (시 27:13-14).

당신은 이 약속을 읽었는가? 우리가 여전히 살아서 거동하며 깊은 고통 가운데 있는 중에 주님의 선하심을 볼 것이라고 확신할 수 있는 것이다. 놀랍지 않은가!

나는 병원에서 퇴원한 후, 주님을 기다린다는 것의 가치를 발견하

게 되었다. 시편 46편 10절이 내게 권면해 주었다. "너희는 가만히 있어 내가 하나님 됨을 알지어다." 고요한 정적 속에서 나는 파괴적이고 격렬했던 나의 분노를 회상했다. 내가 하나님께 닿을 수만 있었다면 하나님께 주먹질을 하려고 했던 시간들을 곰곰이 돌이켜 생각해 보았다. 기다리는 동안 내가 이미 하나님께 주먹질을 했다는 생각이 떠올랐다. 실제로 그가 십자가상에 계셨을 때, 내가 그에게 치명타를 날렸던 것이다.

수치심을 느끼며, 나는 내 분노에 대한 좀 더 정확한 초점을 발견하게 되었다. 사단. 이런 혼란을 만든 장본인은 사단이었다. 질병과 죽음, 자연의 기형적 변화와 재해. 사단은 자신의 교만으로 인해 스스로에게, 그리고 우리까지 포함하여 모든 저주의 공포를 가져온 존재였다.

알렌더 박사와 롱먼 박사가 공동 저술한 『영혼의 외침』(The Cry of the Soul)은 이렇게 진술하고 있다.

> 하나님의 성품을 숙고한다고 분노가 수그러드는 것이 아니다. 오히려 분노를 더욱 깊게 한다. 우리가 몸부림치는 이유는 우리가 너무 많이 화내고 있어서가 아니라, 결코 충분히 화를 내고 있지 않기 때문이다. 우리가 어떤 사람이나 사물에 대해 분노할 때, 우리의 분노는 항상 초라하게 작다. 우리는 분노를 모든 사악함과 모든 죄에 대해서 발해야만 한다. 그리고 이 분노는 사랑에 있어, 우리 자신의 실패에 대한 것에서 출발해야 한다.[4]

이와 같은 분노는 음주 운전을 반대하는 어머니 모임을 탄생시켰

---

4) Ibid., p. 74.

다. 또한 폭력 범죄의 희생자를 돕는 모임, 마약을 거부하는 모임, 어린이를 돕는 모임, 가정 폭력으로 고통받고 있는 주부 모임을 만들어 냈다. 이것들은 단지 사례에 불과하지만 사람들이 분노를 사용하여 어떻게 어둠을 몰아내고 사회에 빛을 밝혀 자각을 일깨우는지 우리에게 보여 준다.

수년 전에 방문했던 아우슈비츠와 비르케나우를 나는 결코 잊지 못할 것이다. 그곳은 수백만 명의 유대인과 폴란드인과 그 밖의 수많은 인종들이 살해된 제2차 세계대전 당시 무시무시한 나치의 죽음의 수용소가 있던 곳이다. 화물칸에 남자, 여자, 어린이들을 가득 실은 열차가 도착하는 대로 역 앞 얼어붙은 흙 밭에 쏟아 부어졌다. 으르렁대는 개들과 간수들이 설쳐대던 그 기차역에 나는 앉아 있었다. 한 무리의 아이들이 총에 맞아 나가떨어지면 다른 무리의 아이들은 엄마들에게 매달렸다. 남자들은 노인과 젊은이로 분리되었지만 결국 거의 모두가 소각로라는 한 곳에 모였다. 지금은 잡초들로 뒤덮인 그 소각로가 철길 한구석 먼 곳에서 녹슨 채 낡아 가고 있었다.

내 남편이 녹슨 철조망 한 조각을 집어 들었다. 독 가스실에 연료를 넣고 있던 그 악마를 생각하며, 우리 둘은 이 철조망 조각을 응시하고 있었다. 우리가 기도하기 위해 머리를 숙였을 때 내가 생각할 수 있었던 것은 악마와 그의 추종자들을 향한 매스꺼움과 시편 139편 21-22절 말씀뿐이었다.

> 여호와여 내가 주를 미워하는 자를 미워하지 아니하오며
> 주를 치러 일어나는 자를 한하지 아니하나이까
> 내가 저희를 심히 미워하니 저희는 나의 원수니이다

우리의 절망 가운데로 침입해 들어오셔서 우리의 자기만족을 밀쳐 내시는 하나님께 감사드린다. 오만한 채로 자신들의 분노를 올바른 대상에게 맞추길 거부하는 자들은 어떻게 되는 것일까?

그들은 하나님의 진노와 심판을 맛보게 될까?

오만한 자들은 죄를 격렬하게 증오하시는 하나님의 끓는 진노의 잔을 받아 마시게 될 것이라고 하나님은 약속하셨다. 하지만 이 쓰고 부글거리는 진노의 잔을 받아 마신 분은 예수님이었다. 이 완전한 아담, 아버지로부터 총애를 받고 사랑받던 그가 또한 아버지에게 멸시되었다… 그 결과 우리는 하나님의 진노의 무거운 짐을 결코 지지 않을 것이라고 약속을 받았다. 그 진노는 이미 그 완전한 인간에게 쏟아 부어졌다. 영광스런 독생자에게.[5]

예수님께서 대신 받은 하나님의 진노는 충분한 것이어서 가장 악날한 자까지도 영적으로 올바른 방향으로 나아가게 한다.

이 같은 분노를 보여 주신 하나님께 감사드린다.

그럼 그레그 에릭스의 이야기로 돌아가 보자. 어느 날 그를 보았다. 그의 영혼이… 좀 정돈된 것 같아 보였다. 그와 전 부인이 아들 라이언을 위해 새로운 식단을 함께 구상하고 있다고 내게 말해 주었다. 콜레스테롤이 잔뜩 들어가고 추가로 버터와 크림이 섞인 고지방 음식. 이렇게 해서 발작 증세가 극적으로 줄어든 다른 아이들의 성공 스토리 중의 하나로 라이언도 포함되기를 바라면서. 하지만 이러한 일들은 결코 쉽지 않다. 병원에서의 교대 간병, 의사에게 오갈 때 차를 태우는 일, 특별 음식을 위한 쇼핑과 요리 등으로 라이언의 엄

---

5) *Ibid.*, p. 72.

마와 그레그는 정해진 일정대로 움직여야만 한다. 나는 기도한다. 나는 소망한다. 그리고 에릭스 가정을 열심히 도와줄 것이다.

하지만 종종 하나님의 이상한 뜻으로 라이언의 발작 증세가 경감되지 않고 특별 식단 또한 효력을 발휘하지 않는다 해도, 그레그는 계속 해서 대처해 나갈 것이다. 그와 라이언의 엄마가 재결합하지 않는다 해도, 삶은 계속 앞으로 전진할 것이다. 그레그의 요동치는 감정은 그에게 힘을 줄 것이고 자신과 비슷한 고통을 겪고 있는 가정들을 돕도록 할 것이다. 라이언과 같은 아이를 가진 부모들이 앞으로 겪게 될 일들을 미리 준비할 수 있도록, 그레그는 계속해서 열심히 활동할 것이다. 그는 장애 아이들을 돌보다 지친 엄마 아빠들을 위해 도우미 네트워크나 임시 위탁을 구상할 것이고, 심지어 이들 부모들을 위한 본격적인 규모의 휴양소도 구상할 것이다. 그는 캠페인을 통해 장애로 고통받는 어린아이들을 위해 교회들이 적극적으로 나설 것을 요구할 것이다. 그는 문을 두드리고 무릎 꿇고 기도하며, 성금을 모으고, 전화를 걸고, 부부 상담을 계속해 나갈 것이다.

그리고 밤이면, 특별히 주일 밤이면 라이언을 자원 봉사자 집에 데려다 놓고 집에 돌아온 후, 그는 냉장고로 가서 요기를 하고 시시한 텔레비전 프로를 좀 시청하다가 잠자리에 몸을 던질 것이다. 아마도 그는 침대 가장자리에 뒤척거리다가 잠시 자신의 아파트를 휘감고 있는 정적에 귀 기울일 것이다. 그는 자기 전에 전등불을 켜고 자신의 성경을 펼칠 것이다.

내가 짐작하건대 그는 시편을 보고 있을 것이다.

5. 감정으로 엮은 옷감 – 시편

감정은 우리 삶에서 가장 신뢰하기 어려운 것이면서 동시에 가장 영향력을 발휘하는 것 중의 하나이다. 어떤 날은 희망에 부풀어 있다가도 다음날은 미움으로 가득 찬다. 한때는 절망적이었다가 또 다른 때에는 기쁨에 넘친다. 감정은 끊임없이 움직이는 밀물과 썰물 같아서 우리를 올려놓았다가도 금새 내려놓는다. 시편은 움직이는 물체를 수평으로 유지해 주는 일종의 회전의(자이로스코프)이다. 마치 거친 바다에서 배를 안정되게 유지시켜 주는 회전의와도 같다. 그러므로 시편은 종종 다음과 같은 권면을 반복한다. "여호와와 그 능력을 구할지어다 그 얼굴을 항상 구할지어다 그 종 아브라함의 후손 곧 택하신 야곱의 자손 너희는 그의 행하신 기사와 그 이적과 그 입의 판단을 기억할지어다"(시 105:4-6). 주님의 능력을 기억한다는 것은 회전의가 계속 돌아가도록 세팅을 해 놓는 것이다.

기억한다는 것은 안정시키는 것이다.

다르게 표현하면 이렇다. 당신이 빛 가운데 믿었던 것을 결코 어둠 속에서 의심하지 말라는 것이다. 시련이 우리 안을 비집고 들어올 때, 어둡고 시무룩한 회의심이 의심과 공포의 조류를 타고 우리를 덮친다. 밀물같이 밀어닥치는 이런 감정을 확실하게 막아 줄 유일한 방조제는 기억이다. 하나님의 선하심에 말뚝을 깊이 박고 거기에 신뢰의 밧줄을 든든히 묶었던 밝은 날들을 우리는 회상해야 한다. 우리가 그의 축복으로 살던 때를, 그의 사랑을 알고 있던 때를, 그의 은총에 감사했던 때를, 우리를 붙잡으신 그의 영원한 팔의 살과 피를 우리가 느꼈던 때를 우리는 기억해야 한다. 시편 105편을 이루고 있는 45구절 전체가 우리에게 요구하는 것이 바로 이것이다.

> 사람이 그들을 해하기를 용납치 아니하시고…
> 여호와께서 그 백성을 크게 번성케 하사…
> 그들을 인도하여 은금을 가지고 나오게 하시니…
> 여호와께서 구름을 펴사 덮개를 삼으시고 밤에 불로 밝히셨으며…
> 하늘 양식으로 그들을 만족케 하셨도다
> 반석을 가르신즉 물이 흘러나서
> 마른 땅에 강같이 흘렀으니
> 이는 그 거룩한 말씀과 그 종 아브라함을 기억하셨음이로다…
> 할렐루야(시 105:14, 24, 37, 39, 40-42, 45).

기억하고, 기억하고, 또 기억하라.

시편은 또한 우리가 기다리고 또 기다리도록 격려하면서 우리에게 미래로 향하는 길을 알려 준다. 천국이 가까이 있기 때문이다. 격렬한 느낌들은, 특별히 고통 중에 지쳐진 감정들은 천국이 지평 위에 나타나기 전까지 우리가 결코 참된 평안에 이르지 못할 거란 사실을 알게 해 준다. 훼니 크로스비 여사는 이것을 알고 있었다. 그녀는 19세기 사람으로 앞을 볼 수 없어 많은 고통을 받았고 시편에서 위안을 찾았다. 외롭고 상처받았을 때, 그녀는 시편 27편 4-5절에서 특별한 위로를 받았다.

> 내가 여호와께 청했던 한 가지 일 곧 그것을 구하리니
> 곧 나로 내 생전에 여호와의 집에 거하여 여호와의 아름다움을 앙망하며
> 그 전에서 사모하게 하실 것이라
> 여호와께서 환난 날에 나를 그 초막 속에 비밀히 지키시고
> 그 장막 은밀한 곳에 나를 숨기시며 바위 위에 높이 두시리로다

크로스비 여사는 자신의 환난이 자신을 엄청난 감정에 노출시키고 있어서 그것을 누그러뜨리지 않으면 자신의 믿음이 뒤흔들릴 수도 있다는 사실을 깨달았다. 그녀가 시편에 의지했을 때 시편이 자신에게 영감의 원천이 된다는 것을 알게 되었고, 그녀가 작사한 6천여 곡의 찬송가 중 가사 상당수가 시편에 근거하여 만들어 졌다. 실제로 시편 27편은 찬송가 '오 놀라운 구세주' 의 가사에 영감이 되었다.

> 오 놀라운 구세주 예수 내 주 참 능력의 주시로다
> 큰 바위 밑 샘솟는 그곳으로 내 영혼을 숨기시네
> 메마른 땅을 종일 걸어가도 나 피곤치 아니하며
> 저 위험한 곳 내가 이를 때면 큰 바위에 숨기시고
> 주 손으로 덮으시네
>
> 주 예수님 공중에 임하실 때 나 일어나 맞이하리
> 그 구원의 은총을 노래하리 저 천군과 천사 함께
> 메마른 땅을 종일 걸어가도 나 피곤치 아니하며
> 저 위험한 곳 내가 이를 때면 큰 바위에 숨기시고
> 주 손으로 덮으시네.[6]

과거와 미래 사이에서 시편은 우리가 처한 현 상황에 위안을 제공한다. 우리가 '사망의 음침한 골짜기'를 통과하는 고통의 여정을 걸어갈 때, 심지어 그 지나야 할 골짜기가 치과 의자에 앉아서 마치 주사의 약효가 나타나길 기다리는 것과 같은 경미한 고통일 경우에도 우리의 신경을 달래고 우리 마음에 평안을 밀어 넣기 위해 외워둔

---

[6] 훼니 크로스비(Fanny J Crosby) 작사 '오 놀라운 구세주' (He Hideth My Soul) (찬송가 446장-역자 주).

아래 시편 구절을 펼쳐들지 않을 사람이 과연 우리 중에 있을까? 너무도 오랫동안 유명하고 부드럽게 암송되어 온 이 시편 구절을.

> 여호와는 나의 목자시니 내가 부족함이 없으리로다
> 그가 나를 푸른 초장에 누이시며 쉴 만한 물가로 인도하시는도다
> 내 영혼을 소생시키시고 자기 이름을 위하여 의의 길로 인도하시는도다
> 내가 사망의 음침한 골짜기로 다닐지라도 해를 두려워하지 않을 것은
> 주께서 나와 함께 하심이라 주의 지팡이와 막대기가
> 나를 안위하시나이다(시 23:1-4).

시편은 죄를 자백하게 한다. 고통은 종종 우리로 '전방 위험'이라는 팻말이 붙은 경계벽을 넘어서게 하고, 하나님께 끓는 원한을 품은 채 화를 내며 조롱해 대는 위험천만한 길을 걷게 할 것이다. 그러나 곧 우리는 그리스도가 아니면 은혜로부터 떨어져 익사하게 된다는 사실을 깨닫는다. 그리고 우리는 멈춰서 입을 손으로 틀어막고 무릎을 꿇는다. 이때 시편은 우리에게 회개의 음성을 들려준다.

> 하나님이여 주의 인자를 좇아 나를 긍휼히 여기시며
> 주의 많은 자비를 좇아 내 죄과를 도말하소서
> 나의 죄악을 말갛게 씻기시며 나의 죄를 깨끗이 제하소서
> 대저 나는 내 죄과를 아오니 내 죄가 항상 내 앞에 있나이다
> 내가 주께만 범죄하여 주의 목전에 악을 행하였사오니
> 주께서 말씀하실 때에 의로우시다 하고 판단하실 때에
> 순전하시다 하리이다…
> 중심에 진실함을 주께서 원하시오니
> 내 속에 지혜를 알게 하시리이다 (시 51:1-4, 6).

6. 우리 영혼을 향한 창

1951년 한 알코올 중독 어머니로부터 한 여자 아이가 태어났다.[7] 이 여인의 남편은 이 아이의 아버지가 아니었다. 해군 장교 클럽의 한 남자가 이 아이의 아버지였거나 아니면 군기지 근처의 어떤 다른 남자였을지도 모른다. 이 아이는 누가 자신의 아버지인지 결코 알지 못했다. 그녀가 알고 있는 거라곤 엄마의 성깔, 빈 술병, 그리고 함께 살면서 그녀가 아빠라고 부른 한 남자가 전부였다.

그녀가 종종 지낼 수 있었던 외삼촌 집이 유일한 천국이었다. 외삼촌 집이야말로 어린 글렌다가 이웃에 사는 친구들과 "병원" 놀이도 하고, 길에 분필 자국을 남기며 비석 치기 놀이를 할 수 있었던 진짜 집이었다. 오래 동안 성희롱을 받지 않고 지낼 수 있었고, 붙어 있어야 할 앞니 두 개가 떨어져 나간 모습을 한참동안 거울로 바라볼 수 있었던 곳. 잔인하게 얻어맞은 후 그녀의 이빨은 그녀의 집 마루바닥 어딘가에 흩어져 버렸다.

글렌다가 외삼촌 집을 마지막으로 방문했던 것은 그녀가 다섯 살 때였다. 외삼촌과 그녀의 아버지 사이에 거친 말들이 오갔다. 그 후로는 외삼촌 댁을 다시는 가보지 못하고, 아버지 집에서 영영 지내

---

7) 글렌다 리벨(Glenda Revell), 『글렌다의 이야기』 *Glenda's Story*, (Lincoln: Gateway to Joy Publishers, 1994). 이 책의 절반 정도의 내용만 여기에 소개하였으며, 이야기는 놀랍게도 실제로 있었던 사실이다. 역경은 학대와 고문의 이야기로 믿는 자들의 신앙을 약화시키려 할 뿐만 아니라 하나님의 선하심을 무력화하려 들 것이다. 그러나 글렌다의 간증은 거의 믿을 수 없도록 아픈 상황을 보상하시는 하나님의 능력에 대한 증거로 우뚝 서 있다. 우리는 그녀의 책을 높이 추천한다.

게 되었다. 부두 근방 조선소 노동자들을 위해 지은, 네 개의 방이 있던 집. 항상 떠들썩한 술잔치에서 깨어난 것처럼 보이던 엄마가 방을 배정해 주었다. 당시 열다섯 살이었던 글렌다의 언니는 앞방으로 옮겨 엄마와 함께 자게 되었고, 막내였던 글렌다는 뒷방에서 아버지와 함께 자게 되었다. 식구들 모두 엄마의 결정에 따랐다.

어린 글렌다는 밤에 비가 떨어지는 소리를 들었다. 빗소리는 그녀를 슬프게 했다. 방 벽을 타고 오는 술에 취한 엄마의 코고는 소리가 희미하게 들렸다. 그러나 곁에 누운 아버지의 숨소리가 들릴 때면, 그녀는 온몸이 얼어붙었다. 수년 동안 욕구를 충족시키지 못한 남자가 고된 긴 일과와 알코올중독 부인을 둔 데서 오는 분노를 악을 쓰듯 떨어내며, 자기 딸이 아닌 어린 소녀와 잠을 자고 있다. 기름 난로 주변의 나무 바닥이 삐걱거렸고, 이 어린 소녀의 침대 밑 나무 바닥도 삐걱거렸다.

이 작은 방에서 글렌다의 순결은 상처를 입고 또 입었다. 어느 곳으로도 갈 곳이 없고, 누구에게도 말할 사람이 없었다는 사실이 그녀를 공포에 빠지게 했다. 그녀는 달아나고 싶었지만 그 남자는 그녀를 붙잡고 놓아주지 않았다. 그녀는 소리치고 싶었지만 그는 그녀에게 조용히 하라고 협박했다. 그 황폐한 침대에서 그녀의 눈물이 귓속으로 흘러들고 아버지가 그녀 곁에서 잠이 드는 수년 동안, 그 어린 소녀는 천장을 바라보며 기도했다. 그녀가 착하기만 한다면 틀림없이 하나님은 그녀의 기도에 응답하실 것이었다. 그래서 그녀는 이전보다 더 착해지려고 노력했다.

그러나 모든 상황은 지독히 나빴다.

글렌다가 열두 살이 되었을 때 가장 좋은 변화가 찾아왔다. 아버지가 앞방으로 옮겨 갔고 엄마는 거실의 긴 소파로 돌아왔다. 그래서 글렌다는 혼자 자게 되었다. 아마도 그녀가 사춘기에 접어들었다는 사실과 집 안에 또 한 명의 원치 않는 아기가 생기게 될지도 모른다는 공포가 이런 방 배치를 재촉했는지도 모른다. 그 당시에 글렌다는 이런 변화를 이해하지 못했다. 하지만 하나님은 역사하고 계셨다.

그러나 그것을 알아채기란 어려운 일이었다. 세월이 흘러갔지만 상처들은 항상 생생했다. 고등학교 친구들은 멋져 보였고 자신과는 다른 세계에 있어 보였다. 당연한 일이었다. 글렌다는 한 번도 친구들을 자기 집에 데리고 온 적이 없었다. 그녀는 부모의 술 취함, 욕설, 온갖 쓰레기들이 당황스러웠다. 글렌다는 화장실 구석이나 집 뒤뜰에 숨곤 했고, 면도날이 든 봉지를 가진 채 주저앉아 몸을 앞뒤로 흔들곤 했다. 비록 그러한 행동이 자살 가능성에 대한 병적인 즐거움으로부터 비롯되긴 했지만 아무 일도 일어나진 않았다.

글렌다는 이렇게 회상한다. "다른 가정, 다른 부모 또는 다른 인생을 누릴 권한이 내게 있다는 느낌을 과연 가져 본 적이 있었는지, 기억나지 않습니다. 물론 나는 이런 것들을 갈망했습니다. 특별히 나를 사랑해 줄 수 있는 어머니를 갈망했습니다. 그러나 이런 것들을 누릴 권리가 내게 있다는 사실은 결코 믿지 않았습니다. 기대할 것이 아무것도 없는 어린 소녀에게는 실망할 것도 없다는 사실을 나는 일찍이 깨닫게 되었습니다."

세월이 흘렀다. 간호학교에 입학하게 된 것은 처음으로 그녀의 고통을 잠시나마 완화시켜 주었다. 일종의 위안, 일종의 피신처였다. 하지만 계속되는 고독감이 그녀의 기숙사 방문을 끊임없이 두드렸다. 어느 금요일 저녁 자신의 기숙사 방으로 돌아오려고 병원 통로를 걷고 있을 때, 테이블 위에 놓인 소책자 하나가 눈에 띄었다. 좋은 일이었다. 표지에 이렇게 써 있었다. "구원에 이르는 네 단계." 이 날 밤 그녀는 침대에 누운 채 비닐 봉지 속에 담아 두었던 약을 꺼내 먹고 영원히 사라지려고 했었다. 그녀는 방문을 걸어 잠갔다. 비닐 봉지를 손에 잡는 대신 소책자를 펼쳐 들었다. 그날 밤이 다 가기 전에 글렌다는 기도하기 위해 침대 곁 방바닥으로 내려갔다. 그녀는 무릎을 꿇고 기도했다. 수의(壽衣)를 입은 심정으로 회개의 기도를 시작했고, 의의 옷을 입고 일어섰다. 그리스도의 의를 입고서.

토요일 새벽은 밝았다. 햇빛 밝은 추운 날, 글렌다는 성경을 사기 위해 시내로 향하는 버스를 탔다. 페이지마다 하나님의 말씀이 춤을 추고 있었다. 구절 구절이 살아 있는 의미로 가슴에 와 닿았다. 하나님과 진정으로 살아 있는 관계를 맺게 되었다. 호흡, 살아 있는 박동, 폭발하는 기쁨. 그러나 이것을 가로막는 한 가지가 있었다. 수개월이 지나고도, 심지어 결혼을 하고, 그녀 자신의 아이를 갖게 되고, 하나님과 더 가까이 지낸 수년이 지난 후에도, 지난 과거의 그림자는 더욱 어둡게 드리워져만 갔다.

분노의 새로운 감정이 드러나기 시작했다. 어떻게 내 부모님들이 나에게 그런 소름끼치는 일들을 할 수 있었단 말인가? 난 그야말로 어린 소녀였다. 그런데 왜 그들은 나를 어린 소녀로 놔두지 않았을까? 내가 원했던 것은 사랑이 전부였는데, 얻어맞고, 채찍으로 맞고, 성희롱당하고, 저주받고, 욕먹고, 발길에 채이고 미움만 받았다. 그들로부터 사랑을 받을 수만 있다면 나는 무슨 일이건 했을 것이다. 이제 내게 남은 것은 그들에 대한 미움뿐, 나도 이 증오의 감정을 어떻게 할 수가 없다.

그녀의 분노는 그녀의 마음속에서 썩은 냄새를 드러내고 있었다. 시편 119편 165절이 그녀에게 부드럽게 말했다…

주의 법을 사랑하는 자들에게는 큰 평안이 있으니
아무것도 저희로 실족케(죄를 짓게) 못하리라
(KJV - 역자 주).

믿기지 않아! 하나님은 정말 나의 죄를 없앨 수 있을까? 나의 살인적인 증오를? 글렌다는 의아해 했다. 시편 구절이 대답했다. '아무것도 죄를 짓게 못하리라.' 두 구절은 그녀의 가슴을 파고들기에 충분할 정도로 긴 창과 단창이 되지 못했다. 화살조차 안 되는 짧은 단검 정도였다. 하지만 하나님의 의도는 나무랄 데 없이 조그마한 흠도 없었다. 이 말씀은 글렌다가 그 긴 세월 동안 부풀려 온 뜨거운 풍선에 바늘구멍을 내버렸다.

글렌다는 기도했다. "오, 하나님. 제가 죄짓는 것이 하나님을 실망시키는 것이라면, 어떻게 해서든지 제게서 그러한 죄를 가져가 주세요. 저는 증오심으로 끓고 있답니다. 제가 이런 식으로 살아남을 수는 없어요. 저의 분노를 찢어 없애 주세요. 제가 완전히 주님 것이 되길 진정으로 소원합니다. 당신이 저의 모든 죄를 용서해 주신 것 같이 저에게 죄지은 자들을 저도 용서해 주길 원합니다. 지금 저를 도와주세요, 아버지. 예수님의 이름으로 기도드립니다."

어떤 사람들은 글렌다의 분노가 그녀의 부모가 아닌 하나님을 향해야 한다고 생각할 것이다. 채찍으로 매를 맞다니? 성희롱을 당하다니? 저주를 받다니? 성 충동으로 달려드는 음탕한 남자를 물리칠 힘이 어떻게 어린아이에게 있을 수 있단 말인가! 그러나 하나님은 이러한 것들을 허용하셨다. 술 취해 혁대를 휘두르는 부모로부터 어린아이가 도망칠 수는 없다. 그녀의 마음 밭을 깊이 파고드는 말들을 막아 낼 만큼 충분히 크고 두꺼운 방어벽을 어린아이는 갖고 있지 못하다. 상황이 이러한데, 하나님은 어디에 계셨단 말인가? 왜 그녀의 부모가 죄짓지 못하도록 하지 않으셨단 말인가?

어떤 대답이 이처럼 무시무시한 학대 행위를 용서할 수 있을까? 하나님께서 이렇게 말씀하신다. "저가 이 작은 자 중에 하나를 실족케 할진대 차라리 연자맷돌을 그 목에 매이우고 바다에 던지우는 것이 나으리라"(눅 17:2). 좋다. 사악한 자들은 어느 날 의로운 심판자의 분노를 맞이할 것이다. 하지만 지금 이 순간 일어나고 있는 학대는 어떻게 되는 것일까?

우리는 지금 해답을 원한다. 하지만 우리가 해답을 알았다 하더라도 그것이 과연 우리를 만족시킬까? 우리는 이렇게 물었을 지도 모른다. "하나님은 어디 계셨을까? 그것이 그분의 잘못이었을까?" 그리고는 비록 하나님이 주재자이시지만 그것이 그분의 잘못은 아니라고 확신할 것이다. 또 이렇게 물을 지도 모른다. "그것이 사단의 공격이었을까?" 그리고는 그것이 사단의 공격이며 아마도 그러할 거라고 생각할 것이다. 또는 좀더 억지로 끼워맞추며 이렇게 말할지도 모른다. "그것은 선악과를 따먹고 사악한 세계에 살게 된 타락의 결과이지, 마귀나 하나님의 직접적인 공격의 결과는 아니지 않는가?" 그리고는 이 생각이 거의 옳다고 여길 것이다. 처음으로 되돌아가서 과연 이런 해답들이 우리를 만족시킬까? 아마도 아닐 것이다.

하나님의 도움으로 글렌다는 그녀를 만족시키는 유일한 해답을 발견했다. 그녀가 상처받은 가슴에 와 닿은 해답. 그녀의 분노는 그녀에게 무엇이 필요한지 알게 했고 옳은 방향으로 움직이도록 했다.

그녀속에 끓는 증오는 자신에게 범해졌던 죄악들과 마찬가지로 가증스럽고 구역질나는 것임을 깨달았다. 그녀 자신도 부모님과 다른 바 없었다. 그녀의 아버지가 그녀에게 밀치고 들어왔던 것과 똑같이, 그녀도 상상속에 뜨거운 적개심으로, 아버지의 가슴에 비수를 꽂았던 것이다. 글렌다도 저주와 분노를 퍼부으며 하나님을 고문하고 십자가에 못 박는 자가 쉽게 될 수 있었다. 실제로 그녀는 자신의 죄를 시인하면서, 자신이 바로 그렇다고 고백했다. 그녀가 자신의 일곱 살 난 자식의 얼굴에 침을 뱉었던 기억을, 사람들이 자신의 구세주에게 침을 뱉었던 것과 비교하면서 그녀는 틀림없이 새파랗게 질렸을 것이다. 글렌다는 믿는 자들도 드물게 발견하는 하나님의 깊은 사랑을 발견했다. "우리가 아직 죄인 되었을 때에 그리스도께서 우리를 위하여 죽으심으로"(롬 5:8).

토마스 머턴은 말했다. "우리가 고통을 겪으면서도 불행에 빠지지 않으려면, 더 큰 불행에 대해 생각해야 하고, 십자가상의 그리스도께로 돌아가야 한다. 고통을 겪으면서도 미워하는 마음이 생기지 않으려면, 예수님을 사랑함으로 우리 마음에 응어리진 비통함을 몰아내야 한다. 고통을 겪으면서도 보상을 바라지 않으려면, 예수님과 우리가 하나임을 확신하는 가운데 우리의 모든 평안을 찾아야 한다. 이러한 것들은 고행하는 수도자에게 필요한 기술이 아닌 단순한 믿음에 관한 것이다."[8]

---

8) 토머스 머턴(Thomas Merton), 『사람은 섬이 아니다』 *No Man Is an Island*, (New York: Harcourt, Brace and Co., 1955), p. 94.

십자가상에서 고통 받으신 하나님. 예수님을 떠나서는 '왜'라는 질문에 대한 해답은 없다. 하나님이 고통이란 문제의 일부분이라는 것이 결국에 가서는 문제를 복잡하게 하지 않을 것이다. 하나님께서 문제를 어떻게 또는 어느 범위까지 만들어 내셨는지가 논점이 아니다.

그분이 해답이고 우리가 그분을 필요로 한다는 사실이 중요한 것이다.

제11장

자족함 얻기

"**만**족할 줄 아는 사람은 우회하는 길에서도 주변 경치를 즐기는 자이다."[1]

이와 같은 인용 구절은 새겨들을 만하다.

당신이 분주한 마음으로 이민을 준비하고 있다. 이민을 가려는 나라는 이탈리아 로마. 당신은 이탈리아어를 비롯해 이 나라의 음식이나 예술 등에 대해 공부하고, 바실리카 성당이나 시스틴 성당에 관한 역사책도 사 본다. 당신은 주택 구입 안내 책자를 들춰 보며, 햇빛 환한 바다가 내려다보이는 발코니에서 아침 식사 하는 모습을 그려 본다. 희망으로 당신의 마음은 설렌다. 이것은 일생에 두 번 다시 없을 탐험인 셈이다.

로마를 향해 가고 있는데, 당신의 계획이 변경된다. 당신을 태운 점보 비행기가 네덜란드에 착륙한다. 당혹한 채 암스테르담 공항을 비틀거리며 빠져나온다. 이탈리아 안내 책자를 움켜쥔 채 스스로에게 묻는다. "내가 지금 어디에 있는 거지? 이거 어떻게 된 거야?" 주

---

[1] 조지 허버트(George Herbert), 에디 드레이퍼(Edythe Draper)로부터 인용, 『기독교 세계를 위한 에디 드레이퍼의 인용집』 *Edythe Draper's Book of Quotations for the Christian World*, (Wheaton, Ill.: Tyndale House, 1992), p. 101.

변 경치는 무미건조하고, 날씨는 춥고, 눅눅하다. 당신은 네덜란드 싹눈양배추 요리에 질색해 입을 틀어막고, 이탈리아어 '아리베데르치'(arrivederci, '안녕. 또 만나요' 라는 뜻) 대신 네덜란드어 '또트지인스'(tot ziens)라고 말하는 법을 배운다. 이만저만 실망스러운 것이 아니지만, 당신은 나막신 신는 것에 점차 익숙해질 것이다. 네덜란드는 이제 당신의 고향이 된다. 산산조각 난 희망을 접어 두고 현실의 삶을 꾸려 나간다. 가끔 이탈리아를 그리워하기도 하지만 당신은 네덜란드에서 살아남는 법을 배운다. 이것이 감당치 못할 일은 아니다. 그저 처음 의도했던 바와 다를 뿐이다.[2]

인생이 바로 이러하다. 한창 잘 나가고 있는데 계획이 변경된다. 당신의 형제가 심장 마비로 인생의 대열에서 떨어져 나가기도 하고, 당신의 아들이 에이즈에 감염되기도 한다. 하나님이 기적으로 하늘을 둘로 가를지도 모른다. 하지만 그보다 더 확실한 것은 당신이 처한 명백한 현실을 인정해야 한다는 사실이다. 당신은 아픔을 감내하고 버텨 낼 것이다. 당신 형제의 가족을 돌보면서 주말을 보낼 것이고, 에이즈에 관한 그릇된 편견을 버리고 아들의 침대 시트를 바꿀 것이다. 또는 정신박약아인 열두 살 난 당신 아들의 기저귀를 갈아 줄 것이다. 아내가 가출해 침대가 비고, 옆구리 또한 시릴지라도, 당신은 결혼 서약을 굳게 잡고 매달릴 것이다. 빠듯한 살림살이에 분수를 지키느라 바캉스는 엄두도 못 내며, 솟구치는 분노를 억누른채 텔레비전을 벗 삼아 혼자 저녁 먹는 일에 익숙해질 것이다.

---

[2] 이 이야기는 워싱턴 주의 농아 학교 소식지에 캐럴 터킹턴(Carol Turkington)으로부터 착안했음.

당신은 체념한 채 일이 되어가는 대로 몸을 맡긴다.

가끔 당신은 계속되는 아픔으로 둔통 없이 사는 것이 과연 어떤 것일지 또는 어떤 것이었을지 궁금해한다. 그러나 대부분의 경우 당신은 이런 생각을 그만둔다. 새로운 언어에 대처하고, 당신이 선호하는 방식과 다른 방법으로 일을 다루는 것에 적응한다. 그리고 당신이 결코 선택하지 않은 세계에서 살아남는 법을 배우게 된다.

실제로 나는 이런 식으로는 도저히 살 수 없다. 당신 또한 그렇게 살 수 있을 거라고 믿지 않는다. 끈에 묶여 훈련된 애완동물들이나 재갈을 물려 조련된 말들이라면 그렇게 살 수 있을지 모르지만, 사람은 그럴 수 없다. 동물들은 복종한다. 말은 무거운 마구를 받아들이고 쟁기에 자신의 몸을 맡긴다. 하지만 우리는 동물이 아니다. 기력이 떨어져 나간 말과 같이 우리의 눈에 눈가리개가 씌워진 것을 보시고 하나님은 우신다. 하나님은 우리가 비장하게 포기한 채 살아가는 것을 결코 원하신 것이 아니기 때문에, 하나님은 우신다. 금욕주의자들은 나름대로의 이유를 가지고 무의식적으로 모든 것의 중심에 자신들을 자리잡도록 한다. 우리의 영혼 또한 나름대로의 이유를 들이대며 너무 의미심장하게 되어 버린다. 침묵을 절실하게 바라는 경우조차 경직된 심장의 껍질 속에서 잔불처럼 열망이 두근거린다. 따사로운 미풍이 지나간 먼 기억을 되살린다. 노래 한 곡이 멀어진 희망을 되 지핀다. 어깨를 토닥거려 주는 손길이 갈망을 불러일으킨다. 우리는 최대한 인간이길 원한다. 우리는 아픔을 겪고 비탄에 젖어 쓰린 감정을 맛본다. 눈물을 맛본다. 동물들은 울지 않는다. 아니 운다 하더라도 그들은 '살아남는 것 이상의 그 무엇이 삶에 존재할까?' 하는 의문은 갖지 않는다.

아마도 우리는 살아남을 수 있겠지만, 이것이 전부가 아니다.

"내가 과연 행복해질까, 정말로 다시 행복해질까?"

대답은 '예'이며 또한 '아니요'이다. 당신은 "근심하는 자 같으나 항상 기뻐하고 가난한 자 같으나 많은 사람을 부요하게 하고 아무것도 없는 자 같으나 모든 것을 가진 자"(고후 6:10)가 될 수 있다. 다시 말해서 당신은 마침내 네덜란드를 즐기게 될지도 모른다. 아마도 이탈리아보다 더.

1. 당신이 도망칠 수 없을 때

내가 이 땅에서 다시 행복할 수 있을까? 퇴원 후 나의 집 현관으로 휠체어를 타고 들어섰을 때, 이 질문이 내가 할 수 있었던 생각의 전부였다. 현관문이 너무 좁았다. 부엌 싱크대는 너무 높았다. 거실로 가는 길목에 조그만 세 계단이 장애물처럼 거실로 다가가지 못하게 했다. 식탁에 앉자 무릎이 식탁 모서리에 부딪혔다. 앞에 음식이 담긴 접시가 놓여 있었지만 두 손은 무릎 위에 축 늘어진 채 있을 뿐이었다. 적어도 처음 몇 달 동안은 누군가가 내게 밥을 먹여 주었다. 나는 덫에 갇힌 기분이었다. 안락한 우리 집은 불편하고 생소한 환경이 되어 버렸다.

감금되자 어쩔 수 없이 또 다른 포로를 보게 되었다.

사도 바울은 탈출이 아예 불가능한 작은 방의 내부를 보았다. 로마 제국의 한 지역 통치자가 다른 통치자로 바뀌면서도 저들 모두가 바울에게 잘못이 없다고 선언하는 가운데, 두 해가 넘도록 바울은 이러저런 궁지에 몰려 지냈다. 벨릭스도, 베스도도 아무 통치자도 바울의 사건을 심리하길 원치 않았다. 그래서 그는 로마로 이송되었다.

로마에 도착한 바울은 보호 감시를 받으며 계속 가택 연금 상태에 있었다. 그는 빌립보에 있는 성도들이 자신을 걱정해 주는 것에 대해 고마워하며, 서신에 담은 자신의 말로서 그들을 거듭 확신시켜 주었다. "내가 궁핍하므로 말하는 것이 아니라 어떠한 형편에든지 내가 자족하기를 배웠노니"(빌 4:11).

바울은 초자연적으로 주어지는 마음의 내적인 평온, 그래서 어떤 상황에서도 기쁨으로 하나님께 순종하는 것에 대해 이야기했다. 내가 '마음의 평온'을 이야기할 때는 감옥의 철창, 휠체어, 불공정한 대우, 질병 등과 같은 물리적인 것들을 제외하고 하는 말이 아니다. 내가 제외하는 것은 짜증을 내는 생각, 탈출할 방법만을 찾는 생각, 광적인 행동으로 이끌 뿐인 안절부절 못하는 조바심 등과 같은 내적인 것들이다. 자족한다는 것은 고통에 꺾이지 않고 평온을 유지할 수 있는 침착한 영혼을 갖는 것이다. 바울은 이렇게 사는 방법을 알고 있었다.

그는 이것을 배워서 알게 되었다. 이것은 기술을 습득하는 것을 의미한다. 무엇인가를 이해한 다음에 그것을 실천에 옮기는 것이다. 그가 이해한 것은 무엇이었을까? "내가 비천에 처할 줄도 알고 풍부에 처할 줄도 알아 모든 일에 배부르며 배고픔과 풍부와 궁핍에도 일체의 비결을 배웠노라"(빌 4:12).

바울이 배운 비결이 무엇이었을까? 17세기의 고전 『그리스도인의 자족이라는 진귀한 보석』(The Rare Jewel of Christian Contentment)에서 저자인 제러마이어 버로즈는 영어로 된 신약성경에 '자족'이라는 단어가 '충족함'을 의미한다고 지적하고 있다. 고린도후서 12장 9절에서 바울은 희랍어 어원을 사용하고 있다. "내 은혜가 네게 (충)족하도다 이는 내 능력이 약한 데서 온전하여짐이라." 단순하게도 바울의 비결은 도움받기 위해 은혜의 주님께 의지하기를 배우는 것이었다. "우리가 긍휼하심을 받고 때를 따라 돕는 은혜를 얻기 위하여 은혜의 보좌 앞에 담대히 나아갈 것이니라"(히 4:16).

바울은 이것을 완전히 습득해야 했다. 이것은 저것이 아니라 이것, 저 길이 아니라 이 길을 결정하는 것과도 같은 어려운 선택들을 해야만 하는 것을 의미했다. 왜 이 비결은 이처럼 어려운 일을 수반하는 걸까? 왜냐하면 '은혜의 보좌 앞에 담대히 나아가는 것'은 우리의 자연적인 속성이 아니기 때문이다. '때를 따라 돕는 은혜를 얻는 것'은 자동적으로 되는 일이 아니다. 빌립보서에서 바울이 탁월하게 선택하는 단어들을 살펴보자. '나는 좇아가노라… 열심으로… 굳세게 서 있노라.'

나는 이처럼 결정 내리는 것을 조금이나마 이해한다. 나는 누군가가 내게 저녁 식탁에서 밥을 먹여 주는 것이 싫증났다. 하지만 마비된 두 팔을 가지고 내 스스로 밥을 먹으려 시도했을 때, 나는 포기하고만 싶었다. 가죽으로 된 팔 받침대에 달린 주머니에 구부려진 숟가락이 꽂혀 있었다. 약해진 어깨 근육을 움직여 이 숟가락에 위에 음식을 올려놓아야만 했고, 그 다음에는 균형을 잘 잡아 숟가락을 들어 올려 입 안으로 넣어야 했다. 턱받이를 목에 걸치고, 사과 소스를 옷 여기저기에 묻히거나, 음식을 입 안에 넣는 것보다 무릎에 더 자주 떨어뜨리는 내 모습이 수치스러웠다.

나는 항복할 수도 있었다. 그렇게 하는 것이 쉬울 것이고, 내가 포기했다고 남들이 나를 비방하지도 않았을 것이다. 하지만 나는 선택을 해야만 했다. 꼬리에 꼬리를 무는 선택들을. 음식으로 범벅이 된 내 얼굴을 보며 느끼는 당혹감이, 나를 단념시키도록 내버려 둘 것인가? 실망스런 실패감이 나를 압도하도록 내버려 둘 것인가? 이내 사라져 버릴 자기 연민에 만족하려는 감정들을 물리치고, 나는 어색하지만 스스로 밥 먹는 쪽을 택했다. 이러한 결정은 나를 기도하게 했다. 오, 하나님. 이 숟가락질을 도와주세요! 도움받기 위해 주님을 의지하는 법을 배우는 것, 이것이 나의 비결이었다. 요즘은 팔 받침대를 사용하며 숟가락질을 꽤 잘하고 있다.

내 팔과 손이 옛날과 같은 상태로 돌아가진 않았다.

하지만 나는 자족하는 것을 배웠다.

그리스도는 우리의 두통과 아픈 마음이 사라지도록 하는 요술 지팡이가 아니다. "그(분) 안에는 지혜와 지식의 모든 보화가 감추어 있느니라"(골 2:3). 지혜와 지식, 자족하는 법을 알게 되는 것을 포함하여 이 마치 우리가 찾아야 하는 보석과도 같이 그리스도 안에 숨어 있다. 숨겨진 무언가를 찾기 위해서는 고된 노력이 필요하다. "너희가 전심으로 나를 찾고 찾으면 나를 만나리라"(렘 29:13).

하나님은 우리를 우리들 자신의 것으로 내버려 두지 않으신다. "내게 능력 주시는 자 안에서 내가 모든 것을 할 수 있느니라"(빌 4:13). 어떤 일에 직면하여 신념을 가지고 하고자 할 때, '바로 이거다!' 하고 우리는 외치게 된다. 신성한 에너지가 우리에게서 넘쳐 난다. 그 일에 관한 우리의 믿음을 행사하는 순간, 하나님의 능력이 우리 안에서 나타난다. "나를 능력 있게 하시는 그리스도 안에서 내가 모든 일에 힘을 갖는다. 내적인 힘을 내게 불어넣으시는 주님을 통해 나는 어떤 것에 대해서든 만반의 태세가 갖추어져 있다(즉, 그리스도의 충족함 안에서 나 스스로도 충족하다)"(빌 4:13, 확대 해석).

당신은 선택을 하고, 하나님은 당신에게 능력을 주신다. 당신이 불평하고자 하는 느낌이 들 때, 심지어 당신의 남편이 당연히 분담해서 해야 할 일을 하지 않을 때조차도, 하나님은 당신의 혀를 멈추게 하는 능력을 주신다. 또한 직장 동료가 승진을 위해 당신을 이용할 때조차도, 당신 자신의 관심사보다 다른 사람의 관심사를 먼저 살펴보도록 하는 능력을 주시며, 장애 아이를 돌봐야 하는 틀에 박힌 일이 매일 반복될지라도, 당신이 아침에 일어났을 때 밝은 모습으로 시작할 수 있도록 하나님은 힘을 불어넣어 주신다.

당신 곁에는 무책임한 남편, 탐욕스런 직장 동료, 그리고 장애 아이가 여전히 있다. 하지만 당신의 마음은 평화롭다.

2. 잃음을 통해 얻음

원하지 않는 것을 갖고 있고, 갖고 있지 않은 것을 원하는 것이 고통이라고 한 말을 기억하는가? 소유하고 싶은 욕망을 제거해 버리면, 당신은 자족감을 갖게 될 것이다.

이것은 당신의 욕망과 당신이 처한 상황을 동등한 등식으로 만드는 작업이다. 사도 바울은 이 계산의 전문가였다. 예를 들어 그는 빌립보 성도들이 자신에게 선물을 보내왔을 때 "내가 크게 기쁘다"라고 말한다. 하지만 곧바로 이렇게 덧붙인다. "내가 궁핍하므로 말하는 것이 아니라…."

궁핍하지 않다니? 감옥에서 지내는데? 그는 그들에게 확신시킨다. "내게는 모든 것이 있고 또 풍부한지라"(빌 4:18). 아이고야, 바울 사도여, 그러면 그대는 왜 크게 기뻐합니까? 그는 설명한다. "내가 선물을 구함이 아니요 오직 너희에게 유익하도록 과실이 번성하기를 구함이라"(빌 4:17). 바울은 자신의 욕망을 제거함으로 자신의 기쁨을 더했다. 다른 사람들의 필요를 공급해 주는 것이 그의 기쁨이었다.

바울은 그 축축한 감옥에서도 부정적으로 살지 않았다. 그리스도의 충만함이라는 관점에서 바울은 자신이 동경하는 것들을 조절했다. 바울이 "배부르든, 배고프든, 풍부하든, 궁핍하든"(빌 4:12) 그리스도는 충분한 것 이상 이었다.

세상은 이러한 계산을 이해하지 못한다. 세상은 욕망을 메우기 위해 처한 상황을 개선하려 든다. 건강을 증진하고 부를 늘리고 더 아름답게 꾸미고 권력을 확장한다. 하지만 당신이 처한 상황과 조화되기 위해 당신의 마음을 가라앉히는 것이 더 현명하다. 그리스도인들이 자신이 처한 삶의 상황을 다스릴 수는 없을지 모르지만, 마음만큼은 분명히 다스릴 수 있다. "낮은 형제는 자기의 높음을 자랑하고 부한 형제는 자기의 낮아짐을 자랑할지니 이는 풀의 꽃과 같이 지나감이라"(약 1:9-10). 버로즈는 이렇게 말했다. "우리의 마음과 처한 상황 사이에 균형과 조화가 있을 때, 모든 자족의 근본이 자리잡는다."[3]

세실 반 앤트워프 씨는 나보다 더 오랫동안 휠체어에서 살아왔다.

---

[3] 제러마이어 버로즈(Jeremiah Burroughs), 『크리스천의 진귀한 자족』 *The Rare Jewel of Christian Contentment*, (Carlisle, Penn.: The Banner of Truth Trust, 1992), p. 46.

게다가 그녀는 요양원에서 지내고 있다. 그녀를 방문했을 때 그녀의 거주 공간이 대단히 작다는 사실에 매우 놀랐다. 오직 창문 곁에 침대와 서랍장만 놓을 수 있는 공간이 전부였다. 하지만 그녀는 사진과 다양한 색깔의 꽃들, 그리고 침대 머리맡 벽에 걸린 동판 등으로 이곳을 자신의 집으로 가꾸어 놓았다. 자신의 욕망을 축소시켜서 비좁고 갑갑한 공간을 작지만 포근한 둥지로 가꿔 내고 있었다. 그녀는 자족하고 있었던 것이다.

어떻게 하면 우리가 이런 계산에 능숙할 수 있을까? 어떻게 하면 우리가 이런 '뺄셈'을 할 수 있을까? 뺄셈은, 욕망을 불러일으키는 것들이 아니라, 자족을 가져다 주는 것들로 우리의 정신과 마음을 채울 때 가능하다. 규칙을 지키는 것을 말하고 있는 것이 아니다. 규칙들은 욕구를 발생하게 할 뿐이다('건드리지 말 것' 또는 '하지 말 것'과 같은 규칙을 보는 순간, 당신은 욕망으로 버둥거리지 않을 수 없다). 나는 지금 일반 상식을 말하고 있는 것이다.

이 뺄셈은 행동 양식을 바꾸는 것이라고 말할 수도 있다. 상처받고 싶지 않다면? 그렇다면 상처를 주는 것들로부터 멀리 떨어져 있으라. 당신들은 아름다운 실크 실내복을 입고 있는 크고 늘씬한 마네킹이 전시된 백화점 란제리 가게에서 내가 얼쩡거리는 모습을 결코 볼 수 없을 것이다. 그 마네킹이 스티로폼으로 만들어진 모델이건 그렇지 않건, 그것은 내 알 바가 아니다. 내가 주시하고 있는 것은 이 마네킹은 서 있는데, 나는 그렇지 못하다는 사실이다. 마네킹은 우아하게 옷을 걸치고 있는데, 내게는 그것이 부대 자루일 뿐이라는 사실이다! 전신이 마비된 사람이 레이스 달린 스타킹에 데님 벨트를 차거나, 무늬가 돋아 나오도록 짠 침실용 슬리퍼를 신는다는 것은 있을 수 없는 일이다. 이런 멋진 옷들을 바라보고 있노라면 '휴, 저것 좀 입어 보았으면!' 하는 생각만 끊임없이 들 뿐이다. 그래서 나는 꼭 필요한 내복 몇 개만 사고는 란제리 가게에서 곧바로 나와 버린다.

60년대의 괴상한 음악에 대해서도 마찬가지다. 이 괴상하고 미칠 듯한 60년대 사이키 사운드는, 내가 절망 가운데 자살하기 위해 목뼈의 윗부분이 부러지도록 베개에다 머리를 앞뒤로 비틀어 대며 몸부림치곤 했을 때, 배경이 된 음악이었다. 지금은 이런 음악이 나오면 채널을 돌려 버린다. 귀청이 떨어져 나갈 듯한 기타 소리나 강하고 성난 비트의 음악을 이제 듣지 않는다. 나는 현실을 부정하고 그것을 직시하길 거부하며 살지 않는다. 이제 나는 음악의 강력한 효과에 대한 건전한 경외심만 갖고 있다. 여전히 그 당시와 다를 바 없이 마비되어 있는데, 어두운 생각을 불러일으키는 음악에 내 정신을 노출시킨다면 그것은 내 스스로 사고를 불러들이는 것이다.

음식은 또 다른 예이다. 나는 다른 사람들처럼 운동을 할 수 없기 때문에, 특별히 음식의 칼로리에 신경을 써야 한다. 저녁 무렵 사무실을 나설 때 길 건너편 레스토랑에서 흘러나오는 숯불구이의 유혹적인 향내를 종종 맡게 된다. 이것은 그야말로 살인적이다. 이 집의 양파튀김은 얼마나 맛있는지 내가 두 손 들게 만든다. 배가 고플 때면, 슈퍼마켓의 프랑스 제과점을 피해 돌아가듯 나는 이 집을 피해 간다.

자족함을 얻는다고 슬픔이 사라지는 것도 아니고 불편함과 작별을 고하는 것도 아니다. 안정된 영혼을 얻기 위해 근질근질한 욕구를 희생하는 것이 바로 자족함이다. 당신은 무언가를 위해 또 다른 무언가를 희생해야 한다. 이것은 힘들다. 힘들지만 달콤한 것이다. 당신은 '슬프지만 항상 기쁘고,' '아무것도 가진 것이 없지만 모든 것을 소유한다.' 디모데전서 6장 6절은 이렇게 말한다. '지족(자족)하는 마음이 있으면 경건이 큰 이익(great gain)이 되느니라.' 그리고 이 이익(얻음)은 언제나 잃음을 통해서 온다.

자족하기 위해 엄청난 힘이 필요하다는 것은 놀랄 일이 아니다! 제러마이어 버로즈는 이것을 다음과 같이 표현하고 있다.

> 그리스도인이란 이 세상에서 가장 자족한 자이지만, 또한 이 세상에서 가장 불만족한 자이다. 이 둘의 공존은 불가사의하다… 그가 가진 것이 빵 조각과 물뿐이라면 그는 자족해한다… 그런데 하나님께서 그에게 왕국과 다스릴 전 세계를 주신다면… 그는 그것에 만족해서는 안 된다. 하나님을 수용할 수 있는 한 영혼은 오직 하나님 이외의 그 무엇으로도 충만해질 수 없다.[4]

3. 또 다른 등식

"신체가 마비된 나에게 신발은 필요치 않았다. 그래도 나는 이것이 늘 불만이었다. 그러나 두 발이 없는 한 남자를 만났을 때, 더는 불평할 수 없었다."

사소한 것 같지만 진리를 말해주는 사건이다. 당신보다 더 어려운 처지에 있는 사람들을 살펴보기 바란다. 이런 활동은 당신에게 자족감을 키워 주고, 다른 사람들에게도 자족감을 되살아나게 한다. 이것은 두 배의 행복이다.

먼 곳에서 찾아온 손님 메리 진과 쇼핑몰 안에 있는 커피숍에 앉아

---

4) *Ibid.*, pp. 42-43.

있는 것을 내가 틀림없이 만족해 했을 것이다. 나처럼 그녀도 좀처럼 한가한 시간을 갖지 못하며 지낸다. 그녀는 장거리 여행을 하며 열심히 기독교 사역을 하고 있다. 좀 더 편안한 여행을 위해 비행기를 타고 내게 왔을 때, 나는 우리 둘 모두에게 좋을 어떤 평범한 일을 해보기로 생각하고 있었다. 예컨대, 서로 농담을 해 가며 쇼핑몰을 이리저리 돌아다니는 것보다 더 유쾌한 일이 있을까? 우리는 노드스트롬 옷가게 앞 찻집에서 음료를 주문하는 데까지 이르렀다. 자리에 앉아 빨대로 음료를 마시며, 유모차에 누워 있는 갓난아이를 얼러 주기도 하고, 지나가는 쇼핑객들의 화사한 봄나들이 옷차림을 구경하며 감탄하기도 했다. 우리는 음식의 지방 함량이나 영부인의 최신 헤어스타일에 대해서 조잘대며 이야기했다. 대화는 자연스레 기독교 사역으로 이어졌다.

나는 그녀에게 내가 사는 마을 반대편 끝의 한 요양원에서 지내고 있는 내 친구 보니 영에 관해 이야기해 주었다. "보니는 신경 마비가 심해져서 하루 종일 침대에서 지내야 해. 보니가 심한 우울에 빠져 있다고 들었어. 오늘 시간을 내서 우리가 보니를 위해 함께 기도하면 좋을 것 같아."

우리 둘은 말없이 앉아 있었다.

갑자기 우리 둘이 소리쳤다. "여기서 지금 뭐하고 있는 거야?!"

우리는 휴대품을 정리하고 황급히 전화기로 달려갔다. 맞아, 보니는 방문객들을 맞이할 수 있어. 아냐, 우리가 갑자기 들이닥쳐서는 안 돼. 보니를 보러 올 친구들은 많지 않아. 이렇게 조잘대며 요양원에 도착할 때까지 고속도로를 달리며 찬송을 불렀다. 우리는 벽을 따라 줄지어 있던 휠체어 환자들에게 인사를 하며 희미한 불빛이 비치는 복도를 급하게 따라갔다. 보니는 오른쪽 맨 끝방에 있었다.

보니가 우리를 보았을 때 반가운 기색이었다. 그녀는 마비되어 가는 근육 때문에 잘 웃을 수도, 말을 많이 할 수도 없었다. 호흡도 쉽게 할 수 없었다. 우리는 보니에게 노래를 불러 주었고, 가끔씩 침묵이 흐르는 가운데 묵묵히 앉아 창밖에서 지저귀는 새소리를 즐기기도 했다. 방문을 마칠 무렵 나는 보니에게 주기도문을 함께 천천히 따라 할 수 있는지 물어 보았다. 아무런 표정 없이 보니는 고개를 끄덕였다. 복도 저편에서 환자용 변기가 덜커덕거리고 간호사 대기실 옆에서 누군가가 계속 중얼대는 소리가 들리는 가운데, 우리 셋은 마음을 합하여 하나님께 기도를 드렸다.

메리 진은 이번에 나를 방문해서 해변으로 소풍갔던 것, 근사한 레스토랑에서 저녁을 먹었던 것, 등등 여러가지로 즐거워했다. 하지만 이번 방문에서 가장 기뻤던 것은 우리보다 더 어려운 처지에 있는 한 친구를 만나게 되었다는 것이다. 노드스트롬 옷가게 세일은 언제든지 있겠지만, 도움이 필요한 친구를 우리가 보살펴 줌으로써 자족감을 얻을 기회는 항상 있는 것이 아니다. "오직 겸손한 마음으로 각각 자기보다 남을 낫게 여기고 각각 자기 일을 돌아볼 뿐더러 또한 각각 다른 사람들의 일을 돌아보아 나의 기쁨을 충만케 하라"(빌 2:3-4).

이것은 다른 사람의 비참한 처지를 당신의 처지와 비교하여 당신에게 감사의 마음을 불러일으키려는 것도 아니고, '불행에 처한 불쌍한 사람들을 동정하려는' 것도 아니다. 이것은 오직 바라보는 관점의 문제다. JAF 한 가족 수련회에 참석했던 어머니들 중 한 분이 내게 보낸 편지는 이 점을 잘 보여 준다….

사랑하는 조니에게,

대동맥 판막이 부어오르는 병을 앓고 있는 네 살 난 제 아들 재커라이어를 당신께 소개하고자 이 편지를 씁니다. 공기를 통해 혈액을 정화하는 장치에 의존하고 있기 때문에, 심장 외과 의사가 수술하는 것을 걱정하고 있습니다.

아픈 이유를 알지 못한 채 고통을 당하고 있는 아들을 지켜보고 있으려니 엄마로서 가슴이 매우 아픕니다. 최악의 상황은 아니지만 최선의 상황도 아니지요. 하지만 우리를 위한 하나님의 크신 지혜와 사랑 안에서, 이것이 하나님이 뜻하신 것임을 저는 겸손히 받아들이고 있습니다. 하늘까지 닿은 그의 신실하심을 저는 알고 있습니다. 재커라이어는 어린아이인데, 이번이 스물여섯 번째 입원이고 열다섯 번째 수술입니다. 아픔, 수술, 의문, 결정 그리고 눈물의 시간들을 통해 저는 알고 또 알고 있습니다. 하나님 역시 이것들을 통해 우리를 지켜보고 계신다는 것을 말입니다. 가까스로 실에 매달려 지켜보시는 것이 아닌 영광과 평화의 눈으로 지켜보신다는 것을.

주님께서 제 인생에 이루신 모든 것에 그저 놀라워할 뿐입니다. 주님은 근친상간, 매춘, 우울, 자기혐오 등과 같은 깊고 어두운 구덩이 속에서 저를 건져 주시고 반석 위에 세우셨습니다. 주님은 제 마음에 새 노래를 주시며 시편 40편과 같이 말씀하십니다. "많은 사람이 보고 두려워하여 여호와를 의지하리로다." 저는 위대한 사람이 아닙니다. 하지만 저는 위대한 하나님을 섬기고 있습니다. 그분이 저를 어디에서 데려 오셨는가를 생각할 때, 저는 아무런 가치도 없는 사람임을 알게 됩니다. 그러나 제가 신실할 때에도 그분은 여전히 신실하십니다.

당신을 사랑하는 제리로부터

4. 자족과 기쁨

재커라이어의 어머니는 기쁨으로 충만하다. 놀랍지 않은가!

사도 바울은 이것을 확신시켜 준다. "이러므로 도리어 크게 기뻐함으로 나의 여러 약한 것들에 대하여 자랑하리니 이는 그리스도의 능력으로 내게 머물게 하려 함이라"(고후 12:9). '고칠 수 없는 것은 인내해야만 한다' 고 세상 철학은 말한다. 하지만 그리스도인의 철학은 '고칠 수 없는 것은 즐길 수 있다' 고 말한다.

"불행을 제거하는 것이 해답이 아니라 불행에 대한 새로운 정의를 찾는 것이 해답이다. 의무, 영예와 희생, 신실, 헌신과 봉사 등과 같은 것들에서 행복을 정의하자"라고 엘리자베스 엘리엇은 제시한다. 서로를 존중해 주는 마음은 잘못된 결혼 생활에 빛을 비춘다. 감사할 줄 모르는 아이들에게 희생을 보여 주는 것은 사랑의 진정한 표현이다. 동료의 평판을 지켜 주는 신실함은 승진보다 훨씬 가치 있다. 다른 사람들을 위한 헌신과 봉사는 자신의 상황에 연연해하지 않은 채 그러한 고난을 감당하는 사람에게 말할 수 없는 기쁨을 가져다 준다.

자족과 기쁨은 서로 맞물려 있다.

사도 바울의 경우를 다시 살펴보자. 빌립보 성도들에게 편지를 쓸 당시 바울은, 감시를 당하는 가운데 자신의 사건이 로마 제국의 법정에서 처리되기를 기다리고 있었다. 재판은 오래 지연되었다. 무슨 일이 닥치든지 그는 만반의 준비가 되었을 뿐 아니라 기쁨으로… 충만해 있었다! 서신에서 그는 이렇게 쓰고 있다.

내게 일어난 일들이 복음의 진보가 되었습니다…모든 면에서 그랬습니다. 겉치레로 하든지 진실로 하든지 그리스도는 전파되고 있으니 나는 기쁩니다… 그렇습니다. 기쁩니다. 또한 나는 계속해서 기뻐할 것입니다. 왜냐하면… 이것이 나의 구원을 이룰 것임을 내가 알기 때문입니다…항상 그러했듯이 지금도 내가 살든지 죽든지 내 안에서 그리스도가 존귀히 여겨질 것입니다… 나의 형제 여러분들이여 주 안에서 기뻐하십시오… 주 안에서 항상 기뻐하십시오. 거듭 말씀드리오니 기뻐하십시오… 내가 지금 주 안에서 크게 기뻐합니다.(빌립보서 1:12-12을 부분부분 발췌하여 현대어로 재구성 했음. 역자 주)

처음부터 끝까지 바울의 서신은 기쁨으로 빛나고 있다.

바울은 이전에 투옥되었을 당시 배웠던 귀한 경험들을 토대로, 지금의 감옥 생활에서도 기쁨과 자족이 흘러넘쳤다. 수년 전 바울과 실라는 또 다른 감옥에 던져졌다. 그러나 그들은 한밤중 고요한 시간에 하나님께 찬송을 드렸다. 마지못해 허밍으로 부르는 찬송이 아니었다. 육중한 감옥 문과 두꺼운 벽이 있었지만 다른 죄수들은 그들의 찬송을 분명히 들을 수 있었다(행 16:25).

자족을 위한 바울의 계산법은 온 세상에 그리스도 전파라는 더 큰 가치를 얻기 위해 자신의 세상적인 욕구를 제거하는 것이었다. 이러한 생각은 그에게 엄청난 기쁨을 가져다 주었다. 그의 기쁨은 고통 받는 그리스도인들이 하나님의 왕국에서 더 강력하게 쓰임 받는다는 확신에 근거하고 있었다. 그래서 그는 다음번 감옥으로 넘겨졌을 때, 그리고 마지막으로 넘겨졌을 때에도 크게 기뻐했던 것이다.

얼마나 이상한가. 하지만 얼마나 하나님과도 같은 모습인가. 예수님이 이 땅에 오셨을 때 걸어가신 길이 그러했다. 인자는 "멸시를 받아서 사람에게 싫어 버린 바 되었으며 간고를 많이 겪었으며 질고를 아는 자라"(사 53:3). "믿음의 주요 또 온전케 하시는 이인 예수를 바라보자 저는 그 앞에 있는 즐거움을 위하여 십자가를 참으사 부끄러움을 개의치 아니하시더니 하나님 보좌 우편에 앉으셨느니라 너희가 피곤하여 낙심치 않기 위하여 죄인들의 이같이 자기에게 거역한 일을 참으신 자를 생각하라"(히 12:2-3).

5. 그를 생각할 것

당신이 불만족을 피하려고만 한다면, 당신은 비참하게 실패하고 말 것이다. 하나님 안에 있는 지고의 행복에 대한 엄청난 약속을 당신 안에 품지 않는 한, 당신이 좋아하는 모든 욕구를 제거해 버린다 해도 당신은 여전히 평안을 얻지 못할 것이다.

자족을 언급할 때, 하나님이 바로 우리의 목표가 되어야만 한다. 우리가 싸우고 있는 대상이 변덕스런 생각이든, 처한 상황에 대한 험한 불평이든, 혹은 복이 넘치는 인생을 살고 있는 자들과 자신과의 비교이든 간에, 우리의 싸움은 악을 피하는 것 이상의 의미를 포함하고 있다. 즉, 하나님을 추구하는 것을 포함한다. 히브리서 11장 25절은 이렇게 말하고 있다.

> 믿음으로 모세는… 사라질 죄의 쾌락을 즐기는 대신 하나님의 백성들과 함께 멸시당하는 쪽을 선택했다. 그는 하나님께서 자신에게 큰 상을 주실 것을 전심으로 기대했기 때문에, 애굽의 모든 보화를 소유하는 것보다 오실 그리스도를 위해 고통 받는 것이 더 좋게 여겼다.(현대인의 성경 – 역자 주).

나는 여전히 이것을 배우고 있는 중이다. 내 몸이 가질 수 없는 것을 내 마음은 부단히도 내 속에 밀어 넣으려 한다. 하지만 환상은 나를 늘 실망하게 만들 뿐이다. 하나님에 대해 만족한 상태로 지내기 위해 나는 싸워야만 한다. 그래서 그리스도의 약속들을 내 속에 가득 채워 놓는다. 『하나님의 즐거움』(The Pleasure of God)이라는 책에서 존 파이퍼는 이 주제를 훌륭하게 다루고 있다.

> 우리는 거룩한 만족이라는 대불길이 (이 땅의) 즐거움이라는 깜박거리는 불꽃을 집어삼키도록 해야만 한다. 욥이 그랬던 것처럼 우리가 우리의 눈과 맹세를 할 때에, 우리의 목표는 선정적인 것들을 피할 뿐만 아니라, 아주 우월한 무언가를 얻는 데 있다….불판 위 불고기 굽는 냄새를 맡는 상황에서, 우리는 샌드위치용 고기를 준다는 유혹에 결코 넘어가지 않는다.[5]

우리는 자족을 추구하면서, 주님 안에는 최대의 약속과 강력한 기쁨이 있음에도 불구하고 그것을 쉽게 포기하거나 이 땅의 즐거움으로 인해 일탈해서는 안 된다. 결국 "주께서 생명의 길로 내게 보이시리니 주의 앞에는 기쁨이 충만하고 주의 우편에는 영원한 즐거움이 있나이다"(시 16:11, KJV). 당신이 그리스도 안에 푹 빠져 있을 때, 그리고 바울과 함께 그리스도면 충분하다고 여길 때, 자족감은 당신의 마음에서 우위를 차지한다. "하늘에서는 주 외에 누가 내게 있으리요 땅에서는 주밖에 나의 사모할 자 없나이다"(시 73:25 참조).

이는 곧 예수님의 다음 말씀에서 의미하는 바와 같다. "내가 곧 생

---

[5] 존 파이퍼 박사(Dr. John Piper), 『하나님의 즐거움』 The Pleasures of God, (Portland: Multnomah Press).

명의 떡이니 내게 오는 자는 결코 주리지 아니할 터이요…"(요 6:35).

자족함은 가득 채워지는 것이다.

더는 부족함이 없는 것.

우리는 더는 주릴 필요가 없다. 왜냐하면 '사람이 떡으로만 사는 것이 아니요 여호와의 입에서 나오는 모든 말씀으로'(신 8:3) 살기 때문이다. 하나님 말씀의 역할은 그리스도를 향한 믿음의 식욕을 채우는 것이다.

6. 한 가지 더 제하기

하나님 안에서 보다 나은 행복에 대한 약속이라는 주제로 주님께서 탁월한 설교를 하신 적이 있다. 주님은 마태복음 5장 3-12절에 나오는 산상수훈을 통해 하나님을 향한 우리의 식욕을 자극하신다.

나는 어렸을 때 산상수훈을 읽고 당혹스러웠다. 난 하나님을 통해 신나게 되길 원했고, 다른 사람들처럼 복도 받고 행복해지길 원했다. 그런데 예수님은 그러한 나의 소망을 '플러스'로 만드는 것이 아니라 '마이너스'로 만드시는 것처럼 보였다. 주님은 앞에서 말한 '잃음을 통해 얻음'이라는 계산법을 더 많이 적용하고 계셨다.

내가 천국을 원하면 나는 박해가 무엇인지 알아야만 했다. 뺄셈.

내가 위로받고 싶다면 나는 애통해 해야만 했다. 또 뺄셈.

이 땅을 차지하고자 한다면? 온유해야만 한다. 또다시 뺄셈.

산상수훈에서 특별히 자족과 관련된 구절은 3절 말씀이다. "심령이 가난한 자는 복이 있나니 천국이 저희 것임이요."

당신은 깊고 순수한 자족을 알기 원하는가? 그렇다면 다음과 같이 심령이 가난해져야 한다. "하나님이여 나를 살피사 내 마음을 아시며 나를 시험하사 내 뜻을 아옵소서 내게 무슨 악한 행위가 있나 보시고 나를 영원한 길로 인도하소서"(시 139:23-24). 영적으로 메마르고 빈약해진 당신 자신을 보라. 그러면 당신은 하나님 안에서 만족을 찾을 것이다.

"하나님의 뜻대로 하는 근심은 후회할 것이 없는 구원에 이르게 하는 회개를 이루는 것이요"(고후 7:10). 왜 후회할 것이 없을까? 선하신 하나님 앞에 낮은 자신의 존재를 인식하는 자는 마치 돌아온 탕자가 자기 아버지에게 "지금부터는 아버지의 아들이라 일컬음을 감당치 못하겠나이다 나를 품꾼의 하나로 보소서"(눅 15:11-24 참조)라고 말했던 모습처럼 낮은 기대감을 갖게 된다. 나는 이것을 이렇게 바꿔 말하고 싶다. "그분 없이 두 발로 서서 지내는 것보다, 그분을 알며 이 휠체어에 앉아 지내겠습니다." 이 말에 대해 아무런 후회도 없다. 이 땅에 살았던 그리스도인들 중 가장 자족할 줄 알고 또한 가장 많이 비방 당했던 사도 바울조차도, 자기 자신을 사도와 성도들 중 가장 낮은 자로 보았으며 또한 죄인 중 괴수로 여겼다.

당신이 자신을 가장 낮고, 가장 비천하며, 끝장난 인생, 길 잃어버린 자로 인식할 때, 하나님은 당신의 모든 것이 된다. 하나님의 지고한 행복에 사로잡히는 것이란, 모든 것 안에 불어 넣어지고 모든 것 주위에 간직된 그분의 사랑을 목도하는 것이다. 절대적으로 모든 것에 존재하는 그분의 사랑을.

당신은 가장 작은 즐거움에서도 당신 마음이 하나님께로 가까이 이

끌리는 것을 발견하게 된다. 제러마이어 버로즈는 말한다. "바다에 나간 남편이 사랑을 나타낼 만한 무언가를 보내올 때, 그것은 당신의 집에 있는 어떤 물건들보다 훨씬 값어치 있는 것이 된다. 하나님의 백성들은 그들이 즐기는 모든 좋은 것들을 즐긴다… 하나님이 주시는 사랑의 증거물로서… 그리고 이것은 그들에게 매우 달콤한 것으로 느껴져야만 한다."[6)]

자족하는 자에게는 벽난로가에서 바흐 음악을 들을 수 있는 한 시간이 하나님이 주시는 사랑의 증거로 느껴질 수 있다. 바람이 몹시 부는 날 나무 아래 앉아 있는 것, 길가에 차를 세워 두고 지는 저녁 노을을 보는 것, 양파 껍질을 벗기다 말고 교묘하게도 완벽한 동심원들을 보고 경탄하는 것, 양말 한 짝을 붙잡고 씨름하고 있는 고양이를 지켜보며 그분의 유머 감각에 킬킬대고 웃는 것 등이 모두 증거물들인 것이다. 우리의 임무가 그분에 대한 봉사로 여겨질 때, 그 임무는 달콤하다. 루스 그레이엄은 그녀의 부엌 벽에 붙어 있는 글귀를 자랑한다. "매일 세 번 이곳에서 신성한 봉사가 수행되노라." 모든 것이 우리를 향해 하나님이 주시는 사랑의 증거물이 될 때, 당신은 마치 모든 것을 소유하였으나 동시에 아무 것도 가지지 않은 것처럼 느끼게 된다.

고린도전서 3장 21-23절은 이것을 가장 잘 표현하고 있다. "그런즉… 만물이 다 너희 것임이라… 세계나 생명이나 사망이나 지금 것이나 장래 것이나 다 너희 것이요 너희는 그리스도의 것이요 그리스

---

6) 제러마이어 버로즈(Jeremiah Burroughs), 『크리스천의 진귀한 자족』 *The Rare Jewel of Christian Contentment*, p. 57.

도는 하나님의 것이니라." 이것이 내가 컨테이너 두 개를 붙여 만든 초라한 우리 교회에서 수요일 저녁 기도 모임을 가지면서 느끼는 심정이다. 우리는 화려하지 않다. 크지도 않다. 하지만 기도 시간 전 우리 여덟 명이 찬송을 부를 때면 우리들은 딱히 노래를 잘 부르지도 못하지만 내 눈에는 기쁨으로 눈물이 맺힌다.

이것이 천국을 맛보는 것이다.

모든 자족은 "하나님이 저희와 함께 거하시리니 저희는 하나님의 백성이 되고 하나님은 친히 저희와 함께 계셔서 모든 눈물을 그 눈에서 씻기시매 다시 사망이 없고 애통하는 것이나 곡하는 것이나 아픈 것이 다시 있지 아니하리니 처음 것들이 다 지나"(계 21:3-4)간 영원의 세계를 미리 맛보는 것이다. 천국에서의 자족은 만족이라는 것을 훨씬 능가할 것이다. 그것은 철철 흘러넘치는 만족이 될 것이다. 움직이는 평안. 그것은 체스터턴(G. K. Chesterton)이 말한 대로 '춤추는 평화'가 될 것이다.

당신은 지금 친구들과 즐겁게 지내고 있는가? 당신이 천국에 가면 더 많은 친구를 갖게 될 것이다. 요트타기를 좋아하는가? 어느 날엔가 당신은 우주를 유영하게 될 것이다. 영화 관람을 좋아하는가? 언젠가 당신은 역사라는 생생한 비디오를 신나게 보게 될 것이다. 지적인 토론을 하며 기쁨을 느끼는가? 머지않아 당신은 천사들과 지나간 모든 성도들과 그리고 하나님과 대화하게 될 것이다.

자족은 일종의 예금이며, 다가올 일에 대한 보증서이며, '미래에 맞이할 천국의 기쁨에 대한 첫 불입금'이다. 또한 다음과 같이 전하는 메시지 성경 말씀의 의미와 같다. "하나님은 우리가 결코 적은 것에 만족하지 않도록 우리 마음속에 천국의 일부를 주셨다"(고후 5:5).

7. 내게 고통이 없다면?

"조니, 당신 이야기를 듣고 있으면 내가 마치 실패한 인생처럼 느껴집니다."

조이스는 국제적인 출판사의 최고 경영자로, 제트 여객기를 타고 수백만 달러가 오가는 비즈니스 세계를 돌아다니는 부자이다. 그녀는 독신이며 이런 생활을 즐기고 있다. 무한정으로 여행할 수 있는 기회. 집에서 스케줄을 유연하게 조정할 수 있는 여유. 취향을 잘 살려 장식된 그녀의 콘도미니엄 집. 그녀의 지원을 기대하는 여러 교회 위원회. 그녀가 만나 시간을 보내는 친구들은 그녀와 마찬가지로 서적, 연극, 회화에 국제적인 취향을 가진 사람들이다.

우리가 함께 차를 마시게 된 어느 날 그녀가 내게 말했다. "저는 고통이 없습니다. 제 인생은 놀라울 정도로 아픔이 없습니다. 제 가족이 어떤 특별한 위기에 처해 있지도 않지요. 저에게 가장 힘든 문제가 있다면 가끔 찾아오는 감기와 싸우는 정도입니다." 찻잔을 내려놓고 그녀는 사려 깊게 한마디 덧붙였다. "많은 역경을 겪고 있는 사람들이 하나님께 가까이 다가가는 것처럼, 이러한 저의 삶은 제가 그럴 수 없다는 것을 의미하는가요?"

이것은 머리를 긁적이게 하는 질문이다. 성경은 신실하게 사는 모든 자들이 고통을 겪을 것이라고 말하고 있다. 믿는 자들은 박해를 받기 마련이다. 약속은 이런 것이다. "세상에서는 너희가 환난을 당하나"(요 16:33). 예수님은 자신이 자기 백성들의 악한 행실을 드러내는 빛이라는 사실로 인해 스스로 괴로워하셨다. 하지만 조이스와 같은 어떤 사람들은 가족, 친구, 직장 동료들과 평안한 관계를 유지하고 있는 것처럼 보인다. 우리는 우리 자신을 부인하고 매일 자신의 십자가를 지도록 되어 있다. 누군가가 십자가를 지고도 그 아픔을 느낄 수 없다는 것은 분명 이상하게 보일 것이다.

그럼에도 인생의 운명이 순탄해 보이는 사람들이 있다.

그래서 조이스의 질문은 좋은 질문이라고 할 수 있다. 선교 현장에서 상처투성이로 살아남은 자들만 하나님께 가까이, 정말로 가까이 있는 자들일까?

우리는 이 물음을 듣고 누가복음 15장에 나오는 탕자의 형을 생각하게 된다. 이 젊은이에게 역경이 있었던 것 같아 보이지는 않는다. 동생이 '할리우드'를 꿈꾸며 가출한 후, 형은 성실하게 농장을 관리하고 집안일을 돌보았다. 그는 품행이 단정했다. 한 번도 불순종해서 고통받아 본 적이 없었다. 그러던 어느 날 그의 동생이 나타났고 아버지는 미칠 듯이 좋아했다. 스테이크가 숯불에 올려졌고, 장막에 연회용 손수건이 준비되었다. 형이 안달이 났던 것은 축하용으로 뿌린 색종이나 스테이크를 만들기 위해 잡은 살진 암송아지 때문이 아니었다. 아버지가 자기 동생에게 퍼부은 엄청난 편애 때문이었다. 자기가 소외되고 있다고 생각하는 순간, 형은 다음과 같이 안심시켜 주는 부드러운 말을 듣는다. "아버지가 이르되 얘 너는 항상 나와 함께 있으니 내 것이 다 네 것이로되"(눅 15:31). 탕자는 단지 유산의 일부를 받았을 뿐이나 형은 모든 것을 소유하고 있던 것이다. 형은 이 사실을 깜박 잊고 있었다.

"어떻게 보면 당신은 저보다 더한 곤경에 처해 있어요." 나는 그녀에게 말했다.

조이스는 현명한 여인이다. 그리고 잠시 후 그녀는 고개를 끄덕였다. 고통이 없기에 더 신중하게 살아야 한다는 사실을 그녀는 늘 이해하고 있었다. 좀 더 조심하며 살아야 함을. 아무런 문제가 없는 상황에서 자기가 얼마나 많은 것을 가졌는지 잊었던 탕자의 형과 같이, 그녀도 그럴 수 있었다. 그러나 하나님은 조이스에게 '그리스도 안에서 하늘에 속한 모든 신령한 복'을 주셨다(엡 1:3). 하나님은 우리가 고통을 받든 그렇지 않든 그리스도 이상 주실 것이 없다.

조이스는 다른 것에 있어 현명해야만 한다. 고통이 없기에 그녀는 고삐 풀린 말과 같아질 수 있다. 재갈, 가슴걸이, 고정끈, 박차, 마부의 명령을 듣게 하는 채찍 등 갈 방향을 안내하는 제어 장구를 갖추지 않은 말. 말이 자기가 가야 할 곳을 주인의 도움 없이 스스로를 훈련해 간다면, 그것이 얼마나 힘든 일이겠는가. 사람도 마찬가지이다. 고난은 우리의 재갈이며 고삐다. 디모데전서 4장 7-8절은 이렇게 권면하고 있다. "경건에 이르기를 연습하라 육체의 연습은 약간의 유익이 있으나 경건은 범사에 유익하니 금생과 내생에 약속이 있느니라."

즉, 하나님은 조이스에게 재갈과 고삐를 채우는 것이 아직은 적당하지 않다고 생각하신다. 그러하기에 조이스는 두 발을 잃고 반쯤 장님이 된 카알라 라슨 같은 사람들을 주목해야 한다. 조이스는 카알라로부터 유익을 얻을 수 있다. "형제들아 주의 이름으로 말한 선지자들로 고난과 오래 참음의 본을 삼으라 보라 인내하는 자를 우리가 복되다 하나니"(약 5:10-11).

자족은 당신이 받은 축복들을 헤아리는 것이다!

8. 비결

나는 가끔 벽에 걸려 있는 달력을 보며 다가올 수년 후를 생각하며 걱정하곤 한다. 앞으로 오 년 뒤 나는 어떻게 될까? 십 년 후에는? 내 남편이 부상을 당해 나를 돌봐 줄 수 없게 된다면? 더군다나 나는 남편을 돌봐 줄 수도 없잖아!

자족의 적(敵)은 근심, 걱정이다.

예수님은 산상에서 설교하실 때 "염려하지 마라"라는 말씀을 가장 자주 반복하셨다. 주님은 지혜로우셔서 이 경고를 매우 여러 차례 하셨다. 그분은 근심의 파괴적인 영향과 마치 산(酸)처럼 당신에게서 기쁨과 희망을 빼앗아 어떻게 믿음을 부식시키는지 알고 계신다.

바로 그러하기에 주님께서 계속되는 설교에서 다음과 같이 말씀하셨다고 나는 확신한다. "그러므로 내일 일을 위하여 염려하지 말라 내일 일은 내일 염려할 것이요 한 날 괴로움은 그날에 족하니라"(마 6:34). 자족하는 비결은 한 번에 하루를 감당하는 것이다. 한 번에 오 년 또는 십 년이 아닌 단 하루를 말이다.

매일 아침 하늘에서 신선한 만나를 내려주셨던 것처럼, 하나님은 매일 아침 자신의 자녀들에게 필요한 것을 공급해 주신다. "여호와의 자비와 긍휼이 무궁하시므로 우리가 진멸되지 아니함이니이다 이것이 아침마다 새로우니 주의 성실이 크도소이다"(애 3:22-23). 그리스도의 풍성하심이 일평생의 필요에 부응하고 남을 만큼 충분하지만, 삶은 한 번에 오직 하루 한순간을 살아갈 수 있을 뿐이다. "만일 우리가 성령으로 살면 또한 성령으로 행할지니"(갈 5:25). 당신이 고통 가운데 있을 때, 당신의 삶은 몇 걸음 앞으로 나아가는 중이다. 아주 작은 발걸음으로.

쇼나 리벨은 한 걸음씩 하루하루를 소중히 살고 있다. 그녀는 술을 마시고 할리우드 고속도로를 운전하다 반대편 진입로로 잘못 들어서는 바람에 상대편 운전자를 죽인 죄로 복역 중인 젊은 여인이다. 나는 그녀의 자족감에 놀라움을 금치 못한다.

조니에게,

저는 살인으로 무기징역을 언도받은 두 명의 죄수와 함께 새로운 감방으로 옮겨졌습니다. 그곳에서 저는 심한 억압을 받았습니다. 성경 공부를 하기 위해 또 다른 죄수들과 둘러앉을 때면, 우리는 주위의 힘든 상황에 대응하는 법에 대해 이야기했습니다. 저는 감옥 바닥이 젖을 정도로 많이 울었답니다. 제가 패스트푸드를 주문할 때처럼, 그렇게 하나님이 기적을 가져와 제 주위의 힘든 상황을 해결해 주시길 기대했어요.

주님은 제게 말씀하셨죠. 제 모든 근심을 그분의 발 앞에 내려놓고 그분의 방법으로, 그분의 때에, 그분이 문제를 주관하게 하라고요. 저는 그분께 모든 것을 맡겼습니다. 그리고 그것은 아주 멋진 일이죠. 항상 어두운 감방도…, 라디오, 음악, 텔레비전도 모두 그분께 맡겼더니 내 감방 동료가 귀마개를 주더군요! 저의 불평은 사라져 가고 있답니다.

저는 예수님이 십자가상에 계셨을 때 그 곁에 매달려 자신의 죄를 인정했던 그 죄수와도 같은 사람입니다. 저는 이미 한 순결한 사람인 예수님을 죽인 책임을 깨닫고 있습니다. 하지만 과거의 완악했던 마음 때문에 지금 제 두 손에는 두 명의 죄 없는 사람들의 피가 묻어 있지요. 이것이 제가 그리스도께 순종하고 헌신하고자 하는 주된 이유입니다. 제가 일찍감치 주님의 그 희생을 깨닫지 못한 것이 너무나도 유감입니다.

당신을 사랑하는 쇼나가

쇼나는 앞으로도 길고 지루한 나날을 철장 안에서 지내야 한다. 그녀는 그리스도의 풍성함을 한 걸음씩, 하루하루 배워가고 있다. 우리들 역시 고통 가운데 한 걸음씩 앞으로 나아가며 우리에게 주어진 시간들을 표시해 나가고 있다.

인생에서의 만족은 당신이 어디에 속해 있는지를 아는 것에서 시작된다. 자족하지 못하는 사람들은 다른 곳으로 가려 하거나, 다른 사람이 되려고 애쓴다. 자족은 인생의 작고 위대한 많은 것들을 받아들이는 데 있다. "우리가 항상 예수 죽인 것을 몸에 짊어짐은 예수의 생명도 우리 몸에 나타나게 하려 함이라"(고후 4:10).

삶이 당신이 좋아하는 방향으로 가지 않을 때, 그 방향 그대로의 삶을 좋아하기 바란다… 그리스도와 함께 한 번에 하루만큼만. 그러면 당신은 축복 받게 될 것이다.

제12장
해롭게 사라진 고통(지옥)

이제는 지옥을 얘기할 차례다.
지금까지 우리는 열한 장에 걸쳐 많은 사람들이 걷고 있는 이 땅의 지옥을 바라보았다. 하지만 더 큰 문제가 있을지도 모른다. 성경이 가르치는 것처럼 이 땅에서의 삶 이후에 지옥이 존재한다면 어떻게 될까? 생각만 해도 끔찍한 일 아닌가? 그러나 기독교 역사에 따르면 이 땅에서의 고통에 관한 많은 수수께끼들의 해답을 쥐고 있는 것은 다름 아닌 지옥이다. 지옥이 없다면 수많은 아픔 뒤에 존재하는 '왜'라는 물음은 결코 해결되지 않을 것이다. 지옥이 없다면 궁극적으로 정의나 공평함도 있을 수 없다. 하나님이 하나님답고, 천국이 천국답기 위해 지옥은 틀림없이 존재해야 한다.

누군가는 바로 위의 문장을 노려보게 될 것이다. 아마도 그 누군가가 당신일지도….

차량 행렬은 거북이 걸음이 되었다. 가구 운반 트럭이 비집고 끼어들어 와 당신의 전방 시야를 막아 버린다. 하지만 거울로 뒤를 보니 차들이 달나라까지 닿을 만큼 잔뜩 늘어서 있다. 카메라가 장착

된 헬리콥터에서 중계되는 생방송 뉴스로부터 당신이 원하는 곳으로 데려다 줄 교통 정보를 들을 수 있지나 않을까 하며 라디오를 켠다. 불행으로부터 탈출을 갈구하는 듯한 전기 기타의 비명 소리에 당신의 귀가 찢어진다. 놀라 도망치는 바퀴벌레 만큼이나 재빠르게 라디오 소리를 줄이려고 볼륨 손잡이를 잡는다. 볼륨을 줄이고는 교통방송에 채널을 맞춘다. 리사라는 여자 아나운서가 "현 상황에 죽치고 계세요"라는 우울한 소식을 전한다. 당신은 시계를 보며 한숨을 짓고는 지루한 나머지 라디오 채널을 이리저리 맞추기 시작한다.

평키 랩 음악이 스피커를 가르며 흘러나온다. 채널을 돌린다. 광고. 또다시 채널을 맞춘다. "믿어지지 않는 대바겐세일!" 또 채널 돌리기. 백화점 엘리베이터 같은 곳에서나 들을 법한 경음악. 잔뜩 화가 난 토크쇼 응답자(보수 공화당원일 것이라고 당신은 추정한다). 가난한 것은 위대한 것이라는 가사와 함께 풍성한 음성으로 노래하고 있는 컨트리 음악 가수들, 선전, 선전. 그리고 나서는… 몇몇의 진짜 오락 프로그램들.

어떤 박사 목사님이 나와서 자신의 설교에 푹 빠져 리듬을 탄다. 당신은 그가 성경을 넘기는 소리, 그리고 바이-이-블이라고 발음하는 것을 듣는다. 그의 문법은 박사 학위에 명백히 어울리지 않았다.

당신은 혼자서 웃는다. "오오, 이 양반 멋진데."

설교 내용은 지옥 불과 저주에 관한 것이다. 그는 마치 집 부엌에서 삼겹살을 굽듯 사실적으로 지글지글 불을 지펴 익히고 있다. 주변에 늘어선 차들이 이따금 울려 대는 경적 소리는 길 잃은 영혼들의 신음 소리가 된다. "사랑하는 성도 여러분, 저 먼 곳에서 구원받지 못한 자들을 기다리고 있는 무시무시한 세력을 상상할 수 있습니까?"

"예, 목사님!" 당신은 소리치고, 신실한 헌신을 나타내기라도 하듯 손을 치켜든다.

설교자가 마이크에 대고 숨을 헐떡이며 말할 때, 그의 부풀려진 배가 초록색과 노란색이 들어간 스포츠 코트에 붙어 있는 단추들을 조이는 모습을 당신은 거의 상상할 수 있다. 그가 가장 큰 목소리로 '예에에수'라고 부르짖을 때, 그가 강대상 뒤에서 발가락을 딛고 서 있다고 당신은 당신의 영원한 구원을 걸고 장담하려 할 것이다. 그의 외침은 슬프지만 지옥에 관해 설파하는 이 근사한 박사 목사님은 자신의 설교를 즐기는 것 같다. 그런데 어, 이게 뭐야? 설교가 끝나고 사중주의 찬양이 시작되자, 차량들이 다시 움직이는 것 같다.

당신은 흥얼거린다. "예, 목사님. 내게 그 무료 선교책자를 보내주소서." 지옥에 대해 호통 치는 또 한 명의 얼간이. 당신은 부드러운 록 음악이 나오는 방송국으로 채널을 돌린 후 차에 기어를 넣고 서서히 앞으로 미끄러져 나간다.

1946년 어느 화요일 정오경, 옥스퍼드 대학에서 멀지 않은 곳으로 '새와 아기'라는 애칭으로 알려진 영국 세인트길레스의 '독수리와 어린이'라는 까페. 타오르는 벽난로 불빛과 반짝이는 유리들을 배경으로 하는 쾌적한 분위기 속에 다정한 대화가 흘렀다. 뒤쪽 한구석에는 매주 이때면 찾아 드는, 옥스퍼드 대학에서 온 일단의 무리가 자리잡고 있었다. 넘볼 수 없는 높은 정신의 소유자들. 그들은 테이블에 둘러앉아 맥주를 마시며 간간히 파이프 담배를 피워 물고는 생

각의 불꽃을 지폈다. 그리고는 여러 문학 작품들과 그들이 직접 쓴 상당수의 작품들을 가져와 그것에 대해 '맹렬한' 논쟁을 벌였다. 후일 혹자는 그들이 서로의 생각에 대해 토론하고, 상대방의 작품을 비평하고, 서로의 기지에 경쟁하며, 선의의 불꽃 튀는 격론을 즐겼다고 전했다.

그들은 모두 존경받는 학자들이었다. 그들 중 J. R. R. 톨킨은 후일 『호빗과 반지의 제왕』(The Hobbit and the Lord of the Rings) 이라는 3부작의 저자로서 전 세계 사람들의 사랑을 받는다. 하지만 톨킨 건너편에 앉아 있던 자는 그야말로 전설적인 인물이 된다. 옥스퍼드 대학의 학감이었던 이 신사는 제2차 세계대전 중 전국 BBC 방송을 통해 자신의 믿음을 설득력 있게 변호한 바 있고, 그때는 이미 무신론자에서 그리스도인으로 전향한 후였다. 문학 작품 및 생각을 불러일으키는 기독교 서적을 출간한 그의 학구적인 저술활동으로 인해 그의 명성은 해를 거듭하며 높아갔다. 그 이듬해 이맘때쯤 (1947) 그의 얼굴은 타임지 표지를 장식한다. 그는 결국 캠브리지 대학에서 중세와 르네상스 시기의 영문학을 가르치는 교수가 되고, 동료들과 심지어 그의 종교적인 입장에 반대하는 자들로부터도 한결같은 존경을 받게 된다. 그가 죽은 후 30년 동안 여러 언어로 출판된 그의 책은 4천만 부가 족히 넘어, 그는 전무후무한 기독교 서적 관련 베스트셀러 작가가 된다.

그의 이름은 바로 C. S. 루이스이다.

그는 초록색과 노란색이 들어간 스포츠 코트가 아니라, 보수적인 드위드 스포츠 코트를 즐겨 입은 것으로 유명하다. 하지만 그 역시 지옥을 믿었다. 그는 영원한 심판이란 교리에 관해 다음과 같이 썼다. "내게 권한이 주어진다면 기독교 교리에서 이것만큼 내가 제거해 버리고 싶은 것도 없다. 하지만 이것은 성경 말씀의 전체적인 지지를 받고 있고, 특별히 우리 주님 자신의 말씀의 지지를 받고 있다. 이것은 항상 기독교인의 지지를 받아왔다. 그리고 이것은 이성의 지지를 받고 있다."[1]

실제로 그는 이 무시무시한 장소의 실재성을 탐구하는 책 한 권을 썼다.

지옥을 이야기하는 것에 있어서는 어떠한 즐거움도 있을 수 없다.

그러므로 죽음 뒤에 다가올 고문 장소를 믿는 사람들은 단지 얼간이들만 있는 것이 아니다. 옥스퍼드의 교수님들도 이 사실을 믿고 있다. 지옥 불 설교 말씀에 고개를 절레절레 흔드는 자들은 볼보 차를 운전하는 세련된 사람들만이 아니다. 팔에 문신을 하고 담배를 질겅질겅 씹는 가구 운반 트럭 운전사도 라디오 설교를 꺼 버렸다. 이 문제는 본질적으로 지적인 문제가 아니다. 이것은 영적인 문제이다. 많은 사람들은 지옥이 즐기기에는 너무나도 무시무시하다는 단순한 이유 때문에 성경에서 말하는 지옥을 거부한다. 자비의 하나님께서 지도에 과연 그런 곳을 그리셨을까? 그것이 사실이라면 그것은… 아마도… 절대적으로 지옥 같은 곳이며, 이 땅의 가장 악한 순간들이 끊임없이 확장되는 곳이며, 종말의 기미가 보이지 않는 채

---

[1] 루이스(C. S. Lewis), 『고통의 문제』 The Problem of Pain, 이종태 역 (서울: 홍성사, 2005), p. 199.

비참하게 써진 마지막 장과 같을 것이다. 이 같은 상상은 우리의 피를 송두리째 말려 버린다.

그래서 일반 대중의 신뢰 결여로 지옥의 주가가 떨어졌다는 사실은 이해할 만하다. 물론 무신론자들은 이 '무저갱'을 결코 받아들이지 않는다. 그들이 사후 세계를 믿는 것은 그들이 바트 심슨(만화 주인공 - 역자 주)을 믿는 것과도 같다. 하지만 수천 혹은 수백만 사람들이 지옥은 신화로 여기며 거부하면서도, 여전히 천국은 믿고 있으며 그곳에 가고자 하는 즐거운 희망을 품고 산다. 이와 같은 일방적인 낙관주의는 꿈나라에서 온 생각이며, 어불성설이다. 이런 사람들은 모래 속에 눈만 파묻으면 적을 피한 것으로 여기는 타조와도 같다. 이들은 어떤 지푸라기를 붙잡으려는 것일까? 어떤 이들은 쿠블러 로스 현상(the Kubler-Ross phenomenon: 의학적으로 죽었던 사람이 살아나 무덤 너머 축복된 세계를 체험했다는 사람들에 관한 보고서)에 희망을 걸고 매달린다. 하지만 이루 말할 수 없는 공포 속에서 영원한 반대편 세계의 일단을 보고 온 사람들에 대한 보고서들도 있다.[2] 이들 보고서들은 과연 심각하게 받아들여지고 있을까? 또 다른 사람들은 하나님의 위로와, 도래할 세계에서 자녀들을 기다리시는 그분의 기쁨에 관한 성경의 기록들에서 위안을 찾는다. 우리가 고통을 싫어한다면, 하나님은 틀림없이 그것을 더 싫어하시고 단테

---

2) 심장과 의사 모리스 롤링스(Maurice Rawlings)는 주로 이런 사람들과 인터뷰했기 때문에 그리스도인이 되었다. 이 중에는 자신의 사무실에서 스트레스 테스트를 받던 중 심장 마비를 일으켜, 그가 개인적으로 살린 환자도 있다. 이 같은 경험에 관해 그는 여러 권의 책을 썼고, 최신간으로 『지옥에서 돌아옴』 To Hell and Back, (Thomas Nelson & Sons, 1993)이 있다.

의 지옥(Inferno)에서 기술된 그런 무시무시한 곳을 결코 만들 수는 없으셨을 것이다. 그러나 천국을 초특급 호텔로 여기신 예수님께서도 공포의 지옥 방에 대해 묘사하셨다. 예수님은 사람들이 두려워하는 대상들을 적어 놓은 명부에 사단이 가장 위에 있지 않다는 것을 분명히 하셨다. 악행을 의도한 자에게 하나님만이 유일한 공포의 대상이시다. "대저 도벳(지옥)은 이미 설립되었고 또 왕을 위하여 예비된 것이라 깊고 넓게 하였고 거기 불과 많은 나무가 있은즉 여호와의 호흡이 유황 개천 같아서 이를 사르시리라"(사 30:33).[3]

하나님이 지옥을 다스리신다는 사실을 우리가 정말로 이해하고 있을까? 우리는 이 무저갱의 세계를 사단의 이웃, 즉 이길 저길 돌아다니면서 명령을 내리는 깡패로 간주하는 경향이 있다. 하지만 사단은 지옥에서 이미 지나간 뉴스거리가 되거나, 한때 공포의 대상이었지만, 가죽 채찍을 휘두르는 보스처럼 쓸데없는 참견을 원치 않으시는 우리의 위대한 아버지에게 얻어맞고 자기 방으로 쫓겨난 골목대장으로 전락할 것이다. 그의 비명과 통곡하는 소리는 그의 창밖으로 몇 블록 떨어진 곳에서도 들릴 것이다. "또 저희를 미혹하는 마귀가 불과 유황 못에 던지우니… 세세토록 밤낮 괴로움을 받으리라"(계 20:10). 사단이 아니라 하나님께서 지옥에 있는 모든 자들에게 공포를 물밀듯이 보내실 것이다. "산과 바위에게 이르되 우리 위에 떨어져 보좌에 앉으신 이의 낯에서와 어린 양의 진노에서 우리를 가리우

---

3) 글자 그대로 "도벳은 오랫동안 준비되었다, 등등"의 의미임. 도벳은 예루살렘 밖 힌놈 골짜기에 있는 사당이었다. 거기서 우상 몰렉에게 아이가 제물로 바쳐졌다. 예루살렘의 폐기물도 역시 이곳에서 태워져 불길은 계속 해서 타올랐다. 따라서 도벳과 힌놈 골짜기(희랍어로 "Gehenna")는 영원한 고통의 상징이 되었다.

라"(계 6:16).

불평하지 않고 고통을 오래 참아 내는 사람이 마침내 의로운 분노를 뿜어내는 것을 당신은 본 적이 있는가? 이러한 의분을 보는 것은 성질 나쁜 공장 감독관이 아침부터 노동자들에게 여섯 차례나 저주를 퍼부어 대는 모습을 보는 것보다 더 정신을 맑게 해 준다. 지옥에서 하나님은 유약하고 온화한 아기 예수님이 아닐 것이다. 그는 싸움을 하러 온 거구의 투사일 것이다. 그는 인내심이 소진된 상태일 것이다.

당신이 살해한 사람의 아버지가 검사, 판사, 배심원 또는 간수라면, 이보다 더 무서운 일이 있을 수 있을까? 당신이 평생 무시하고 거역한 사람이 바로 이들 가운데 한 명이라면? 마치 크리스마스 아침에 자신에게 선물을 준 사람이 누구인지 생각도 하지 않고 포장을 찢어 대는 버릇없는 어린애와도 같이, 전혀 감사한 마음 없이 당신이 평생토록 들이마신 은총을 준 사람이 이들 가운데 한 명이라면? 당신의 목적에 이득이 될 때만 그의 흥미와 명성에 관심을 기울였다면? 어려움이 닥쳤을 때에는 그에게 맹세를 하였지만 일이 잘 수습된 순간 당신이 한 맹세를 잊어버렸다면? 당신의 모든 사악한 생각, 이기적인 동기, 무정한 말, 오랜 어둠의 행각 등을 자세히 알고 있는 자, 결코 농락될 수 없고 감언이설에 넘어가지 않으며 간청하는 타협안에 양보하지 않는 자, 자비의 시간이 지나갔기 때문에 자비를 베푸는 것에 대해 더 이상 언급이 통용되지 않는 자, 당신에게 영원한 불행을 가하기 위해 정의를 실천하는자, 당신의 죄에 대한 경우와 마찬가지로 당신에게 상을 주기 위해 천국에서 칭찬을 준비하실 자가 바로 이 사람이라면? 성경은 이렇게 말한다. "하늘과 성도들과 사도들과 선지자들아 (지옥에서 멸망한 회개치 않은 자들을 인하여) 즐거워하라 하나님이 너희를 신원하시는 심판을 (저희에게) 하셨음이라 하더라"(계 18:20).

하지만 마치 하나님이 지옥문 앞에서 두 손을 문지르며 더 많은 죄수들이 도착하길 기다리시는 것으로 오해해서는 안 된다. 하나님이 사람들을 위해서 지옥을 만드신 것은 아니다. 예수님은 그것이 "마귀와 그 사자들을 위하여 예비되었다"(마 25:41)고 말씀하셨다. 우리를 사랑하셨던 창조주께 우리가 등을 돌리는 것이 어울리지 않듯, 그리고 우리 어깨에 놓여진 아버지의 친절한 팔을 떨쳐 내고 우리 마음을 휘감은 에덴 동산의 뱀을 부드럽게 대해 주는 것이 있을 법하지 않듯이, 인간이 그곳에 있는 것은 자연스럽지 않다. 하나님은 누군가를 영원한 불행으로 보내는 데에서 기쁨을 찾으시는 분이 아니다. 그분의 아들은 험한 물에서 수영하는 자들에게 긴급히 경고해 주는 구조요원이었다. 하지만 하나님은 그분 자신에게 계속해서 대들거나 무시하는 모든 자들을 생각할 수조차 없는 무저갱으로 내던질 것이라고 수차례에 걸쳐 경고하셨다.

"그렇지는 않겠지." 자신이 좋아하는 팀에 대한 좋지 않은 소식을 믿을 수 없어 하던 20세기 초의 한 놀란 어린 야구 팬같이 우리는 소리친다. 하지만 하나님의 경고는 실제이다. 예수님 스스로 우리에게 말씀하셨다. 그렇지 않았다면 우리는 결코 그것을 믿지 않았을 것이다. 그는 천국보다 지옥을 더 자주 언급하셨다. 그리고 또한 단호하셨다. 지옥의 고통은 너무도 참을 수 없는 것이기 때문에 그의 탄원은 매우 시급했다.

지옥은 영적, 심리적으로 감당할 수 없는 곳이다. 예수님은 지옥을

'문 바깥'에 있는 것으로 비유하셨다. 문 안에서는 따듯하고 정겨운 잔치가 벌어지고 있지만 그 문이 우리 앞에서 쾅 하고 닫히는 것이다. 또한 그는 지옥을 '바깥 어두운 데'로 묘사하셨다(마 8:12).[4] 어둠은 사람들을 외롭게 만든다. 밤은 사람들을 두렵게 한다. 그곳에는 춤추는 촛불도, 일출의 징조도 없다. 창밖으로 흐르는 성탄 맞이 불빛도 없고, 햇빛을 머금은 바다나 대지의 광경도 없고, 사랑스럽거나 즐거운 얼굴들도 없다. 플래시 배터리가 다 닳아 버려 동굴 탐사대원들이 방향 감각을 상실한 것과도 같이, 결국 미소가 어떤 것이었는지에 대한 아무런 기억도 없다. 비참한 암흑 속에서 사람들이 할 수 있는 것은 오직 생각하는 일뿐이다. 예수님은 지옥에서 우리가 하게 될 생각들, 곧 잃어버린 기회들에 대한 탄식, 지상에 있었을 당시 우리가 알았던 곧 친구들과 가족에 대한 추억, 우리의 나쁜 사례로 인해 우리가 사랑했던 사람들이 영향을 받았을지도 모른다는 걱정에 대해 깊이 깨닫게 해주셨다. 우리의 공포감과 강한 양심의 가책은 어떤 오락이나 기분전환으로도, 혹은 아무리 유쾌한 친구를 만난다 할지라도 사라지지 않을 것이다. 물론 지옥에도 동료는 있겠지만 눈꼽만큼의 기쁨도 찾지 못할 것이다.

지옥은 또한 육체적으로도 감당할 수 없는 곳이다. 예수님이 한번은 이렇게 말씀하셨다. "이를 기이히 여기지 말라 무덤 속에 있는 자가 다 그의 음성을 들을 때가 오나니 선한 일을 행한 자는 생명의 부활로 악한 일을 행한 자는 심판의 부활로 나오리라"(요 5:28-29). 하나님께서 오랫동안 무덤에 있던 사람들을 어떻게 들어 올리실지,

---

[4] NIV 성경은 '밖에서, 어둠 속으로' 라는 또 다른 번역을 제시하고 있음.

또는 썩어 재가 되어 7대양으로 흩어진 자들은 어떻게 하실 것인지와 관련한 문제는 우리들의 알 바가 아니다. 하나님은 전지전능하신 분이다. 하지만 하나님께서 자신의 적들을 그들의 오감을 통해 벌주시는 경우를 제외하고 왜 그들의 몸을 들어 올리시는 것일까? "몸은 죽여도 영혼은 능히 죽이지 못하는 자들을 두려워하지 말고 오직 몸과 영혼을 능히 지옥에 멸하시는 자를 두려워하라"(마 10:28).

이에 대해 예수님은 구체적이셨다. 그는 지옥을 갈기갈기 찢겨지는 것으로 비유하셨다. 또한 지옥에 발을 디디는 것보다 당신 목에 걸고 맷돌을 바다에 빠지는 것이 나으며, 도망쳐 나올 수 없는 감옥에서 깨어나는 것보다 불구가 되는 것, 차라리 손발이 잘리고 눈알이 빠지는 것이 낫다고 경고하셨다(마 24:50; 18:6, 8-9). 가능했더라면 그의 진지하고 반복되는 불에 대한 경고는 이보다 훨씬 더 끔찍했을 것이다. 심한 화상에 비교될 만한 몸의 상처도 없다. 그런데 이 점잖은 선생은 "게헨나의 불"에 관해 경고하셨다. 게헨나는 예루살렘 남서쪽에 있는 골짜기로 쓰레기를 계속해서 불태우는 곳이었다. 예수님 당시 이곳은 지옥의 기준이 되는 상징이었고, 예수님도 이런 상징을 사용하는 데 동의하신 것이다.

'하지만 이런 표현들은 단지 상징에 불과하지 않는가?' 하고 우리는 묻는다.

당신은 성경 기자들이 사후 세계를 기술할 때마다 적절한 단어를 택하기 위해 고심한 사실을 알고있다. 실재는 이런 상징들보다 훨씬 더 거대하다. 천국은 황금이 깔려 있는 길과 진주가 박혀 있는 문보다 더 화려하다. 지옥이 문자 그대로 불 속이 아니라면, 예수님께서 과장하셨기 때문이 아니라 지옥이 불 속보다 더 끔찍한 곳이기 때문이다.

지옥이 지상의 어떤 고통보다 더 끔찍한 이유는 고통이 오래 지속되기 때문이다. 이 땅에서 많은 고통들은 결국 사라져 버린다. 분만 중인 임산부는 가쁜 숨이 곧 끝나게 될 거라는 사실을 떠올림으로써 제정신을 유지한다. 부러진 뼈는 다시 붙고, 두통은 사라질 것이다. 단지 일시적인 고통의 경감은 아스피린이나 마약 주사로 가능하며, 적어도 고통의 한 조각은 사라질 것이다. 나는 기초 훈련 캠프를 마치고 휴가를 맞아 집에 돌아갈 수 있을 것이다. 수년이 걸릴지 모르지만 점차적으로 불행은 가라앉을 것이다. 그러나 고질적인 육체적, 감정적 아픔을 지닌 사람들은 잠시의 휴식도 없이 이 땅에서 가장 결사적이고 절망적인 삶을 살아간다. 그래서 어떤 사람은 적어도 죽음에서나마 휴식을 찾기 위해 다리에서 뛰어내리기도 한다.

그러나 지옥에 있는 사람은 고통으로부터 잠시도 자유로울수 있는 어떠한 탈출구를 결코 알지 못할 것이다. 그들이 지옥에서 보낸 수천 년의 시간은 선고받은 전체 기한에 비하면 아직도 시작에 불과할 뿐이다. 정신이 번쩍 들게 하는 예수님의 말씀에 의하면 지옥은 "영영한 불"이다. 그는 천국이 영원하다고 한 동시에 지옥 역시 영원하다고 말씀하셨다(마 25:41). 하나님이 천국에 대해 거짓말하신 것이 아니라면, 지옥은 영원히 계속된다.[5]

---

5) 자유주의 신학자들은 전통적으로 지옥의 존재 자체를 의문시하거나, 적어도 그것의 영원성에 관해 의문을 제시해 왔다. 그러나 최근에는 몇몇 복음주의적 학자들조차도 본 장에서 표현된 것과 같은 지옥에 관한 고전적이고 정통적인 견해에 대해 유사한 의혹들을 제시하고 있다. 존 블란처드(John Blanchard)는 그의 탁월한 책 『지옥에서 무슨 일이 일어났든 간에』 Whatever Happened to Hell? 에서 이 같은 견해들을 잘 조합해 가며 답변해 주고 있다. 이 책은 미국 Crossway Books 출판사와 영국 Evangelical Press 출판사에서 출간되었음.

좋다. 지옥이란 이런 곳이다. 하지만 그런 흉악한 곳이 존재한다는 사실이 이 땅에서 우리가 겪는 고통에 관한 수수께끼들을 어떻게 설명해 준단 말일까?

1. 지옥은 모든 히틀러 같은 자들에게 정의를 집행할 것이다

지옥이 존재하지 않는다면, 세상에 정의도 존재하지 않을 것이다. 제2차 세계대전에서 절정을 이루었던 독일의 나치를 생각해 보자. 모든 고통 중에서 단지 이 흉측한 전쟁에서 입은 고통만을 고려한다고 해도, 과연 어느 누가 그것을 전부 기록할 수 있겠는가? 고깃덩이처럼 조각난 폴란드를 생각해 보라. 반은 독일 개들에게 던져졌고, 반은 러시아 늑대들에게 던져졌다. 아버지를 잃은 어린아이들을 생각해 보라. 과부가 된 부인들, 사지가 날아 간 채 전쟁터에서 몸부림쳤던 무수한 병사들, 마을이 점령당해 공포에 떨었던 평범한 민간인들, 강간당한 여인들, 가스로, 총살로, 화형으로 살해된 6백만 명의 유대인들.

히틀러 자신의 정신과 마음에서 곪아 터진 악을 생각해 보라. 그는 결코 심판대에 올라가지 않았다. 대부분의 사람들이 믿는 바에 따르면, 자살한 것으로 전해진다. 아마도 점점 다가오는 연합군에 의해 자살에 대한 압박을 받았을 것이다. 하지만 왜 그 살인마가 자기 정부(情婦)의 위로를 받고 맹독성 흥분제가 든 와인을 음미하며 사라져야만 했을까? 그리고 그를 추종했던 고위 장성들은? 종전 후 많은 전범자들이 뉘른베르크 군사 법정에서 유죄를 언도받고 사형당하는 동안, 감히 생각할 수도 없는 잔학 행위를 저지른 수천 명에 달하는 관련 전범자들은 결코 체포되지 않은 채 남미나 다른 곳으로 도망쳐 숨어 살며 비교적 편안한 가운데 정상적으로 생을 마감했다.

어떻게 이것이 공평할 수 있을까? 재판을 받고 처형된 자들에게조차 사형은 너무 관대한 것이었다. 그것은 자비로운 종말이었다. 그들이 돌려받은 고통은 자신들이 저질렀던 것에 비하면 비교할 수도 없을 만큼 조그마한 것이었다. 만약 지옥이 없다면, 수천만 명의 사람들을 잠 못 이루게 하고 악몽에 시달리게 해 놓고도 그들은 지금 이 순간 평화롭게 잠들고 있는 것이다. 지옥의 존재만이 제2차 세계대전의 불행과 맞먹는 어떤 느낌을 느끼게 해 준다. 지옥은 모든 것이 완전하게 되갚아 줄 것을 보증한다. 그 누구도 형량을 감해 달라고 탄원 섞어 흥정하지 못할 것이다. 제아무리 날고 기는 변호사들도 그들을 지옥으로부터 걸어 나오게 하지 못할 것이다. 정의는 실현될 것이다.

2. 지옥은 '선한' 사람들이 왜 고통을 당하는지 설명해 준다

1981년 유대교 지도자 해럴드 쿠시너는 전국적인 베스트셀러 『선한 사람들에게 나쁜 일들이 생겼을 때』(When Bad Things Happen to Good People)를 출간했다. 이 책을 집어 든 거의 모든 사람들은 책 제목에 자신을 연관시켜 말했다. "나는 좋은 사람이야. 나는 좋은 이웃이야. 나는 세금도 잘 내잖아. 나는 지금 겪고 있는 시련을 당할 이유가 없다고." 당신은 즉시 이 저자에게 호감을 느끼고 책을 읽게 된다. 저자는 학식 있는 사람이지만 그것을 자랑하지 않는다. 그의 어투는 전체적으로 겸손하고 인정 깊다. 아마도 저자가 고통을 당했던 경험이 그러한 이유 중 하나일 것이다. 아들 에런이 세 살이었을 때, 쿠시너 가족은 그 아이가 빠르게 노화되는 프로저리아(progeria)라는 희귀한 질병을 가졌다는 사실을 알게 된다. 가족들은 에런이 1미터 이상 자라지 못할 것이고, 머리나 몸에 털이 거의 없을 것이고, 어린아이에 불과한데도 어른처럼 보일 것이며, 기껏해야 십대 초반까지만 살 수 있을 것이라는 사실들을 듣게 된다. 에런은 결국 열네 살에 죽었다. 랍비 쿠시너는 이런 경험을 토대로 이 책을 썼다.

그리스도인들에게 이 책은 달콤 씁쓸하다. 이 책은 아주 잘 쓰였고, 실제로 있었던 이야기들이 매우 흥미롭게 제시되어 있으며, 인간의 곤경에 대해 매우 동정적인 입장을 취하고 있다. 하지만 매우 비성경적이다. 신약의 관점에서 그렇고 구약의 관점에서도 그렇다.

이 책의 논지는 이러하다. 선한 사람들이 부당하게 고통을 당하고 있으니, 하나님은 선하지 않든지, 능력이 없든지 틀림없이 둘 중 하나라는 것이다. 저자는 하나님의 선하심을 믿되 그의 능력은 믿지 않는다. 하나님은 선하시고 고통을 미워하시며 모든 인간들이 건강하고 행복하게 살길 원하시지만, 그렇게 하실 능력은 없으시다는 것이다. 하지만 이것은 잘못된 생각이다. 하나님은 슬픔에 처한 인간들을 강건하게 하실 수 있으며, 인정 많으신 신성으로 많은 것들을 도와주실 수 있다.

흥미로운 점은, 우리가 죄인이기 때문에 고통을 당할 가능성을 쿠시너 씨가 전혀 달갑게 여기지 않는다는 것이다. 인간은 죄인이고 고통을 당할 만하다는 생각을 그가 반박하는 것은 아니다. 하지만 그는 이 생각이 진실이 아니라고 전제한다.[6] 어떤 때는 이 생각을 거의 조롱하는 듯하다. "하나님을 사랑하고 하나님께 헌신하는 사람들, 그래서 자신들의 고통을 자신들의 잘못으로 돌리고 기꺼이 고통을 당할 만하다고 스스로를 설득하는 사람들을 위해" 그는 이 책을 썼다고 한다. 또한 "부적절한 사람들이 병을 앓고, 부적절한 사람들이 다치고, 부적절한 사람들이 어린 나이에 죽는 것"을 그는 보아 왔다. 하나님의 눈에 '우리가 더 좋은 것을 받을 자격이 있는 선하고 정직한 자들이라' 고 주장하는 것이다.[7]

---

6) 오해가 없도록 하기 위해 요한복음 9장 1-3절과 욥기는 우리의 고통이 우리의 죄와 일대 일로 상응하지 않는다는 것을 분명히 하고 있다. 다시 말해서 내가 오늘 암을 판정받았다는 사실이, 건강한 나의 이웃보다 최근에 내가 더 나쁜 죄를 저질렀다는 것을 의미하는 것은 아니라는 말이다. 우리 모두는 태생적으로 죄인이고 결정을 내리는 선택의 문제로 죄인이다. 그래서 에덴 동산에서 하나님에 의해 인류에게 선언된 고통을 경험하고 있다. 고통을 분산시키는 방법을 결정하는 데 대한 하나님의 사유는 종종 불가사의하다. 연관된 쟁점으로, 너무 어려서 의도적으로 죄를 짓지 않은 유아에게 왜 고통이 오는가에 관한 질문이 있다. 로마서 5장 12-19절은 이 문제를 다루고 있다. 하나님은 에덴 동산에서 인류를 대표하도록 아담을 선택하셨다. 아담이 죄를 범했을 때 우리는 그의 '안에서' 죄를 범했다. 그래서 우리 모두는 그의 타락으로 인해 태어나면서부터 죄가 있게 된 것이다(시 51:5). 국가 지도자들이 조약을 맺고 전쟁을 선포하는 등 우리에게 큰 영향을 미치는 결정들을 내리는 경우를 생각해 보면, 이 개념이 별로 이상해 보이지 않을 수 있다. 어른들이 자신들의 의도적인 죄를 용서받기 위해 그리스도가 필요한 것처럼, 어린아이들도 물려받은 죄를 용서받기 위해 그리스도가 필요한 것이다. '원죄' 로 알려진 이 교리를 탁월하게 다룬 책이 있음. 마틴 로이드 존스(Martyn Lloyd-Jones), 『로마서 강해 제2권-확신』 *Romans: An Exposition of Chapter 5:1-21*, 서문강 역(서울: 기독교문서선교회, 1999).

7) 해럴드 쿠시너(Harold S. Kushner), 『선한 사람들에게 나쁜 일들이 생겼을 때』 *When Bad Things Happen to Good People*, (New York:Avon, 1983), pp. 4, 7, 44.

그러나 지옥에 관한 교리는 쿠시너 씨의 이런 생각이 환상일 뿐임을 일깨워 준다. 이 교리는 잠자고 있는 자들의 얼굴에 따귀를 때리며 말한다. "너는 지금 네가 즐기고 있는 어리석은 생각을 인식하지 못하느냐? 너는 자기 의(self-righteousness)의 심각성을 보지 못하느냐? 너는 스스로 하나님의 기준에 부합하며 살고 있다고 생각할지 모른다. 하지만 하나님은 너를 영원히 벌 주고자 할 만큼 화나 계신다. 하나님은 네가 감히 꿈꿀 수 없을 정도로 거룩하시다. 그리고 너는 이미 스스로 상상할 수 없을 정도로 그분을 화나게 했다. 네가 받는 최악의 시련조차도 널 위해 준비되어 있는 것들의 예고편에 불과하며, 미리 맛보는 지옥의 첫술에 불과하다. 정신 차려라! 너 자신을 잘 살펴보라! 하나님을 찾아라!" 간단히 말해서 우리 모두는 지옥에 갈 만하다는 성경의 가르침을 인정하면 우리가 가장 '최선의' 상태에 있을 때조차 우리가 고통받는 이유와 관련한 모든 문제는 해결될 것이라는 이야기다. 우리는 마땅히 지옥에 갈 만하기에, 우리가 이 땅에서 겪고 있는 지옥 같은 고통 역시 온당한 것이다.

우리는 다음과 같은 반대의 소리를 듣게 된다. "하지만 저는 몇몇의 매우 선한 사람들이 심하게 고통받고 있는 것을 알고 있습니다. 심한 관절염을 앓고 있는 저 아랫동네 아주머니를 당신이 알고 있는지 모르겠네요. 그녀는 자신이 신앙심이 깊다고 주장하지 않을지도 모릅니다. 교회에 나가지 않을지도 모릅니다. 하지만 그녀는 제가 알고 있는 사람들 가운데 가장 그리스도인다운 사람입니다." 그러나 하나님은 다르게 말씀하신다. 그분에 의하면 "의인은 없나니 하나도 없으며 깨닫는 자도 없고 하나님을 찾는 자도 없고 다 치우쳐 한가지로 무익하게 되고 선을 행하는 자는 없나니 하나도 없다"(롬

3:10-12).

아마도 다음과 같은 생각이 논점을 보다 분명하게 정리해 줄 것이다. 우리의 행동을 죄되게 하는 요인은 잘못된 행위나 잘못된 동기, 둘 중 하나이다. 종종 우리의 행위는 선하지만 동기는 의(義)에서 매우 멀리 떨어져 있는 경우가 있다. 예를 들어, 해적선에서 주방장이자 의사로 일하는 한 사람을 가정해 보자. 그는 사람을 해치기 위해 칼을 들어본 적이 평생 단 한 번도 없다. 그는 배에 머무르면서 한바탕 약탈과 습격을 하고 돌아온 동료들에게 영양가 있는 음식을 제공하며 그들의 상처난 부위에 연고를 발라 준다. 어떤 것이 이보다 더 결백할 수 있을까? 그러나 이 해적선이 영국 황실 군대에 나포된다면, 이 사람도 그의 잔인한 동료들과 마찬가지로 교수형에 처해질 것이다. 왜냐고? 악한 목적이라는 테두리 안에서 좋은 일들을 했기 때문이다.

하나님은 우리 삶을 바로 이렇게 바라보신다. 우리는 모범적인 시민일지 모른다. 열심히 일하고, 아이들을 축구 연습장에 태워다 주며, 늘 앞마당 잔디를 다듬고, 이웃과 마주칠 때면 반갑게 인사를 나눈다. 하지만 하나님은 가장 크고 첫 번째 계명이 바로 그분 자신을 우리의 온 마음과 뜻과 온 힘을 다해 사랑하는 것이라고 말씀하신다. 즉 하나님을 기쁘게 하는 동기를 가지고 모든 일을 하라는 것이다. 하지만 믿지 않는 이들은 자기 아이들을 돌보고, 열심히 일해서 얻은 좋은 결과에 대한 성취감을 스스로에게 돌리고, 자기가 사는 동네를 사람들이 차를 몰고 구경하러 올 만큼 매력적인 곳으로 만드는 등 오직 자신들의 이익에 충실하는 일상을 살고 있다. 제이 애덤스(Jay Adams)가 말했던 것처럼, 우리 개개인이 죄인이라는 것은 같지만 죄를 짓는 스타일은 모두 각기 다르게 개발시켜 왔다. 죄를 짓는 스타일이 누군가에게는 마약에 중독되는 것이 될 수 있고, 차를 몰고 다니며 총질을 하거나, 매춘 고리에 연계되는 것일 수도 있다. 또 다른 사람들에게는 죄를 짓는 스타일이 하나님은 인정하지 않으면서 옳다고 생각하는 모든 일을 하면서 주위로 부터 존경을 받는 삶의 모습이 되기도 한다. 하나님은 이 두 가지 모습 모두를 미워하신다. 둘 다 똑같이 참을 수 없을 만큼 잘못된 모습이며, 모두 지옥에 갈 만하다고 말씀하신다.

우리가 스스로를 지옥에 갈 만한 존재라고 생각지 않을 때 왜 우리가 지옥에 갈 수밖에 없는지, 18세기 뉴잉글랜드의 저명한 목회자였던 조나단 에드워즈(Jonathan Edwards)는 또 다른 설명을 제시했다. 그의 주장은 이렇다. 의무를 어긴다는 관점에서 보면 범죄라는 것은 어느 정도 흉악한 짓이다. 누군가에게 복종해야 하는 무한대의 의무라는 것이 과연 존재할까? 만약 그러하다면 복종하지 않을 때 나는 무한한 죄를 짓게 된다. 그런데 누군가에게 복종해야 하는 그의 의무는 그 대상이 되는 사람의 고귀함, 권위, 존경받을 만한 명예와 비례한다. 하나님은 무한하도록 고귀하시고, 권위 있으시며, 존경받을 만큼 명예로우시다. 그러므로 하나님에 대한 범죄는 그런 하나님에 대해 복종해야 하는 무한한 의무를 어기는 것이다. 이런 범죄는 무한하게 흉악한 것이다. 이 죄를 범한 자들은 무한한 벌을 받아 마땅하다.

우리가 받을 벌의 영원성이 실제로 그 벌을 무한하게 만든다. 이렇게 한번 그려 보자. 수학에서 직선은 폭을 갖고 있지 않지만 양 방향으로 무한정 뻗어 나간다. 만약 이 직선이 아주 조금 두꺼워진다면, 무한대의 면적을 덮게 될 것이다. 왜냐하면 직선이 영원히 뻗어 나가기 때문이다. 직선의 폭은 아마 단 1mm 정도로 짧지만 직선의 또 다른 차원인 길이는 무한대이다. 따라서 이 직선은 무한대의 면적을 덮는다. 우리들 하나하나의 죄는 아주 작게 보일지 모른다. 마치 1mm 정도의 폭을 가진 어떤 직선과도 같이. 그러나 그 죄는 무한하도록 신성하고 은혜로우신 하나님께 범한 것이기 때문에, 무한하도록 가증스러운 것이고 무한한 벌을 받을 만한 것이다. 어떤 인간도 강도(强度)가 무한한 벌을 받을 수는 없으므로, 우리의 벌은 기간이 무한하게 되어야 한다. 즉 영원히 계속되어야 하는 것이다.

그러면 왜 나쁜 일들이 좋은 사람들에게 일어나는 것일까? 보다 기본적으로 질문 하자면 다음과 같다. 지옥은 왜 좋은 사람들을 기다리고 있을까? 성경이 주는 섬뜩한 해답은 우리가 선하지 않기 때문이라는 것이다. 하나님은 자신의 반항적인 피조물들을 지옥으로 보내실 만큼 정의로우시다. 따라서 그분은 지옥을 이 땅 우리들 삶에서 시작되게 하실 만큼 공평하시다.

그러나 여기 숨겨진 은혜가 있다. 우리는 삶 속에서 지옥을 맛봄으로써 죽음 이후 어떠한 상황에 직면하게 될지 생각하게 된다. 이렇게 해서 우리의 시련은 우리에게 가장 큰 축복이 될 수 있다. 왜냐하면 우리 중 누군가에게는 시련이라는 것이 하나님의 돌무더기가 되어서 지옥으로 치닫는 우리의 길을 막아 주기 때문이다. 암으로 시달리는 환자는 그의 창조주와 화해하게 된다. 승진을 구가하던 관리자는 미끄러져 하나님의 팔로 떨어지게 된다.

3. 지옥은 그리스도인이 왜 고통을 당하는지 설명해준다

혹자는 이렇게 말한다. "하지만 그리스도인들의 죄에 대한 값은 그리스도의 죽음으로 치러졌다. 그들은 결코 지옥을 경험하지 않을 것이다. 이 땅의 지옥이 그들과 무슨 상관이 있단 말인가?"

많은 상관이 있다. 이 땅에서 인간들이 겪고 있는 고통은 단지 지옥에서 튀어나온 것일 뿐이다. 물론 당신은 그리스도인들이 이러한 고통을 면제받았다고 생각할 것이다. 하지만 이 책 전체에서 보여주고자 하는 것은 왜 하나님께서 그처럼 고통을 허용하는가 하는 점이었다. 삶 가운데 우리에 대한 하나님의 계획은 천국의 유익함을 단지 점진적으로 우리에게 주시고자 하는 것이다.

우리가 편안한 삶을 살게 된다면, 우리가 영원한 피조물이라는 사실을 곧 잊어버릴 것이다. 그러나 지옥에서 튀어나오는 고통이 편안한 삶을 허용하지 않는다. 우리는 그 고통으로 인해 어떤 거대하고 무한한 무언가, 즉 도달하게 될 천국이 위기에 처해 있으며 지옥이야말로 우리가 피해야 할 대상이라는 사실을 끊임없이 떠올리게 된다. 인간의 영혼은 거대한 영적 전쟁이 벌어지는 전쟁터이다. 여기에 걸려 있는 상금은 엄청나다. 승자는 모든 것을 갖게 되고, 패자는 모든 것을 잃게 된다. 우리의 짧은 생에 있어 하루하루는 선 혹은 악이라는 영원한 결과물들을 맺어 가고 있다. 현재는 늘 영원에 영향을 주고 있다. 바로 지금 이 순간이 영원히 중요한 것이다. 그러므로 하나님이 우리의 삶 속에 위기감, 그것도 전쟁과 같은 규모의 위기감을 불어넣어 주시는 것은 지극히 당연하고 적절할 뿐이다. 하나님은 우리로 하여금 우리가 경험하는 기쁨에서 천국을 미리 맛보게 하고, 우리가 경험하는 고통에서 지옥을 미리 맛보게 함으로써 이 일을 하신다.

생각이 보다 분명해지면 우리는 우리가 맛보았던 지옥의 맛을 통해 믿지 않는 친구들과 이웃들에게 다가가게 된다. 어쩌면 우리는 암에 걸렸을지도 모른다. 고통은 우리의 몸을 장악한다. 그리스도인은 스스로 생각해 보아야만 한다. '하나님이 완전하게 만드신 세상에 우리의 죄가 고통을 가져다 주고 있다는 것이 얼마나 끔찍한 일인가! 하지만 나는 천국으로 갈 것이고 내가 받아 마땅한 그 무시무시한 아픔으로부터 구조될 거라는 사실은 얼마나 놀라운가! 그런데 내가 아주 좋아하는 이웃은 예수를 믿지 않고 있다. 나의 이웃은 내가 지금 경험하고 있는 아픔보다 훨씬 심하고 영원한 아픔으로 치닫고 있다. 하나님, 제게 용기와 기지와 지혜를 주세요. 그래서 복음의 진리를 갖고 저의 이웃에게 다가가게 해 주세요.'

우리가 고통을 겪는 모든 순간에, 우리에게 고통을 주는 그 모든 시련들은 우리를 좀 더 예수님처럼 만들어 준다. 시련은 우리의 성격을 정제하여 우리로 영원한 상급을 쟁취하도록 해 준다. 바울은 말했다. "우리의 잠시 받는 환난의 경한 것이 지극히 크고 영원한 영광의 중한 것을 우리에게 이루게 함이니"(고후 4:17). 다시 말해 현재에 지옥을 조금 맛봄으로써, 우리의 천국은 더 천국다워지고, 우리 이웃들과 친구들을 천국에서 보게 될 가능성은 더 높아지며, 구원에 대한 우리의 감사는 흘러넘치게 된다. 우리는 이렇게 시인한다. "나는 지옥에 가야 마땅하다… 하지만 어쨌든 천국으로 가게 될 것이다. 누가 나보다 더 즐거워할 이유를 가지고 있겠는가!"

그리고 천국에 도착 후 이십 분 안에 모든 것을 다 보상받게 될 것이다.

제13장

선하게 사라진 고통(천국)

캘리포니아 선교 시설과도 같이 고원 위에 나지막하고 호젓하게 자리잡고 있는 레이건 대통령 기념 도서관을 보러 가기 위해, 멀리서 찾아온 친구들과 함께 해안 언덕 위로 올라갔다. 계곡 아래에서 불어오는 덥고 건조한 바람을 타고 매 한 마리가 날아가고 있었다. 우리는 벽에 기대어 저 아래의 무미건조한 풍경을 바라보고 있었다.

"이리로 오세요." 안내원이 우리를 도서관 안으로 인도했다. 나는 레이건이 처음 캘리포니아 주지사였을 당시 격동적인 시대 상황을 재현해 놓은 전시실 안으로 휠체어를 타고 들어갔다. 나는 전시물들의 이미지에 압도당한 채 입구에서부터 멈춰 서고 말았다. 히피들의 슬로건과 반전 포스터들, 통통한 몸매의 모델이 선호되던 시대가 가고 새로운 유행이 된 날씬한 모델들의 사진, 섬세한 구슬과 팔찌가 그려진 그림들. 방 한가운데는 진주빛 노란색 페인트가 흩뿌려져 보는 각도에 따라 색깔이 달라 보이는 폭스바겐 딱정벌레 자동차 한 대가 웅크리고 있었다. '킹 목사 암살되다. 로버트 케네디 총탄에 맞다'라는 머릿기사가 적힌 신문, 그 옆으로 침울한 표정의 비틀스 사진들, 시큰둥한 모습의 재니스 조플린, 슬픈 얼굴을 한 '마마스 앤드

파파스'. 나는 군복을 입은 채 총을 잡고 포복한 마네킹 옆을 천천히 지나치며 베트남 전쟁 당시 상황을 머리 속에 그려 보았다. 이들 젊은이들은 슬퍼할 이유를 갖고 있었다. 나 역시도 그러했다. 내가 마비되었던 때가 바로 전쟁 당시였기 때문이다.

일리노이 주 한 작은 마을의 그늘진 길에서 성장한 어린 레이건의 미천한 시작의 모습을 아름답게 순차적으로 배치해 놓은 전시실들을 내 친구들이 이리저리 돌아다녔다. 나는 '사이먼과 가펑클'의 옛날 앨범 표지를 응시하다가 움찔 뒤로 물러섰다. 병원에 있을 당시 나는 이 앨범을 계속 반복해서 들었다. 전축 바늘이 앨범을 긁어 대듯 이들 음악의 슬픈 가락은 내 정신을 갉아 댔다. 그 당시 나는 쓸모없게 된 몸 안에 갇혀 버렸다는 공포를 없애고자, 공허한 순간들을 소음으로 채우고 있었다.

나는 힘들었던 장애 초창기 시절을 좀처럼 생각하지 않는다. 그런데 그 전시물과 함께 휠체어에서 보낸 지난 삼십 년이란 세월의 이정표가 주마등처럼 빠르게 다가오면서 내 뇌리를 압박해 응급실과 병원 복도를 떠올리게 했다. 볼티모어 시가를 지나가는 탱크들을 내 병실 창문 너머로 바라보던 간호사들의 모습을 회상할 수 있었다. 시 전체에 통행금지가 내려지자 흑인 간호조무사들이 화를 내던 모습이 떠올랐다. 내가 있던 병실과 그곳에서 친구들과 나눴던 몇몇 대화들도 기억났다. 그리고 당시 고등학생이었던 남자 친구가 대학을 가기 위해 나를 버려두고 병실 문을 나서는 것도 마음속으로 생생하게 볼 수 있었다. 하지만 이것이 전부였다. 이 전시실에서 나는 그 당시 그대로의 공포를 느낄 수 없었다. 친구들이 떠나감으로 찢어진 인간관계에 비통해했던 심정도, 영원히 휠체어 신세가 될 것이라는 사실을 알고서 숨도 제대로 못 쉬며 어찌할 바를 몰랐던 심정도 상기할 수 없었다. 내가 보고자 했던 내 마음속 영화 필름은 잡음과 빈 공간으로 가득 차 있었다. 삼십 년 전 가슴 아팠던 휴먼 드라마는 어디에서도 찾아볼 수 없었다.

다음 전시실로 이동했다. 마음이 한결 편안해졌다. 자녀들을 교사, 목사, 가게 주인, 대학 졸업생으로 키우며, 중서부 작은 마을에 살고 있는 올바른 가정의 모습들을 전시하고 있었기 때문이다.

시간이란 잘 잡히지 않는 무언가이다. 과거는 항상 그 당시의 진짜 모습과 다르게 보인다. 기억은 선택적이다. 기억은 일어났던 모든 것들로부터 그 중요성을 연명하고 있는 몇 가지만 선택할 뿐이다. 과거의 아픔을 회상할 때, 우리는 아픔을 겪을 당시에는 전혀 갖지 못했던 시각으로 과거를 바라보게 된다. 그 당시에는 상황이 나아질 거라고 전혀 생각지 못한다. 우리는 오직 고통의 한가운데서 혼란만 바라볼 수 있을 뿐이다. 홀치기 염색한 티셔츠의 이상한 무늬, 공공 건물 복도에서 피어오르는 대마초 냄새, 그리고 자살에 대한 생각들이 괴상하게 뒤엉킨 것이 내가 본 혼란이었다.

우리가 아픔을 뚫고 어디론가 우리를 인도해 주는 길을 바라보았다면, 그것은 단지 바라보기만 했을 뿐 찾지는 않았다는 것이다. 나중에 가서야 태도가 달라진다. 나의 경우, 삼십 년이 지난 지금에야 마침내 이해한다. 길을 찾은 것이다. 그 이유는 단 한 가지, 내가 모든 것을 다르게 바라보기 때문이다.

바로 우리의 관점이 중요한 것이다. 가슴 아팠던 시절을 떠올려 보면, 그때의 아픔은 흐릿한 기억처럼 사라지고 만다. 상처는 오래된 사진처럼 빛이 바랜다. 남는 것은 오직 지속적으로 중요성을 갖는 결과들뿐이다. 예컨데, 좋은 결혼이나 성공적인 경력 혹은 내 경우와 같이 휠체어 신세를 받아들이는 것들이다. 이러한 것들은 마치 물살이 세차게 몰아치는 여울목에 놓인 디딤돌과 같이, 사건이 발생한 후 사라지지 않고 남아 있는 것들이다. 이것들은 고통의 또 다른 측면인 현실로 우리를 인도한다. 이곳에서 우리는 일종의 '도달한' 느낌을 갖게 되며 과거의 우리들 모습보다 더 '우리 자신의' 모습에 가깝게 된다.

우리가 "사망의 음침한 골짜기"를 빠져나올 때 비로소 우리는 다른 사람이 된다. 더 선하고, 강하고, 현명해진다. 이것이 고통의 또 다른 측면에서 일어나는 일이다. "주께서 내 원수의 목전에서 내게 상을 베푸시고"라는 구절과 같이 대마초 잎사귀가 거대하게 그려진 전시실의 흐릿한 포스터 곁을 내가 휠체어를 굴리며 지나가도 주께서 내 마음에 평정을 주신다. "주께서 기름으로 내 머리에 바르셨으니 내 잔이 넘치나이다"라는 구절과 같이 고통을 이기고 살아남은 만족감에 나는 웃고 있는 것이다(시 23:4-5).

성경은 한결같이 미래의 시각으로 우리의 현재를 보도록 요구한다. 성경의 요구는 우리에게 마치 이렇게 조언해주는 음성과 같다. "모든 것이 이렇게 판명될 것이고, 모든 것이 끝이 났을 때 이렇게 보여 질 것이니, 내가 약속하건대 이것이 더 좋은 길이다." 이러한 시각은 길가에 떨어져 사라져 버릴 것에서 영원히 남을 것을 구별해 내는 관점이다.

성경 말씀은 관점을 갖게 해 준다. 성경은 항상 최종 결과를 강조하며 실제만을 다뤄서 우리의 마음을 차분히 가라앉히고 우리의 영혼을 기쁘게 한다. 성경 말씀은 권면한다. "내 형제들아 너희가 여러

가지 시험을 만나거든 온전히 기쁘게 여기라"(약 1:2). 또한 우리가 다음 말씀들을 떠올리도록 도와준다.

> 고난당한 것이 내게 유익이라 이로 인하여 내가 주의 율례를 배우게 되었나이다(시 119:71).

> 우리의 잠시 받는 환난의 경한 것이 지극히 크고 영원한 영광의 중한 것을 우리에게 이루게 함이니(고후 4:17).

> 다만 이뿐 아니라 우리가 환난 중에도 즐거워하나니(롬 5:3).

> 나 여호와가 말하노라 너희를 향한 나의 생각은 내가 아나니, 재앙이 아니라 곧 평안이요 너희 장래에 소망을 주려 하는 생각이라(렘 29:11).

> 여호와여 주의 징벌을 당하며 주의 법으로 교훈하심을 받는 자가 복이 있나니 이런 사람에게는 환난의 날에 벗어나게 하사(시 94:12-13).

이런 관점에 코웃음 치는 것이 인간의 본성이다. 우리의 본성은 당신을 현재의 고통에 못 박고 미래의 실재 앞에 장님이 되게 한다. 또한 본성 자체의 실패로부터 늘 재기를 꿈꾸면서, "미래는 중요치 않아. 그것은 그림의 떡일 뿐이야" 하고 조롱하듯 말한다. 그러나 미래는 중요하다. 『하나님의 얼굴 알기』라는 책에서 팀 스태퍼드는 이렇게 말하고 있다. "미래를 제외한 모든 것들은 그것들이 우리에게 아무리 실제적으로 보일지라도 비본질적이며 눈꼽만큼의 가치도 없다." 그는 계속 말한다. "성경 말씀이 때론 너무 철없어 보이고 분통 터지도록 현실과 동떨어져 보이는 것은, 성경이 바로 미래를 중요시하기 때문이다. 성경 말씀이 거대한 철학적인 문제들이나 개인적 고뇌를 대수롭지 않게 다루는 것처럼 보이는 것도 같은 이유에서이다. 당신이 궁극적인 관점에서 바라본다면, 인생은 이렇게 실체가 없는 것이다. 관점은 모든 것을 바꿔 놓는다. 한때 대단히 중요하게 보이던 것이 전혀 의미를 갖지 않게 된다."[1]

성경은 뻔뻔스럽게도 우리에게 "환난 중에 기뻐하라," "시련을 친구같이 환영하라"고 이야기한다. 왜냐하면 하나님은 우리를 위하는 그분의 실제적 마음속으로, 또한 궁극적으로 중요한 유일한 실체 속으로 우리가 한 걸음 내딛기를 원하시기 때문이다. 그렇게 하기 위해서는 우리에게 활기찬 믿음이 필요하다. 그러나 우리가 하나님을 신뢰하는 순간 우리는 현재를 넘어 미래로 이동한다. 실제로 우리는 하나님이 우리를 위해 예정하신 미래로 들어가게 되는 것이다. "당신의 진정한 새 생명은 비록 구경꾼들에게는 보이지 않지만 하나님 안에서 그리스도와 함께 한 삶이다. 그가 바로 당신의 생명이다. 그리스도(이분이 당신의 진정한 생명이라는 사실을 기억하라)가 이 땅에 다시 오실 때, 당신도 진정한 당신, 영광스런 당신으로 다시 태어날 것이다"(골 3:3, 메시지 성경 – 역자 주).

'보이지 않는 진정한 생명'은 '고통 중에 즐거워하는 것' 만큼이나 이해하기 어렵다. 그러나 잊지 말아야 할 것은 히브리어 11장 1절 말씀이다. "믿음은 바라는 것들의 실상이요 보지 못하는 것들의 증거니." 폴라로이드 즉석 사진이 당신 눈앞에서 바로 현상되어 나오는

---

1) 팀 스태퍼드(Tim Stafford), 『하나님의 얼굴 알기』 Knowing the Face of God, (Colorado Springs: NavPress, 1996), p.221. 본 장의 몇몇 아이디어는 이 책의 영향을 받았으며, 우리는 이 책을 추천하는 바이다.

것을 보는 것과도 같이, 고통의 결과로서 하나님께서 의도하시는 '우리'의 모습은 우리가 '시련을 환영'할 때 드러난다. "우리가 그와 함께 영광을 받기 위하여 고난도 함께 받아야 될 것이니라 생각건대 현재의 고난은 장차 우리에게 나타날 영광과 족히 비교할 수 없도다"(롬 8:17-18).

바로 그러한 미래가 나타나기 위해 몸부림을 친다. 바로 우리에게 나타나기 위해. "피조물의 고대하는 바는 하나님의 아들들의 나타나는 것이니"(롬 8:19). 우리는 그 미래를 보았고, 그리스도가 우리 안에 그리고 우리가 그리스도 안에서 그 미래는 우리에게 있다. "진정으로 우리가 그의 고통을 함께 나눈다면."

우리가 그렇게 고통을 나눌수록, 우리의 관점은 변하게 된다.

하나님이 원하시는 것은, 이 땅 너머 천국의 실체를 향한 불길 위에서 미래의 것들을 향한 열망으로 불타오르는 마음이다. 또한 자신의 백성들이 그분의 희망으로 불타오르길 원하신다. 이것을 순수한 기쁨으로 여길 줄 아는 시야는 이 땅에서 살아가고 있는 우리의 생활 방식에 영향을 준다. 비록 우리는 여전히 고통을 겪고 있지만, 모든 사람들이 우리를 볼 수 있고, 그래서 그들에게 격려를 줄 수 있는 "산 위의 동네", "등경 위의 불빛"이 될 수 있는 것이다(마 5:14-15). 천국을 열망하는 사람들은 이 땅의 사람들을 선하게 만든다. C. S. 루이스의 말대로, 이들은 이 땅을 선한 세계로 이끈다.

이 일은 고통이 없이는 불가능하다. 고난은 천국을 향한 희망의 난로에 불을 지핀다. 고난으로 상처받아 보지 않은 사람들의 희망은 덜 열정적이다. 안타깝게도 그들은 자신들이 천국에 갈 줄 알고 즐거워한다. 예수님을 영접했으므로 지옥은 없고 천국만 보장된다고 여기기 때문이다. 이는 마치 사고 파는 거래처럼 당신의 죄를 판매대 위에 올려놓고서 방화 처리된 영혼을 얻는 식이다. 그래서 이 거래가 끝나고 나면 그들은 데이트와 결혼, 직장 업무와 휴가, 지출과 저축과도 같은 일상 생활로 돌아올 수 있을 거라 생각한다.

하지만 고통은 그리스도인의 경험을 영원한 건강보험 계약서에 서명하는 것 이상으로 만들어 준다. 고통은 약속의 삶을 제공해 준다. 그것은 마치 "이쪽을 보거라!" 하고 엄포하며 자녀의 시선을 돌리는 어머니와도 같이, 우리의 마음을 미래로 향하게 한다. 박해의 물결이 초대교회를 휩쓸고 있을 때, 사도 바울 역시 친구들에게 이 점을 강조했다.

> 그러므로 너희가 그리스도와 함께 다시 살리심을 받았으면 위엣 것을 찾으라 거기는 그리스도께서 하나님 우편에 앉아 계시느니라 위엣 것을 생각하고 땅엣 것을 생각지 말라 이는 너희가 죽었고 너희 생명이 그리스도와 함께 하나님 안에 감추었음이니라 우리 생명이신 그리스도께서 나타나실 그때에 너희도 그와 함께 영광 중에 나타나리라(골 3:1-4).

천국이 우리의 관심사가 되면 하나님의 궁극적인 실재에 대한 열렬한 갈망, 그분과 함께 영광 중에 나타나는 바로 그 갈망이 빛을 내기 시작해 땅에 속한 모든 것이 상대적으로 희미하게 된다. 이 땅의 아픔은 계속해서 우리의 희망을 무너뜨리고 이 세상이 결코 우리를 만족시킬 수 없으며, 오직 천국만이 그럴 수 있다는 사실을 일깨워 준다. 그리고 우리가 이 땅에 너무 편안히 둥지를 틀때마다 하나님은 얼음장같이 차가운 고통의 물살로 우리를 영적인 침체에서 깨우기 위해 날카로운 일격으로 댐의 수문을 열어젖히신다.

1. 우리의 희망은 무엇인가?

고통은 이 땅의 신발이 맞지 않도록 하려고 우리의 두 발을 계속해서 퉁퉁 부어오르도록 만든다. 나의 수축된 두 발과 부어오른 발목, 뒤틀린 손가락과 축 처진 손목은 어린이 주일 학교에서 이사야 40장 6, 8절 말씀을 가르치는 데 시각적인 교재 역할을 한다. "모든 육체는 풀이요… 풀은 마르고 꽃은 시드나 우리 하나님의 말씀은 영원히 설 것이라"(KJV성경-역자 주). 그래서 나는 고통받는 다른 사람들과 함께 다음의 말씀처럼 될 수 있는 것이다. "너희는 약한 손을 강하게 하여 주며 떨리는 무릎을 굳게 하여 주며 겁내는 자에게 이르기를 너는 굳세게 하라, 두려워 말라, 보라 너희 하나님이 오사… 너희를 구하시리라 하라 그때에 소경의 눈이 밝을 것이며 귀머거리의 귀가 열릴 것이며 그때에 저는 자는 사슴같이 뛸 것이며 벙어리의 혀는 노래하리니… 기쁨과 즐거움을 얻으리니 슬픔과 탄식이 달아나리로다"(사 35:3-6, 10).

나에게 이 말씀들은 막연하고 흐릿한 먼 태고적 시간을 생각나게 하는, 십자수로 짜여진 듯한 약속들이 아니다. 그것은 내가 이미 발을 디디고 있는 희망의 일부분이며, 예수님께서 말씀하신 "우리의 낮은 몸을 자기 영광의 몸의 형체와 같이 변케"(빌 3:21)하실 그 시간의 일부분이다. 나는 새로운 몸으로 변하게 된다는 이 부분을 좋아한다.

하지만 나의 희망은 영광스런 몸에 중심을 두고 있지 않다.[2]

---

2) 나는 이 주제를 『천국의 집』 Heaven… Your Real Home, (Grand Rapids: Zondervan, 1996)에서 좀 더 자세히 다루었다.

그 이상을 향하고 있다.

얻어맞아 상처투성이였던 신약성경의 기자들도 같은 것을 느꼈다. 그들의 뼛속에는 불길을 솟아오르게 하는 천국의 희망에 대한 좀 더 숭고한 무언가가 있었다. 그들의 글은 그리스도의 재림과 지평선 위로 갑자기 솟아오를 천국에 대한 끊임없는 언급들로 가득 엮여있다. 그들은 "마라나타![3] 주 예수여 오시옵소서!" 하고 계속해서 기도했다. 또한 초대교회 성도들에게 "너희가… 우리 주 예수 그리스도의 나타나심을 기다리라"(고전 1:7)고 말했다. 그들은 스스로를 망대를 지키는 군병, 수확을 위해 밭을 가는 일꾼, 결승선을 향해 힘껏 달려가는 운동선수, 불타오르는 마음으로 몸단장을 하고 등불을 켠 채 밤을 지키며 기다리는 신부, 특별한 분을 위해 유심히 지평선을 살피는 눈길들로 비유했다.

그들에게 세상은 잔치집이 아니었다. 그들은 진정한 연회를 기다렸다.

비록 만왕의 왕께서 자신의 왕국을 건설하기 시작했지만 그것을 끝마치지는 않으셨다는 사실을 그들은 분명하게 알고 있었다. 예수님 자신도 그의 아버지께 요청했다. "나라이 임하옵시며… 뜻이 하늘에서 이룬 것 같이"(마 6:10). 그는 죄와 아픔, 죽음, 질병과 같은 죄의 결과들이 미치는 영향을 되돌려놓기 시작하셨지만, 그것은 시작에 불과했다. 구세주께서 하늘로 올라가셨을 때, 아직 어떤 양도 사자에게 코를 비벼대지 않았고, 아직 어떤 칼도 잘 다듬어진 쟁기날이 된 것은 아니었다. 몇 사람들만이 예수님께서 자신들의 보지

---

3) '주 예수여 오시옵소서' 는 아랍어 '마라나타' 를 헬라어로 풀어 놓은 구절로, 그리스도의 재림을 기다리는 소망을 표현한다. 고전 16:22, 계 22:20.

못하는 눈을 만져 빛을 주신 그때를 기분 좋게 회상할 수 있었지, 모든 눈먼 자들이 앞을 보고 모든 귀먹은 자들이 소리를 들으며 모든 저는 자들이 사슴과 같이 뛰어다녔던 것은 아니다.

신약성경의 기자들은 왕국 건설을 위한 마지막 벽돌이 아직은 견고하게 결합되어 있지 않다는 사실을 알고 있었다(엡 2:20). 후손들도 이것을 알고 있었다. 시대를 따라 박해, 역병, 대학살, 통한의 아픔을 목도한 성도들은 자신들이 살아 있는 돌들로서 왕국 건설에 다듬어져 사용되고 있다는 사실을 알고 있었다(벧전 2:5). 그들은 고통이 때로는 넌더리나는 것이지만 그것이 세상에 복음을 전하기 위해 허락된 더 많은 기회들을 의미한다면, 인생은 살 만한 가치가 있다고 생각했다. 그들은 고통의 쓰라린 실체를 알고 있었지만 단 한 영혼을 위해 지불하신 예수님의 엄청난 희생을 또한 기억하고 있었다. 고통은 쓰리다. 하지만 한 영혼을 잃는다는 것은 더욱 쓰라린 일이다(마 16:26). 그렇기에 "주의 약속은 어떤 이의 더디다고 생각하는 것같이 더딘 것이 아니라 오직 너희를 대하여 오래 참으사 아무도 멸망치 않고 다 회개하기에 이르기를 원하시느니라"(벧후 3:9). 믿음의 선배들은 하나님께서 자신이 상 주는 것(구원받은 더 많은 영혼들)이 성취될 수 있도록 하기 위해 자신이 미워하는 것(아픔과 박해)을 허락하신다는 사실을 이해하고 있었다. "형제들아 나의 당한 일(투옥)이 도리어 복음의 진보가 된 줄을 너희가 알기를 원하노라"(빌 1:12).

우리 세대는 그들의 어깨 위에 서 있다. 우리는 지옥을 싫어한다. 그리고 우리가 사랑하는 사람들이 그곳에 가는 것을 원치 않기 때문에, 우리는 누구도 멸망하길 원치 않으며 아픔을 감내한다. 우리 세대는 그들이 가졌던 똑같은 희망을 공유하고 있다. "우리까지도 속으로 탄식하여 양자 될 것 곧 우리 몸의 구속을 기다리느니라 우리가 소망으로 구원을 얻었으매 보이는 소망이 소망이 아니니 보는 것을 누가 바라리요 만일 우리가 보지 못하는 것을 바라면 참음으로 기다릴지니라"(롬 8:23-25).

우리가 기다리는 그 희망은 영광의 몸 이상을 의미한다. 그것은 슬픔과 내쉬는 한숨 그 이상을 뜻하며, 세계 종말에 있을 아마겟돈의 격변과 충돌 그 이상을 분명히 내포하고 있다.

2. 도래할 완전함

이 책은 처음부터 지금까지 우리가 기다리고 있는 그 희망에 대해 말해 왔다.

성부와 성자와 성령 사이에서 용솟음치는 천국의 기쁨과 즐거움을 우리가 맛보았던 순간을 기억하는가? 성삼위는 천국의 벽을 차고 넘쳐 우리에게 흘러나오는 기쁨의 강물이었으며, 그 강물은 지금도 흐르고 있다. 그리고 우리가 예수님과 친밀해 지도록, 고통이 우리의 죄와 불순물을 속속들이 제거하면서 마음속 깊은 곳까지 우리를 어떻게 갈고 닦으시는지 기억하는가? 예수님이 고통과 희생을 당하셨기에 이 같은 친밀함과 그분의 기쁨을 우리가 알 수 있게 되었다는 사실을 당신은 기억하는가? 이것이 구세주의 임무였다. "내가 이것을 너희에게 이름은 내 기쁨이 너희 안에 있어 너희 기쁨을 충만하게 하려 함이니라"(요 15:11).

불행이 몇몇 사람들을 사랑하고 있을지도 모른다. 하지만 기쁨은 군중을 못 견디도록 열망하고 있다. 인류를 구하려는 성부, 성자, 성령의 계획은 인간을 위한 것만은 아니었다. 그것은 하나님을 위한 것이다. 아버지는 성령의 기쁨 안에서 자신의 아들을 경배하는 무리 곧 순결하고 흠없는 상속자들을 모으고 계신다. "하나님은 사랑이시라"(요일 4:16). 그리고 사랑이 소원하는 바는 하나님이 고통받은 이유였던 바로 그들을 기쁨으로 흠뻑 젖게 하는 것이다.

머지않아 성부, 성자, 성령이 그들의 소원을 이룰 것이다.

아마도 우리가 생각하는 것보다 더 빨리 "우리 주 예수 그리스도의 날"이 도래할 것이고, "주의 나타나심을 사모하는 모든 자"들이 곧 죄의 마지막 흔적을 벗어 버리게 될 것이다. 하나님은 죄와 사단과 고통에 드리워진 휘장을 걷어 버리실 것이다. 그리고 우리는 성삼위일체라는 기쁨과 즐거움의 폭포수로 들어설 것이다.

그러나 이보다 더 좋은 것은 우리가 나이아가라 폭포수처럼, 우뢰같이 울려 퍼지는 기쁨의 일부분이 된다는 것이다. 왜냐하면, '그가 나타나시면 그의 그대로를 우리가 보게 될 것으로 인해 우리가 그처럼 될 것' 이고 '하나님이 모든 것이고 그가 모든 것 안에 계시기' 때문이다. 하나님은 우리 안에 계시고, 우리는 그분 안에 있다. 더 이상 우리가 '그리스도와 함께 감추어지지' 않을 것이다. "우리가 이제는 거울로 보는 것같이 희미하나 그때에는 얼굴과 얼굴을 대하여 볼 것이요 이제는 내가 부분적으로 아나 그때에는 주께서 나를 아신 것같이 내가 온전히 알리라"(고전 13:12). 이 글을 썼던 사도 바울, 주님이 당한 고통을 함께 나누며 교제하는 가운데 그분을 몹시도 알기 원했던 바울은 마침내 그의 소원을 이룰 것이다. 아니 이미 그것은 이루어졌다. 그는 완벽하게 연합되어 있고, 완전하게 결합되어 있다. 그는 단지 하나님을 아는 것이 아니라, 깊고 개인적인 연합 속에서 그리고 하나님을 경험하는 그 완전한 행복감 안에서 그분을 알고 있는 것이다. 바울은 이 땅의 고통 속에서 그것을 맛보았다. 하지만 그는 지금 천국의 기쁨 안에서 '생명나무의 실과를 먹고 있다'(계 22:2).

우리의 소망은 '무언가'에 있는 것이 아니라 '누군가'에게 있다. 우리가 기다리는 소망, 우리의 유일한 소망은 "복스러운 소망과 우리의 크신 하나님 구주 예수 그리스도의 영광이 나타나심을 기다리는"(딛 2:13) 것이다. 우리가 보기 위해 기다리는 것은 천국이 아니다. 우리는 한 분을 기다리고 있다. 그분은 바로, 우리가 산고를 겪어 온 이유가 되시는 예수님이시다. 우리의 소망은 나타날 나라들에 대한 갈망과 병든 마음을 고쳐 주시는 분과 죄인들의 친구 되시는 분을 위한 것이다. 그렇다. 우리는 그 향연을 기다린다. 하지만 좀 더 정확하게 말하면, 우리는 이 향연을 베푸실 그분을 기다리고 있는 것이다.

3. 얼마만큼의 즐거움인가?

천국의 기쁨 그리고 하나님과의 영원한 친밀함이 그토록 즐거울 수 있을까? 인간은 이렇게 생각하기 마련이다. 즐거움을 추구하는 것은 이 땅에 사는 우리들에게 당연시 되어왔다. 하지만 즐거움은 이 땅에서 발명된 것이 아니다. 하나님이 모든 기쁨과 모든 유쾌한 감각들을 만들어 내셨고, "각양 좋은 은사와 온전한 선물이 다 위로부터 빛들의 아버지께로서 내려"(약 1:17)오는 것이다. 우리의 갈망들이 이루어질지 이루어지지 않을지 우리가 의심하고 투덜대는 것은 당연한 일이다. 우리의 갈망을 못 견디도록 짓궂게 간지럽히고 괴롭히면서, 그것이 이룰 가능성을 계속해서 떨어뜨리는 주범은 바로 이 땅이다. 죄는 결코 만족하지 않기 때문에 늘 더 악화된다. '스릴은 점점 더 찾기 어려워질 뿐이야' 라는 노래 가사와도 같이.

천국은 과연 이 땅과는 다른 곳일까?

C. S. 루이스의 보기 드물지만 탁월한 비유를 살펴보자.

우리들이 현세에서 가지고 있는 천국에 대한 견해는, 성행위가 육체적인 최고의 즐거움이라고 전해 듣고서 당신에게 성행위를 하면서 초콜릿을 먹었냐고 즉시 물어보는 어린 소년의 견해와도 같을 것이다. 이 소년은 "아니"라는 대답을 듣자마자 초콜릿이 없는 것을 성행위의 주요 특성으로 간주할 것이다. 당신이 이 소년에게, 육적인 황홀경에 빠진 두 남녀가 초콜릿에 신경 쓸 이유가 없는 것은 그들이 생각할 더 좋은 것이 있기 때문이라고 아무리 설명해 주어도 소용이 없을 것이다. 이 소년이 알고 있는 것은 초콜릿이다. 초콜릿이 아닌 다른 좋은 것을 알지 못하는 것이다. 우리들은 이 소년과 똑같은 입장에 있다. 우리는 성생활에 대해 알고 있다. 하지만 흐릿하게 알고 있는 것을 빼고는 성생활이 자리잡을 여지도 없을 만큼 천국에 있는 다른 좋은 것들에 대해 모르고 있다. 그러므로 충만함이 우리를 기다리는 천국에 가면, 우리가 이 땅에서 누리고 있는 것들을 잃게 될 거라 예상할 수 있다.[4]

---

4) 루이스(C. S. Lewis), 『루이스의 감동적인 저술들』 *The Inspirational Writings of C. S. Lewis*, (New York: Inspirational Press, 1991), p. 361.

이 세상은 우리가 천국을 풍성한 곳이 아닌 빈약한 곳으로 여기도록 만들었다.

하지만 우리는 천국 기쁨의 황홀경에 빠진 채 육적 환희를 잊게 될 것이다. 왜냐하면 우리는 그보다 더 좋은 것, 우리를 소멸시킬 만큼 훨씬 즐거운 무언가를 갖게 될 것이기 때문이다. 내가 남편 켄과 경험하는 즐거움은, 쏟아져 내리는 절정감으로 나를 혼절시킬 천국에서 울려 퍼지는 그 기쁨에 비하면, 하나의 암시 혹은 속삭임으로 초콜릿을 한 조각 먹는 것에 불과하다. 조나단 에드워즈는 "천국에서는 거의 성도들의 행복한 정도를 상상하거나 표현할 수 없다"라고 주장한다.[5] 이것은 믿음의 문제이며, 나는 다음의 성경 말씀을 믿는다. "하나님이 자기를 사랑하는 자들을 위하여 예비하신 모든 것은 눈으로 보지 못하고 귀로도 듣지 못하고 사람의 마음으로도 생각지 못하였다"(고전 2:9).

이 땅에서 선하고 즐거운 모든 것들은 천국에서 완전한 것의 그림자일 뿐이다. 최고의 우정이라는 것도 이 땅에서는 유아적인 관계에 불과하다. 성숙한 관계를 맺기 위해 겨우 몇 년이란 시간을 낚아챘을 뿐이다. 이 땅에서 충분한 시간이라는 것은 결코 없다. 우리의 언어는 우리들 마음에 넘쳐흐르는 것들을 결코 전달할 수 없다. 나는 이러한 쓰고도 달콤한 슬픔을 절친한 친구들과 함께 경험했다. 나는 그들을 너무 사랑해서 그들 속으로 뚫고 들어가, 그들을 완전히 알

---

5) 존 거스트너 박사(Dr. John H. Gerstner), 『조나단 에드워즈의 합리적 성경 신학』 *The Rational Biblical Theology of Jonathan Edwards*, (Orlando: Berea Publications, Ligonier Ministries, 1993), p. 543.

고 그들과 하나 되길 원한다. 그들을 소유하는 것이 아닌 그들과 녹아져 하나가 되길 원한다. 하지만 이 땅에 있는 한 나는 그렇게 할 수 없다. 나는 그들의 마음 문 밖에 있다. 그들과 어울려 즐기는 중에도 그들 안으로 들어가 더 가깝게 되길 항상 원하면서 말이다. 천국에서는 내가 그들 안으로 '들어갈' 것임을 알기에, 이러한 나의 갈망들은 누그러진다. 예수님은 우리의 분에 넘치게도 다음과 같이 말씀해 주셨다. "거룩하신 아버지여 내게 주신 아버지의 이름으로 저희를 보전하사 우리와 같이 저희도 하나가 되게 하옵소서"(요 17:11).

앞서 우리가 고통을 어떻게 정의했는지 기억하는가? 그것은 당신이 갖고 있지 않는 것을 원하고, 원하지 않는 것을 갖고 있는 것이다. 천국에서 당신은 당신이 늘 원했던 것을 마침내 갖게 되어 당신의 가장 깊은 갈망들을 성취하게 될 것이다. 당신은 당신이 가진 것에 아무런 싫증도, 아무런 시샘도 없이 항상 만족하게 될 것이다.

루이스는 지하 감옥 속에서 한 남자 아이를 낳아 키운 어떤 여인에 관해 이야기를 들려준 적이 있다. 이 아이가 차라면서 본 것이라고는 감옥의 벽과 바닥에 깔린 밀짚, 그리고 천장 쇠창살을 통해 본 조그만 하늘 조각이 전부였다. 화가였던 엄마는 들판과 강물, 산과 도시들을 연필로 스케치해 주며, 아들에게 바깥 세상을 가르쳐 주려고 애썼다. 엄마가 바깥 세상에 관해 그림에서 보는 것보다 훨씬 더 흥미롭고 멋지다고 이야기해 주었을 때, 소년은 최선을 다해 그 말을 믿으려 했다. "어?" 소년이 물었다. "저 밖에는 연필 자국이 없잖아요?" 바깥 세상에 대한 그의 모든 생각들은 백지가 되어 버렸다. 실제 세상에는 연필로 그린 선들이 존재하지 않았기 때문이다. 소년은 실제 세상이 엄마의 그림보다 어쩐지 덜 가시적이라고 생각했다. 하지만 그 바깥 세상은 감옥 속과는 비교도 할 수 없을 정도로 가시적이었기 때문에 실제로 선들이 없었던 것이다.

그러면서 루이스는 다음과 같이 결론 내리고 있다. "우리도 마찬가지다. 우리의 자연적인 경험들(감각, 감정, 상상)은 판판한 종이 위에 연필로 그은 선들에 불과하다. 부활의 삶 속에서 이 경험들이 사라지는 것은 실제 풍경에서 연필 선들이 사라지는 것과 같을 것이다."[6)]

언어는 천국을 실제 모습 그대로 나타내지 못한다. 내가 환희와 절정을 표현하고자 아무리 노력한다 해도 그것은 본질에 미흡하기만 하다. "언어로 표현한 가장 예술적인 작문도 실체를 어둡게 하고 구름으로 덮으며 그것에 지극히도 낮은 그림자를 드리울 뿐이다. 최선의 수사를 이용해 '천국에 관해' 우리가 할 수 있는 모든 말은 실제로 진실에서 매우 동떨어져 있을 뿐이다. '천국'을 보았던 사도 바울도 그것에 관해 생각은 했지만 표현해 내지 못했으니, 하물며 우리가 그것을 과연 흉내낼 수 있을까"[7)] 하고 에드워즈는 한숨을 내쉬며 말한 바 있다.

---

6) 루이스(C. S. Lewis), 『루이스의 감동적인 저술들』 *The Inspirational Writings of C. S. Lewis*, p. 363.

7) 존 거스트너 박사(Dr. John H. Gerstner), 『조나단 에드워즈의 합리적 성경 신학』 *The Rational Biblical Theology of Jonathan Edwards*, p. 544.

4. 얼마나 오랜 시간 동안?

천국은 우리가 상상할 수 있는 것 이상일 뿐만 아니라, 그 '이상'이 영원히 지속되는 상태이다. 또한 천국은 시간을 초월하며, 하나님으로부터 흘러나오는 기쁨과 영원하신 하나님으로 인해 그 기쁨 또한 영원한 것이 되어야 하는 곳이다. 당신이 시간을 초월한 어떤 순간을 경험하게 될 때, 당신은 그 경험이 너무 소중하고 또한 완전해서 영원히 계속되었으면 하고 바라게 된다는 사실을 본능적으로 알아차리게 된다.

어느 이른 여름날 아침, 나는 언니 제이와 함께 차를 몰고 메릴랜드 농촌 마을 사이키스빌에 있는 클라크 할머니를 방문했다. 그녀는 나의 친할머니가 아니었다. 할머니와 언니는 언덕 위에 있는 조그만 석조 교회에서 친구가 되었고, 할머니는 우리에게 차를 대접하고자 자신의 큰 농장 집으로 초대해 주었다. 나는 휠체어를 탄 채 부엌에 들어가 보았다. 오븐에서는 핫케이크 냄새가 흘러나오고 있었다. 할머니는 창문 옆에 있는 식탁 위에 하얗고 빳빳한 식탁보를 펼치셨다. 레이스 달린 커튼이 미풍에 살랑거렸고, 수국 꽃향기가 창문 너머로 흘러 들어왔다.

언니와 나는 섬세하고 우아한 문양이 새겨진 컵으로 차를 마셨다. 나는 클라크 할머니를 주시하고 있었다. 할머니는 등을 뒤로 젖히시고 손으로 식탁보를 보듬으시면서 위엄과 동경 어린 어조로 천국에 대해 말씀하셨다.

갑자기 바람이 한바탕 세차게 불자 커튼이 펄럭임과 동시에 할머니의 흰머리칼이 휘날렸다. 할머니는 눈을 가늘게 뜨고 거세진 미풍을 응시하다 웃으시며 손을 드셨다. 후유! 바람은 우리의 영혼을 아찔할 정도로 들어 올리며 식탁 주변을 휘감았다. 그 순간은 기쁘면서도 이상했고, 왔던 것만큼이나 빠르게 사라져 버렸다. 하지만 우리를 다시 가라앉혀 주었고 시간을 잊게 해 주었으며 평화와 기쁨을 흔적으로 남겨 놓았다. 나는 지금도 그때의 케이크와 차를 음미할 수 있고, 봄꽃 향기를 들이마실 수 있으며, 팔랑거리던 커튼과 식탁보 위에 어른거리던 햇살을 볼 수 있다.

이 같은 순간들은 내게 또 다른 시간이나 공간을 생각나게 한다. 나른한 늦은 오후 뒤뜰에서 아이스크림을 손에 쥔 채 이웃집 잔디 깎는 소리를 들으며 이마를 시원하게 간지럽히는 미풍을 느꼈던 기억, 저녁 식사 후 집 밖으로 나와 반딧불을 잡던 기억, 캠프 모닥불 가에 무릎을 껴안고 앉아 불똥이 튀어 하늘로 올라 별이 되는 것을 지켜보았던 기억들과 같이, 우리가 어린 시절 추억들을 떠올릴 때에도 마찬가지다. 우리가 과거로 돌아갈 수 있다면, 어린아이의 모습을 하고 있을지라도 우리가 똑같은 향수를, 또 다른 차원의 시간이나 공간에 대해 '기억하던 것'을 느끼게 될 거란 사실을 알게 될 것이다.

이것이 앞에서 내가 말했던 태고의 시간과 공간에 대한 갈망이다. 또한 이것은 C. S. 루이스가 말한 대로, 관통하여 반대편에 도달하려는 갈망이다. 봄날 오후에 차를 마시는 것이든, 아무 걱정 없이 아이스크림을 먹는 것이든 간에 이런 순간들은 "언젠가 당신은 이 같은 평화에 푹 젖을 것이고… 만족으로 뒤집어 쓸 것이며… 그 기쁨은 영원할 것이다"라고 속삭이고 있다. 이것이 바로 어린아이로서 우리가 느끼는 것이다. 이것은 마치 당신 생애에 가장 행복했던 순간을 골라 시간을 정지시키는 것과도 같은, 천국의 또 다른 암시이다. 루이스는 이렇게 말하고 있다.

> 그리고 [천국]에서 우리는 생명의 나무로부터 먹을 것이다… 하나님이 세상을 지으실 때 하나님의 창조적인 환희로 물질에 심어 넣으신 그 에너지들의 아주 흐릿하고 아득히 먼 결과들이 우리가 지금 말하는 소위 물리적인 즐거움이라는 것들이다. 그리고 이 에너지들이 걸러진다 하더라도 그것들은 너무 많아 현재 우리로서는 감당 못할 것들이다.
> 샘의 근원에서 발원한 냇물의 이 낮은 끝자락에서 맛보는 것조차 그렇게 도취시키는데 그 샘의 근원에서 맛보는 것은 어떠하겠는가? 이것이 (천국에서) 우리 앞에 놓인 것이라고 나는 믿는다. 완전해진 자가 기쁨의 샘에서 기쁨을 마실 것이다. 우리의 타락한 미각으로는 이것을 상상할 수 없다.[8]

나의 버려진 입맛으로는 영원히 계속되는 그 기쁨을 거의 상상할 수 없다. 나는 늘 그것을 알고자 하지만 그럴 수 없다. 나는 드보르작의 '신세계 교향곡'에서 어렴풋이 그 암시를 듣는다. 또한 내가 사랑하는 사람의 부드러운 눈동자에서 희미하게 그것을 엿보며, 멀리 폭풍이 다가오고 있는 회색 하늘 밑 바다 공기에서 그것을 맡는다. 나는 과거 아홉 살이었을 당시에도 그랜드 캐년의 보호 막대 줄을 붙잡고 그것을 느껴 본 적이 있다. 그 줄을 놓게 되면, 내가 그 넓게 벌어진 계곡을 틀림없이 날 거라 확신했기 때문이다.

이런 것들이 단지 징조에 불과한 것들이라면, 실제의 것들은 과연

---

[8] 루이스(C. S. Lewis), 『영광의 무게』 *The Weight of Glory*, (Grand Rapids: Eerdmann, 1949), p. 14.

어떠하겠는가?

　게다가 그 즐거움과 기쁨은 천국에서 계속해서 늘어날 것이다. 완전한 행복은 늘어진 한가로움을 의미하지 않는다. 반대로 그것은 모두 움직임으로 구성되어 있다. 조나단 에드워즈는 이렇게 주장한다. "인간은 이성적이며, 행복해지기 위해 이성적으로 더 활동적이어야만 한다… 왜냐하면 천국에서는 모든 것이 이 땅의 것들과 정반대이기 때문이다. 천국에서는 모든 것들이 시간이 지날수록 점점 더 젊어진다. 다시 말해 더 왕성하고 활동적이며 부드럽고 아름다워진다."[9] 천국에서 우리는 계속해서 더욱 똑똑해지고 현명해지고 젊어지며 행복해진다. 우리는 계속해서 더 많고 더 깊고 더 넓은 사랑에 빠진다. 구원의 이야기가 펼쳐지면, 우리는 열망으로 점점 숨이 막힐 것이며, 우리의 기쁨과 놀라움은 계속해서 늘어만 갈 것이다.

5. 고통은 가치 있는 것인가?

　과연 이 모든 피흘림은 우리에게 유익을 줄 만한 것일까?
　그것은 우리가 알고 있는 것 이상이다. "우리의 잠시 받는 환난의 경한 것이 지극히 크고 영원한 영광의 중한 것을 우리에게 이루게 함이니"(고후 4:17). 천국은 즐거움과 기쁨, 황홀감과 그 의기양양함을 알고 있다. 천국을 염두에 둔 우리의 환난은 영광의 중한 것에 비

---

9) 존 거스트너 박사(Dr. John H. Gerstner), 『조나단 에드워즈의 합리적 성경 신학』 The Rational Biblical Theology of Jonathan Edwards, p. 556-557.

해 '가벼운 것'이다. 이 구절은 종말의 관점에서 다음처럼 말하기도 한다. "이렇게 모든 것이 증명될 것이고, 이렇게 모든 것이 될 것이며, 당신은 이 모든 것을 보게 될 것이다!" 또다시 이것은 믿음의 문제가 된다. 저울의 한쪽에는 산적한 문제들이 있고, 반대쪽에는 천국의 영광이 있다.

문제가 있는 쪽이 무거워 보이면 영광이 있는 쪽으로 당신의 믿음을 집중시켜야 한다. 그래야만 당신은 밀짚으로 금실을 만드는 룸펠슈틸츠헨[10]이 될 수 있다. 성스런 물레와도 같이 당신의 고난은 "훨씬 더 크고 영원한 영광의 중후한 것을 이루어 낸다"(고후 4:17, KJV성경-역자 주). J. B. 필립스는 이 구절은 다음과 같이 의역했다. "정말로 일시적인 작은 고난들로 인해 우리는 영원하고 영광스럽고 견고한 상을 받는다. 이 상은 우리의 모든 아픔들과는 전혀 비교가 안 되는 영광스런 것이다"(고후 4:17, Phillips성경-역자 주).

단지 우리의 고난에도 불구하고 천국이 놀라울 것이라는 것은 아니다. 우리의 고난 때문에 천국이 놀라울 것이다. 고통은 우리를 섬기는 것이며 우리 역시 고난에 대해 신실하게 반응할 때, 영광의 무게는 늘어난다. 그야말로 넘치는 상급을 받게 될 것이다. 하나님은 당신의 인내에 대해 언제, 어느 곳에서든 상 주길 원하신다. 그밖에 어떤 이유 때문에 하나님께서 당신의 모든 눈물 하나하나를 꼼꼼히 기록하시겠는가? "나의 유리함을 주께서 계수하셨으니 나의 눈물을

---

10) 『룸펠슈틸츠헨』*Rumpelstiltslcin*, (1808)은 그림(Grimm)형제의 작품들 가운데 하나이며, 이 속에 등장하는 난쟁이의 이름이기도 하다. 물레에 짚을 넣고 금실을 만들어 방앗간 집 딸을 도와 주고 왕비가 된 그녀의 아이를 데려가려 하지만, 그녀가 자신의 이름을 알아맞히는 바람에 화가 나 결국 떠나버리고 만다는 내용.(역자 주)

주의 병에 담으소서 이것이 주의 책에 기록되지 아니하였나이까"(시 56:8).

당신이 흘린 모든 눈물은 보상을 받을 것임을 생각해 보기 바란다. 하나님은 당신의 슬픔에 대해 당신에게 말로 다 표현할 수 없는 영광을 주실 것이다. 손을 흔드는 일반적인 방식이 아닌 신중하고 구체적인 방법으로 영광을 주실 것이다. 모든 눈물은 목록에 들어 있다. 모든 눈물은 보상받을 것이다. 하나님이 우리의 눈물을 얼마나 귀하게 보시는지 우리는 알고 있다. 한 여인이 귀한 향유를 예수님께 발랐을 때, 예수님께서 크게 감동했던 이유는 그녀가 자신의 눈물로 그분의 발을 씻겨 드렸기 때문이었다(눅 7:44). 요한계시록 21장 4절의 "모든 눈물을 그 눈에서 씻기시매"라는 구절은 우리 눈물의 가치를 다시 한번 분명히 나타내고 있다. 우리의 눈에서 모든 눈물을 씻기는 일은 천사나 다른 누가 해줄 일이 아니다. 그것은 하나님께서 해주실 일이다.

"밤에는 울음이 계속될 것이나 아침이 되면 기쁨이 오리로다"(시 30:5, KJV성경-역자 주).

우리의 상급은 우리의 기쁨이 될 것이다. 아픔을 겪는 가운데 우리가 하나님 앞에 더 신실하면 신실할수록, 우리의 상급과 기쁨은 더욱더 커질 것이다. 복음은 근면한 신하를 치하하는 왕이나 신실한 일꾼들에게 보너스를 부어 주는 주인 혹은 충성된 신하들에게 여러 성들을 다스리게 하는 군왕의 비유로 가득 차 있다. 이 순간 당신이 어떤 고통을 겪고 있든지, 그 고통에 대한 당신의 태도는 당신이 향유할 영원한 시간에 영향을 미치게 된다. 천국은 당신이 이 땅에서 그리스도를 따른 만큼 더 천국다울 것이다. "생각건대 현재의 고난은 장차 우리에게 나타날 영광과 족히 비교할 수 없도다"(롬 8:18).

사람들은 이 세상 최후의 순간에 매우 웅대하고 영광스런 일이 일어날 것이며, 그 놀랍고도 신기한 무언가 곧 대단원에 나타날 주 예수 그리스도는 상처 입은 모든 자들에게 만족을 주고, 무자비했던 모든 것들을 보상해 주며 두려웠던 모든 것들을 갚아 줄 것이라고 이야기해 왔다. 그분의 영광은 온 우주를 채울 것이며, 지옥은 하나님이 창조하신 우주의 찬란함과 '그것에 빛을 주는 어린양'으로 인해 생각도 나지 않게 될 것이다. 천국의 기쁨은 지옥의 두려움을 압도한다. 천국에 반대하는 것은 없다(마귀는 지음받은 존재이며 그곳에서 쫓겨난 타락한 존재이다). 하나님에게 반대 세력이 존재하지 않듯.

6. 마지막 한마디

당신은 당신의 딸이 뇌성마비에서 해방된 모습을 보게 될 것이다. 당신은 깨끗하고 흠 없는 마음의 자유가 무엇인지 알게 될 것이다. 당신은 당신의 남편이 절뚝거리지 않고 걷는 모습을 보게 될 것이다. 당신은 하나님이 가족과 친구들에게 의도한 바대로 그들의 최대 장점은 빛 나고 고약한 성격은 바람과 함께 사라지는 모습을 보게 될 것이다. 온갖 학대로 족쇄가 되어 버린 결혼 생활에서 풀려난 당신의 딸에게서 더 이상 멍든 상처들을 찾아볼 수 없을 것이다. 복잡한 생각도, 정신 질환, 알츠하이머병도 더 이상 우리를 괴롭게 하지 않을 것이다.

요양원에서 쇠약해져 가는 당신의 어머니에게 하나님이 역사하실 때, 천사들과 마귀들이 그 모습을 지켜보며 어떤 교훈을 배웠는지 알게 될 것이다. 당신이 모르는 사람들이 고통을 참아내는 당신을 지켜보면서 하나님과 고통에 대해 용기 있는 결단을 내렸고 막대한 영향을 받았다는 사실을 당신이 알게 되고 놀랄 것이다.

당신은 감히 상상조차 하지 못했던 사랑을 경험할 것이다. 누군가의 삶에 있어서 '가장 중요한 사람'이 결코 되어 본 적이 없는 사람들에게 좋은 소식이다. 하지만 천국에서는 "모두가 자신들이 원하는 만큼 사랑을 갖게 될 것이다… 감당할 수 있을 만큼의 사랑을. 완전한 사랑이 아무런 한계나 제약이나 방해 없이 개개인 서로서로를 향해 모든 마음을 다스리는 가운데, 천국의 성도들 사이에서 그들이 가진 사랑은 달콤하며 완전한 조화를 이루게 될 것이다."[11] 당신이 비록 사랑을 안 적도, 결혼한 적도 없을지라도 걱정할 것 없다. 당신은 당신이 감당할 수 있는 것 이상으로 사랑을 받게 될 것이다.

두 발과 콩팥과 손가락을 잃은 카알라 라슨은 그녀가 이 땅에 있을 때보다 그 이상의 '카알라'가 될 찬란한 몸을 받게 될 것이다. 존 매컬리스터도 마찬가지일 것이고, 그레그와 그의 전 부인도 그리스도 안에서 그들이 진정 누구인지 발견하게 될 것이다. 라이언은 "멋질 거라 알고 있었지만, 이렇게 멋질 줄은 몰랐어요!"라고 처음으로 소리내어 말하며 두 팔 벌린 부모의 가슴을 향해 달려들고 모두가 함께 기뻐하게 될 것이다.

---

11) 조나단 에드워즈(Jonathan Edwards), 『천국: 사랑의 세계』 Heaven: A World of Love, (Amityville, N.Y.: Calvary Press, 1992), p. 26.

폴 루프너의 경우와 같이 매우 혼란스런 고통을 갖고 있는 사람들을 위해 하나님은 그 사람이 이 땅에서는 결코 본 적이 없는 정교하고 아름다운 무늬를 드러내도록 하기 위해, 뒤엉킨 자수(刺繡)와도 같은 그의 인생을 손수 올바르게 펴 나가실 것이다. 루프너처럼 병으로 늘 고통받거나 고문당한 수백만의 사람들은 특별한 계획과 목적으로 자신들에게 고통을 주신 하나님께 서서 경배할 것이다.

무엇보다 하나님은 울지 않으실 것이다. 그렇다. 우리의 고통은 전능자에게 중요한 문제이며, 그는 우리와 하나 된 마음으로 눈물을 흘리셨다. 나사로의 무덤 앞에서 우셨고, 종종 기도하며 우셨으며 겟세마네 동산에서 눈물을 쏟으셨다. 하지만 천국은 다른 무언가를 드러낼 것이다. 결코 위협받지 않았고, 결코 무너질 위험에 처하지도 않았으며, 결코 패배의 가장자리에 서지도 않았던 영원한 계획을 드러낼 것이다.

눈물이 더는 필요치 않을 것이다. "장로 중의 하나가 내게 말하되 울지 말라 유대 지파의 사자가… 이기었으니." 하지만 무대 한가운데를 차지하고 있는 것은 사자가 아니다. "내가 또 보니… 어린양이 섰는데 일찍 죽임을 당한 것 같더라… 내가 또 들으니 하늘 위에와 땅 위에와 땅 아래와 바다 위에와 또 그 가운데 모든 만물이 가로되 보좌에 앉으신 이와 어린 양에게 찬송과 존귀와 영광과 능력을 세세토록 돌릴지어다"(계 5:5-6, 13).

하나님은 우셨을지도 모른다. 하지만 자신의 아들이 당한 고통은 또한 영원한 관점이 되었다. 그는 도살당한 어린양으로서 영광 받으실 것이다. 예수님의 고난은 결코 잊혀지지 않을 것이다. 우리와 달리 그는 자신의 상처가 항상 보이도록 그것을 온 우주에 드러내실 것이다. 그리고 이를 위해 하나님 아버지와 아들과 성령이 이전에는 결코 없었던 찬양과 경배의 불협화음을 즐길 것이다. 만약 우주의 어느 한구석에 있는 검은 악마가 천하고 불결해진 죄인들을 구하기 위해 허리를 굽히신 하나님의 의를 의심한다면, 그 악마는 책망을 받게 될 것이다. 예수님의 희생과 고난은 너무도 고귀해서 하나님의 의는 더욱 환하게 빛날 것이다. 하나님은 죄인들을 구하고, 고통에서 회복시켜 주고, 반역을 제압하고, 모든 것을 복구하고, 자신의 거룩한 이름을 입증하고, 영광의 자리에 다시 앉으실 수 있었다…. 그리고 이 모든 것으로 더욱 더 영광스럽게 드러낼 수 있으셨다! 천국은 이 점을 보여 줄 것이다. "죽임을 당하신 어린 양이 능력과 부와 지혜와 힘과 존귀와 영광과 찬송을 받으시기에 합당하도다"(계 5:12).

마침내 당신은 천국 궁전에 발을 내딛고 한 발자국씩 앞으로 걸어 나간다.

감사와 은혜를 표하기 위해 무릎을 꿇는다. 예수님께서 자신의 보좌에서 내려와 당신에게 가까이 다가오신다. 그는 당신의 마음을 결코 의심하지 않으신다. 왜냐하면 당신이 당했던 고통을 알고 계시기 때문이다. 그가 못 자국난 손을 당신에게 내미신다. 그리고 당신은 그의 손 안에 당신의 손이 있는 것을 느끼면서도 당황해하지 않는다. 당신 자신의 상처와 고난과 배반과 아픔을 느꼈던 모든 시간들을 통해 구세주께서 당신의 구속을 위해 견디셔야 했던 고통의 아주 작은 일부분을 맛보아 왔다. 하나님을 만나 뵙도록 하기 위해 당신의 고통만큼 당신을 준비시켜 준 것도 없다. 이 땅의 삶에서 당신이 아무 상처도 받은 것이 없다면, 하나님을 사랑한 증거로 과연 당신이 무엇을 제시할 수 있겠는가?

　당신은 그리스도와 영원토록 소중한 무언가를 공유하고 있으며, 그것이 바로 고통이다. 그러나 당신도 놀라다시피 그의 고통을 함께 나누는 교제는 반쯤 잊혀진 꿈처럼 흐릿해졌다. 이제 우리는 그의 기쁨과 즐거움을 그와 함께 나누며 교제하고 있는 것이다. 고통으로 인해 더욱더 멋지게 된 즐거움을 나누며.

　오, 이 땅의 고통이여. 당신은 어중간하게 한숨을 짓는다. 그리고는 당신을 위해 하나님께서 줄곧 예비하신 삶을 살기 위해 몸을 일으켜 세우며 살며시 미소 짓는다. 눈물을 흘리며 밤새 견뎌 냈는지도 모른다. 하지만 아침이 되었고, 기쁨은 이미 찾아와 우리와 영원히 함께 할 것이다.

이 책을 내려놓기 전에

오랫동안 우리의 생명을 걸어 왔던 약속은 다음과 같습니다. "우리가 알거니와 하나님을 사랑하는 자 곧 그 뜻대로 부르심을 입은 자들에게는 모든 것이 합력하여 선을 이루느니라 하나님이 미리 아신 자들로 또한 그 아들의 형상을 본받게 하기 위하여 미리 정하셨으니…"(롬 8:28-29).

하나님께서 주관하신다는 생각은 경고로 들릴 수도 있습니다. 하지만 우리가 이 약속에 거하게 되면 엄청난 편안함을 느끼기 시작합니다. 하나님이 악을 억제하지 않으셨다면, 고통은 신나게 날뛰며 우리를 향해 질주해 왔을 것입니다. 하나님의 법과 율례는 우리로 하여금 지옥을 멀리하고 천국을 사모하게 하며, 이 세상은 물론 다음 세상의 삶 속에 잘 적응하도록 선과 악을 구체화시킵니다. 모든 것이 그의 순수하고 열정적인 사랑에 의해 영감을 받습니다.

이런 사랑을 당신은 무시할 수 없습니다. 이런 사랑을 당신은 언제까지고 방관하며 다음 기회로 미룰 수는 없습니다. 이와 같은 사랑은 반응을 요구합니다. 게다가 약속을 생각해 보십시오. 이것은 조건부 약속입니다. 사랑의 하나님은 그분을 사랑하는 사람들의 주변을 돌보십니다.

이 약속을 어떻게 하시렵니까? 이 책을 읽으며 하나님께 이끌리는 당신을 발견하셨습니까? 하나님을 향해 분노하고 있지는 않습니까? 여기 인용된 성경 말씀 속에서 확실한 진리가 보이십니까? 간단히 말해, 당신의 마음이 하나님을 향해 불타고 있습니까?

이 책은 하나님에 관해 쓰였기에 우리는 매순간 결단 앞에 직면하게 됩니다. 하나님은 우리가 그분 말씀에서 새로운 무언가를 발견할 때마다, 우리로 하여금 중대한 결정을 내리도록 하면서 우리 스스로 고통을 선택하게 할 뿐만 아니라 영적인 장벽에 대항해 싸워 나갈 수 있도록 늘 우리를 지지해 주십니다. 우리가 한계 상황에 봉착해 짓눌릴 때에도, 무시무시하게 보이기도 하지만 사랑이 충만한 하나님의 얼굴을 우리는 마주하게 됩니다. 그렇습니다. 당신은 여전히 질문을 갖고 있을지도 모릅니다. 하지만 그분을 의지하기로 한 결정은 결코 잘못된 것일 수 없습니다. 당신이 그리스도께 "예"라고 말하는 순간, 당신을 가로막고 있는 장벽은 무너지고 창문이 열림과 동시에 가능성이라는 상쾌한 바람이 들어올 것입니다. "주님의 영이 계신 곳에 자유가 있습니다."

당신이 이 책을 읽고 가슴이 환하게 타오르는 것을 느끼고, 진실의 울림을 듣는다면, 그것은 하나님께서 당신에게 이렇게 말씀하시는 것입니다. "내가 바로 너의 깊은 갈망에 대한 해답이다. 나를 믿거라. 내 손에 있는 이 못 자국들을 보거라. 내가 너를 위해 고난을 받았다. 그리고 내가 싫어하는 것을 너의 삶에 허용했다. 그것은 영원하고 놀라운 일이 이루어질 수 있도록 하기 위해서였다. 부요하고 의미있는 이 땅에의 삶 그리고 고통 없이 기쁨 충만한 천국의 삶을 위해서였다."

당신이 벽 앞에 서 있는 것처럼 느껴질 때, 당신의 죄가 당신의 마음을 무겁게 할 때, 그리스도가 당신의 마음에 들어오도록 하십시오. 다음 기도를 편하게 따라한 후 당신의 개인적인 기도로 만들기 바랍니다.

주 예수님, 저는 고통으로 인해 당신을 멀리 했습니다. 저는 당신을 무시하고 거부했습니다. 이제야 저는 보게 됩니다. 저의 죄가 당신과 저를 얼마나 떨어뜨려 놓았는지. 저를 부디 용서하여 주소서. 저의 낡은 것들을 당신 앞에 내려놓으니, 제 삶을 주장하여 주시옵소서. 그리고 당신을 기쁘게 하는 삶을 살 수 있도록 저를 도우소서. 당신이 도와주신다면, 저의 시련을 통해 당신이 어떻게 역사하시는지 보기 위해 인내로 기다리겠습니다. 제 삶을 변화시킬 주님께 감사드립니다. 아멘.

이것이 당신의 기도가 된다면 다음 걸음은 교회를 찾아가는 것입니다. 그곳에 있는 믿음의 친구들은 당신을 기꺼이 환영하고 당신이 괴로운 시기를 잘 버텨 내도록 도와줄 것입니다. 그 누구도 혼자서 괴로워해서는 안 됩니다. 하나님이 교회를 세우신 큰 이유들 중 하나가 바로 이 때문입니다. 당신이 이 책을 통해 주님의 말씀을 들었던 것처럼, 성도들이 주님의 말씀을 높이 받드는 교회를 찾으십시오. 한걸음 한걸음 당신은 하나님을 더 잘 알아 가도록 성장할 것이고, 다른 성도들과 함께하는 것을 즐거워하게 될 것이며, 그들과 함께 주님의 고통을 나누며 교제하게 될 것입니다.

우리는 '소경이 눈을 뜨고… 저는 자들이 사슴처럼 뛰게 될' 그 날을 기대합니다. 당신처럼 우리도 '슬픔과 탄식이 달아나길' 갈망합니다. 이런 날이 올 때 우리는 아픔에서 풀려나 서로를 껴안을 것입니다. 그리고 하나님께서 우리의 유익과 그분 자신의 영광을 위해 이 모든 것, 전부를 행하신 방법을 보고 놀라게 될 것입니다. 그날까지, 하나님께서 고통의 휘장을 거두실 때까지, 우리의 모든 믿음을 그분께 드립시다. 손에 모든 해답을 쥐고 계신 그분께.

조니와 스티브

Joni and Friends
P. O. Box 3333
Agoura Hills, CA 91376-3333
PH 818-707-5664
FAX 818-707-2391
www.joniandfriends.org

제4부

부록

부록 1

우리의 고통에 임하시는
하나님의 손길에 관한 성경 말씀

무더운 8월의 오후에 우리가 레모네이드를 찾게 되는 이유는 무엇일까? 다른 음료도 똑같이 차고 시원한데 말이다. 레모네이드에는 우리가 사랑하는 그 달콤하고도 신맛이 탁월하게 배합되어 있다. 하지만 누군가 당신에게 순설탕 얼음물 한 컵을 건네준다고 상상해 보라. 싫지 않겠는가. 또는 나무에서 갓 딴 싱싱한 레몬을 썰어 그것을 빨고 있다고 상상해 보라. 참을 수 없을 만큼 시지 않겠는가(물론 이 같은 레몬을 좋아하는 사람들도 더러 있다. 하지만 우리는 정상적인 사람들을 이야기하고 있는 것이다). 설탕물도 레몬주스도 맛이 썩 좋지는 않다. 하지만 이 둘의 배합은 여름철의 전통 음료를 만들어 낸다.

지금까지 수십 년의 세월 동안 많은 그리스도인들은 하나님에 관해 생각함에 있어 거의 전적으로 설탕물만을 빨아 왔다. 하나님의 친절, 하나님의 선하심, 하나님의 다정하심이 그들이 알고 있는 전부다. 하지만 하나님은 거칠고 남성적인 면을 분명 지니고 계시며, 우리는 바로 이러한 거룩하고, 강력하며, 지배하고, 죄를 멸망시키시는 하나님의 본성을 종종 회피하고 있다. 이런 하나님과 가까워진다고 해서 우리가 하나님을 싫어하게 되지는 않을 것이다. 오히려 하나님을 경배하게 될 것이다. 우리의 얼굴은 온갖 경이로움들로 가득 차게 될 것이다. 그리스도가 우리를 위해 죽으셨다는 사실로 인해 말할 수 없이 놀라게 될 것이다.

이 책은 하나님의 달콤함을 무시하지 않으면서 그분의 레몬을 우리의 생각 속에 다시 소개하고자 애썼다. 우리의 고통을 주관하시는 하나님의 본성에 대해 단시간에 살펴볼 수 있도록 이와 관련한 성경 구절들을 아래에 인용해 놓았다. 우리는 이 성경 구절들을 보며 하나님의 명령 없이는 즐거운 것이나 힘든 그 무엇도 우리의 길을 가로막지 않는다는 사실을 다시 한번 생각하게 된다. 성경을 믿는 대부분의 사람들은 자신들이 받은 은총에서 하나님의 손길을 볼 수 있다. 그러므로 이 부록에서는 주로 인생의 고난 속에서 보게 되는 하나님의 손길에 초점을 맞추었다. 당신이 하나님의 온유하심을 염두에 두지 않은 채 다음 내용들을 공부하고자 한다면—하나님의 온유하심에 관해서는 이 책 전반에 걸쳐, 그리고 특별히 2장과 3장에서 다루고 있음—마치 시큼한 레몬주스를 마시는 듯한 느낌을 받게 될 것이다. 우리는 그분의 사랑과 연민과 지혜에서 균형 있는 달콤함을 발견한다. 다음 내용들을 읽으며 이 점을 기억하기 바란다.

우리는 많은 것들로 인해 고통받고 있다. 대부분, 아니 아마도 모든 것은 다음과 같은 몇 가지 주요 유형으로 분류될 수 있다.
- 타인(타인의 고의적인 행동, 부주의)
- 사단과 악마
- 동물 및 식물(물어뜯는 모기, 말 안 듣는 가축, 달려드는 미친 개, 넘어지는 나무, 죽음의 독버섯, 알레르기를 일으키는 꽃가루 등등)
- 자연의 비생물적인 힘(기상, 지진 등등)
- 사람이 만든 기계, 공구, 기술(타이어 펑크, 교량 붕괴, 우주왕복선 폭발 등등)
- 육체적 고통(질병, 장애, 유전적 변형)
- 심리적, 영적 고통(우울, 공포, 비탄, 죄책감, 악몽 등등). 이 항목은 종종 우리가 이해하지 못하는 방식으로 대개 위의 항목들과 겹쳐 나타남.

아래에 나열한 성경 구절들은 하나님께서 늘 자신의 자녀들의 궁극적인 선을 위해 각각의 유형을 통치하신다고 주장하고 있다. "하나님께서 만물을 그리스도의 통치 아래 복종하게 하시고 교회의 선을 위해 그를 만물의 머리로 만드셨느니라"(엡 1:22, God's Word 성경 - 역자 주).

1. 타인에 임하시는 하나님의 손길

1) 인간이 그들 자신의 지능과 의지를 가지고 있음에도, 하나님은 궁극적으로 인간의 모든 행동을 통치하신다. 심지어 인간의 '우연한' 행동까지도.
   (1) 잠언 16장 9절: 사람이 마음으로 자기의 길을 계획할지라도 그 걸음을 인도하는 자는 여호와시니라.
   (2) 잠언 19장 21절: 사람의 마음에는 많은 계획이 있어도 오직 여호와의 뜻이 완전히 서리라.
   (3) 잠언 20장 24절: 사람의 걸음은 여호와께로서 말미암나니 사람이 어찌 자기의 길을 알 수 있으랴.
   (4) 잠언 21장 1절: 왕의 마음이 여호와의 손에 있음이 마치 보의 물과 같아서 그가 임의로 인도하시느니라.
   (5) 다니엘 5장 23절: (이방 왕 벨사살에게 말하고 있는 다니엘) "… 도리어 왕의 호흡을 주장하시고 왕의 모든 길을 작정하시는 하나님께는 영광을 돌리지 아니한지라."
   (6) 역대하 18장 33-34절: (하나님은 이스라엘 왕 아합이 전쟁터에서 죽을 것이라고 선언하신다. 아합은 일개 병사로 가장해 이것을 피해 보려 한다) 한 사람이 우연히 활을 당기어 이스라엘 왕의 갑옷 솔기를 쏜지라 왕이 그 병거 모는 자에게 이르되 내가 부상했으니 네 손을 돌이켜 나로 군중에서 나가게 하라 하였으나 이날의 전쟁이 맹렬하였으므로 이스라엘 왕이 병거에서 스스로 부지하며 저녁때까지 아람 사람을 막다가 해가 질 즈음에 죽었더라.
   (7) 민수기 35장 9-11절: ('사고들'에 관하여) 여호와께서 또 모세에게 일러 가라사대 이스라엘 자손에게 말하여 그들에게 이르라 너희가 요단을 건너 가나안 땅에 들어가거든 너희를 위하여 성읍을 도피성으로 정하여 그릇 살인한 자로 그리로 피하게 하라.
2) 대부분의 그리스도인은 심지어 모든 이방인을 포함한 사람들의 좋은 행실에 임하시는 하나님의 손길은 기꺼이 인정한다.
   (1) 빌립보서 2장 13절: 너희 안에서 행하시는 이는 하나님이시니 자기의 기쁘신 뜻을 위하여 너희로 소원을 두고 행하게 하시나니.

(2) 고린도후서 8장 16절: 너희를 위하여 같은 간절함을 디도의 마음에도 주시는 하나님께 감사하노니.
(3) 사도행전 16장 14절: 두아디라 성의 자주 장사로서 하나님을 공경하는 루디아라 하는 한 여자가 들었는데 주께서 그 마음을 열어 바울의 말을 청종하게 하신지라.
(4) 고린도전서 15장 10절: (바울이 말함) 그러나 나의 나 된 것은 하나님의 은혜로 된 것이니 내게 주신 그의 은혜가 헛되지 아니하여 내가 모든 사도보다 더 많이 수고했으나 내가 아니요 오직 나와 함께하신 하나님의 은혜로라.
(5) 에스라 1장 1절: (유대인들이 바빌론 포로 생활을 마치고 예루살렘으로 돌아가 성전을 다시 짓도록 하는 바사의 칙령과 관련하여) 바사 왕 고레스 원년에 여호와께서 예레미야의 입으로 하신 말씀을 응하게 하시려고 바사 왕 고레스의 마음을 감동시키시매 저가 온 나라에 공포도 하고 조서도 내려 가로되.
(6) 창세기 20장 3-6절: (게라의 이방 왕 아비멜렉이 아브라함의 아내 사라를 취하여 자신의 방으로 데려간 사건) 그 밤에 하나님이 아비멜렉에게 현몽하시고 그에게 이르시되 네가 취한 이 여인을 인하여 네가 죽으리니 그가 남의 아내임이니라 아비멜렉이 그 여인을 가까이 아니한 고로 그가 대답하되 주여 주께서 의로운 백성도 멸하시나이까… 하나님이 꿈에 또 그에게 이르시되 네가 온전한 마음으로 이렇게 한 줄을 나도 알았으므로 너를 막아 내게 범죄하지 않게 했나니 여인에게 가까이 못하게 함이 이 까닭이니라.

3) 그러나 하나님은 사람들의 사악한 행동 역시 지켜보신다. 어떤 죄도 하나님의 의도적인 허락 없이는 발생하지 않는다. 사람의 악한 행실의 원천이 하나님이라고 오해해서는 안 된다. 그분은 죄를 경멸하시기 때문이다. 야고보서 1장 13절은 하나님은 그 누구도 시험하지 않으신다고 전하고 있다. 오히려 하나님은 죄인들이 의식하지 못하는 가운데 자신들의 계획뿐 아니라 그분의 계획을 이루도록 하기 위해, 어느새 죄를 사람의 마음으로 향하게 하신다. 하나님은 우리가 도저히 이해할 수 없는 무한한 지혜로 이것을 이루신다.
(1) 잠언 16장 4절: 여호와께서 온갖 것을 그 쓰임에 적당하게 지으셨나니 악인도 악한 날에 적당하게 하셨느니라.
(2) 에스겔 32장 32절: (바로의 잔학성에 대해 말씀하시는 하나님) 내가 바

로로 생존 세상에서 사람을 두렵게 하였었으나 이제는 그가 그 모든 무리로 더불어 할례받지 못한 자 곧 칼에 살륙당한 자와 함께 뉘우리로다 나 주 여호와의 말이로다.

(3) 사도행전 4장 28절: (예수님을 부당하게 살해한 자들에 대해 하나님께 말씀드리고 있는 초대교회 교인들) 하나님의 권능과 뜻대로 이루려고 예정하신 그것을 행하려고 이 성에 모였나이다.

(4) 창세기 45장 7-8절: (자신을 노예로 팔아 버린 형제들에게 말하고 있는 요셉) 하나님이 큰 구원으로 당신들의 생명을 보존하고 당신들의 후손을 세상에 두시려고 나를 당신들 앞서 보내셨나니 그런즉 나를 이리로 보낸 자는 당신들이 아니요 하나님이시라 하나님이 나로 바로의 아비를 삼으시며 그 온 집의 주를 삼으시며 애굽 온 땅의 치리자를 삼으셨나이다.

(5) 사무엘상 2장 25절: (자신의 아들들에게 그만 죄지을 것을 경고하는 엘리 대제사장) 사람이 사람에게 범죄하면 하나님이 판결하시려니와 사람이 여호와께 범죄하면 누가 위하여 간구하겠느냐 하되 그들이 그 아비의 말을 듣지 아니했으니 이는 여호와께서 그들을 죽이기로 뜻하셨음이었더라.

(6) 역대하 25장 20절: (전쟁을 벌이고자 하는 유다 왕 아마샤에게 이스라엘 왕 요아스가 경고하는 것과 관련하여) 아마샤가 듣지 아니하였으니 이는 하나님께로 말미암은 것이라 저희가 에돔 신들에게 구하였으므로 그 대적의 손에 붙이려 하심이더라.

(7) 사사기 14장 3-4절: (삼손은 우상을 섬기는 블레셋 사람과는 결혼하지 말라는 부모의 간청을 거절한다) 부모가 그에게 이르되 네 형제들의 딸 중에나 내 백성 중에 어찌 여자가 없어서 네가 할례받지 아니한 블레셋 사람에게 가서 아내를 취하려 하느냐 삼손이 아비에게 이르되 내가 그 여자를 좋아하오니 나를 위하여 그를 데려오소서 하니 이때에 블레셋 사람이 이스라엘을 관할한 고로 삼손이 틈을 타서 블레셋 사람을 치려 함이었으나 그 부모는 이 일이 여호와께로서 나온 것인 줄은 알지 못하였더라.

(8) 출애굽기 14장 17절: (애굽 사람들을 홍해에 빠뜨릴 것이라고 모세에게 말씀하시는 하나님) 내가 애굽 사람들의 마음을 강퍅케 할 것인즉 그들이 그 뒤를 따라 들어갈 것이라 내가 바로와 그 모든 군대와 그 병거와 마병을 인하여 영광을 얻으리니.

(9) 시편 105편 25절: 또 저희 마음을 변하여 그 백성을 미워하게 하시며

그 종들에게 교활히 행하게 하셨도다.
(10) 신명기 2장 30절: 헤스본 왕 시혼이 우리의 통과하기를 허락지 아니하였으니 이는 너의 하나님 여호와께서 그를 네 손에 붙이시려고 그 성품을 완강케 하셨고 그 마음을 강퍅케 하셨음이라 오늘날과 같으니라.
(11) 여호수아 11장 20절: (이스라엘이 정복한 가나안 사람들과 관련하여) 그들의 마음이 강퍅하여 이스라엘을 대적하여 싸우러 온 것은 여호와께서 그리하게 하신 것이라 그들로 저주받은 자 되게 하여 은혜를 입지 못하게 하시고 여호와께서 모세에게 명하신 대로 진멸하려 하심이었더라.
(12) 이사야 10장 5-7, 15절: (심하게 죄를 지어서 '경건하지 않은 백성' 으로 불린 자신의 백성 이스라엘을 벌주기 위해, 하나님은 사악한 앗수르 사람들을 보내신다. 앗수르 사람들은 자신들이 하나님의 도구로 사용되고 있다는 사실을 모르고 있다) 화 있을진저 앗수르 사람이여 그는 나의 진노의 막대기요 그 손의 몽둥이는 나의 분한이라 내가 그를 보내어 한 나라를 치게 하며 내가 그에게 명하여 나의 노한 백성을 쳐서 탈취하며 노략하게 하며 또 그들을 가로상의 진흙같이 짓밟게 하려 하거늘 그의 뜻은 이같지 아니하며 그 마음의 생각도 이 같지 아니하고 오직 그 마음에 허다한 나라를 파괴하며 멸절하려 하여… 도끼가 어찌 찍는 자에게 스스로 자랑하겠으며 톱이 어찌 켜는 자에게 스스로 큰 체하겠느냐 이는 막대기가 자기를 드는 자를 움직이려 하며 몽둥이가 나무 아닌 사람을 들려 함과 일반이로다.

4) 하나님은 악한 사람들의 생각을 어지럽혀 그들의 반항적인 계획을 좌절시킴으로써, 그들을 혼란에 빠뜨리신다.
(1) 데살로니가후서 2장 10-11절: 불의의 모든 속임으로 멸망하는 자들에게 임하리니 이는 저희가 진리의 사랑을 받지 아니하여 구원함을 얻지 못함이니라 이러므로 하나님이 유혹을 저의 가운데 역사하게 하사 거짓 것을 믿게 하심은.
(2) 요한복음 12장 39-40절: 저희가 능히 믿지 못한 것은 이 까닭이니 곧 이사야가 다시 일렀으되 저희 눈을 멀게 하시고 저희 마음을 완고하게 하셨으니 이는 저희로 하여금 눈으로 보고 마음으로 깨닫고 돌이켜 내게 고침을 받지 못하게 하려 함이니라 하였음이더라.
(3) 사무엘하 17장 14절: (지혜로 널리 존경받았던 아히도벨은 왕위를 찬탈하려는 사악한 압살롬에게 좋은 군사전략을 제안한다. 덜 존경받긴 했

지만 더 신실한 고문관이었던 후새는 압살롬의 계획을 망치게 할 의도
로 나쁜 모략을 압살롬에게 전해 준다) 압살롬과 온 이스라엘 사람들이
이르되 아렉 사람 후새의 모략은 아히도벨의 모략보다 낫다 하니 이는
여호와께서 압살롬에게 화를 내리려 하사 아히도벨의 좋은 모략을 파하
기로 작정하셨음이더라.

(4) 예레미야 4장 10절: (하나님은 전쟁에 임박한 상황에서 거짓 선지자들
이 평화를 예언하도록 허락하신다) 내가 가로되 슬프도소이다 주 여호
와여 주께서 진실로 이 백성과 예루살렘을 크게 속이셨나이다 이르시기
를 너희에게 평강이 있으리라 하시더니 칼이 생명에 미쳤나이다.

2. 사단과 악마에 임하시는 하나님의 손길

1) 누가복음 22장 31절: (사단은 자신의 일을 실행하기 위해 허락을 받아야 한다)
시몬아, 시몬아, 보라 사단이 밀 까부르듯 하려고 너희를 청구하였으나.
2) 욥기 2장 6절: (하나님은 사단이 욥을 해하도록 허락하신다. 그러나 그 정도
를 명확히 한정하신다) 여호와께서 사단에게 이르시되 내가 그를 네 손에 붙
이노라 오직 그의 생명은 해하지 말찌니라.
3) 마태복음 8장 31-32절: (귀신들은 예수님의 허락을 받아야 한다) 귀신들이
예수께 간구하여 가로되 만일 우리를 쫓아 내실찐대 돼지 떼에 들여보내소서
한대 저희더러 가라 하시니 귀신들이 나와서 돼지에게로 들어가는지라 온 떼
가 비탈로 내리달아 바다에 들어가서 물에서 몰사하거늘.
4) 열왕기상 22장 22절: (여호와와 대화하는 귀신) 여호와께서 저에게 이르시되
어떻게 하겠느냐 가로되 내가 나가서 거짓말하는 영이 되어 그 모든 선지자의
입에 있겠나이다 여호와께서 가라사대 너는 꾀이겠고 또 이루리라 나가서 그
리하라 하셨은즉.
5) 사무엘상 16장 14절: 여호와의 신이 사울에게서 떠나고 여호와의 부리신 악신
이 그를 번뇌케 한지라.
6) 마태복음 4장 10-11절: 이에 예수께서 말씀하시되 사단아 물러가라 기록되었
으되 주 너의 하나님께 경배하고 다만 그를 섬기라 하였느니라 이에 마귀는
예수를 떠나고 천사들이 나아와서 수종드니라.
7) 마가복음 1장 23-27절: 마침 저희 회당에 더러운 귀신 들린 사람이 있어 소리
질러 가로되 나사렛 예수여 우리가 당신과 무슨 상관이 있나이까 우리를 멸하

러 왔나이까 나는 당신이 누구인줄 아노니 하나님의 거룩한 자니이다 예수께서 꾸짖어 가라사대 잠잠하고 그 사람에게서 나오라 하시니 더러운 귀신이 그 사람으로 경련을 일으키게 하고 큰 소리를 지르며 나오는지라 다 놀라 서로 물어 가로되 이는 어찜이뇨 권세 있는 새 교훈이로다 더러운 귀신들을 명한즉 순종하는도다 하더라(종종 멀리 떨어진 성경 구절들을 서로 가까이 놓고 비교해 보면, 우리는 사단이 어떻게 무의식적으로 하나님의 명령을 섬길 수밖에 없게 되는지 알게 된다).

8) 역대상 21장 1절: 사단이 일어나 이스라엘을 대적하고 다윗을 격동하여 이스라엘을 계수하게 하니라(이것을 사무엘하 24장 1절과 비교해 보자) 여호와께서 다시 이스라엘을 향하여 진노하사 저희를 치시려고 다윗을 감동시키사 가서 이스라엘과 유다의 인구를 조사하라 하신지라(하나님은 사단으로 하여금 다윗의 마음에 사악한 생각을 심도록 시키심으로써, 이스라엘을 벌주려는 자신의 목적을 달성하신다).

9) 고린도후서 4장 4절: 그 중에 이 세상 신(즉 사단)이 믿지 아니하는 자들의 마음을 혼미케 하여 그리스도의 영광의 복음의 광채가 비취지 못하게 함이니 그리스도는 하나님의 형상이니라(이 말씀을 요한복음 12장 39-40절과 비교해 보자: 저희가 능히 믿지 못한 것은 이 까닭이니 곧 이사야가 다시 일렀으되 〈하나님이〉 저희 눈을 멀게 하시고 저희 마음을 완고하게 하셨으니 이는 저희로 하여금 눈으로 보고 마음으로 깨닫고 돌이켜 내게 고침을 받지 못하게 하려 함이니라 하였음이더라).

3. 동물과 식물에 임하시는 하나님의 손길

1) 마태복음 10장 29절: 참새 두 마리가 한 앗사리온에 팔리는 것이 아니냐 그러나 너희 아버지께서 허락지 아니하시면 그 하나도 땅에 떨어지지 아니하리라.
2) 민수기 22장 28절: 여호와께서 나귀의 입을 여시니 발람에게 이르되 내가 네게 무엇을 하였기에 나를 이같이 세 번을 때리느뇨.
3) 열왕기하 17장 25절: 저희가 처음으로 거기 거할 때에 여호와를 경외치 아니한고로 여호와께서 사자들을 그 가운데 보내시매 몇 사람을 죽인지라.
4) 열왕기상 17장 2-4절: 여호와의 말씀이 엘리야에게 임하여 가라사대 너는 여기서 떠나 동으로 가서 요단 앞 그릿 시냇가에 숨고 그 시냇물을 마시라 내가 까마귀들을 명하여 거기서 너를 먹이게 하리라.

5) 요나 1장 17절; 2장 10절: 여호와께서 이미 큰 물고기를 예비하사 요나를 삼키게 하셨으므로 요나가 삼일 삼야를 물고기 배에 있으니라… 여호와께서 그 물고기에게 명하시매 요나를 육지에 토하니라.

6) 요나 4장 6절: 하나님 여호와께서 박 넝쿨을 준비하사 요나 위에 가리우게 하셨으니 이는 그 머리를 위하여 그늘이 지게 하며 그 괴로움을 면케 하려 하심이었더라 요나가 박 넝쿨을 인하여 심히 기뻐하였더니.

7) 요나 4장 7절: 하나님이 벌레를 준비하사 이튿날 새벽에 그 박넝쿨을 씹게 하시매 곧 시드니라.

8) 레위기 14장 34-35절: (이스라엘에 말씀하시는 하나님) 내가 네게 기업으로 주는 가나안 땅에 너희가 이른 때에 내가 너희 기업의 땅에서 어느 집에 문둥병 색점을 발하게 하거든 그 집 주인은 제사장에게 와서 고하기를 무슨 색점이 집에 생겼다 할 것이요.

9) 사무엘하 24장 15절: 이에 여호와께서 그 아침부터 정하신 때까지 온역을 이스라엘에게 내리시니 단부터 브엘세바까지 백성의 죽은 자가 칠만 인이라.

10) 출애굽기 8장 1-2절: (모세를 통해 바로에게 말씀하시는 하나님) 여호와께서 모세에게 이르시되 너는 바로에게 가서 그에게 이르기를 여호와의 말씀에 내 백성을 보내라 그들이 나를 섬길 것이니라 네가 만일 보내기를 거절하면 내가 개구리로 너의 온 지경을 칠찌라.

11) 출애굽기 8장 21, 24절: (하나님이 바로에게) 네가 만일 내 백성을 보내지 아니하면 내가 너와 네 신하와 네 백성과 네 집들에 파리 떼를 보내리니 애굽 사람의 집집에 파리 떼가 가득할 것이며 그들의 거하는 땅에도 그러하리라… 여호와께서 그와 같이 하시니 무수한 파리 떼가 바로의 궁에와 그 신하의 집에와 애굽 전국에 이르니 파리 떼로 인하여 땅이 해를 받더라.

12) 출애굽기 10장 13절: 모세가 애굽 땅 위에 그 지팡이를 들매 여호와께서 동풍을 일으켜 온 낮과 온 밤에 불게 하시니 아침에 미쳐 동풍이 메뚜기를 불어 들인지라.

4. 자연의 비생물적인 힘(작은 자연)에 임하시는 하나님의 손길

1) 시편 147편 15-18절: 그 명을 땅에 보내시니 그 말씀이 속히 달리는도다 눈을 양털같이 내리시며 서리를 재같이 흩으시며 우박을 떡부스러기같이 뿌리시나니 누가 능히 그 추위를 감당하리요 그 말씀을 보내사 그것들을 녹이시고 바

람을 불게 하신즉 물이 흐르는도다.
2) 시편 148편 8절: 불과 우박과 눈과 안개와 그 말씀을 좇는 광풍이며.
3) 아모스 4장: 7-10절: (이스라엘에 말씀하시는 하나님) 또 추수하기 석 달 전에 내가 너희에게 비를 멈추어 어떤 성읍에는 내리고 어떤 성읍에는 내리지 않게 하였더니 땅 한 부분은 비를 얻고 한 부분은 비를 얻지 못하여 말랐으매 두세 성읍 사람이 어떤 성읍으로 비틀거리며 물을 마시러 가서 만족히 마시지 못했으나 너희가 내게로 돌아오지 아니하였느니라 이는 여호와의 말씀이니라 내가 풍재와 깜부기 재앙으로 너희를 쳤으며 팟종이로 너희의 많은 동산과 포도원과 무화과나무와 감람나무를 다 먹게 하였으나 너희가 내게로 돌아오지 아니하였느니라 이는 여호와의 말씀이니라 내가 너희 중에 염병이 임하게 하기를 애굽에서 한 것처럼 하였으며 칼로 너희 청년들을 죽였으며 너희 말들을 노략하게 하며 너희 진의 악취로 코를 찌르게 하였으나 너희가 내게로 돌아오지 아니하였느니라 이는 여호와의 말씀이니라.
4) 요나 1장 4절: 여호와께서 대풍을 바다 위에 내리시매 바다 가운데 폭풍이 대작하여 배가 거의 깨어지게 된지라.
5) 창세기 6장 17절: 내가 홍수를 땅에 일으켜 무릇 생명의 기식 있는 육체를 천하에서 멸절하리니 땅에 있는 자가 다 죽으리라.
6) 창세기 19장 24절: 여호와께서 하늘 곧 여호와에게로서 유황과 불을 비같이 소돔과 고모라에 내리사.
7) 마가복음 4장 37-41절: 큰 광풍이 일어나며 물결이 부딪혀 배에 들어와 배에 가득하게 되었더라 예수께서는 고물에서 베개를 베시고 주무시더니 제자들이 깨우며 가로되 선생님이여 우리의 죽게 된 것을 돌아보지 아니하시나이까 하니 예수께서 깨어 바람을 꾸짖으시며 바다더러 이르시되 잠잠하라 고요하라 하시니 바람이 그치고 아주 잔잔하여지더라 이에 제자들에게 이르시되 어찌하여 이렇게 무서워하느냐 너희가 어찌 믿음이 없느냐 하시니 저희가 심히 두려워하여 서로 말하되 저가 뉘기에 바람과 바다라도 순종하는고 하였더라.
8) 출애굽기 9장 23절: 모세가 하늘을 향하여 지팡이를 들매 여호와께서 뇌성과 우박을 보내시고 불을 내려 땅에 달리게 하시니라 여호와께서 우박을 애굽 땅에 내리시매.
9) 출애굽기 14장 21, 27절: 모세가 바다 위로 손을 내어민대 여호와께서 큰 동풍으로 밤새도록 바닷물을 물러가게 하시니 물이 갈라져 바다가 마른 땅이 된지라… 모세가 곧 손을 바다 위로 내어 밀매 새벽에 미쳐 바다의 그 세력이 회

복된지라 애굽 사람들이 물을 거스려 도망하나 여호와께서 애굽 사람들을 바다 가운데 엎으시니.
10) 민수기 16장 28-33절: 모세가 가로되 여호와께서 나를 보내사 이 모든 일을 행케 하신 것이요 나의 임의로 함이 아닌 줄을 이 일로 인하여 알리라 곧 이 사람들의 죽음이 모든 사람과 일반이요 그들의 당하는 벌이 모든 사람의 당하는 벌과 일반이면 여호와께서 나를 보내심이 아니어니와 만일 여호와께서 새 일을 행하사 땅으로 입을 열어 이 사람들과 그들의 모든 소속을 삼켜 산 채로 음부에 빠지게 하시면 이 사람들이 과연 여호와를 멸시한 것인 줄을 너희가 알리라 이 모든 말을 마치는 동시에 그들의 밑의 땅이 갈라지니라 땅이 그 입을 열어 그들과 그 가족과 고라에게 속한 모든 사람과 그 물건을 삼키매 그들과 그 모든 소속이 산 채로 음부에 빠지며 땅이 그 위에 합하니 그들이 총회 중에서 망하니라.

5. 인간이 만든 기계, 공구, 기술에 임하시는 하나님의 손길

1) 출애굽기 14장 25절: 그 병거 바퀴를 벗겨서 달리기에 극난하게 하시니 애굽 사람들이 가로되 이스라엘 앞에서 우리가 도망하자 여호와가 그들을 위하여 싸워 애굽 사람들을 치는도다.
2) 열왕기하 6장 5-6절: 한 사람이 나무를 벨 때에 도끼가 자루에서 빠져 물에 떨어진지라 이에 외쳐 가로되 아아, 내 주여 이는 빌어 온 것이니이다 하나님의 사람이 가로되 어디 빠졌느냐 하매 그곳을 보이는지라 엘리사가 나뭇가지를 베어 물에 던져서 도끼로 떠오르게 하고.
3) 잠언 16장 33절: 사람이 제비는 뽑으나 일을 작정하기는 여호와께 있느니라.
4) 다니엘 3장 27-28절: (느부갓네살 왕은 사드락과 메삭과 아벳느고와 우상에 절하는 것을 거절하자 그들을 불구덩이에 던진다) 방백과 수령과 도백과 왕의 모사들이 모여 이 사람들을 본즉 불이 능히 그 몸을 해하지 못하였고 머리털도 그슬리지 아니하였고 고의 빛도 변하지 아니했고 불 탄 냄새도 없었더라 느부갓네살이 말하여 가로되 사드락과 메삭과 아벳느고의 하나님을 찬송할찌로다 그가 그 사자를 보내사 자기를 의뢰하고 그 몸을 버려서 왕의 명을 거역하고 그 하나님 밖에는 다른 신을 섬기지 아니하며 그에게 절하지 아니한 종들을 구원하셨도다.

6. 우리의 육체적 고통에 임하시는 하나님의 손길

1) 시편 103편 2-3절: 내 영혼아 여호와를 송축하며 그 모든 은택을 잊지 말찌어다 저가 네 모든 죄악을 사하시며 네 모든 병을 고치시며.
2) 마가복음 1장 32-34절: 저물어 해질 때에 모든 병자와 귀신 들린 자를 예수께 데려오니 온 동네가 문 앞에 모였더라 예수께서 각색 병든 많은 사람을 고치시며 많은 귀신을 내어 쫓으시되 귀신이 자기를 알므로 그 말하는 것을 허락지 아니하시니라.
3) 출애굽기 4장 11절: 여호와께서 그에게 이르시되 누가 사람의 입을 지었느뇨 누가 벙어리나 귀머거리나 눈 밝은 자나 소경이 되게 했느뇨 나 여호와가 아니뇨.
4) 열왕기하 15장 5절: 여호와께서 왕을 치셨으므로 그 죽는 날까지 문둥이가 되어 별궁에 거하고 왕자 요담이 궁중 일을 다스리며 국민을 치리하였더라.
5) 시편 38편 3절: (하나님께 말씀드리는 다윗) 주의 진노로 인하여 내 살에 성한 곳이 없사오며 나의 죄로 인하여 내 뼈에 평안함이 없나이다.
6) 신명기 28장 27, 35절: (이스라엘이 불순종할 경우, 질병을 약속하시는 하나님) 여호와께서 애굽의 종기와 치질과 괴혈병과 개창으로 너를 치시리니 네가 치료함을 얻지 못할 것이며… 여호와께서 네 무릎과 다리를 쳐서 고치지 못할 심한 종기로 발하게 하여 발바닥으로 정수리까지 이르게 하시리라.
7) 신명기 28장 58-59절: (더 많은 경고들) 네가 만일 이 책에 기록한 이 율법의 모든 말씀을 지켜 행하지 아니하고 네 하나님 여호와라 하는 영화롭고 두려운 이름을 경외하지 아니하면 여호와께서 너의 재앙과 네 자손의 재앙을 극렬하게 하시리니 그 재앙이 크고 오래고 그 질병이 중하고 오랠 것이라.
8) 출애굽기 15장 26절: (한편 이스라엘이 순종할 경우에 대해 말씀하시는 하나님) 가라사대 너희가 너희 하나님 나 여호와의 말을 청종하고 나의 보기에 의를 행하며 내 계명에 귀를 기울이며 내 모든 규례를 지키면 내가 애굽 사람에게 내린 모든 질병의 하나도 너희에게 내리지 아니하리니 나는 너희를 치료하는 여호와임이니라(물론 사단이 종종 질병을 일으키기도 한다〈욥 2:7; 눅 13:16〉. 그러나 모든 경우와 마찬가지로 이때에도 사단은 하나님의 목적을 무의식적으로 수행하는 것이다. 또한 다음 말씀들은 성숙한 그리스도인들이 하나님과 가까이 지내는 경우조차도 질병에 걸릴 수 있음을 보여 준다. 이 말씀들은 질병이 단지 구체적인 죄나 '믿음의 부족'으로 인해 생기는 것은 아니라는 사실을 보여 준다).

9) 디모데전서 5장 23절: (바울이 디모데에게) 이제부터는 물만 마시지 말고 네 비위와 자주 나는 병을 인하여 포도주를 조금씩 쓰라.
10) 디모데후서 4장 20절: (바울이 디모데에게) …드로비모는 병듦으로 밀레도에 두었노니.
11) 빌립보서 2장 27절: (바울의 빌립보 서신을 손수 전달했던 에바브로디도와 관련하여) 저가 병들어 죽게 되었으나 하나님이 저를 긍휼히 여기셨고 저뿐 아니라 또 나를 긍휼히 여기사 내 근심 위에 근심을 면하게 하셨느니라.
12) 갈라디아서 4장 13절: (회복하기 위해 갈라디아로 우회한 듯 보이는 바울이 그 여정을 마치고 난 후) 내가 처음에 육체의 약함을 인하여 너희에게 복음을 전한 것을 너희가 아는 바라.

7. 우리의 심리적, 영적 고난에 임하시는 하나님의 손길

1) 갈라디아서 5장 22절: 오직 성령의 열매는 사랑과 희락과 화평과 오래 참음과 자비와 양선과 충성과 온유와 절제니 이 같은 것을 금지할 법이 없느니라.
2) 시편 30편 11-12절: (다윗의 기도) 주께서 나의 슬픔을 변하여 춤이 되게 하시며 나의 베옷을 벗기고 기쁨으로 띠 띠우셨나이다 이는 잠잠치 아니하고 내 영광으로 주를 찬송케 하심이니 여호와 나의 하나님이여 내가 주께 영영히 감사하리이다.
3) 시편 4편 7-8절: (다윗의 기도) 주께서 내 마음에 두신 기쁨은 저희의 곡식과 새 포도주의 풍성할 때보다 더하니이다 내가 평안히 눕고 자기도 하리니 나를 안전히 거하게 하시는 이는 오직 여호와시니이다.
4) 예레미야애가 3장 32절: 저가 비록 근심케 하시나 그 풍부한 자비대로 긍휼히 여기실 것임이라.
5) 시편 6편 3-4절: (다윗의 기도) 나의 영혼도 심히 떨리나이다 여호와여 어느 때까지니이까 여호와여 돌아와 나의 영혼을 건지시며 주의 인자하심을 인하여 나를 구원하소서.
6) 시편 13편 1-3절: 여호와여 어느 때까지니이까 나를 영영히 잊으시나이까 주의 얼굴을 나에게서 언제까지 숨기시겠나이까 내가 나의 영혼에 경영하고 종일토록 마음에 근심하기를 어느 때까지 하오며 내 원수가 나를 쳐서 자긍하기를 어느 때까지 하리이까 여호와 내 하나님이여 나를 생각하사 응답하시고 나의 눈을 밝히소서 두렵건대 내가 사망의 잠을 잘까 하오며.

7) 신명기 28장 28, 34절: (이스라엘이 순종하도록 그들을 위협하시는 하나님) 여호와께서 또 너를 미침과 눈멂과 경심증으로 치시리니⋯ 이러므로 네 눈에 보이는 일로 인하여 네가 미치리라.

8) 신명기 28장 65-67절: (다시 경고받는 이스라엘) 그 열국 중에서 네가 평안함을 얻지 못하며 네 발바닥을 쉴 곳도 얻지 못하고 오직 여호와께서 거기서 너의 마음으로 떨고 눈으로 쇠하고 정신으로 산란케 하시리니 네 생명이 의심나는 곳에 달린 것 같아서 주야로 두려워하며 네 생명을 확신할 수 없을 것이라 네 마음의 두려움과 눈의 보는 것으로 인하여 아침에는 이르기를 아하 저녁이 되었으면 좋겠다 할 것이요 저녁에는 이르기를 아하 아침이 되었으면 좋겠다 하리라.

9) 레위기 26장 36절: 너희 남은 자에게는 그 대적의 땅에서 내가 그들의 마음으로 약하게 하리니 그들은 바람에 불린 잎사귀 소리에도 놀라 도망하기를 칼을 피하여 도망하듯 할 것이요 쫓는 자가 없어도 엎드러질 것이라.

10) 사무엘상 16장 14절: 여호와의 신이 사울에게서 떠나고 여호와의 부리신 악신이 그를 번뇌케 한지라.

11) 잠언 21장 1절: 왕의 마음이 여호와의 손에 있음이 마치 보의 물과 같아서 그가 임의로 인도하시느니라.

12) 다니엘 4장 16, 33-34절: 또 그 마음은 변하여 인생의 마음 같지 아니하고 짐승의 마음을 받아 일곱 때를 지나리라⋯ 그 동시에 이 일이 나 느부갓네살에게 응하므로 내가 사람에게 쫓겨나서 소처럼 풀을 먹으며 몸이 하늘 이슬에 젖고 머리털이 독수리 털과 같았고 손톱은 새 발톱과 같았었느니라 그 기한이 차매 나 느부갓네살이 하늘을 우러러 보았더니 내 총명이 다시 내게로 돌아온지라 이에 내가 지극히 높으신 자에게 감사하며 영생하시는 자를 찬양하고 존경하였노니 그 권세는 영원한 권세요 그 나라는 대대에 이르리로다.

13) 고린도후서 12장 7절: (바울이 말함) 여러 계시를 받은 것이 지극히 크므로 너무 자고하지 않게 하시려고 내 육체에 가시 곧 사단의 사자를 주셨으니 이는 나를 쳐서 너무 자고하지 않게 하려 하심이니라.

8. 요약하여 말하면, 하나님의 뚜렷한 명령과 구체적인 허락 없이는 어떤 시련도 우리에게 닥치지 않는다.

1) 아모스 3장 6절: 성읍에서 나팔을 불게 되고야 백성이 어찌 두려워하지 아니

하겠으며 여호와의 시키심이 아니고야 재앙이 어찌 성읍에 임하겠느냐.
2) 예레미야애가 3장 38절: 화, 복이 지극히 높으신 자의 입으로 나오지 아니하느냐.
3) 이사야 45장 7절: 나는 빛도 짓고 어두움도 창조하며 나는 평안도 짓고 환난도 창조하나니 나는 여호와라 이 모든 일을 행하는 자니라 하였노라.
4) 사무엘상 2장 6-7절: 여호와는 죽이기도 하시고 살리기도 하시며 음부에 내리게도 하시고 올리기도 하시는도다 여호와는 가난하게도 하시고 부하게도 하시며 낮추기도 하시고 높이기도 하시는도다.
5) 데살로니가전서 3장 3절: 누구든지 이 여러 환난 중에 요동치 않게 하려 함이라 우리로 이것을 당하게 세우신 줄을 너희가 친히 알리라.
6) 에베소서 1장 11절: 모든 일을 그 마음의 원대로 역사하시는 자의 뜻을 따라 우리가 예정을 입어 그 안에서 기업이 되었으니.

결론적으로, 하나님이 우리의 모든 시련을 일으키시는 것은 아닐지도 모른다. 그러나 일단 시련이 발생해 우리에게 도달할 때까지 바로 그 시련은 우리를 위한 하나님의 뜻이다. 사단이나 타인 혹은 그저 평범한 '사건들'이 우리에게 슬픔을 가져다 줄 때, 우리는 요셉이 자신을 노예로 팔아 버린 형들에게 말했던 것처럼 그렇게 말할 수 있게 될 것이다. "당신들은 나를 해하려 하였으나 하나님은 그것을 선으로 바꾸사…"(창 50:20).

부록 2

우리의 고통 속에 있는 하나님의 목적에 관한 성경 말씀

역경 속에 있는 하나님의 손길을 발견하는 것은 정녕 하나님의 말씀을 발견하는 것이다. 다음 성경 구절들은 우리의 아픔과 문제들로부터 얻을 수 있는 몇몇 유익을 강조하고 있다. 능력으로 가득 찬 이 말씀들은 우리에게 역경을 보다 선명하게 보여주는 렌즈가 된다.

하나님은 우리 생명의 은혜 되시고 그것을 지속적으로 지켜주시는 그분의 능력을 우리가 더 알아가도록 하는 데 고통을 사용하신다.
시편 68편 19절: 날마다 우리 짐을 지시는 주 곧 우리의 구원이신 하나님을 찬송할찌로다.

하나님은 우리를 순화시키고, 온전하게 하며, 단련시키고, 낙오하지 않도록 만들기 위해 고통을 사용하신다.
1. 시편 66편 8-9절: 만민들아 우리 하나님을 송축하며 그 송축 소리로 들리게 할찌어다 그는 우리 영혼을 살려 두시고 우리의 실족함을 허락지 아니하시는 주시로다.
2. 히브리서 2장 10절: 만물이 인하고 만물이 말미암은 자에게는 많은 아들을 이끌어 영광에 들어가게 하시는 일에 저희 구원의 주를 고난으로 말미암아 온전케 하심이 합당하도다.

고통은 그리스도의 삶이 우리의 죽을 수밖에 없는 육신에 분명히 드러나 보이도록 한다.
고린도후서 4장 7-11절: 우리가 이 보배를 질그릇에 가졌으니 이는 능력의 심히 큰 것이 하나님께 있고 우리에게 있지 아니함을 알게 하려 함이라 우리가 사방으로 우겨쌈을 당하여도 싸이지 아니하며 답답한 일을 당하여도 낙심하지 아니하며 핍박을 받아도 버린 바 되지 아니하며 거꾸러뜨림을 당하여도 망하지 아니하고 우리가 항상 예수 죽인 것을 몸에 짊어짐은 예수의 생명도 우리 몸에 나타나게 하려 함이라 우리 산 자가 항상 예수를 위하여 죽음에 넘기움은 예수의 생명이 또한 우리 죽을 육체에 나타나게 하려 함이니라.

고통은 우리를 파산시켜 우리가 하나님을 의지하도록 만든다.

고린도후서 12장 9절: 내게 이르시기를 내 은혜가 네게 족하도다 이는 내 능력이 약한 데서 온전하여짐이라 하신지라 이러므로 도리어 크게 기뻐함으로 나의 여러 약한 것들에 대하여 자랑하리니 이는 그리스도의 능력으로 내게 머물게 하려 함이라.

고통은 우리에게 겸손을 가르친다.

고린도후서 12장 7절: 여러 계시를 받은 것이 지극히 크므로 너무 자고하지 않게 하시려고 내 육체에 가시 곧 사단의 사자를 주셨으니 이는 나를 쳐서 너무 자고하지 않게 하려 하심이니라.

고통은 그리스도의 마음을 나누어 준다.

빌립보서 2장 1-11절: 그러므로 그리스도 안에 무슨 권면이나 사랑에 무슨 위로나 성령의 무슨 교제나 긍휼이나 자비가 있거든 마음을 같이하여 같은 사랑을 가지고 뜻을 합하며 한 마음을 품어 아무 일에든지 다툼이나 허영으로 하지 말고 오직 겸손한 마음으로 각각 자기보다 남을 낫게 여기고 각각 자기 일을 돌아볼뿐더러 또한 각각 다른 사람들의 일을 돌아보아 나의 기쁨을 충만케 하라 너희 안에 이 마음을 품으라 곧 그리스도 예수의 마음이니 그는 근본 하나님의 본체시나 하나님과 동등됨을 취할 것으로 여기지 아니하시고 오히려 자기를 비어 종의 형체를 가져 사람들과 같이 되었고 사람의 모양으로 나타나셨으매 자기를 낮추시고 죽기까지 복종하셨으니 곧 십자가에 죽으심이라 이러므로 하나님이 그를 지극히 높여 모든 이름 위에 뛰어난 이름을 주사 하늘에 있는 자들과 땅에 있는 자들과 땅 아래 있는 자들로 모든 무릎을 예수의 이름에 꿇게 하시고 모든 입으로 예수 그리스도를 주라 시인하여 하나님 아버지께 영광을 돌리게 하셨느니라.

고통은 하나님이 안위보다 인격에 더 관심이 있으시다는 것을 우리에게 가르친다.
1. 로마서 5장 3-4절: 다만 이뿐 아니라 우리가 환난 중에도 즐거워하나니 이는 환난은 인내를, 인내는 연단을, 연단은 소망을 이루는 줄 앎이로다.
2. 히브리서 12장 10-11절: 저희는 잠시 자기의 뜻대로 우리를 징계하였거니와 오직 하나님은 우리의 유익을 위하여 그의 거룩하심에 참예케 하시느니라 무릇 징계가 당시에는 즐거워 보이지 않고 슬퍼 보이나 후에 그로 말미암아 연달한 자에게는 의의 평강한 열매를 맺나니

고통은 그리스도인의 삶 가운데 가장 위대한 선은 아픔이 없어지는 것이 아니라 그리스도와 같아지는 것임을 우리에게 가르친다.
1. 고린도후서 4장 8-10절: 우리가 사방으로 우겨쌈을 당하여도 싸이지 아니하며 답답한 일을 당하여도 낙심하지 아니하며 핍박을 받아도 버린 바 되지 아니하며 거꾸러뜨림을 당하여도 망하지 아니하고 우리가 항상 예수 죽인 것을 몸에 짊어짐은 예수의 생명도 우리 몸에 나타나게 하려 함이라.
2. 로마서 8장 28-29절: 우리가 알거니와 하나님을 사랑하는 자 곧 그 뜻대로 부르심을 입은 자들에게는 모든 것이 합력하여 선을 이루느니라 하나님이 미리 아신 자들로 또한 그 아들의 형상을 본받게 하기 위하여 미리 정하셨으니 이는 그로 많은 형제 중에서 맏아들이 되게 하려 하심이니라.

고통은 죄와 반항에 대한 하나님의 응징일 수 있다.
시편 107편 17절: 미련한 자는 저희 범과와 죄악의 연고로 고난을 당하매.

고통은 우리에게 순종과 자제력을 가르친다.
1. 히브리서 5장 8절: 그가 아들이시라도 받으신 고난으로 순종함을 배워서.
2. 시편 119편 67절: 고난당하기 전에는 내가 그릇 행하였더니 이제는 주의 말씀을 지키나이다.

3. 로마서 5장 1-5절: 그러므로 우리가 믿음으로 의롭다 하심을 얻었은즉 우리 주 예수 그리스도로 말미암아 하나님으로 더불어 화평을 누리자 또한 그로 말미암아 우리가 믿음으로 서 있는 이 은혜에 들어감을 얻었으며 하나님의 영광을 바라고 즐거워하느니라 다만 이뿐 아니라 우리가 환난 중에도 즐거워하나니 이는 환난은 인내를, 인내는 연단을, 연단은 소망을 이루는 줄 앎이로다 소망이 부끄럽게 아니함은 우리에게 주신 성령으로 말미암아 하나님의 사랑이 우리 마음에 부은 바 됨이니.
4. 야고보서 1장 2-8절: 내 형제들아 너희가 여러 가지 시험을 만나거든 온전히 기쁘게 여기라 이는 너희 믿음의 시련이 인내를 만들어 내는 줄 너희가 앎이라 인내를 온전히 이루라 이는 너희로 온전하고 구비하여 조금도 부족함이 없게 하려 함이라 너희 중에 누구든지 지혜가 부족하거든 모든 사람에게 후히 주시고 꾸짖지 아니하시는 하나님께 구하라 그리하면 주시리라 오직 믿음으로 구하고 조금도 의심하지 말라 의심하는 자는 마치 바람에 밀려 요동하는 바다 물결 같으니 이런 사람은 무엇이든지 주께 얻기를 생각하지 말라 두 마음을 품어 모든 일에 정함이 없는 자로다.
5. 빌립보서 3장 10절: 내가 그리스도와 그 부활의 권능과 그 고난에 참예함을 알려 하여 그의 죽으심을 본받아.

스스로 고통을 택하는 것은 하나님의 사랑을 드러내는 한 방법이다.

고린도후서 8장 1-2, 9절: 형제들아 하나님께서 마게도냐 교회들에게 주신 은혜를 우리가 너희에게 알게 하노니 환난의 많은 시련 가운데서 저희 넘치는 기쁨과 극한 가난이 저희로 풍성한 연보를 넘치도록 하게 하였느니라… 우리 주 예수 그리스도의 은혜를 너희가 알거니와 부요하신 자로서 너희를 위하여 가난하게 되심은 그의 가난함을 인하여 너희로 부요케 하려 하심이니라.

고통은 죄에 대항하는 싸움의 일부분이다.

히브리서 12장 4-13절: 너희가 죄와 싸우되 아직 피 흘리기까지는 대항치 아니하고 또 아들들에게 권하는 것같이 너희에게 권면하신 말씀을 잊었도다 일렀으되 내 아들아 주의 징계하심을 경히 여기지 말며 그에게 꾸지람을 받을 때에 낙심하지 말라 주께서 그 사랑하시는 자를 징계하시고 그의 받으시는 아들마다 채찍질하심이니라 하였으니 너희가 참음은 징계를 받기 위함이라 하나님이 아들과 같이 너희를 대우하시나니 어찌 아비가 징계하지 않는 아들이 있으리요 징계는 다 받는 것이거늘 너희에게 없으면 사생자요 참아들이 아니니라 또 우리 육체의 아버지가 우리를 징계하여도 공경하였거든 하물며 모든 영의 아버지께 더욱 복종하여 살려 하지 않겠느냐 저희는 잠시 자기의 뜻대로 우리를 징계하였거니와 오직 하나님은 우리의 유익을 위하여 그의 거룩하심에 참예케 하시느니라 무릇 징계가 당시에는 즐거워 보이지 않고 슬퍼 보이나 후에 그로 말미암아 연달한 자에게는 의의 평강한 열매를 맺나니 그러므로 피곤한 손과 연약한 무릎을 일으켜 세우고 너희 발을 위하여 곧은 길을 만들어 저는 다리로 하여금 어그러지지 않고 고침을 받게 하라.

고통은 악한 사람들에 대항하는 싸움의 일부분이다.

1. 시편 27편 12절: 내 생명을 내 대적의 뜻에 맡기지 마소서 위증자와 악을 토하는 자가 일어나 나를 치려 함이니이다.
2. 시편 37편 14-15절: 악인이 칼을 빼고 활을 당기어 가난하고 궁핍한 자를 엎드러뜨리며 행위가 정직한 자를 죽이고자 하나 그 칼은 자기의 마음을 찌르고 그 활은 부러지리로다.

고통은 하나님의 왕국을 위한 싸움의 일부분이다.

데살로니가후서 1장 5절: 이는 하나님의 공의로운 심판의 표요 너희로 하여금 하나님 나라에 합당한 자로 여기심을 얻게 하려 함이니 그 나라를 위하여 너희가 또한 고난을 받느니라.

고통은 복음을 위한 싸움의 일부분이다.

디모데후서 2장 8-9절: 나의 복음과 같이 다윗의 씨로 죽은 자 가운데서 다시 살으신 예수 그리스도를 기억하라 복음을 인하여 내가 죄인과 같이 매이는 데까지 고난을 받았으나 하나님의 말씀은 매이지 아니하니라.

고통은 불의에 대항하는 싸움의 일부분이다.

베드로전서 2장 19절: 애매히 고난을 받아도 하나님을 생각함으로 슬픔을 참으면 이는 아름다우나.

고통은 그리스도의 이름을 위한 싸움의 일부분이다.

1. 사도행전 5장 41절: 사도들은 그 이름을 위하여 능욕받는 일에 합당한 자로

여기심을 기뻐하면서 공회 앞을 떠나니라.
2. 베드로전서 4장 14절: 너희가 그리스도의 이름으로 욕을 받으면 복 있는 자로다 영광의 영 곧 하나님의 영이 너희 위에 계심이라.

고통은 의로운 사람들이 어떻게 그리스도의 고난에 동참하게 되는지 보여 준다.
1. 고린도후서 1장 5절: 그리스도의 고난이 우리에게 넘친 것같이 우리의 위로도 그리스도로 말미암아 넘치는도다.
2. 베드로전서 4장 12-13절: 사랑하는 자들아 너희를 시련하려고 오는 불 시험을 이상한 일 당하는 것같이 이상히 여기지 말고 오직 너희가 그리스도의 고난에 참예하는 것으로 즐거워하라 이는 그의 영광을 나타내실 때에 너희로 즐거워하고 기뻐하게 하려 함이라.

고통을 인내하는 것은 우리가 받을 상급의 원인이 된다.
1. 고린도후서 4장 17절: 우리의 잠시 받는 환난의 경한 것이 지극히 크고 영원한 영광의 중한 것을 우리에게 이루게 함이니.
2. 디모데후서 2장 12절: 참으면 또한 함께 왕노릇 할 것이요 우리가 주를 부인하면 주도 우리를 부인하실 것이라.

고통은 공동의 선을 위해 공동체를 움직이고 우리의 재능을 발휘하도록 만든다.
빌립보서 4장 12-15절: 내가 비천에 처할 줄도 알고 풍부에 처할 줄도 알아 모든 일에 배부르며 배고픔과 풍부와 궁핍에도 일체의 비결을 배웠노라 내게 능력 주시는 자 안에서 내가 모든 것을 할 수 있느니라 그러나 너희가 내 괴로움에 함께 참예했으니 잘하였도다 빌립보 사람들아 너희도 알거니와 복음의 시초에 내가 마게도냐를 떠날 때에 주고받는 내 일에 참예한 교회가 너희 외에 아무도 없었느니라.

고통은 공통적이거나 상호 협력적인 목적으로 그리스도인을 결속시킨다.
요한계시록 1장 9절: 나 요한은 너희 형제요 예수의 환난과 나라와 참음에 동참하는 자라 하나님의 말씀과 예수의 증거를 인하여 밧모라 하는 섬에 있었더니.

고통은 식별력과 지식을 길러 주고 하나님의 계율을 가르쳐 준다.

시편 119편 66-67, 71절: 내가 주의 계명을 믿었사오니 명철과 지식을 내게 가르치소서 고난당하기 전에는 내가 그릇 행하였더니 이제는 주의 말씀을 지키나이다… 고난당한 것이 내게 유익이라 이로 인하여 내가 주의 율례를 배우게 되었나이다.

고통을 통해 하나님은 우리의 상하고 애통해 하는 영혼을 받으실 수 있으며, 이것이 바로 그가 원하시는 바이다.

시편 51편 16-17절: 주는 제사를 즐겨 아니하시나니 그렇지 않으면 내가 드렸을 것이라 주는 번제를 기뻐 아니 하시나이다 하나님의 구하시는 제사는 상한 심령이라 하나님이여 상하고 통회하는 마음을 주께서 멸시치 아니하시리이다.

고통은 예수 그리스도의 계시에서 드러나는 은혜에 우리의 모든 소망을 두게 함으로써 우리의 마음을 연단시킨다.

베드로전서 1장 6, 13절: 그러므로 너희가 이제 여러 가지 시험을 인하여 잠간 근심하게 되지 않을 수 없었으나 오히려 크게 기뻐하도다… 그러므로 너희 마음의 허리를 동이고 근심하여 예수 그리스도의 나타나실 때에 너희에게 가져올 은혜를 온전히 바랄찌어다.

하나님은 우리를 겸손케 하기 위해 고통을 사용하셔서 적절한 때에 우리를 높이실 수 있다.

베드로전서 5장 6-7절: 그러므로 하나님의 능하신 손 아래서 겸손하라 때가 되면 너희를 높이시리라 너희 염려를 다 주께 맡겨 버리라 이는 저가 너희를 권고하심이니라.

고통은 우리가 남은 삶을 헤아릴 수 있도록 가르쳐 주며, 이를 통해 우리는 지혜의 마음을 하나님께 드릴 수 있다.

시편 90편 7-12절: 우리는 주의 노에 소멸되며 주의 분내심에 놀라나이다 주께서 우리의 죄악을 주의 앞에 놓으시며 우리의 은밀한 죄를 주의 얼굴 빛 가운데 두셨사오니 우리의 모든 날이 주의 분노 중에 지나가며 우리의 평생이 일식간에 다하였나이다 우리의 년 수가 칠십이요 강건하면 팔십이라도 그 년수의 자랑은 수고와 슬픔뿐이요 신속히 가니 우리가 날아가나이다 누가 주의 노의 능력을 알며 누가 주를 두려워하여야 할 대로 주의 진노를 알리이까 우리에게 우리 날 계수함을 가르치사 지혜의 마음을 얻게 하소서.

고통은 잃어버린 영혼들을 구원하기 위해 필요하다.

1. 디모데후서 2장 8-10절: 나의 복음과 같이 다윗의 씨로 죽은 자 가운데서 다시 살으신 예수 그리스도를 기억하라 복음을 인하여 내가 죄인과 같이 매이는 데까지 고난을 받았으나 하나님의 말씀은 매이지 아니하니라 그러므로 내가 택하신 자를 위하여 모든 것을 참음은 저희로도 그리스도 예수 안에 있는 구원을 영원한 영광과 함께 얻게 하려 함이로라.
2. 디모데후서 4장 5-6절: 그러나 너는 모든 일에 근신하여 고난을 받으며 전도인의 일을 하며 네 직무를 다하라 관제와 같이 벌써 내가 부음이 되고 나의 떠날 기약이 가까왔도다.

고통은 우리를 단련시켜 연약한 자들을 위로하게 한다.

고린도후서 1장 3-11절: 찬송하리로다 그는 우리 주 예수 그리스도의 하나님이시요 자비의 아버지시여 모든 위로의 하나님이시며 우리의 모든 환난 중에서 우리를 위로하사 우리로 하여금 하나님께 받는 위로로써 모든 환난 중에 있는 자들을 능히 위로하게 하시는 이시로다 그리스도의 고난이 우리에게 넘친 것같이 우리의 위로도 그리스도로 말미암아 넘치는도다 우리가 환난받는 것도 너희의 위로와 구원을 위함이요 혹 위로받는 것도 너희의 위로를 위함이니 이 위로가 너희 속에 역사하여 우리가 받는 것 같은 고난을 너희도 견디게 하느니라 너희를 위한 우리의 소망이 견고함은 너희가 고난에 참예하는 자가 된 것같이 위로에도 그러할 줄을 앎이라 형제들아 우리가 아시아에서 당한 환난을 너희가 알지 못하기를 원치 아니하노니 힘에 지나도록 심한 고생을 받아 살 소망까지 끊어지고 우리 마음에 사형 선고를 받은 줄 알았으니 이는 우리로 자기를 의뢰하지 말고 오직 죽은 자를 다시 살리시는 하나님만 의뢰하게 하심이라 그가 이같이 큰 사망에서 우리를 건지셨고 또 건지시리라 또한 이후에라도 건지시기를 그를 의지하여 바라노라 너희도 우리를 위하여 간구함으로 도우라 이는 우리가 많은 사람의 기도로 얻은 은사를 인하여 많은 사람도 우리를 위하여 감사하게 하려 함이라.

고통은 가장 고귀한 예수 그리스도를 아는 지식에 비하면 작은 것에 불과하다.

빌립보서 3장 8절: 또한 모든 것을 해로 여김은 내 주 그리스도 예수를 아는 지식이 가장 고상함을 인함이라 내가 그를 위하여 모든 것을 잃어버리고 배설물로 여김은 그리스도를 얻고.

하나님은 우리 마음속 가장 깊은 곳에 있는 진실을 원하시며, 그 한 방법으로서 고통을 사용하신다.

1. 시편 51편 6절: 중심에 진실함을 주께서 원하시오니 내 속에 지혜를 알게 하시리이다.
2. 시편 119편 17절: 주의 종을 후대하여 살게 하소서 그리하시면 주의 말씀을 지키리이다.

고통은 미래에 정당한 평가를 받을 것이다.

시편 58편 10-11절: 의인은 악인의 보복당함을 보고 기뻐함이여 그 발을 악인의 피에 씻으리로다 때에 사람의 말이 진실로 의인에게 갚음이 있고 진실로 땅에서 판단하시는 하나님이 계시다 하리로다.

고통은 항상 더 큰 은혜의 근원을 동반한다.

1. 디모데후서 1장 7-8절: 하나님이 우리에게 주신 것은 두려워하는 마음이 아니요 오직 능력과 사랑과 근신하는 마음이니 그러므로 네가 우리 주의 증거와 또는 주를 위하여 갇힌 자 된 나를 부끄러워 말고 오직 하나님의 능력을 좇아 복음과 함께 고난을 받으라.
2. 디모데후서 4장 16-18절: 내가 처음 변명할 때에 나와 함께한 자가 하나도 없고 다 나를 버렸으나 저희에게 허물을 돌리지 않기를 원하노라 주께서 내 곁에 서서 나를 강건케 하심은 나로 말미암아 전도의 말씀이 온전히 전파되어 이방인으로 듣게 하려 하심이니 내가 사자의 입에서 건지웠느니라 주께서 나를 모든 악한 일에서 건져 내시고 또 그의 천국에 들어가도록 구원하시리니

그에게 영광이 세세 무궁토록 있을찌어다 아멘.

고통은 슬플 때 감사하도록 가르친다.
1. 데살로니가전서 5장 18절: 범사에 감사하라 이는 그리스도 예수 안에서 너희를 향하신 하나님의 뜻이니라.
2. 고린도후서 1장 11절: 너희도 우리를 위하여 간구함으로 도우라 이는 우리가 많은 사람의 기도로 얻은 은사를 인하여 많은 사람도 우리를 위하여 감사하게 하려 함이라.

고통은 믿음을 성장시킨다.
예레미야 29장 11절: 나 여호와가 말하노라 너희를 향한 나의 생각은 내가 아나니 재앙이 아니라 곧 평안이요 너희 장래에 소망을 주려 하는 생각이라.

하나님은 고통을 통해 우리에 대한 관심을 명백히 나타내신다.
시편 56편 8절: 나의 유리함을 주께서 계수하셨으니 나의 눈물을 주의 병에 담으소서 이것이 주의 책에 기록되지 아니하였나이까.

고통은 우리의 희망을 확장시킨다.
욥기 13장 14-15절: 내가 어찌하여 내 살을 내 이로 물고 내 생명을 내 손에 두겠느냐 그가 나를 죽이시리니 내가 소망이 없노라 그러나 그의 앞에서 내 행위를 변백하리라.

부록 3

하나님은 슬픔을 경험할 수 있으신가?[1]

제2장에서 우리는 하나님이 영원히 기뻐하시고 만족하시는 분이라는 것을 살펴보았다. 그러나 이 책의 제목은 '하나님의 눈물'이며, 우리는 이 책 전반에 걸쳐 인간의 죄와 고통에 대해 슬퍼하시는 하나님에 관해 이야기했다. 하나님이 항상 행복하시다면, 그분께서 진정으로 슬퍼하실 수 있을까?

이 딜레마에 대한 일반적인 해답은 하나님의 슬픔을 비유로 여겨버리는 것이다. 성경은 종종 하나님을 비유로 나타내고 있다. 예를 들어 하나님은 몸이 없지만, 성경은 그가 모든 것을 보는 눈과 두루 펼치는 팔을 갖고 계신 것으로 묘사하고 있다(대하 16:9; 잠 15:3; 사 40:12; 습 1:4). 하나님은 모든 곳에 계시고 모든 것을 아신다. 그러나 창세기 18장 21절에서 하나님은 "내가 이제 내려가서 그 모든 행한 것이 과연 내게 부르짖음과 같은지 그렇지 않은지 내가 보고 알려 하노라"고 말씀하신다. 또한 우리는 하나님의 '돌이키심'(후회하심)에 대해 읽는다. 예를 들어 금송아지를 만들어 우상을 섬긴 일로 이스라엘을 멸하겠다고 하신 결정이나, 아모스 선지자 시대에 메뚜기 떼로 이스라엘의 농작물을 황폐화시키겠다고 하신 결정에서 우리는 그러한 모습을 볼 수 있다(출 32:14; 암 7:3).[2] 이

---

[1] 지금부터 이곳에 설명되는 내용들이 너무 어렵게 느껴진다면 402쪽에 있는 '슬픔과 기쁨은 동시에 느낄 수 있기 때문이다'의 내용만 읽어도 무방하다.
[2] KJV 성경은 하나님의 후회하심과 관련하여 '돌이키다'(repent)라는 단어를 사용하고 있는데, 현대의 영어 용례를 따르는 새로운 성경들은 슬픔 또는 마음의 변화와 같이 문맥 안에서 각각 의미하고 있는 후회의 종류들을 분명하게 표현하는 경향이 있다.

런 돌이키심은 분명 비유적인 표현일 것이다. 이런 사건들의 경우, 하나님이 죄를 지으시고 나중에 기분 나빠하셨던 것일까? 아니다. 그렇다면 하나님이 견해를 바꾸셨던 것일까? 아니다. 무엇에 대해서 하나님이 '견해'를 갖고 계시다고 말하는 것은 하나님을 모독하는 것과 다를 바 없다. 왜냐하면 이것은 하나님이 모든 사실을 알지 못한 채 판단을 내리시는 것을 의미하거나, 하나님이 선호하는 것이 실제로 우월한 것이 아닌 단지 취향에 불과하다는 것을 의미하기 때문이다. 어제는 이랬다 오늘은 저랬다 하는 식으로 결정을 번복한다는 의미에서 하나님이 후회하셨던 것일까? 아니다. 왜냐하면 하나님은 처음부터 모든 것을 알고 계시기 때문이다. 미래의 모든 상황에 대해 그분 자신이 어떻게 행동할 것인가 하는 것까지도. 오히려 인간이 변하기 때문에 하나님은 그들의 행동에 어울리는 자신의 다른 '면'을 보이신다. 사람들이 배반할 때 하나님은 분노를 보이시고 그들이 돌아올 때 하나님은 친절을 보이신다. 이 친절은 그분이 늘 가지고 계셨던 것이다. 따라서 그것은 하나님이 후회하신 것처럼 혹은 다시 생각하신 것처럼 우리에게 보일 뿐이다.

이 책에서 인간의 죄와 고통에 슬퍼하시는 하나님에 대해 인용한 성경 구절들 역시 비유적인 표현에 불과한 것일까? 창세기 6장 6절을 살펴보자. NIV 성경은 "땅 위에 사람 지으셨음을 한탄하사 마음에 근심하시고"라고 기록하고 있다. 흥미롭게도 NIV 성경은 앞에서 언급한 '돌이키셨다'라는 히브리 단어를 '한탄하사 마음에 근심하다'(슬퍼하다)라고 번역하고 있다. 우리는 이미 마음을 바꾼다는 관점에서 하나님의 후회하심을 비유적 표현이라고 결론내린 바 있다. 그렇다면 여기에 나타난 하나님의 슬퍼하심을 어떻게 바라봐야 할까? 시적인 표현을 제외하고, 하나님이 슬퍼하신다고 말하는 것은 영원히 칭송받는 그분에게 결코 적합하지 않은 표현인 것일까? 우리가 존경하는 많은 탁월한 신학자들은 그렇다고 말한다. 하나님은 실제로 고통스러운 감정을 느끼실까? 이들 신학자들은 그렇지 않다고 말하며, 하나님의 고통을 예수님이 이 땅에 있을 당시 겪으셨던 고통에 국한시키려는 듯 보인다. 이들은 성경을 대단히 존중하고 있으며, 자신들의 입장에 대한 다음 세 가지 성경적 이유를 갖고 있다. 1) 성경은 하나님이 '복되고' 행복하신 분이라는 점을 분명히 가르치고 있다. 2) 사도행전 14장 15절은 아마도 하나님이 감정을 갖고 계시지 않다는 것을 의미할지도 모른다. 3) 예수님의 비유가 대체로 한 가지 진리를 가르치기 위해 사용된 것인데도 그것을 해석하는 사람에 따라 종종 확대해석 되는 것처럼, 하나님의 행동은 격한 감정상태시 우리의 행동과 비슷하다는 것을 하나님의 '감정'에 관한 성경구절 또한 단지 가르쳐 주려는 것일 수 있다.

이 신학자들 중 몇 사람의 이야기를 직접 들어 보자.

A. A. 하지 교수:

슬퍼하시는 하나님 또는 질투하시는 하나님이라고 말할 때, 그것이 단지 의미하는 바는 그와 같은 감정으로 인해 슬퍼하고 질투하게 되는 인간처럼 하나님이 우리를 대하신다는 것이다. 이런 은유적인 표현은 주로 구약에 나타나며, 시편이나 예언서 같은 곳에서 보다 수사적인 구절들을 찾아볼 수 있다.[3]

존 칼빈:

(창세기 6장 6절 "땅 위에 사람 지으셨음을 한탄하사 마음에 근심하시고"에 관한 주석에서) 우리는 그 모습 그대로 (하나님을) 이해할 수 없으므로, 어떤 의미에서 하나님은 우리의 이해를 위해 자신에 관해 비유적인 표현을 사용함으로써 자신을 변형시키셔야 한다… 분명 하나님은 슬퍼하거나 비통해하지 않으신다. 하나님은 자신의 모습대로 천국의 행복한 평온의 상태를 영원히 유지하신다. 하지만 비유적 표현을 사용하지 않으면 하나님이 죄를 얼마나 증오하시는지 우리가 알 수 없으므

---

3) 하지(A. A. Hodge), 『신학 개요』 *Outlines of Theology*, (reprint ed., Edinburgh: The Banner of Truth Trust, 1983), p. 132.

로, 성령이 우리의 이해를 도우시는 것이다… 심히 사악한 인간들이 하나님을 대적했을 때, 마치 그들이 하나님의 마음을 슬픔으로 상하게 한 것처럼 (하나님은 말씀하신다).[4]

웨스트민스터 신앙 고백(II.1.):
살아계시고 참되신 하나님은 오직 한 분만 계시다. 그는 존재와 완전성에서 무한하시다. 가장 순결한 영으로서, 볼 수 없고, 몸과 지체가 없으시며, 성정(性情)도 없으시다….

웨스트민스터 신앙고백은 하나님이 성정이 없으시다는 것을 지지하면서 KJV 성경의 사도행전 14장 15절을 인용하고 있다. 여기서 바울과 바나바는 자신들을 신으로 오해한 무리들에게 이렇게 말한다. "그대들이 어찌 이리하는고? 우리 역시 그대들과 같은 성정을 가진 사람으로 그대들에게 설파하노니 이런 헛된 일들에서 돌아서서 하늘과 땅과 바다와 그 가운데 모든 것을 지으시고 살아 계신 하나님께로 향해야 하노라." (KJV성경-역자 주) 바울과 바나바는 '성정', 즉 감정이 인간과 하나님을 구별하는 것들 중 하나라고 말했던 것일까?

1. 왜 우리는 하나님이 정말로 슬퍼하신다고 생각하는가

우리는 위에서 기술한 신학자들의 언급과 그들의 일반적인 견해에 깊은 경의를 표한다. 그럼에도 우리는 성경이 인간의 죄성과 고통에 대해 슬퍼하시는 하나님을 가르치고 있다고 생각한다. 우리가 이렇게 생각하는 이유는 다음과 같다.

---

[4] 존 칼빈(John Calvin), 『칼빈 주석』 Calvin's Commentaries, 22 vols. (reprint ed., Grand Rapids: Baker Book House, 1979), 1:1:249.

1) "마음을 바꾼다"는 관점에서 하나님의 후회에 관한 표현은 다른 구절들에 의해 그 의미가 분명히 제한되고 한정되어 있다. 하지만 죄와 고통에 대해 "슬퍼한다"는 관점에서 하나님의 후회에 관한 표현은 다른 구절들에 의해 그 의미가 확대되어 있기 때문이다.

사무엘상 15장 29절은 이 점을 가장 분명하게 보여주고 있다. "이스라엘의 지존자는 거짓이나 변개함이 없으시니." 성경은 하나님이 어떤 식으로도 변하지 않으신다는 것을 반복해서 주장한다(민 23:19; 시 110:4; 말 3:6; 히 13:8; 약 1:17). 우리는 이 구절들로 인해 '하나님의 심경 변화'가 비유적 표현임을 알 수 있다.[5]

반면 성경은 하나님이 인간의 죄에 대해 강력하게 감정적으로 반응하시는 모습을 여러 곳에서 구체적으로 보여 준다. 이사야 1장 11-14절에서 하나님은 유다의 반역으로 인해 그들의 희생 제물을 "기뻐하지 아니"하시고, 그들의 경배에 아무런 "유익"도 없으며, 그들의 분향을 "가증히 여기는 바"라고 말씀하신다. 그들의 종교적인 축제에 대해 하나님은 뭐라고 말씀하고 계실까? "내가 지기에 곤비하였느니라". 그것을 "내 마음이 싫어하나니" "나는 배불렀고" "그것이 내게 무거운 짐이라"고 불만을 토로하셨다. 다른 곳에서도 하나님은 "기뻐 아니하시고"(사 59:15), "격노"(호 12:14)하셨다. 유다의 행위가 "월경 중에 있는 여인의 부정함과 같았기"(겔 36:17) 때문에, 그분은 "싫어"(겔 23:18)하시며 유다로부터

---

5) 사무엘상 15장은 흥미로운 질문을 제시하고 있다. 11절에 하나님은 사울을 왕으로 삼은 것을 후회하신다고(NIV에는 '슬퍼하신다'라고) 쓰여 있다. 그러나 우리는 29절에 "하나님은 변개함이 없으시다"라는 구절을 보게 된다. 29절은 하나님이 슬퍼하시지 않으므로 11절에서 말한 하나님의 슬픔이 분명한 비유적 표현이란 사실을 보이고 있는 것일까? 그렇지 않다. 왜냐하면 이 두 절은 그 뉘앙스를 달리 하고 있기 때문이다. 11절의 'repent'는 분명, '슬퍼함'을 의미하나, 29절에서는 '마음의 변화'를 의미하고 있다—29절에서 변개하지 않으시는 하나님이 거짓이 없으신 하나님과 함께 표현되어 있는 것을 볼 때 이것은 분명한 사실이다.

등을 돌리셨다. 그분은 이 모든 것들로부터 "마음을 편케"(사 1:24)하기 위해 기다릴 수 없으셨다.

인간의 죄에 대하여 이러한 것과 같이 인간의 슬픔에 대해서도 마찬가지이다. 많은 성경 구절들은 어떻게 인간의 슬픔이 하나님의 마음에 도달하는지 자세히 묘사하고 있다. 이 책에서 우리는 이와 관련된 많은 구절들을 인용했다. 특별히 하나님의 슬픔에 대해 말하고 있는 구절들은 시적인 언어 이상의 그 무언가를 가미하고 있다. 창세기 6장 6절에서 하나님은 인간의 사악함에 '근심하신' 것만이 아니다. 이 구절은 글자 그대로 '그분의 마음에 상처를 받으셨다' 는 의미를 더함으로써 이 점을 강조하고 있는 것이다. 여기 '상처받다' 라는 단어에 해당하는 히브리 말은 성경의 다른 곳에서도 사용되는데, 버림받은 아내, 여동생이 강간당했다는 사실을 알게 된 오빠들, 자신의 가장 친한 친구를 아버지가 죽이려 하는 사실을 알게 된 요나단 등이 바로 그 경우이다.

하나님의 슬픔은 구약의 시적인 표현에만 국한되어 언급되는 것이 아니다. 바울 서신의 멋진 논리에서도 성령을 '근심하게 하지' 말 것을 우리에게 강조하고 있다(엡 4:30).

2) 하나님의 다른 감정들은 비유적으로 보이지 않기 때문이다.

"내 기쁨이 너희 안에 있어 너희 기쁨을 충만하게 하려 함이니라"(요 15:11). 이를 위해 하나님의 아들이 우리의 세상에 오셨다. 이 기쁨이 단지 비유적 표현일까? 하지 교수의 표현을 빌려 이야기한다면, '사람이 이와 같은 성정에 동요될 때 기뻐하게 되는 것처럼' 예수님의 행동도 그러함을 단지 기술하기 위해 이 '기쁨' 이라는 말을 사용한 것일까? 하나님의 사랑과 관련해서는 어떻게 보아야 할까? 예수님은 아버지가 자신을 사랑하는 것같이 제자들도 자신을 그렇게 사랑할 것을 원하셨다. 그래서 예수님은 이렇게 기도하신 적이 있다. "나를 사랑하신 (하나님 아버지의) 사랑이 저희 안에 있게 하려 함이니이다…"(요 17:26). 그러므로 확실히 감정을 포함하고 있는 예수님을 위한 우리의 사랑은 단지 하나님 아버지께서 느끼시는 것을 그대로 반영하는 것이 아닐까?

에베소서 5장 22-30절은 하나님께서 그리스도와 교회의 관계를 가르치기 위해 결혼을 고안하셨다고 우리에게 분명히 말해주고 있다. 우리가 배우자와 자녀들과 함께 사랑을 경험하는 것처럼, 우리를 위한 예수님의 사랑이 아무리 희미할지라도 그 사랑 가운데 무언가를 배우고 있는 것 아닌가? 하나님께서 자신의 백성들을 "그의 눈동자"(슥 2:8)라고 부르실 때, 우리는 그가 실제로 자신의 백성을 즐거워하고 있음을 느끼신다고 마음속 깊이 생각하지 않는가? 그분은 실제로 우리로 인하여 기쁨과 사랑에 못 이겨 즐거이 노래 부르신다(습 3:17). 물론 하나님의 사랑이 극적으로 표출된 것은 십자가이다. "하나님이 세상을 이처럼 사랑하사 그의 독생자를 주셨으니"(요 3:16). 우리를 위하여 하나님은 자신의 아들이 살해되는 것을 기꺼이 목도하셨다. 하지만 아버지께서 아무런 감정적 희생도 감내하지 않으셨다면-갈보리 십자가상의 장면을 목도하실 때 아무런 슬픔도 느끼지 않으셨다면-이것이 과연 어떤 사랑을 보여 준단 말인가?

3) 예수님의 감정은 하나님도 감정을 느끼신다는 사실을 보여 주기 때문이다.

예수님은 이렇게 말씀하셨다. "나와 아버지는 하나이니라" "나를 본 자는 내 아버지를 보았거늘"(요 10:30; 14:9). 예수님이 다양한 감정으로 사람들을 대하셨다면, 아버지의 마음 또한 그러하신 것이다.

복음서에 나타난 예수님의 슬픔을 살펴보자. 예수님이 마리아와 그녀의 오라비인 나사로의 무덤을 보시자, "예수께서 그의 우는 것과 또 함께 온 유대인들의 우는 것을 보시고 심령에 통분히 여기시고 민망히 여기사 가라사대 그를 어디 두었느냐 가로되 주여 와서 보옵소서 하니 예수께서 눈물을 흘리시더라"(요 11:33-35).

그의 신성이 아닌 그의 인성만 우신 것일까? 아니다. 왜냐하면 예수님께서 "내가 진실로 진실로 너희에게 이르노니 아들이 아버지의 하시는 일을 보지 않고는 아무것도 스스로 할 수 없나니…"라고 말씀하셨기 때문이다(요 5:19).

거룩한 성(城)에 대해 예수님께서 통탄했던 것을 기억하는가? "예루살렘아 예루살렘아 선지자들을 죽이고 네게 파송된 자들을 돌로 치는 자여 암탉이 그 새끼를 날개 아래 모음같이 내가 네 자녀를 모으려 한 일이 몇 번이냐 그러나 너희가 원치 아니하였도다"(마 23:37). 그는 자신을 거부하는 자식들을 가진 어머니와도 같다. 바로 거기에 아픔이 있는 것이다. 예수님은 자신의 인성으로만 자녀들을 원하고, 신성으로는 원치 않으셨을까? 아니다. 그의 열정은 6세기 전 유다를 향한 여호와의 심정을 그대로 보여 준다. "나 주 여호와가 말하노라 이스라엘 족속아 내가 너희 각 사람의 행한 대로 국문할찌라 너희는 돌이켜 회개하고 모든 죄에서 떠날찌어다 그리한즉 죄악이 너희를 패망케 아니하리라 너희는 범한 모든 죄악을 버리고 마음과 영을 새롭게 할찌어다 이스라엘 족속아 너희가 어찌하여 죽고자 하느냐 나 주 여호와가 말하노라 죽는 자의 죽는 것은 내가 기뻐하지 아니하노니 너희는 스스로 돌이키고 살찌니라"(겔 18:30-32).

예수님의 슬픔은 아버지의 마음뿐 아니라 성령의 마음도 반영한다. 왜냐하면 타락한 이스라엘에 대한 성령의 반응을 이사야 63장 10절에서 볼 수 있기 때문이다. "그들이 반역하여 주의 성신을 근심케 하였으므로…." 따라서 성삼위 모두가 인간의 죄와 그 결과들에 대해 슬퍼하신다.

4) 사도행전 14장 15절이, 성정과 감정이 하나님과 무관하다는 것을 반드시 가르치는 것은 아니기 때문이다.

바울과 바나바는 자신들을 신으로 섬기려는 무리들을 떨쳐 버리기 위해 다음과 같이 말했다. "우리도 너희와 같은 성정을 가진 사람이라." 이들의 말은, 반대로 하나님께서 성정과 감정을 갖고 계시지 않다는 것을 의미했을까?

　이 문제가 복잡한 이유는 '같은 성정'(like passions)이라고 번역한 희랍어 어원에 대한 불확실성에 있다. 이 단어는 '같은'이란 단어와 '성정'이란 단어의 합성어이다. 첫 번째 단어는 모든 학자들이 동의하듯 '유사함, 비슷함, 동일함'을 의미한다. 하지만 두 번째 단어의 의미가 불분명하다. 철자가 비슷한 두 개의 희랍어 단어 중 하나가 정확한 의미에 부합할 수 있다. 하나는 '성정'(passion)을 의미하는 단어이고 다른 하나는 '고통'(suffering)을 의미하는 단어이다.[6] 어느 것을 선택하느냐에 따라 의미가 달라질 수 있다. 같은 성정과 감정이 바울, 바나바, 군중을 참하나님과 구별짓는 것일까, 아니면 같은 고통과 경험—즉 죽음이라는 유한성—이 그들과 참하나님을 구별짓는 것일까?

　흥미로운 것은 단어의 어원에 대해 언어학자들이 의견을 달리 하고 있음에도, 시간이 지나면서 이 단어가 '누군가와 유사한 성질을 가짐'이라는 넓은 의미를 갖게 되었다는 데 대다수가 동의한다는 점이다. 그 한 예로서, M. R. 빈센트는 자신의 저서 『신약에 나오는 어원 연구』에서 "일반적으로 사용되는 '성정'이라는 단어에 제한적이고 부정적인 의미가 포함되어 있어, 이로 인해 ('같은 성정'이라는) 이 번역에 대한 약간의 오해의 소지가 존재한다"라고 말하고 있다.[7]

　『신약신학 신국제사전』(The New International Dictionary of New Testament Theology)은 이에 동의하면서, 이 단어가 글자 그대로 '같은 고통을 겪음'을 의미한다는 견해를 제시한 후 좀 더 일반적으

---

6) '같은 성정'은 *homoiopathes*에 대한 번역임(*homoios*〈'비슷함, 유사함, 동일함'〉에, *pathos*〈'성정'〉 또는 *pathema*〈'고통, 불행'〉의 두 단어 중에 하나를 붙여 만든 합성어).
7) 빈센트(M. R. Vincent), 『신약에 나오는 어원 연구』 *Word Studies in the New Testament*, 2nd ed. (reprint ed, Wilmington, Delaware.: Associated Publishers and Authors, 1972), p. 364.

로 '같은 기질'을 의미하는 데 사용된다는 점을 덧붙인다(II. 501). 애벗 스미스(Abbot-Smith) 사전의 경우만 제외하고, 신약 연구를 위한 표준 희랍어 사전들이 일치하고 있음을 확인할 수 있다. NIV 성경이 사도행전 14장 15절을 "우리도 너희와 같은 성정을 가진 사람이라"고 번역하고 있는 것도 바로 이런 이유 때문이다. 대부분의 영어 번역본이 유사하게 이 구절을 번역하고 있다. 그러므로 이 구절의 핵심은 인간처럼 감정을 지니고 있지 않으신 하나님이 아니다. 완전히 다른 차원에, 우리보다 훨씬 높은 곳에 계신 하나님이 바로 핵심이다. 요컨대 바울과 바나바가 말한 것은 "우리를 경배하지 말라. 우리는 하나님과 같은 부류조차도 아닌, 그냥 인간일 뿐이다"라는 점이었다.

5) 하나님의 감정은 우리와 달리 죄가 없으시기 때문이다.

하나님의 슬픔을 비유적 표현으로 간주하는 자들은 올바르게도 인간의 감정을 너무 자주 상하게 하는 죄와 연약함을 하나님 탓으로 돌리지 않기 위해 애쓴다. 하지만 이러한 인간의 단점들은 우리의 타락에서 온 것이지, 감정이라는 성질 자체에서 온 것은 아니다. 오직 완전하게 의롭고 영화롭게 표출된 감정만 거룩하신 하나님으로부터 온다.

우리의 감정은 "다른 모든 것들보다 더 기만적이고… 극도로 병적인"(렘 17:9, NASV 성경 - 역자 주) 마음으로 완전히 오염되어 있다. 우리의 감정은 우리로 하여금 자제력을 잃게 하고, 비통한 나머지 손을 꽉 쥐게 하며, 우울에 빠지게 하고, 포기하게 하고, 남에게 뒤집어씌우게 하거나, 아니면 품위 없게 행동하도록 부추긴다. 하지만 하나님의 감정은 하자가 있는 회로에 연결되어 있지 않다.

예를 들어 하나님의 자족감은 버릇없는 부잣집 아이가 침실 바닥에서 천장까지 온통 뒤덮고 있는 텔레비전 화면과 실내 수영장을 보며 느끼는 자족감이 아니다. 그분의 행복은 안락의자의 편안함도, 성가신 일들로부터의 해방감도, 식사 사이사이 끊임없는 간식이 주는 포만감도 아니다.

하나님의 기쁨은 그분 자신의 선하심과 지혜에, 아들의 빛나는 성품에, 자신이 창조한 모든 것들의 복잡성과 경이로움에 있다. 그 기쁨은 스스로 만족해하며 나태에 빠져 있는 즐거움이 아니라, 집으로 돌아온 용사, 승리의 깃발을 휘날리며 귀항하는 제독, 비록 지칠 대로 지치고 얼굴은 검댕투성이가 되었지만(손에는 상처를 입고!), 환한 웃음을 지으며 불타는 건물에서 어린아이를 안전하게 데리고 나오는 영웅의 모습에서 볼 수 있는 거친 즐거움이다.

하나님의 분노(anger) 또한 의롭다. 이와 관련해서 하나님의 진노(wrath)를 이야기할 때 희랍어 신약성경이 보통 사용하는 단어를 주목하는 것은 흥미로운 일이다. 희랍어 신약성경은 요한계시록의 경우를 제외한 다른 곳에서 일반적으로 ('맹렬하게 밀쳐 나감', '화염같이 폭력을 휘두름', '격렬하게 숨을 쉼' 이라는 어원을 지닌) '격노'(rage)를 뜻하는 단어 사용을 회피하고 있다. 오히려 '무르익다' 라는 어원을 지닌 단어를 선호한다. 즉 하나님의 진노는 오랜 시간을 두고 서서히 이루어진다는 발상이다. 그것은 완전한 사유와 분별로부터 기원하는 것이며 "이내 사라지는 불타는 성정이라기보다는, 하나님의 본성을 거스르며 발생한 모든 악에 대한 강력하고도 확고한 대항이다."[8] 우리와 관련된 요점은 하

---

8) 제임스 몽고메리 보이스(James Montgomery Boice), 『크리스천 신앙의 토대: 종합적이고 읽기 쉬운 신학』 *Foundations of the Christian Faith: A Comprehensive and Readable Theology*, (Downers Grove, Ill.: Inter-Varsity Press, 1986), p. 250. 여기서 보이스 박사는 레온 모리스(Leon Morris)의 책 『제자가 전한 십자가』 *The Apostolic Preaching of the Cross*, (Grand Rapids: Eerdmans, 1956), pp. 162-163을 인용하고 있다. 보이스 박사는 이 두 단어가 혼용되고 있다는 점을 인정하면서 처음으로 그 차이를 우리에게 보여 주었다. 트렌치(Trench)의 책 『신약에 나오는 동의어』 *Synonyms of the New Testament* 역시 두 단어가 종종 혼용된다고 해서 그 차이가 없어지는 것은 아니라고 주장하고 있다. '격노'(rage)의 원어는 thumos이며, 이보다 강도가 조금 약한 단어는 orge임.

나님의 분노가 우리의 분노처럼 무릎반사적인 반응이 아니라는 것이다. 그것은 거룩하고 심사숙고된 지혜로부터 흘러나온다.[9]

성경이 묘사하고 있는 하나님의 슬픔은 그분의 만족, 기쁨, 분노처럼 가치 있는 감정-약함도, 불순물도, 아름답지 않은 어떤 것도 없는 감정-이다. 이 감정은 결코 하나님을 마비시키지 않는다. 그리고 하나님이 자신의 자녀들을 구원하고자 하실 때 그분이 정의를 무시하도록 감상에 젖게 하는 일도 없었다. 요컨대, 당연히 슬퍼해야만 할 때, 그 슬픔이 순전한 반응일 때, 그것은 하나님이 우시는 것이다. 왜냐하면 그분은 완전하시기 때문이다.

6) 슬픔과 기쁨은 동시에 느낄 수 있기 때문이다.

하나님은 동시에 웃고 울 수 있으실까? 예수님은 스스로 "기뻐하셨고", 제자들이 그 "기쁨을 충만히" 가질 수 있도록 기도하셨다. 그러나 이사야 선지자는 그를 "간고를 많이 겪었으며 질고를 아는 자"라고 불렀다(눅 10:21; 요 17:13; 사 53:3).

죽을 수밖에 없는-하나님의 형상대로 지음 받은-우리들 역시 기쁨과 아픔을 함께 알고 있다. 결혼식장에 선 신부의 아버지는 장차 멋진 남편이 될 신랑에게 딸을 넘겨 주며 깊은 한숨을 쉰다. 오랫동안 갈망했던 직장을 마침내 구한 여인은 그 직장을 위해 친한 친구들과 정든 마을을 떠나야만 한다. 어머니는 감옥에 간 아들이 수척해진 모습을 지켜봐야 하지만, 이 경험을 통해 반항적이었던 아들이 진정한 회개와 구원에 이르는 것을 또한 보게 된다. 사도 바울은 "근심하는 자 같으나 항상 기뻐하는 자"(고후 6:10)였다.

물론 하나님에 대해 말할 때, 어떤 인간적인 비유도 충분하지 못하다. 우리는 인생이 쓰고도 달콤하다는 것을 발견하지만, 하나님이 우리가 상

---

[9] 물론 하나님이 격노를 퍼붓는 순간조차 무릎반사적인 반응을 보이시는 것이 아니다.

상할 수도 없는 슬픔들을 이겨내신다는 것을 보여 주시 위해, 성경은 매우 영광스러운 방법으로 그분에 대해 이야기하고 있다.

어떻게 이럴 수 있을까? 어떻게 하나님의 마음은 이 모든 것을 감당해내는 것일까? 하나님은 우리가 헤아릴 수 없는 분이며 그분에 대해 짐작하는 것은 위험할 수 있다. 하지만 아마도 해답은 모든 것을 알고 영원한 그림을 볼 수 있는 그분의 능력에 있을 것이다.

하나님은 자신의 세상을 내려다보며 우신다. 하지만 뒤틀린 세상으로 인해 놀라지는 않으셨다. 그분은 인간이 죄에 빠질 것을 알고 계셨다. 그것이 자신에게 헤아릴 수 없는 슬픔을 가져다 줄 것도 알고 계셨다. 또한 그 고통이 자신의 아들을 희생시킬 것이라는 사실도 알고 계셨다. 하지만 하나님은 이 타락을 허락하셨다. 왜냐하면 그것을 어떻게 해결할지 그는 알고 계셨기 때문이다. 하나님은 아셨다. 예수님이 죽을 것이라는 것을, 사단이 이 땅에서 쫓겨날 것이라는 것을, 최후 심판에서 정의가 발휘된다는 것을, 천국이 모든 것을 보상한다는 것을, 우리의 타락이 발생하지 않았을 경우보다 더한 영광을 하나님 자신이 받게 된다는 것을-그리고 우리들은 더한 기쁨을 알게 된다는 것을. 우리가 현재 겪는 고난에 대해 의미를 부여해 줄 이 다가오는 환희를 하나님이 아닌 그 누가 충분히 볼 수 있겠는가? 하나님은 다가올 이 영광스런 결말을 마치 그것이 오늘 있는 것처럼 선명하게 보고 계신다. 우리의 견해로는 하나님이 이러하시기에 그분이 진실로 '행복한' 동시에 진실로 눈물을 흘리실 수 있는 것이다.

한 걸음 더
A Step Further

"화창한 봄 햇살이 감도는 작품. 광채로 빛나는 작품...
기쁨이 흘러 넘치는 그녀의 삶을 나눈 소중한 책,
꼭 읽어봐야 할 책."

−J.I. 패커

다이빙 사고로 사지마비 장애인이 된 조니 에릭슨 타다가 자신의 장애를 수용하기까지 겪어야 했던 갈등을 배경으로, 이미 고전이 되어버린 그녀의 첫 번째 자서전 『조니』(Joni)를 출판하였다. 그러나 이야기는 여기서 끝나지 않는다. 그녀의 영적인 스승 스티브 에스트와 함께 조니는 두번째 책 『한 걸음 더』(A Sep Further)에서 그녀의 투쟁과 승리에 관한 솔직한 고백을 계속하고 있다. 이 놀라운 책 속에는 우울과 좌절에 대항하는 조니의 싸움 뿐 아니라, 하나님께서 그녀가 처한 상황, 마주한 사건과 사람들을 어떻게 이용하셔서 그녀로 하여금 자신을 일으켜 세우고 주님께 나아가게 하는지를 잘 조명해 주고 있다. 골드 메달리온 상을 받은 이 책은 단순한 자서전이 아니다. 조니 자신의 삶을 함께 나누면서 고통에 관해 많은 사람들이 제기한 수많은 의문에 대한 해답을 진지하게 찾아본 것이 『한 걸음 더』이다.

조니 에릭슨 타다는 자신 스스로 본을 보임으로써 모든 신학자들이 했던 것보다 더 훌륭하게 고통에 관한 왜곡된 견해를 바로 잡아 주었다.

−Philip Yancey

조니 에릭슨 타다, 스티브 에스트 공저
한명우 옮김
신국판 / 240면 / 7,000원

옮긴이: 한 명 우

한명우는 서울대를 졸업하고 오리건 주립대에서 해양학 박사 학위를 받았다. 남극해, 북극해 및 주요 대양을 조사했고, 앨빈(Alvin) 잠수정을 타고 북태평양 3000미터 심해저를 탐사했다. 부산대와 인하대에서 화학해양학 교수를 역임했고, 현재는 오하이오 주 콜럼버스 스테이트 커뮤니티 칼리지(Columbus State Community College)에서 화학 교수로 재직 중이다. 주일 성수하는 평신도이며, 조니와 스티브의 공저 『한 걸음 더』(A Step Further, 2002, CLC)를 번역한 바 있다.

하나님의 눈물
When God Weeps: Why Our Sufferings Matter to the Almighty

2006년 4월 1일 초판 발행

지은이 l 조니 에릭슨 타다 · 스티브 에스트
옮긴이 l 한 명 우

펴낸곳 l (사)기독교문서선교회
등록 l 제16~25호 (1980. 1. 18)
주소 l 서울시 서초구 방배동 983-2
전화 l 02)586-8761~3   **팩스** l 02)523-0131
　　　　031)923-8762~3(영업부)　　　031)923-8761(영업부)
홈페이지 l www.clcbook.com   **이메일** l clc@clcbook.com
온라인 l 기업은행 073-000308-04-020
　　　　국민은행 043-01-0379-646

ISBN 89-341-0900-9 (03230)

* 낙장 · 파본은 교환해 드립니다.